Philipp Heger

Mentale Stärke im Tennis

Mit Köpfchen zum besseren Spiel

NEUER SPORTVERLAG

Inhaltsverzeichnis

Vorwort / Einleitung 4

Kapitel 1
Mentale Stärke außerhalb des Platzes 7

Kapitel 2
Mentale Vorbereitung und mentales Aufwärmen 15

Kapitel 3
Der Matchbeginn 21

Kapitel 4
Von „besseren Spielern“ und Trainingsweltmeistern 27

Kapitel 5
Misserfolge und Erfahrung – oder: Der Weg in die Erfolgsspur 37

Kapitel 6
Wie bescheiße ich richtig? 42
- Trainingsübung 1 50
- Trainingsübung 2 51

Kapitel 7
Ruhe, Routinen und Rituale 52

Kapitel 8
In den richtigen Modus kommen 60

Kapitel 9
Konzentration 66
- Atemübung 71
- Tennisballübung 71
- Buchstaben zählen 73

Kapitel 10
Körpersprache und Verhalten auf dem Platz 74

Kapitel 11
Wie breche ich den Gegner und schaffe es, selbst nicht gebrochen zu werden? 82

Kapitel 12
Der Glaube kann Berge versetzen 92

Kapitel 13
Der Match-Tiebreak 97

Kapitel 14
Dritter Satz versus Match-Tiebreak 112

Kapitel 15
Momentum – wie mache ich mir dieses zunutze? 118

Kapitel 16
Big Points 128
- Joker und Schwarzer Peter 140
- Big Point Set 141

Kapitel 17
Der Flow 142

Kapitel 18
Der Anti-Flow 153

Kapitel 19
Wie bekämpfe ich Angst? 160

Kapitel 20
Was tun gegen Yips? 166

Kapitel 21
Das Unterbewusstsein und die Beeinflussung durch Visualisierung 172

Kapitel 22
Denken lernen 178

Kapitel 23
Die Weiterentwicklung 188

Kapitel 24
Was wir von Kindern lernen können 194

Kapitel 25
Wie gehe ich mit Verletzungen um? 198

Kapitel 26
Wie nutzt man das Reglement? 204

Kapitel 27
Mit Disziplin und Fleiß zum Erfolg 210

Kapitel 28
Was du vom Sport lernen kannst 216

Kapitel 29
Gesamtfazit mentale Stärke 222

Reisespecial
Die schönsten Sport- und Tennis-Resorts 228

- Der Lärchenhof, Tirol 230
- Hotel Seehof, Tirol 234
- La Maiena Meran Resort, Südtirol 238
- Sonnenalm, Südtirol 242
- Andreus Resorts, Südtirol 244

Literaturverzeichnis 248

Impressum

Mentale Stärke im Tennis
Mit Köpfchen zum besseren Spiel
ISBN 978-3-96416-036-2

Autor
Philipp Heger, www.philipp-heger.de

Projektleitung und Redaktion
Hendrik Schulze Kalthoff, Nadine Müller

Gestaltung
Joschka Silzle

Layout, Satz und Bildbearbeitung
Hendrik Schulze Kalthoff, André Poch

Herausgeber
Neuer Sportverlag
Beim Hochwachtturm 2, 71332 Waiblingen
www.neuersportverlag.de

Bildnachweis
Titelfoto: Hendrik Schulze Kalthoff
Alle weiteren Fotos: Nadine Müller
Reisespecial: Die jeweiligen Hotels

Vielen Dank an die Spielerin
Rebekka Sester

Fotoshooting-Locations
Vielen Dank an die beteiligten Hotels und Vereine
Der Lärchenhof: Seite 10, 34, 44, 46, 51, 77, 101, 115, 116, 133, 141, 177, 184, 190, 191, 215
Hotel Seehof: Seite 19, 54, 65, 95, 124, 127, 147, 164, 170
La Maiena Meran Resort: Seite 5, 13, 31, 41, 59, 63, 72, 78, 89, 105, 151, 156, 159, 175, 183, 202, 209, 212, 221, 227
Sonnenalm: Seite 9, 20, 24, 33, 56, 69, 84, 137, 193
Tennis-Club Waiblingen: Titelfoto, Seiten 55, 81, 108, 187, 197

Vorwort / Einleitung

Mein erstes Buch „Taktik im Tennis – Wie du mit Spielintelligenz punkten kannst" hat den taktisch strategischen Teil im Tennis abgehandelt, der im Tennistraining immer noch zu wenig Beachtung findet. Ähnlich verhält es sich mit dem mentalen Aspekt. Ich bin auf dieses Thema gestoßen, weil ich mit sehr begabten Spielern trainiert habe, die ihr Können und ihre Fähigkeiten im Match nicht ansatzweise abliefern konnten. Dies war sowohl sehr frustrierend für die Spieler als auch für mich als Trainer, denn ich fühlte, dass meine Schüler eigentlich bessere Ergebnisse abliefern könnten. So natürlich und teilweise genial ihre Schläge oftmals waren, so destruktiv war ihr Verhalten auf dem Platz. Seitdem beschäftige ich mich sehr intensiv mit dem mentalen Spiel. Ich habe viele Artikel und Bücher über dieses Thema gelesen, mir Gedanken gemacht, ob der Autor auch wirklich recht hat, wie man seine Methoden verbessern könnte, oder versucht, eigene Erkenntnisse zu gewinnen und eigene Methoden zu entwickeln. Auch habe ich versucht, mich mit Experten über dieses Thema auszutauschen. Die Arbeit am mentalen Spiel ist genauso intensiv und anstrengend, wie dem Schüler die Schläge beizubringen und zu perfektionieren.

Aber wer Tennistraining bucht, wird technisch ausgebildet und es wird an der Physis gefeilt. Der Kopf hingegen wird oftmals vernachlässigt. Und das leider völlig zu Unrecht. Denn Technik, Physis, mentale Stärke und Taktik/Strategie hängen eng zusammen und bedingen sich gegenseitig. Wer zum Beispiel wütend ist, wird keine klugen taktischen Entscheidungen treffen. Wer ängstlich ist, wird verkrampft spielen und keinen flüssigen Schwung hinbekommen. Außerdem ermüdet der verkrampfte Spieler schneller, da er seine Muskeln zu sehr anspannt. Im Tennis spielen Faktoren wie Nervosität, Angst, Überheblichkeit, Mut, Selbstvertrauen, Entschlossenheit, Kampfgeist, Durchhaltevermögen etc. eine große Rolle. Wie viele Spieler spielen im Training tolles Tennis, agieren mit Leichtigkeit, spielen frei und locker. Im Match hingegen sind dieselben Spieler verkrampft, hektisch, haben Angst, Fehler zu begehen, ziehen ihre Schläge nicht durch und bringen weit schlechtere Leistungen als im Training. Ich möchte versuchen, diesen Spielern zu helfen, ihnen aufzeigen, wie sie es vielleicht doch schaffen, lockerer und befreiter zu spielen. Ich werde mich hierzu, wie schon in meinem Taktikbuch, einiger Statistiken bedienen und Methoden zur Entspannung empfehlen. Oder auch Methoden, um die richtige Spannung zu erzeugen. Denn auch der zu entspannte Spieler kann keine Höchstleistung erbringen. Man kann das mit einer Gitarrensaite vergleichen.

Ist sie zu stark gespannt, klingt sie schlecht. Ist sie zu locker gespannt, klingt die Gitarrensaite unter Umständen gar nicht. Ist der Spieler übermotiviert oder zu angespannt, wird er nicht seine optimale Leistung erbringen. Ist er zu entspannt und relaxed, ist ihm das Spiel beziehungsweise Ergebnis mehr oder weniger egal, wird er auch keinen Kampfgeist entwickeln und wahrscheinlich eine noch schlechtere Leistung erbringen als der übermotivierte Spieler. Beide Extreme werden dir keinen Erfolg bringen. Du musst den richtigen Zustand finden.

Auch möchte ich mich mit dem Flow-Zustand beschäftigen und die These vom sogenannten Anti-Flow erörtern. Ich möchte mich den Big Points (gibt es diese überhaupt?) und Small Points (gibt es diese?) widmen. Bei welchen Punkten muss der Spieler voll da sein, und bei welchen kann er entspannen oder auch mal Dinge ausprobieren, und ist dies überhaupt sinnvoll?

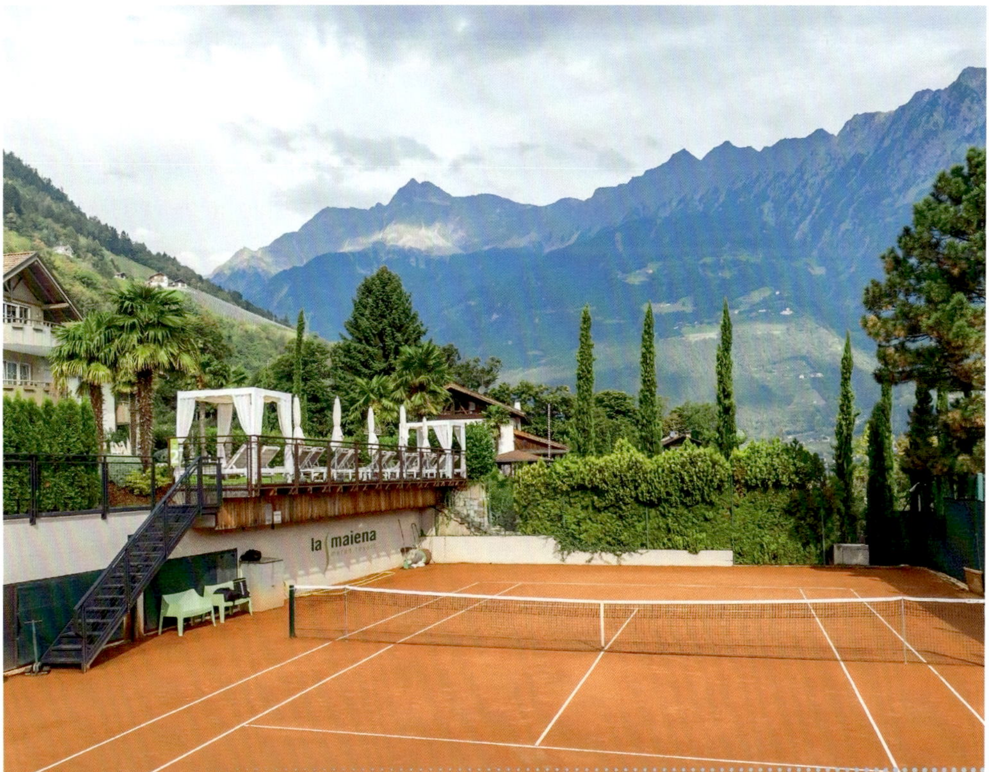

Die mentale Komponente spielt beim Tennis eine wichtige Rolle.

Welche Auswirkungen hat ein verlorener beziehungsweise gewonnener Tiebreak? Welcher Spieler hat in einem Match-Tiebreak Vorteile? Welche Bedeutung haben die einzelnen Sätze? Gewinnt der Spieler häufiger den dritten Satz, der den ersten Satz gewonnen hat, oder ist öfter der Spieler, der den zweiten gewonnen hat, im Entscheidungssatz erfolgreicher? Oder ist das Verhältnis ausgeglichen? Mit welchen Verhaltensweisen und Strategien kannst du deine Chancen erhöhen?

Des Weiteren möchte ich euch verschiedene Denkmuster näherbringen. Das alles natürlich mit spannenden Beispielen dargelegt. Auch möchte ich die Verhaltensweisen der Top-Spieler näherbringen. Und natürlich viele weitere praktische Dinge erläutern. Tennis ist sehr spezifisch und in vielen Aspekten nicht mit anderen Sportarten zu vergleichen. Man spielt allein und die Zählweise ist speziell. Man spielt nicht auf Zeit und man muss den letzten Punkt und das letzte Spiel gewinnen (es sei denn, der Gegner gibt auf). Man kann also das Ergebnis nicht über die Zeit retten. Es wird und wurde viel über die Theorie geschrieben. Diese möchte ich mit vielen praktischen Beispielen genauer erläutern und verschiedene Verhaltensweisen erklären.

Außerdem ist es so, dass manche Experten ihre Thesen mit Halbwahrheiten (Unwahrheiten) begründen oder untermauern. Das stört mich und dies möchte ich versuchen zu widerlegen. Diese Thesen klingen oft schlüssig und schön. Beispielsweise hat einer dieser „Experten" behauptet, dass ganz oft derjenige Spieler, der den zweiten Satz gewonnen hätte, den abschließenden Match-Tiebreak verlieren würde, weil er sich so über den Sieg des zweiten Satzes gefreut hätte. Der zweite Satz sei ein Zwischenziel, und nach dem Erreichen dieses Zwischenziels nimmt sich der Spieler eine mentale Auszeit und verliert daher oftmals den Match-Tiebreak. Dies ist schlicht falsch. Prozentual gewinnt weit häufiger der Spieler die Entscheidung, der den zweiten Satz gewonnen hat. Dieses und noch weitere Beispiele werde ich anführen und versuchen zu veranschaulichen, was jeweils im Kopf des Spielers vorgehen könnte, wie sich der Spieler verhalten sollte und auch statistisch genau aufzeigen, wer wie oft bei welchem Spielverlauf gewinnt. Wenn man die richtigen Entscheidungen trifft, die richtigen Denkmuster findet und rational handelt, hat man zweifelsohne bessere Siegchancen, als wenn man sich von seinen Emotionen leiten lässt.

– KAPITEL 1 –

Mentale Stärke außerhalb des Platzes

Mentale Stärke außerhalb des Platzes

„Stärke wächst nicht aus körperlicher Kraft – vielmehr aus unbeugsamem Willen." (Mahatma Gandhi)

Nach dem Vorwort möchte ich noch eine kurze Einführung ins Gebiet der mentalen Stärke beziehungsweise Schwäche geben. Denn dieses ist doch recht breit aufgestellt. Ein Spieler gilt oft als mental schwach, wenn er in wichtigen Momenten in den Augen der Öffentlichkeit oder seines Umfeldes eine schwächere Leistung erbringt als gewöhnlich. Viele Faktoren spielen dabei eine Rolle, wie zum Beispiel Nervosität, Angst, eine ungewohnte Situation, Erfahrung, um nur mal einige wenige zu nennen. Aber das ist ja nur die Spitze des Eisberges. Wir sehen die Top-Spieler wie Federer, Djokovic, Nadal oder bei den Damen Serena Williams und sind begeistert, dass sie in entscheidenden Momenten ihr bestes Tennis spielen können und eben anscheinend nicht nervös werden und keinen Eisenarm bekommen, der ihre Bewegungen lähmt. Aber es ist nicht der Moment, der sie psychisch so stark sein lässt, es ist jahrelanges, systematisches Training. Diese Top-Spieler praktizieren Yoga, führen Achtsamkeitstraining, Atemübungen und Visualisierungen durch. Sie machen sich mit allen möglichen Begebenheiten vertraut und überlassen nichts dem Zufall. Sie wärmen sich nicht nur physisch auf vor einem Match, sondern auch psychisch. Außerdem sind Top-Sportler sehr strukturiert, und das nicht nur im Tennis.

„Man sollte sich einmal bewusst machen, dass jeder von uns an die Spitze kommen kann, wenn er nur sein Hirn gebraucht." (Henri Dumont, Trainer des ehemaligen französischen Weltklassespielers Cédric Pioline)

Damit ist natürlich nicht nur das Gehirn auf dem Platz gemeint. Es geht auch darum, die richtigen Entscheidungen außerhalb des Platzes zu treffen. Schlussendlich dreht sich immer alles um die Fragen: „Was bringt mich und mein Spiel weiter? Was schadet mir und meinem Spiel? Was macht mich besser oder schlechter?"

In einem Sport, in dem der Weltranglistenerste zum Jahresende in den letzten 16 Jahren (Federer-, Djokovic-, Nadal-Ära) immer zwischen 54 % und 56 % seiner Gesamtpunktzahl gewonnen hat (und damit immerhin um ca. 45 % seiner Punkte eben verloren hat),

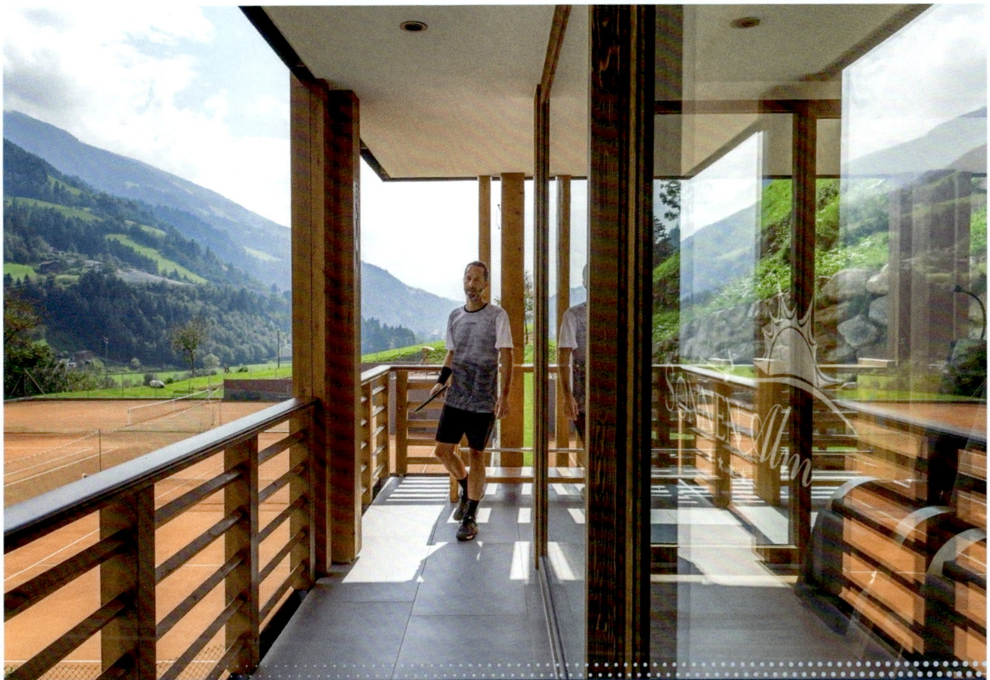

Auch die Verhaltensweisen „off court" wirken sich auf deine Leistung aus.

kommt es auf Kleinigkeiten an. Sowohl technischer als auch taktischer Art, aber auch in wichtigen Momenten voll konzentriert zu sein, Selbstvertrauen zu haben, nicht an sich zu zweifeln, sondern an die eigene Stärke zu glauben. Es geht darum, gut ins Match zu starten und nicht von Beginn an hinterherzulaufen. Und auch darum, locker zu spielen und seinen eigenen Rhythmus zu finden. Wir gehen immer davon aus, dass die mentale Stärke vor allem in knappen Spielen sehr wichtig ist, wenn ein Match im Entscheidungssatz mit 7 : 6 entschieden wird oder der Match-Tiebreak mit 10 : 8 endet. Was ist aber mit den Punkten und Spielen davor? Was wäre, wenn du es schaffen würdest, nach gewonnenem ersten Satz den zweiten Satz eben nicht mit 5 : 7 zu verlieren, sondern stattdessen mit 6 : 4 zu gewinnen, weil du eben bei 4 : 4 noch konzentrierter und ausgeglichener bist? Was wäre, wenn du statt zu Matchbeginn nicht gleich mit Break in Rückstand geraten würdest, weil du so nervös ins Match gestartet bist, sondern du deine ersten Aufschlagspiele halten könntest, weil du fest von deiner eigenen Stärke überzeugt bist? Natürlich ist all dies jetzt etwas ketzerisch. Es gibt auch viele andere Gründe, weshalb man in Rückstand gerät, wieso man Spiele und Sätze knapp verliert. Wenn der Gegner viel besser ist, kannst du mental noch so stark sein und wirst trotzdem relativ

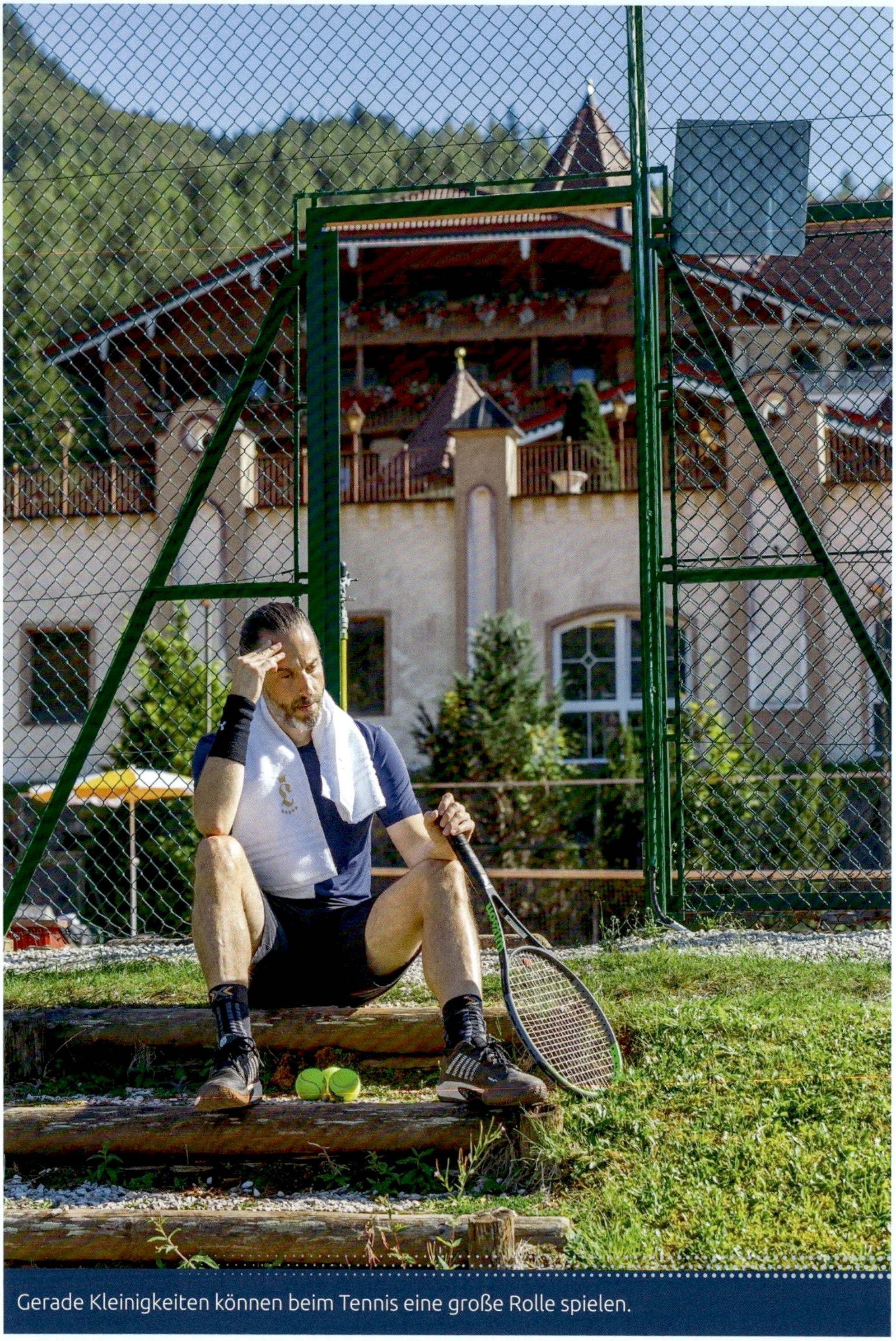

Gerade Kleinigkeiten können beim Tennis eine große Rolle spielen.

glatt verlieren. Ich habe nur festgestellt, dass viele Spieler ihr wahres Potenzial nicht nutzen, weil sie das von Dumont angesprochene Hirn beim Tennis nur unzureichend nutzen. Dies hat im Übrigen auch nichts mit mangelnder Intelligenz oder Dummheit zu tun. Wie oft sehe ich schlaue Leute auf dem Tennisplatz lauthals fluchen: „Du Blödmann, wie dumm kann man sein, diesen Ball zu verschlagen!" „Du Rindvieh, du bist so doof!" Überflüssig zu erwähnen, dass diese Menschen in der zweiten Person mit sich Selbstgespräche führen. Aber diese Form der Konversation mit sich selbst bringt die Spieler nicht weiter, sie zerstört vielmehr deren Ego. Genauso wie sich viele Spieler auf dem Platz falsch verhalten und sich selbst schaden oder den Gegenspieler aufbauen, tun sie dies auch außerhalb. Viele Spieler sind sehr ambitioniert, haben aber keinen richtigen Trainingsplan und keinerlei Trainingsstruktur. Sie trainieren immer gleich und zumeist die Dinge, die sie ohnehin schon beherrschen. Weshalb ist das so? Weil das einfach ist und sie sich nicht aus ihrer Komfortzone bewegen müssen. Neue Dinge zu tun, neue Wege zu gehen ist anfangs immer ungewohnt und mit Schwierigkeiten verbunden. Erfolg wollen wir alle haben (auch in der Freizeit), aber Schwierigkeiten brauchen wir nicht, zumindest nicht in der Freizeit. Ein weiterer Punkt ist angeleitetes Training. Viele Tennisspieler sind ambitioniert und leidenschaftlich. „Aber Geld ausgeben für Trainerstunden? Und was mögen die anderen aus der Mannschaft denken, wenn ich mir Privatstunden gönne?" Das sind meist die Bedenken der Amateurspieler. Aber dass Trainerstunden sehr effektiv sein können und dich unter Umständen beim richtigen Trainer extrem weiterbringen können, wird oft außer Acht gelassen. Ich sehe so viele Spieler, die für sich selbst mit ihren Freunden und Teamkollegen trainieren. Die sich in dieses Training voll reinhängen, aber immer in denselben Spielmustern spielen, seit Jahr und Tag dieselben technischen und taktischen Schwächen haben und entsprechend in ihrem Tennisspiel stagnieren. Auf der anderen Seite gibt es Spieler, die auch bereit sind, etwas in ihr Spiel zu investieren (finanziell), und Ratschläge dankend annehmen. Spieler, die dann überglücklich sind, wenn sie einen Schlag neu gelernt haben oder wiederentdeckt haben, die happy sind, wenn sie nach Jahren ihren Stammtrainingspartner endlich wieder besiegen können oder auch von ihrer Leistungsklasse um mehrere Leistungsklassen nach oben schießen. Auch das hat mit mentaler Stärke zu tun. Raus aus der Komfortzone, hin zum Trainer, Neues probieren.

Ein weiterer Punkt, den ich auch zur mentalen Stärke zähle, ist das Zeitmanagement. Auch hier höre ich immer wieder: „Ach, Philipp, mehr als einmal in der Woche schaffe ich es nicht zu trainieren." „Doch, Tennis ist mir sehr wichtig, und ich möchte auch wirklich besser werden, aber mir fehlt die Zeit." Zeit ist ein unglaublich kostbares Gut. Und man sollte sich Zeit nehmen für die Dinge, die einem Spaß bereiten, und die Dinge, die einem guttun. Man sollte in die eigene Gesundheit und das eigene Wohlbefinden investieren. Dänische Forscher haben in einer Langzeitstudie (Copenhagen City Heart Studie) herausgefunden, dass Tennisspieler im Durchschnitt 9,7 Jahre länger leben als Nicht-Tennisspieler. Noch ein Grund, regelmäßig Tennis zu spielen. Sicher fehlt uns in der heutigen schnelllebigen Gesellschaft oftmals die Zeit. Dennoch können wir uns diese nehmen, wenn uns etwas wirklich wichtig ist. Wir müssen nur auf andere Dinge, wie Facebook, WhatsApp, lustige YouTube-Filmchen oder Ähnliches verzichten. Wir müssen früher aufstehen, um vor der Arbeit Sport zu treiben, oder das Feierabendbier mit den Arbeitskollegen am Ende der Arbeitswoche nur alle zwei Wochen genießen. Lange Rede, kurzer Sinn – wer im Sport Ambitionen hat, muss regelmäßig strukturiert trainieren und sich Zeiten freischaufeln und freihalten.

Wir benötigen unseren Kopf, um unserem Training eine Struktur zu geben und zielorientiert und systematisch zu arbeiten. Ein letzter Punkt hierbei sind Zielsetzungen. Die wenigsten Spieler haben Ziele. So wie diese Spieler unstrukturiert trainieren, so haben sie ihre Ziele auch höchstens im Kopf und vergessen diese wieder oder halten nicht an ihnen fest. Dass sie sich klare Ziele stecken, auf die sie systematisch hinarbeiten, ist eher selten. Um erfolgreich zu sein, ist es sehr wichtig, ein klares Ziel zu haben und auch einen Zeitpunkt, bis wann man dieses erreichen möchte. Auch die Überprüfbarkeit ist wichtig. Hier möchte ich ein kleines Beispiel bezüglich des Aufschlags geben. Du möchtest deinen Aufschlag verbessern. Nun benötigst du Ausgangsdaten. Gehen wir davon aus, dass du im Match

- eine Quote von 55 % ersten Aufschlägen im Feld hast;
- zu 65 % mit dem ersten Aufschlag punktest;
- zu 40 % mit dem zweiten Aufschlag punktest.

Nun solltest du dich fragen, an welchem Punkt du ansetzen solltest. Die meisten Spieler wissen nicht einmal, zu wie viel Prozent sie mit dem Aufschlag punkten und wie ihre erste Aufschlagquote ist. Anstatt aber jemanden zu beauftragen, der die Werte notiert und eine Matchbeobachtung durchführt, trainieren diese Spieler lieber ziellos weiter. Oft wird dann auch gesagt, ich möchte alles verbessern. Es ist aber immens wichtig, hierbei Prioritäten zu setzen. Sagen wir, du möchtest deinen zweiten Aufschlag verbes-

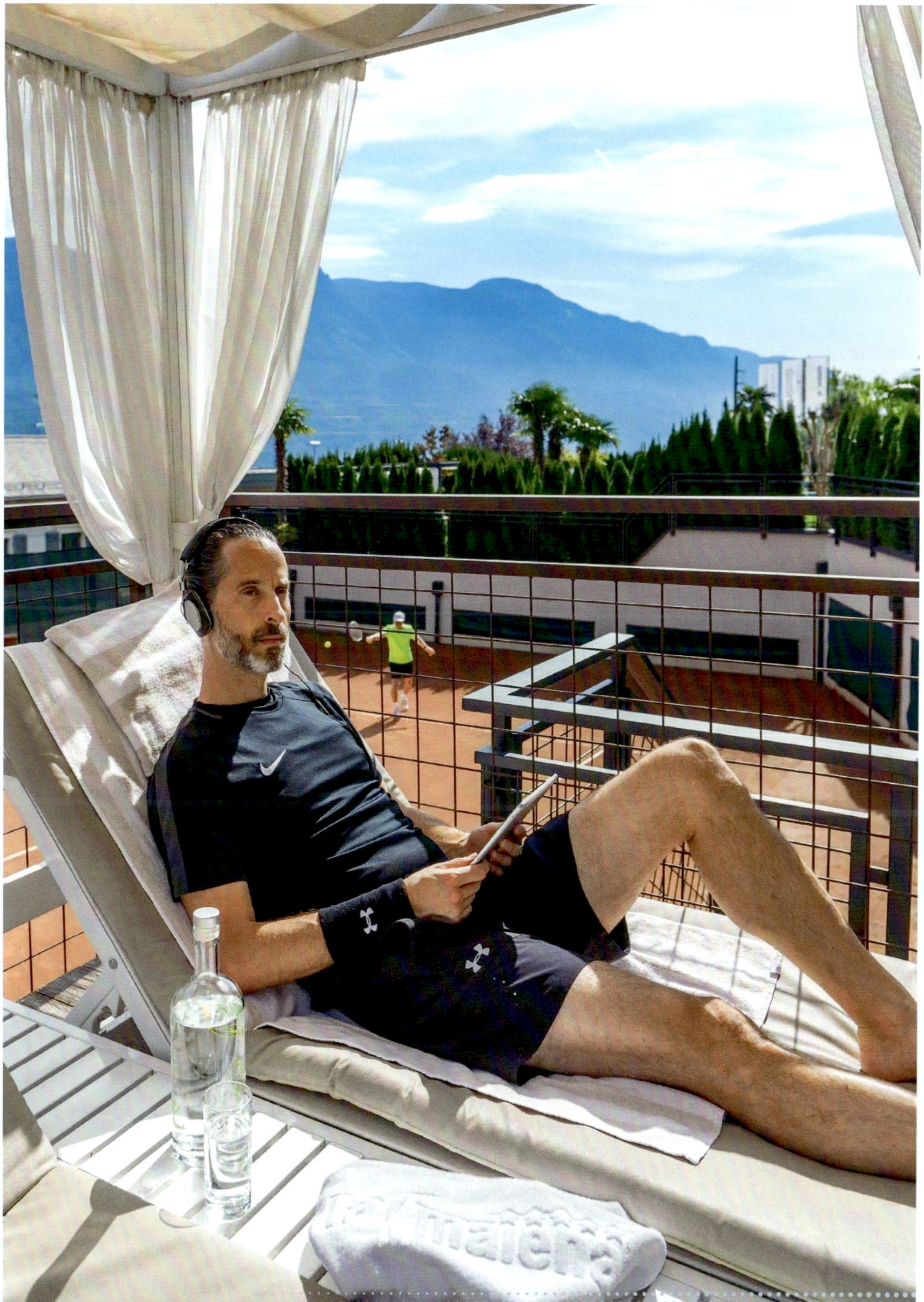

Smartphone, Tablet & Co. – Zeitkiller, die ein optimales Zeitmanagement verhindern.

sern. Dann könnte das Ziel sein, ein halbes Jahr später zum Beispiel im Match 50 % der Punkte mit dem zweiten Aufschlag zu gewinnen statt nur 40 %. Im Training solltest du natürlich dann verstärkt den zweiten Aufschlag trainieren, dir Informationen und Tipps von deinem Trainer und deinen Mitspielern einholen. Du solltest deinen Kopf benutzen und dir überlegen, was du konkret bei deinem Aufschlag verbessern möchtest. Wieso gewinnst du nur 40 % der Punkte über den zweiten Aufschlag? Ist der Aufschlag zu langsam? Ist der Aufschlag zu ungenau? Ist der Aufschlag zu invariabel (kommt immer zur gleichen Seite, mit dem immer gleichen Spin)? Kann dich dein Gegner mit dem Return stark unter Druck setzen? Produzierst du viele Doppelfehler? Je nachdem, wo dein „Problem" liegt, musst du entsprechend gegenarbeiten. Sagen wir, du schlägst zu viele Doppelfehler, so könntest du versuchen, den Aufschlag höher und mit mehr Drall zu schlagen. Dafür musst du eventuell deine Technik weiterentwickeln. Dies wäre jetzt nur ein Lösungsansatz. Du versuchst jedenfalls, systematisch deinen zweiten Aufschlag zu verbessern. Nach sechs Monaten überprüfst du dann, ob sich eine Verbesserung eingestellt hat und du dein Ziel erreicht hast, 50 % der Punkte mit dem zweiten Aufschlag zu gewinnen. Falls es geklappt hat, wunderbar. Dann kannst du dir ein neues Ziel setzen. Was aber, wenn du immer noch „nur" 40 % der Punkte beim zweiten Aufschlag gewinnst? Dann musst du genau analysieren, weshalb dein Ziel verfehlt worden ist, und nach neuen Lösungsmöglichkeiten suchen. Zu akzeptieren, dass du dich in diesem Bereich nicht verbessern kannst, ist keine Lösung. Wir können ein Leben lang lernen und wir können uns stets weiterentwickeln. Nur leider glauben viele Leute nicht daran.

Fazit:

„Man sollte sich einmal bewusst machen, dass jeder von uns an die Spitze kommen kann, wenn er nur sein Hirn gebraucht." (Henri Dumont, Trainer des ehemaligen französischen Weltklassespielers Cédric Pioline)

Diese Aussage gefällt mir wirklich sehr gut. Du solltest dein Gehirn aber nicht nur auf dem Platz benutzen, sondern auch außerhalb. Sei smart! Trainiere strukturiert und arbeite klare Ziele für dich aus. Verfolge diese und, sofern du sie nicht erreichen solltest, analysiere, weshalb es eben nicht geklappt hat. Und denk daran, Tennis ist ein Sport, bei dem es auf Kleinigkeiten ankommt. Wenn du Kleinigkeiten verbesserst, auch mental, kann dies eine sehr große Wirkung haben.

– KAPITEL 2 –

Mentale Vorbereitung und mentales Aufwärmen

Mentale Vorbereitung und mentales Aufwärmen

„Veränderungen begünstigen nur den, der darauf vorbereitet ist." (Louis Pasteur)

Die meisten ambitionierten Spieler durchlaufen ein körperliches Warm-up mit Einlaufen, Stretching, Aufwärmen sämtlicher für Tennis relevanter Muskelgruppen. Aber ein mentales Warm-up absolvieren die wenigsten. Weshalb ist dies auch sinnvoll und was ist dabei zu tun? In unserem schönen Sport ist es so, dass es einige Anomalien im Vergleich zu anderen Sportarten gibt. Wir haben eine spezielle Zählweise, es wird nicht auf Zeit gespielt, die Spieler sind durch das Netz getrennt und es wird eins gegen eins gespielt oder zwei gegen zwei. Außerdem gibt es viele verschieden lange Pausen. Psychisch ist Tennis eine der schwierigsten Sportarten. Tennis ist sehr technisch, und es kommt stark auf Gefühl und Koordination an. Fühlst du den Ball nicht richtig oder verlierst an Stabilität, hat das verheerende Folgen. Du kannst diese Defizite nicht oder nur sehr unzureichend mit Kraft ausgleichen. Auch kannst du einen Vorsprung nicht über die Zeit bringen, sondern du musst den letzten Punkt des Matches gewinnen (es sei denn, dein Gegenspieler gibt auf). Und zu guter Letzt kannst du dich auch nicht auswechseln lassen wie in vielen anderen Sportarten, wenn du einen schlechten Tag hast. Du kannst nicht den einfachen Ball zum Mitspieler passen, um Verantwortung abzugeben, weil du dich eben nicht gut fühlst. Du allein bist der Protagonist. Dies führt bei vielen Spielern dazu, dass sie in Matches schlechtere Leistungen erbringen als im Training. Und deshalb solltest du der psychischen Komponente mehr Beachtung schenken und bereits vor dem Match mit einem mentalen Warm-up beginnen, damit du nicht nur körperlich gut vorbereitet ins Match gehst, sondern auch geistig. Die Vorbereitung sollte schon Tage vor dem Match beginnen. (So kannst du dir zum Beispiel vor einem Match alle möglichen Szenarien genauestens vorstellen, besonders diejenigen, vor denen du große Angst hast, um zu realisieren, dass sie bei weitem nicht so schlimm sind, wie du dir das meistens einbildest.) Hierbei solltest du darauf achten, genug Schlaf zu bekommen, dich ausgewogen zu ernähren, dich nicht zu überlasten, indem du zu viel trainierst. Alles Dinge, die einem eigentlich schon der gesunde Menschenverstand sagt. Trotz allem sieht man immer wieder Spieler, die am Tag vor einem Match noch unbedingt sechs Stunden trainieren müssen, Spieler, die nur wenige Stunden schlafen, weil sie erst weit nach Mitternacht zu Bett gehen. Neben diesen grundlegenden Dingen kannst du dich aber auch taktisch und strategisch vorbereiten, vor allem wenn du deinen Gegenspieler kennst. Mach dir schon im Vorfeld Gedanken, wie du taktisch spielen möchtest, und stell dich auf eventuelle Schwierigkeiten ein. Was bedeuten eventuelle Schwierigkeiten? Wenn dir die Rahmenbedingungen entgegenkommen, ist es verhältnismäßig einfach zu spielen. Was aber ist, wenn es sehr windig oder sehr heiß und schwül ist? Was ist, wenn der Platz in schlechtem Zustand ist? Was ist, wenn es auf der Tennisanlage sehr laut ist, weil daneben ein Fußballspiel stattfindet oder Züge nah an der Platzanlage vorbeifahren (von Flugzeugen wie in Flushing Meadows bei den US Open will ich jetzt gar nicht erst anfangen)? Diese Liste könnte man noch ewig weiter fortsetzen. Fakt ist, dass derjenige, der sich auf diese Bedingungen vorab schon einstellt und einen Plan hat, sicher besser damit umgehen kann und sicher ruhiger bleiben wird. Und hier kommen wir zu einem ganz wichtigen Punkt, dem ich später noch ein ganzes Kapitel widmen werde: den Visualisierungen (Vorstellungstraining). Was bedeutet dies? Ich will das ganz kurz anreißen und erläutern. Visualisierung bedeutet, dass du dir vorstellst, wie du zum Beispiel eine Vorhand schlägst. Du stellst dir bildlich genau vor, wie der Ball auf dich zukommt, wie du ausholst, den Schläger von unten nach oben durch den Ball führst, du hörst den satten Klang des Balles und siehst vor deinem inneren Auge, wie dieser die Bespannung verlässt. Du siehst die Flugkurve des Balles. Du kannst sowohl einzelne Schläge als auch ganze Ballwechsel visualisieren. Auch kannst du dies mit den äußeren Bedingungen tun. Du stellst dir vor, wie es ist zu spielen, wenn es sehr heiß ist. Du malst dir aus, wie dein Mund ganz trocken ist, deine Hände schwitzen und du zu deinem Handtuch im Schatten wanderst. Du visualisierst einerseits, wie der Gegner über die Hitze schimpft, „dass es ja unerträglich sei, bei diesen Temperaturen Tennis zu spielen", andererseits aber auch, wie auch er vermutlich cool mit den heißen Temperaturen umgeht (denn dann bist du auf beide Fälle vorbereitet). Nicht nur der Tennisspieler führt Visualisierungen durch, sondern auch andere Sportler. Visualisierungen sind vor allem dann hilfreich, wenn es um die Psyche geht, ums Durchhaltevermögen. Für Ausdauer- oder Extremsportler ist das Vorstellungstraining überlebensnotwendig, um Krisen, die in jedem Marathon, Ultramarathon, Triathlon oder Extremwettkämpfen vorkommen, zu meistern. Diese Sportler stellen sich schon Wochen vor dem Wettkampf genau vor, was in einzelnen Situationen passieren könnte. Auch du solltest die Kraft von Visualisierungen in deiner Matchvorbereitung nutzen, vor allem auch am Tag des Matches. Wichtig ist, dass du dir einen ruhigen Ort suchst, an dem niemand dich ablenkt. Schließe die Augen und stelle dir genau vor, wie du deine Schläge perfekt ausführst, wie du auf verschiedene, schwierige Situationen richtig reagierst.

Was kannst du des Weiteren in der mentalen Vorbereitung tun? Neben Visualisierungen kannst du am Tag des Matches vorab Atemübungen durchführen. Diese bieten dir nicht nur als Tennisspieler Vorteile, sondern auch im Alltag. Sie helfen, wenn du nervös bist, ängstlich bist oder Lampenfieber hast. Lassen dich ruhiger werden, wenn du gestresst bist. Ob du nun vor dem Tennismatch nervös bist und dir tausend Gedanken durch den Kopf schießen oder vor einer wichtigen Präsentation oder vor einem wichtigen beruflichen Gespräch, ist vollkommen sekundär. Atemübungen helfen dir, entspannter zu sein. Es heißt: „Kommt der Atem zur Ruhe, beruhigen wir damit auch unseren Geist." Es gibt viele verschiedene Atemübungen. Ich empfehle einerseits, ein paar Sekunden (zwei bis vier Sekunden) entspannt tief einzuatmen durch Mund oder Nase und dann durch den Mund wieder vollständig auszuatmen. Dabei fühlst du unbedingt auch, wie sich die Bauchdecke beim Einatmen hebt und beim Ausatmen senkt. Auch ist es durchaus sinnvoll, dass Geräusch des Atmens wahrzunehmen. Konzentriere dich ausschließlich auf deinen Atem. Andererseits lege ich dir eine Atemtechnik nahe, die der Niederländer Wim Hof (Wim-Hof-Methode) praktiziert. Nimm hierfür eine entspannte Position ein, am besten liegend. Dann atmest du zunächst so tief ein, wie du kannst. Diesmal atmest du aber nicht voll aus, sondern behältst noch etwas Luft in dir, bevor du wieder so tief einatmest, wie du nur kannst. Diesen Vorgang wiederholst du 30- bis 40-mal. Anschließend machst du eine Pause und atmest wieder 30- bis 40 mal tief und vollständig ein und nicht ganz so vollständig wieder aus. Das Ganze wiederholst du drei- bis fünfmal. Die Methode hat Power und es kann unter Umständen sein, dass deine Finger oder Fußzehen zu kribbeln beginnen oder dir auch kurzzeitig etwas schwindelig wird (daher diese Übungen bitte nicht im Auto durchführen). Dies vergeht aber sehr schnell wieder, und du fühlst dich danach energiegeladen.

Atemübungen kannst du im Übrigen auch noch auf dem Tennisplatz durchführen. Sehr empfehlenswert ist dies beim Einschlagen vor dem Match oder auch beim reinen Schlagtraining. Natürlich ist der Ablauf hier ein anderer. Auf dem Platz solltest du tief einatmen, bis der Tennisball auf deiner Seite aufspringt, und so lange ausatmen, bis der Tennisball auf der Seite deines Gegenspielers aufspringt. Dann wiederum beginnst du gleichmäßig einzuatmen, bis der Ball eben wieder in deiner eigenen Hälfte aufkommt. Springt der Ball dort auf, also kurz bevor du den Ball triffst, atmest du wieder langsam und gleichmäßig aus. Und dann beginnt der Atemzyklus wieder von vorne. Tief einatmen, bis der Ball auf deine Spielfeldhälfte springt, und dann wieder gleichmäßig ausatmen. Neben einer ruhigen und gleichmäßigen Atemfrequenz bietet dir diese Methode noch zwei weitere Vorteile. Erstens findest du so leichter und besser in einen guten Schlagrhythmus, und zweitens wirst du so auf das Ein- und Ausatmen konzentriert sein, dass sich keine störenden, negativen Gedanken einschleichen werden. Du bist fokussiert und konzentrierst dich aufs Wesentliche. Damit aber noch nicht genug bezüglich des Atmens. Auch zwischen den Ballwechseln bringt eine Fokussierung darauf viele Vorteile. Aber darauf werde ich später eingehen.

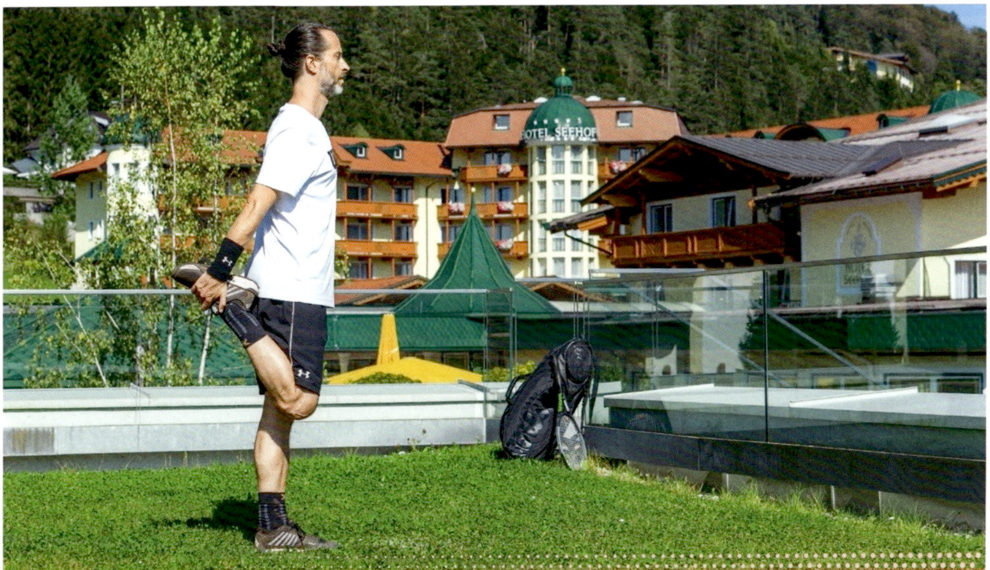

Neben dem körperlichen Warm-up solltest du dich auch geistig auf ein Match vorbereiten.

Auch eine kalte Dusche vor dem Match könntest du in dein Vorbereitungsprogramm mit aufnehmen, und das nicht nur im Sommer. Rafael Nadal verriet beispielsweise in seiner Autobiografie („Rafa – Mein Weg an die Spitze“), dass er 45 Minuten vor jedem Match eiskalt duscht. „Unter dem kalten Wasserstrahl trete ich in einen anderen Bewusstseinszustand ein, in dem ich spüre, wie meine Kraft und meine Widerstandsfähigkeit wachsen. Wenn ich danach die Dusche wieder verlasse, bin ich ein anderer Mensch. In diesem Zustand existiert für mich nichts anderes als das anstehende Match.“ Fakt ist, eine kalte Dusche bringt viele Vorteile mit sich:

- Mehr Energie. Der Puls erhöht sich und das kalte Wasser wirkt wie ein Koffein-Shot. Vor allem wer lethargisch und schlecht ins Match startet, sollte die kalte Dusche unbedingt ausprobieren.

- Bessere Laune und mehr Optimismus. Es ist bekannt, dass kaltes Wasser das Gehirn stimuliert. So wird Stress und Negativität vorgebeugt. Die kalte Dusche wirkt wie ein Adrenalinschub.
- Gesteigerte Durchblutung.
- Erhöhte Sauerstoffaufnahme. Durch die kalte Dusche hat der Mensch einen höheren Bedarf an Sauerstoff und atmet dadurch fast von selbst tiefer ein und aus.
- Angeregter Kreislauf und geringere Müdigkeit.
- Höhere Konzentrationsfähigkeit. Die Kälte wirkt auf den Körper wie ein Adrenalinschub. Die Folge ist, dass sich deine Aufmerksamkeit erhöht und du kannst dich besser und länger konzentrieren.

Auch nach dem Match ist dies zu empfehlen, wobei die Experten hier eher zum Wechselduschen raten. Dies hilft, Schmerzen zu lindern und die Erholung der Muskeln zu fördern. Ich möchte allerdings noch mal auf die Vorteile der kalten Dusche bei der Matchvorbereitung eingehen. Mehr Energie, Optimismus, geringere Müdigkeit und höhere Konzentrationsfähigkeit sind alles extrem wichtige Dinge in einem Tennisspiel. Steigerst du diese, hast du mit Sicherheit einen kleinen Wettbewerbsvorteil.

Gepaart mit einem ordentlichen körperlichen Warm-up (das im Übrigen natürlich nach dem geistigen Warm-up erfolgt), sollte dir das mentale Aufwärmprogramm mit Visualisierungen, Atemübungen und einer kalten Dusche einen optimalen Start ins Match verschaffen.

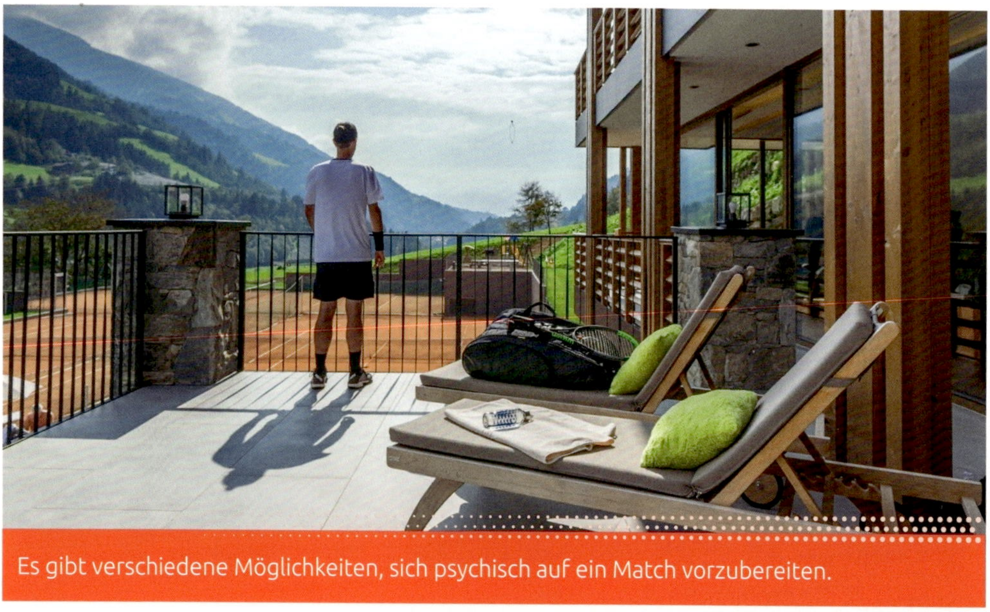

Es gibt verschiedene Möglichkeiten, sich psychisch auf ein Match vorzubereiten.

– KAPITEL 3 –

Der Matchbeginn

Der Matchbeginn

„Auch der längste Marsch beginnt mit dem ersten Schritt." (Laotse)

Nachdem ich dir die mentale Matchvorbereitung beschrieben habe, möchte ich noch ganz kurz auf den Matchbeginn und den ersten Satz eingehen. Ein kurzes Kapitel.

Aber der erste Satz beziehungsweise der Start in ein Match haben eine hohe Bedeutung. Du wärmst dich körperlich und mental auf, damit du eben gut ins Match startest. Brad Gilbert geht darauf auch in seinem Buch „Winning Ugly" ein. Er rät den Spielern, die Gelegenheit eines guten Starts nicht zu verpassen.

Brad Gilbert: „Nach Angaben der ATP gewinnt zu 89,6 % jener Spieler (unter den Top 20) das Match, der den ersten Satz zu seinen Gunsten entschieden hat." Weiter sagt Gilbert, um die Wichtigkeit des ersten Satzes zu unterstreichen, dass „Conners bei den US Open sich in 88 von 90 Fällen auch den Sieg holte, wenn er den ersten Satz gewonnen hatte".

Meine eigenen Statistiken aus knapp 4.500 Matches der WTA und ATP Tour ergaben, dass zu 78,6 % der Spieler das Match gewinnt, der auch den ersten Satz für sich entschieden hat. Dass dieser Wert es wohl ganz gut trifft, belegt auch ein Wert von Craig O'Shannessy, demzufolge zu 78,3 % der Gewinner des ersten Satzes auch das Match gewinnt. Die krasse Differenz zu Gilberts Wert erklärt sich dadurch, dass ein Top-20-Spieler gewöhnlich ohnehin als Favorit ins Match geht und er es zu fast 90 % gewinnt, wenn er den ersten Satz für sich entscheidet. Betrachtet man die Daten der Top Ten 2019, so ergibt sich für diese Spieler auch ein Durchschnittswert von 90,1 % Siegquote, wenn sie den ersten Satz gewonnen haben. Die Nummer eins 2019, Rafael Nadal, gewann gar 55 von 56 Matches, wenn er den ersten Satz gewann im Jahr 2019 (98,2 %). Interessant ist aber auch, dass die Top-Ten-Spieler in 2019 jedes dritte Match nach Satzrückstand noch umgebogen haben (33,8 % Sieg noch nach Satzrückstand). Roger Federer liegt hier mit 54 % vorne.

Fakt ist, dass ein gewonnener erster Satz sicherlich kein Nachteil ist. Aber der erste Satz ist nur die halbe Miete. Gilbert beschreibt in seinem Buch die immense Wichtigkeit des ersten Satzes. Ich halte das für etwas übertrieben. Sicherlich ist ein guter Start sehr wichtig, und man sollte dem auch Beachtung schenken. Wenn du aber einen guten Start und den Gewinn des ersten Satzes überbewertest, mindert das ebenfalls deine Siegchancen. Denn was passiert, wenn du den Start verschläfst und den ersten Satz eben verlierst? Dir geht der Glaube daran verloren, das Match noch zu drehen. Zu fast 80 % verliert der Verlierer des ersten Satzes ja auch das Match! Aber das ist nur die halbe Wahrheit. Denn der Sieger des zweiten Satzes gewinnt gar zu 85,7 % das Match! Wichtiger als der erste Satz erscheint somit der Gewinn des zweiten Satzes.

Was ist aber nun zu beachten beziehungsweise was ist wichtig?

- Jede Phase eines Matches hat ihre eigene spezielle Bedeutung. Es gibt sehr wichtige, wichtige und weniger wichtige Abschnitte in einem Match. Darauf gehe ich später noch genauer ein.
- Den Beginn des Matches zu verschlafen ist dumm. Gerätst du früh in Rückstand, wird dies das Selbstvertrauen deines Rivalen anheben. Und das willst du unbedingt vermeiden. Außerdem ist es immer unangenehm, einem Rückstand hinterherzulaufen.
- Noch ärgerlicher ist der Verlust des kompletten ersten Satzes. Läufst du einem Satzrückstand hinterher, musst du nicht nur den zweiten Satz unbedingt gewinnen, sondern auch noch einen möglichen dritten Satz oder Match-Tiebreak. Dennoch hast du noch nicht verloren. Holst du dir den zweiten Satz, steht es nicht nur 1 : 1 nach Sätzen, nein, du bist auch noch psychologisch im Vorteil und hast das Momentum auf deiner Seite!
- Du hast den ersten Satz gewonnen! Super! Ein erster, kleiner Schritt zum Sieg ist gemacht. Aber eben nur ein erster, kleiner Schritt. Du solltest dich auf keinem Fall auf diesem kleinen Erfolg ausruhen. Beachte unbedingt, dass häufiger der Spieler das Feld als Sieger verlässt, der den zweiten Satz gewinnt. Denn er hat das Momentum auf seiner Seite.
- Es ist bedeutsam, gut zu starten, früh in Führung zu gehen und im Idealfall auch den ersten Satz zu gewinnen. Aber genauso ist es notwendig, nicht in Panik zu geraten, wenn dies eben nicht gelingt. Wenn du dir die hohe Bedeutung eines guten Starts und auch die Bedeutung des ersten Satzes zu stark einredest, wirst du den Glauben an eine mögliche Wende verlieren, sollte der erste Satz an deinen Gegner gehen. Bleib also ruhig und betrachte das Ganze rational.

- Spieler, die am Anfang unbedingt alles richtig machen möchten und für die der Beginn des Matches zu hohe Priorität hat, sind oft verkrampft und spielen zu vorsichtig. Sie sind nicht frei in ihren Aktionen und schieben die Bälle mehr, als dass sie den Ball richtig sauber und satt treffen. Dies führt zu eher bescheidenem Spiel und dies wiederum führt dazu, dass das Selbstvertrauen schwindet. Im schlimmsten Fall kommt gar der Gedanke auf: „Das wird heute nichts. Heute ist nicht mein Tag."

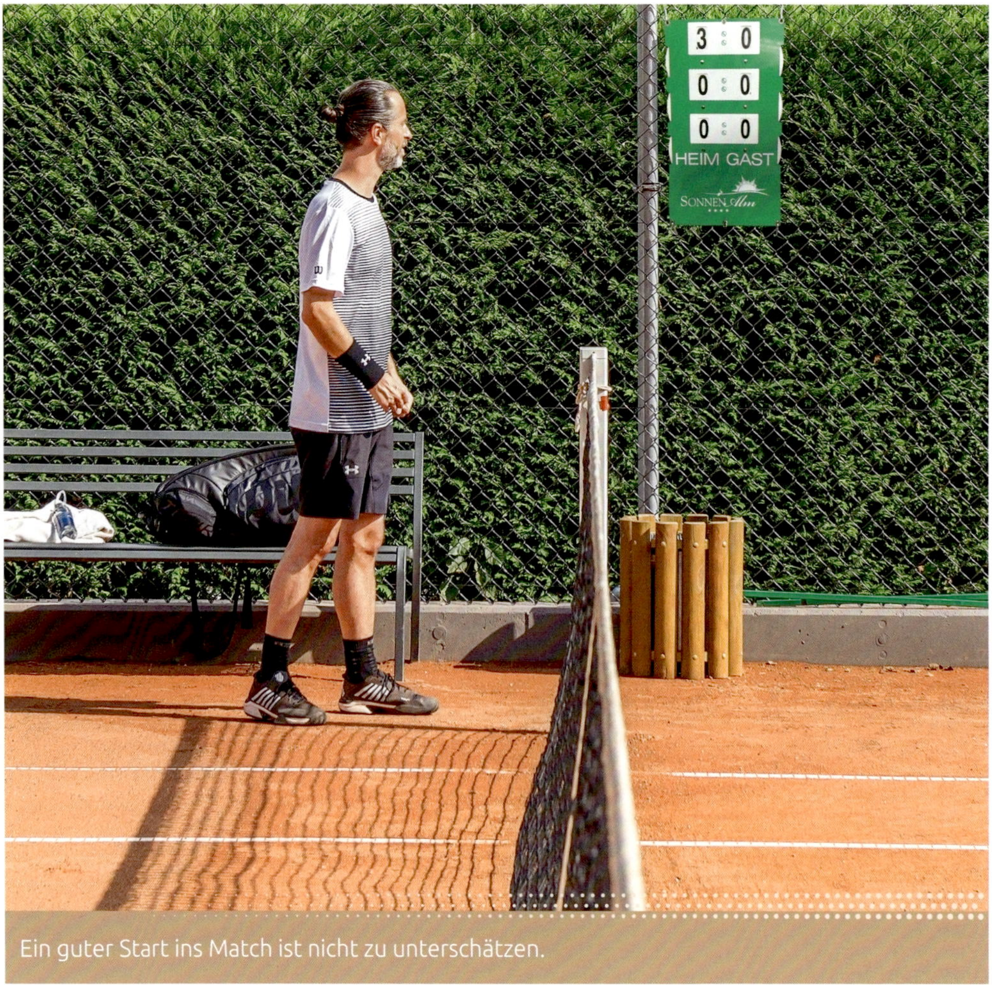

Ein guter Start ins Match ist nicht zu unterschätzen.

Ich selbst gehe seit einigen Jahren hier anders vor. Ich versuche den Start eher als verlängerte Einspielphase zu betrachten. Das mag konträr zu den Meinungen vieler Experten sein. Ich finde es aber hilfreich, vor allem wenn ich mich selbst als besseren Spieler und Favoriten betrachte. Ich weiß dann, wenn ich mein Spiel finde, kann ich auch einen

Rückstand noch umdrehen und werde gewinnen. Für mich persönlich ist entscheidend, dass ich mein Tennis abrufe. Natürlich hat das nichts mit wildem Draufprügeln zu tun. Ich möchte dem Gegner keine Geschenke machen und natürlich auch nicht allzu viele Fehler begehen. Aber wenn mal ein leichter Fehler dabei ist, dann ist das halt so. Besser locker und entspannt am Anfang, mit ein paar wenigen Fehlern und vielleicht auch einem kleinen Rückstand, als das komplette Match vollkommen verkrampft. Schlussendlich ist es so, je näher das Spiel sich dem Ende zuneigt (also vor allem der Gegner sich dem Matchball nähert), desto weniger Punktverluste kann man sich leisten. Ist dein Gegenspieler nur noch zwei Punkte vom Matchgewinn entfernt, darfst du nicht mehr wirklich viel falsch machen. Ein Doppelfehler oder ein unforced error in einer solchen Situation wäre verheerend. Am Anfang, bei 0 : 0, 0 : 1, 1 : 1 benötigt der Gegner noch über 40 Punkte zum Sieg. In dieser Situation ist ein Doppelfehler oder anderweitiger leichter Fehler auch ärgerlich, aber leichter auszubügeln als kurz vor Matchende. Was ich jedoch häufig beobachte, ist dies: Spieler nehmen den Start zu wichtig und agieren extrem gestresst. Der Arm ist schwer und läuft nicht locker, die Beine scheinen ebenfalls mit dem Boden verwachsen zu sein. Jeder Punkt scheint schon in dieser frühen Phase sehr wichtig zu sein, und die Bälle werden mehr geschoben als geschlagen. Das ist Verkrampfung, ausgelöst durch psychischen Druck. Und das bereits beim ersten oder zweiten Ballwechsel. Man möchte fast rufen: „Leute, macht euch mal locker!" Ich verstehe ja, wenn das irgendwann im Tiebreak, Match-Tiebreak oder im dritten Satz passiert, aber am Anfang? Zu Matchbeginn geht es darum, ins Spiel zu finden und die Verkrampfung abzulegen, locker zu werden und saubere Schwünge zu machen. Dasselbe Problem hat im Übrigen auch der Gegner. Wie oft ging ich anfangs in Führung, weil ich selbst kaum Fehler gemacht habe, der Gegenspieler aber schon. Dennoch fühlte ich mich gar nicht wohl auf dem Platz. Der Gegner hingegen bekam trotz des Rückstandes Selbstvertrauen, weil er bemerkte, dass ich eigentlich nur dank seiner Fehler vorne lag. Irgendwann hat er dann sein Spiel gefunden und kam in Fahrt und zog mit Schwung an mir vorbei. Sicherlich gehört viel Selbstvertrauen dazu zu sagen: „Ich spiele nicht verhalten und verkrampft, auch wenn ich ein paar Fehler begehe und vielleicht anfangs hinten bin. Aber wenn ich mein Spiel finde, werde ich das Spiel drehen!" Und hey, es muss ja auch nicht sein, dass du dann gleich hinten liegst. Das ist das Worst-Case-Szenario. Vielleicht gelingen dir auch viele gute Schläge und du gehst sogar in Führung.

Grundsätzlich kann man Partien auf drei Hauptarten herunterbrechen. Du bist favorisiert und solltest gewinnen, weil du der bessere Spieler bist. Dein Gegenspieler und du sind auf Augenhöhe und es gibt keinen Favoriten, weil eure Spielstärke in etwa dieselbe ist. Du bist der Außenseiter und ein Sieg deinerseits wäre eine echte Überraschung. In welchem Fall spielst du für gewöhnlich dein bestes Tennis? Meist spielst du dann gut, wenn du selbst der Außenseiter bist. Und das liegt mitunter an der Denkweise. Du hast das Gefühl, dass du nichts zu verlieren hättest, und spielst entsprechend locker. Und oftmals kommen viele starke Schläge dabei heraus. In dem Maße, indem du selbst vielleicht über deinem Level spielst, agiert dein favorisierter Gegner wahrscheinlich etwas verhalten und ist eventuell auch überrascht, dass er es so schwer hat. Das funktioniert aber nur, weil du locker und entspannt bist. Und in diesen Zustand solltest du am Anfang vom Match kommen, egal, ob du Favorit oder Underdog bist.

Ich möchte eines noch kurz klarstellen. Mit locker schwingen meine ich ausdrücklich nicht, die Bälle so hart zu schlagen, wie du kannst. Es geht darum, klug zu spielen, aber ohne Angst. Und es geht darum, sich am Anfang einige Fehler zuzugestehen. Du bist noch nicht im Rhythmus. Das Ziel ist, diesen so schnell wie möglich zu finden.

Fazit:

Ein körperliches und mentales Warm-up ist wichtig, denn es erleichtert dir den Start ins Match. Ein guter Matchbeginn ist super, denn er steigert dein Selbstvertrauen. Aber beachte, dass ein guter Start ins Match nicht vernachlässigbar ist, aber dass selbst der Verlust des ersten Satzes mit dem Gewinn des zweiten Satzes mehr als auszugleichen ist. Denn du hast dann das Momentum auf deiner Seite. Statistisch gesehen gewinnt häufiger der Sieger des zweiten Satzes das Match als der Gewinner des ersten Satzes. Deshalb ist es am Anfang vor allem wichtig, dass du dein Spiel findest, unabhängig vom Gegner. Wenn du den Anfang zu wichtig nimmst, mindert das die Chancen, in den Rhythmus und den optimalen Zustand zu kommen. Folgende Ziele solltest du zu Matchbeginn haben:

- Rhythmus finden. Locker und befreit schwingen ohne Angst und ohne zu viel an einzelne Punkte und den Spielstand zu denken.
- Um jeden Ball kämpfen und dem Gegner nichts schenken. Dies gilt für jede Matchphase.
- Das Spiel ausgeglichen gestalten oder in Führung gehen. Natürlich sollte dein Ziel trotzdem sein, in Führung zu gehen und die Führung, wenn möglich, weiter auszubauen.
- Nicht in Panik geraten, wenn du in Rückstand gerätst. Wenn du dein Spiel findest, solltest du in der Lage sein, den Rückstand aufzuholen.

– KAPITEL 4 –

Von „besseren Spielern“ und Trainingsweltmeistern

Von „besseren Spielern“ und Trainingsweltmeistern

Tennis wird im Kopf entschieden. Dies gilt aber nur, wenn beide Spieler von ihrem Können in gegenseitiger Reichweite sind, also etwa auf demselben Level. Dennoch gibt es Spieler, die im Training viel besser spielen als im Match – oder zumindest erfolgreicher. Auf der anderen Seite gibt es Spieler, die viele Matches gegen „schlechtere“ Gegner verlieren. Diese Spieler sehen sich als „besser“ als ihre Gegenspieler an. Ich habe mich immer gefragt, woran machen diese Spieler fest, dass sie „besser“ sind? „Ich habe unglücklich 8 : 10 im Match-Tiebreak verloren. Hätten wir den dritten Satz ausgespielt, hätte ich gewonnen.“ „Gegen diesen Spieler hätte ich gewinnen müssen, denn ich war der bessere Spieler.“ Kommen dir solche Aussagen auch bekannt vor? Wodurch charakterisiert sich der „bessere“ Spieler? Zumeist wird mir dann erläutert: „Ja, ich habe eine bessere Technik und sauberere Schläge.“ Beides ist jedoch schwierig greifbar und unmöglich zu messen. Man kann das Ganze auch an harten Fakten festmachen. Die Leistungsklasse, die Rangliste und eventuell direkte Vergleiche und Quervergleiche. Auch interessant sind die gewonnenen Spiele innerhalb des Matches und auch die gewonnenen Punkte. Wenn nun zum Beispiel Leistungsklasse sechs gegen Leistungsklasse zehn spielt und Leistungsklasse sechs verliert das Match mit 4 : 6, 6 : 0 und 8 : 10. Dann würde ich durchaus zustimmen, dass der bessere Spieler verloren hat. Meistens ist es aber nicht so eindeutig. Weshalb spreche ich das Ganze überhaupt an? Ich habe festgestellt, dass es vielen Spielern schwerfällt, gut zu spielen und souverän zu gewinnen, wenn sie sich selbst als „besseren“ Spieler erachten. Diese Spieler haben dann das Gefühl, sie müssten das Match auf Gedeih und Verderb gewinnen, und das auch noch möglichst glatt, und fühlen sich psychisch von Anfang an unter Druck gesetzt. Meist passiert dies Spielern, denen nachgesagt wird, sie hätten eine gute, ja gar lehrbuchmäßige Technik. Meist setzen diese Spieler ihre Technik aber eher wenig gewinnbringend ein. Dies ist eine Kategorie. Nennen wir diese Spieler „die Überschätzten“. Eine andere Kategorie sind Spieler, die eine eher bescheidene Technik haben, jedenfalls wenn wir von einer lehrbuchmäßigen Technik ausgehen. Oftmals aber können diese Spieler ihre Schläge sehr gewinnbringend einsetzen, zum Beispiel indem sie die Schwächen des Gegners bearbeiten. Nennen wir diese Spieler „die Unterschätzten“. Diese gehen oftmals als Außenseiter in ihre Spiele, denn von außen betrachtet sind sie aufgrund der Technik schwächer. Ihr Umfeld teilt den Unterschätzten mit: „Gegen den Gegner ist es keine

Schande zu verlieren", „du hast nichts zu verlieren". Die Folge ist, dass diese Spieler eher geringen Druck verspüren, denn kaum jemand erwartet einen überzeugenden Sieg. Und da „die Unterschätzten" kaum Druck ausgesetzt sind, spielen sie oftmals befreit und an ihrem oberen Leistungslimit. Die Folge ist, dass sie viele Matches gewinnen, von denen ihr Umfeld dachte, sie würden diese verlieren. Dies sorgt dafür, dass ihr Selbstvertrauen steigt und sie oftmals über sich hinauswachsen. Was wünschen wir uns als Spieler? Wir möchten nicht nur einfach Tennismatches gewinnen, nein, wir wollen gut spielen, wir wollen gegen gleichwertige oder bessere Gegenspieler gewinnen. Und wir wollen Wertschätzung für unsere Leistung. Das ist unser Ziel!

Im Gegensatz dazu stehen „die Überschätzten". Ihnen wird ständig gesagt: „Das Match musst du gewinnen", „du bist deinem Gegner klar überlegen", „du hast eine viel bessere Technik und stärkere Schläge". Was gut gemeint ist vom Umfeld, nämlich dem Spieler Selbstvertrauen einzuflößen, wirkt sich oftmals kontraproduktiv aus. „Die Überschätzten" bekommen dadurch nicht mehr Selbstvertrauen, sondern es baut sich psychischer Druck auf, der sich oft in einer Art Versagensangst niederschlägt. „Jeder erwartet einen Sieg von mir, ich darf dieses Match einfach nicht verlieren", „sie haben ja alle recht, ich bin klar besser, aber was ist, wenn ich doch verliere?" Das Ganze mündet dann oftmals darin, dass „die Überschätzten" gehemmt spielen oder überpowern. Sie haben gute Schläge, können diese aber nicht gewinnbringend einsetzen. Das wiederum führt dazu, dass „die Überschätzten" selten an ihrem Leistungslimit spielen und eigentlich ständig das Gefühl haben, dass sie besser spielen könnten. Sie verlieren verhältnismäßig viele Matches, in denen ihr Umfeld und auch sie selbst einen klaren Sieg erwarten. Dies sorgt dafür, dass ihr Selbstvertrauen sinkt und sie große Selbstzweifel haben. Selbst bei knappen Siegen bekommen „die Überschätzten" oft zu hören: „Du hast zwar gewonnen, aber den Typen musst du eigentlich locker 6 : 2, 6 : 2 schlagen! Was war denn los?" Kein „Gut gemacht", kein „Stark, wie du im entscheidenden Moment die Nerven behalten hast"!

Kommt dir diese Situation bekannt vor? Was kannst du dagegen tun?

Ich empfehle sehr, rational an die Sache ranzugehen. Ida, eine Spielerin, die bei mir trainierte, hat vor einigen Jahren ein Match gespielt bei einem kleineren, regionalen Turnier. Ida war an Position zwei gesetzt und ging als klare Favoritin in ihr Zweitrundenmatch. Ihre Gegnerin Petra kannte sie von anderen Turnieren. Petra spielte sehr offensiv und sehr inkonstant. Einige schöne Schläge, eigentlich eine saubere Schlagtechnik, aber sehr viele Fehler. Das Match begann und Ida hielt den Ball kontrolliert mit guter Schlaglänge im Spiel. Sie gewann Punkt um Punkt. Bis zum 3 : 0 im ersten Satz hatte Petra lediglich zwei Punkte gewonnen. Aber plötzlich begann Petra kaum noch Fehler zu machen. Sie spielte unglaublich zwingend und dominierte das Spiel. Von den nächsten sieben Spielen gingen sechs an Petra. Ida hatte keine Chance. „Egal. Dranbleiben, dass kann sie niemals durchhalten", dachte ich von außen. Das tat Ida auch. Aber ihre Gegnerin ließ nicht nach und ihre Fehlerquote stieg auch nicht an. Der zweite Satz endete mit 2 : 6 aus Idas Sicht. Hat Ida versagt? War sie die bessere Spielerin? Beide Fragen würde ich negieren. Ihre Gegenspielerin war an diesem Tag klar besser. Sicher, an den meisten anderen Tagen wäre Ida die „bessere" Spielerin gewesen, aber an diesem einen Tag eben nicht.

Ich selbst hatte auch lange Probleme damit, Matches gegen vermeintlich „schlechtere" Spieler zu verlieren. Ich spürte den Druck bereits weit vor dem Spiel. In jungen Jahren hatte ich gar Probleme einzuschlafen am Abend vor dem Match. Grundsätzlich überwiegen dann negative Gedanken wie: „Was ist, wenn ich morgen wirklich schlecht spiele und dann tatsächlich verliere", „was ist, wenn mein Gegner über sich hinauswächst und mich besiegt", „was sollen meine Freunde und Mannschaftskollegen denken, wenn ich gegen diesen Spieler verliere"? Solche Gedanken sind normal, aber sie bringen dich nicht weiter. In der Regel sollte man gegen schwächere Gegenspieler gewinnen. Ab und zu hat man einen schlechten Tag und verliert eben dann vielleicht auch. Das ist in Ordnung. Wir alle machen Fehler und wir alle haben gute und weniger gute Tage. Genauso ist es, dass es eben Matches gibt, in denen der Gegner in den Flow kommt und über sich hinauswächst. Petra, Idas Gegnerin, war im Flow und hat folgerichtig verdient gewonnen. Wichtig ist zu akzeptieren, dass der Gegner vielleicht an diesem Tag besser war und dass der Gegenspieler eben auch ein ganz vernünftiger Tennisspieler ist. Es gibt immer Gründe, wieso man verliert. Ich persönlich habe vor Jahren begonnen, Niederlagen zu akzeptieren. Damit meine ich nicht, dass ich auf dem Tennisplatz nicht alles gebe und während des Matches denke: „O. K. Mein Gegner ist besser, er wird das Match gewinnen." Diesen Gedankengang verdränge ich! Aber falls ich verliere, ist es in Ordnung für mich. Wenn ich alles in meiner Macht Stehende getan habe, um die Niederlage abzuwenden, kann ich die Niederlage akzeptieren. Dann habe ich entweder nicht meine Bestleistung erbracht, was natürlich ärgerlich ist, oder der Gegenspieler hat besser gespielt als meine Wenigkeit und verdient gewonnen. Nehmen wir den Fall, dass ich nicht

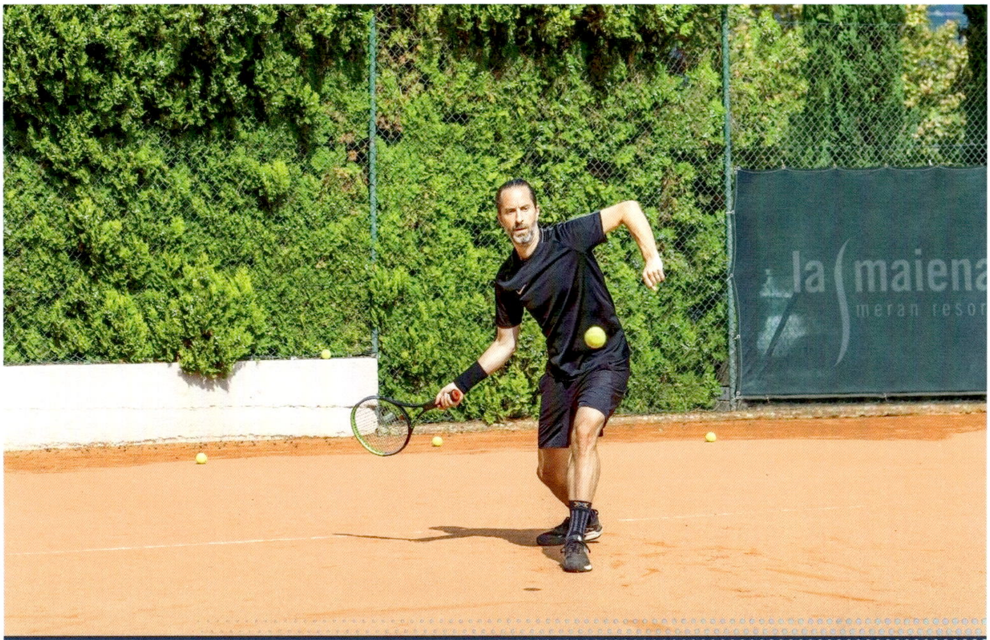

Nicht immer gewinnt der bessere Tennisspieler.

meine Bestleistung erbracht habe. Selbst dann muss mein Gegner doch ein ansprechendes Niveau gespielt haben. Fakt ist, dass es mir weit leichter fällt, mit Niederlagen umzugehen, wenn ich die Leistung meines Gegners respektiere. Und tun das nicht auch die weltbesten Spieler? Kein Top-Spieler jammert nach einem verlorenen Spiel, „dass er keinen Ball getroffen hätte", „dass der Gegner nur Glück hatte" oder Ähnliches. Aber bei uns Amateurspielern ist die Liste der Ausflüchte immer sehr lang. Sehr selten (vor allem nach knappen Matches) hört man Sätze wie: „Mein Gegner war heute der bessere Spieler", „trotz des knappen Ergebnisses war sein Sieg unterm Strich verdient". Ich kenne Spieler, die behaupten stets, schlecht zu spielen, besser zu sein als ihre Gegner, auch wenn sie oftmals verlieren. Wenn ich bei zehn Niederlagen achtmal behaupte, ich wäre der bessere Tennisspieler, stimmt etwas mit meiner Selbstreflexion nicht. Ich rate dir daher, analysiere deine Niederlagen und lerne aus ihnen. Akzeptiere sie und hak sie ab. Zerfleische dich nicht selbst, zumindest dann nicht, wenn du dein Bestes gegeben hast.

Nun möchte ich zum zweiten Punkt kommen, den sogenannten Trainingsweltmeistern. Zumeist sind das Spieler, die unglaublich gerne und viel trainieren. Auch hier gibt es verschiedene Kategorien:

- Der Lieblingsschüler. Er bucht beim Klubtrainer unglaublich viele Trainingsstunden. Feilt in diesen an seiner Technik und lässt sich mit schön zugespielten Bällen füttern. Das Ganze hat teilweise sicherlich seinen Sinn, und Trainerstunden helfen unglaublich gut dabei, die eigene Technik weiterzuentwickeln. Allerdings spielt der Lieblingsschüler, wenn überhaupt, dann nur Punkte gegen seinen Trainer. Gegen Spieler, die auf seinem Level spielen, tritt er nur in Turnieren und Mannschaftsspielen an. Oftmals ist er diesen Gegnern technisch überlegen, aber taktisch und mental unterlegen. Er sieht sich als besseren Spieler an, verliert aber häufig gegen in seinen Augen schlechtere Spieler (siehe Abschnitt „Von besseren Spielern").
- Der Rhythmusspieler. Diese Kategorie von Spielern schlägt hauptsächlich nur Bälle. Der Rhythmusspieler ist ein perfekter Sparringspartner, denn er kann stundenlang nahezu fehlerfrei Schläge aus dem Stand durch die Mitte oder crosscourt spielen. Seine Bälle kommen fast immer mit nahezu gleicher Geschwindigkeit und ähnlicher Flugkurve. Er weigert sich beharrlich, Trainingssätze zu spielen, und lässt sich allenfalls mal dazu herab, am Ende der Einheit den einen oder anderen Elfer zu spielen.
- Der Elferspieler. Er spielt sehr gerne auch im Training um Punkte. Allerdings stets ohne Aufschlag und Return. Im richtigen Match wundert er sich dann, dass seine Aufschlagquote katastrophal ist, und auch der Return zählt nicht unbedingt zu seinen Stärken.

Alle drei Trainingstypen weigern sich in der Regel beharrlich, Trainingssätze zu spielen, die meiner Meinung nach das Salz in der Suppe sind. Natürlich gibt es auch Spieler, die Trainingssätze spielen oder Mischformen der Trainingstypen. Also Spieler, die 30 Minuten auf Rhythmus spielen und dann 45 Minuten Elfer spielen, bevor sie dann zum Abschluss noch einen Match-Tiebreak spielen.

Trainingsweltmeister zeichnen sich in der Regel dadurch aus, dass sie im Training, wenn es um nichts geht, hervorragende Leistungen erbringen. Aber sobald es zu einem offiziellen Match kommt, rutscht ihnen das Herz in die Hose und sie bringen kaum noch etwas von der grandiosen Trainingsleistung auf den Platz. Bevor ich dir gleich einige Tipps gebe, wie du vom Trainingsweltmeister zur Wettkampfmaschine wirst, möchte ich dir noch eine weitere kleine Geschichte erzählen. Vor vielen Jahren habe ich in einem kleineren Klub aufgeschlagen. Die Mannschaft wollte kein Training. Sie trafen sich immer zum „Elfer spielen". Ab und zu habe ich auch mitgespielt. Ein Spieler, Sebastian, war in diesen Trainingsspielchen wirklich immer sehr gut. Er spielte stets hart und aggressiv

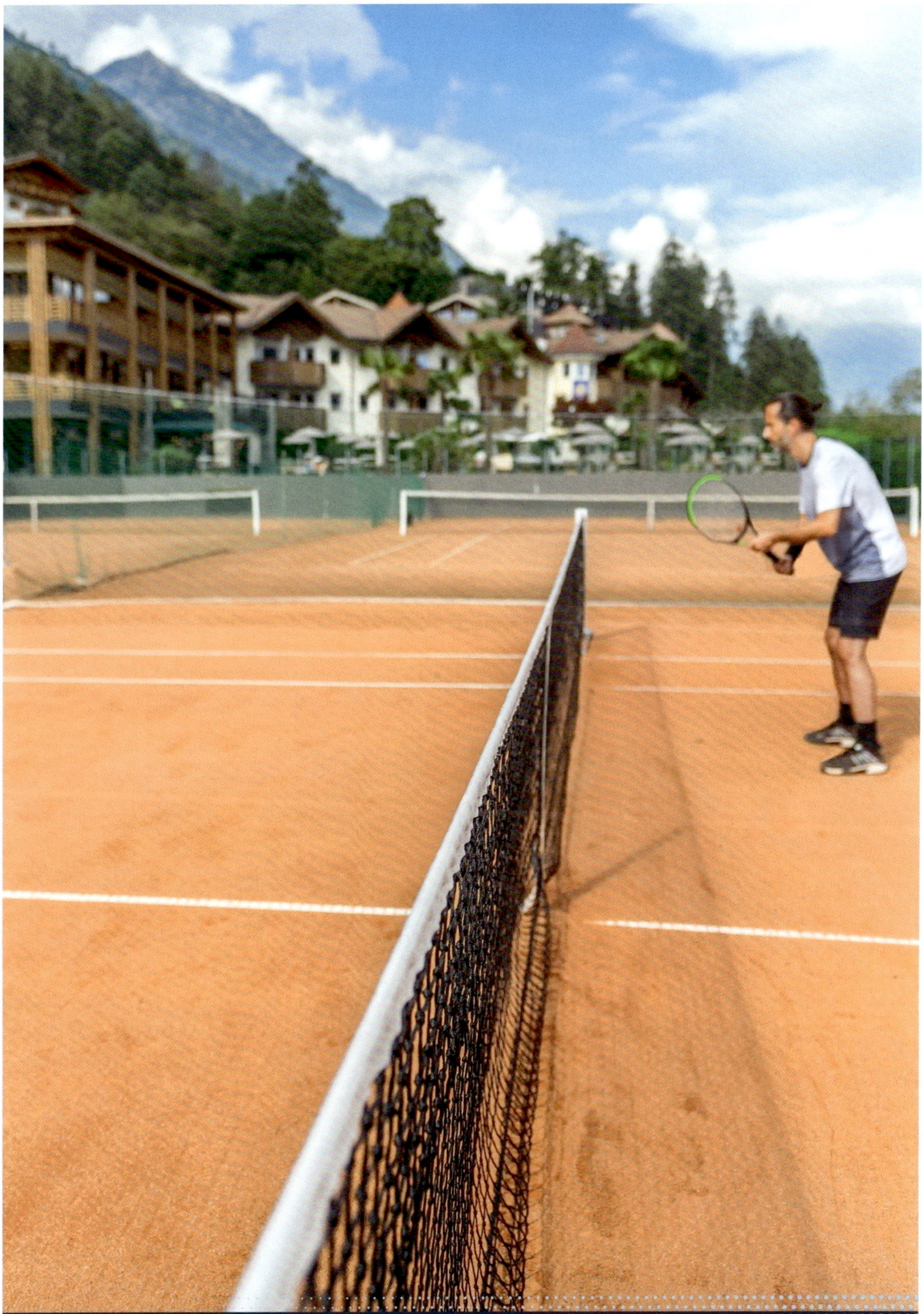

Es ist sehr wichtig, die eigene Komfortzone hin und wieder zu verlassen.

und suchte den schnellen Punktgewinn. Mit dieser Spielweise war er im Training wirklich sehr erfolgreich. Ich hatte oftmals das Gefühl, dass er Geschwindigkeiten spielen würde, die er nicht kontrollieren konnte, aber der Erfolg im Training gab ihm Recht. Dann kam unser erstes Mannschaftsmatch, und Sebastian schien in Top-Form zu sein. Ich hatte ihn noch nie ein offizielles Match bestreiten sehen. Er ging von der Papierform als Favorit ins Match, denn Sebastian war zwei Leitungsklassen besser als sein Gegenspieler. Jedoch schien er nervös und konnte seine Leistung nicht erbringen und verlor das Spiel in zwei glatten Sätzen. „War wohl nicht sein Tag", dachte ich mir. Aber in der Woche darauf dasselbe Spiel. Wieder eine glatte Niederlage. Mir fiel auf, dass er in offiziellen Matches ganz anders spielte. Vorsichtiger und verhaltener. Dennoch hatte er eine hohe Fehlerquote. Im Training unter der Woche jedoch prügelte er wieder völlig befreit auf den Tennisball ein. Beim Spiel am Wochenende agierte er gehemmt und nichts erinnerte an den Spieler, der im Training fantastische Leistungen bot. Kommt dir diese Situation bekannt vor? Ich denke, jeder kennt das. Vielleicht kennst du das nicht von dir selbst, aber sicher von dem einen oder anderen Mannschaftskollegen oder früheren Mitspielern. Was könntest du tun, oder was deinen Mitspielern raten?

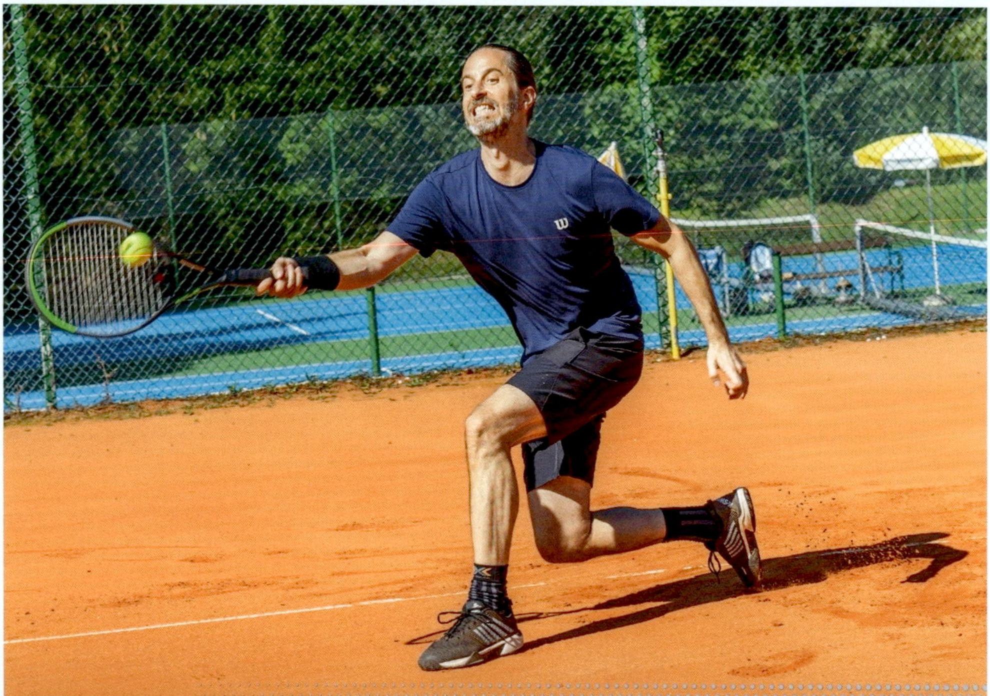

Im Gegensatz zum Training sind viele Spieler im Match nicht locker.

Ihr müsst die Matchsituation simulieren! Um vom Trainingsweltmeister zur Wettkampfmaschine zu mutieren, musst du den Wettkampf simulieren. Das bedeutet Matchtraining:

- zwei Gewinnsätze mit finalem Match-Tiebreak,
- neue Bälle,
- fünf Minuten Einspielzeit,
- dieselben Regeln wie im Match, einschließlich Seitenwechsel und Pause,
- voller Fokus auf dem Match (wenn möglich Mobiltelefon ausschalten).

Zusätzlich empfehle ich noch, um einen Einsatz zu spielen. Alternativ kannst du dich mit deinem Trainingspartner einigen, dass der Sieger das Ergebnis groß ausdrucken darf und zentral im Clubheim aufhängen darf, bis dem Verlierer die Revanche geglückt ist. Wichtig ist unbedingt, dass ein gewisser Druck im Spiel ist. Den Druck des offiziellen Spiels zu simulieren ist unglaublich schwer, aber dieser Druck, diese spezielle Situation macht eben auch den Reiz von Wettkampfspielen aus.

Was lernst du in diesen simulierten Trainingsmatches?

- Taktisch und strategisch zu spielen.
- Deinen Fokus und deine Konzentration über einen längeren Zeitraum zu halten.
- Lösungen für spezielle Situationen zu finden.
- Du bekommst ein Matchgefühl, was weder der Elferspieler, der Rhythmusspieler oder auch der Lieblingsschüler je bekommen werden.

Noch besser ist es natürlich, offizielle Turniermatches zu bestreiten. Diese sind das beste mentale und taktische Training.

Natürlich ist es auch sinnvoll, Trainerstunden zu buchen, um die Technik zu verbessern oder auch mal einfach nur stupide Bälle zu schlagen, aber immer in Kombination mit Trainingsmatches.

Fazit:

- Akzeptiere Niederlagen. Das heißt weder, dass du nicht alles geben sollst auf dem Platz, noch, dass du nicht aus diesen Niederlagen lernen solltest. Aber respektiere die Leistung deines Gegenspielers.
- Falls du eine schlechte Leistung erbringst, ist dies natürlich nicht erfreulich. Aber auch hier solltest du dich nicht selbst zerfleischen. Jeder Mensch macht Fehler und jeder Spieler hat auch schlechte Tage, an denen er kein Gefühl hat und/oder die Beine schwer sind. Wenn du zu 80 % „schlechte" Leistungen erbringst, solltest du an deiner Selbstreflexion arbeiten.
- Spiele so viele Trainingssätze wie möglich. Am besten Trainingsmatches mit zwei Gewinnsätzen.
- Melde dich zu Turnieren an und bestreite offizielle Matches. Auch in diesen Partien kannst du unglaublich viel lernen (siehe nächstes Kapitel).

– KAPITEL 5 –

Misserfolge und Erfahrung – oder: Der Weg in die Erfolgsspur

Misserfolge und Erfahrung – oder: Der Weg in die Erfolgsspur

„Wer etwas wert ist, den machen Erfahrungen und Unglück besser."
(Johann Heinrich Pestalozzi)

Um erfolgreich zu sein, benötigst du Misserfolge. Das klingt jetzt natürlich paradox. Aber niemand wird als Wimbledonsieger geboren oder auch nur als Vereinsmeister. Roger Federer hat zum Beispiel vor seinem ersten Wimbledonsieg 307 Spiele auf der ATP Tour absolviert und davon immerhin 104 verloren. Davor war er bei Futures und Challengers aktiv und davor bei den Juniors. Und dazu kamen dann noch nationale Turniere und Klubspiele. Bei anderen großen Spielern ist es ähnlich. Um große Turniere zu bestreiten, muss man zunächst erst einmal kleinere Turniere spielen. Und gerade am Anfang wird man häufiger verlieren. Auch Federer hatte in seinen ersten beiden Jahren 1998 und 1999 eine negative Bilanz auf der ATP Tour. Niederlagen gehören dazu, auch wenn sie wehtun. Aber aus Niederlagen kannst du unheimlich viel mitnehmen. Das Gefühl einer Niederlage ist natürlich bescheiden. Aber die Chance, etwas zu lernen, ist sehr groß. Du kannst genau analysieren, was du besser machen könntest. Du kannst dir überlegen, in welchen Bereichen dir dein Gegner überlegen war, und an diesen Punkten im nächsten Training arbeiten. Fakt ist, Niederlagen und Misserfolge gehören dazu, und dass nicht nur beim Tennis. Aber an ihnen kannst du wachsen und bekommst obendrein Erfahrung. Ich habe festgestellt, dass viele Top-Spieler oftmals die richtigen Entscheidungen treffen und die richtigen Verhaltensmuster an den Tag legen. Aber manchmal wissen sie überhaupt nicht weshalb. Niemand hat ihnen das gesagt. Auch treffen sie diese Entscheidungen oftmals nicht bewusst. Es ist ihr großer Erfahrungsschatz. Intuitiv wissen sie, dass es in dieser Situation nicht sinnvoll ist, den Ball schnell zu spielen, oder in jener Situation der Ball cross gespielt werden muss. Warum? Weil diese großen Spieler extrem viele Tennisspiele absolviert haben und sie in diesen Situationen anfangs häufig schlechte Entscheidungen getroffen und dadurch den Punkt verloren haben. Eventuell haben sie gar ganze Matches durch solche Fehlentscheidungen verloren. Also haben sie es anders versucht, hatten damit mehr Erfolg und sind bei diesem Muster geblieben.

Diese Erfahrungen bekommst du aber nicht auf dem Trainingsplatz. Du bekommst sie nur in harten Matchsituationen. Richtige, offizielle Matches sind Ausnahmesituationen. Je wichtiger das Match für dich persönlich, desto höher ist der Druck und desto prägender ist auch das Match für dich. Du wirst dich genau erinnern, welche Fehler du in wichtigen Situationen gemacht hast, und wirst natürlich versuchen, aus diesen Fehlern zu lernen. Die Anspannung und der Druck in offiziellen Matches sind um ein Vielfaches größer als auf dem Trainingsplatz. Die meisten Spieler mögen diesen Druck nicht und werden nicht gerne mit ihren Misserfolgen konfrontiert. „Wenn ich nicht antrete, kann ich nicht verlieren." Das ist richtig! Aber man kann eben auch nicht gewinnen! Es gibt viele Ausreden und Ausflüchte, nicht bei Turnieren anzutreten:

- Turniere kosten Geld (Startgeld, Anreise, Verpflegung) – das ist es mir nicht wert, zu teuer!
- Turniere kosten Zeit – da ist doch wieder der ganze Tag im Eimer, eventuell sogar das ganze Wochenende!
- Sicher trete ich wieder gegen einen unsympathischen Gegner an – das brauche ich nicht!
- Ich bin nicht in Form. Vorher sollte ich erst mal vernünftig trainieren – ich will mich nicht blamieren!

Es gibt sicherlich noch viele weitere Motive, keine Turniere oder Wettkämpfe zu bestreiten. Allerdings sind viele Gründe Vorwände, um sich nicht aus der Komfortzone bewegen zu müssen:

- Turniere kosten Geld – zweifelsohne, aber du bekommst auch eine Gegenleistung dafür, nämlich oft ein gutes Spiel, gute Spielbälle, eine oftmals gute Organisation. Und Wettkampfspiele sind das beste Training und die Erfahrungen, die du dabei machst, sind unentbehrlich!
- Turniere kosten Zeit – auch das ist richtig! Aber was gibt es Besseres, als seine Freizeit seinem Hobby zu widmen und aktiv Sport zu treiben?
- Auch kannst du gegen einen unsympathischen Gegenspieler antreten, aber genauso kannst du gegen einen netten Kontrahenten spielen. Eventuell lernst du sogar einen neuen Trainingspartner kennen.
- Ich bin nicht in Form und möchte mich nicht blamieren – eine Niederlage bei einem Turnierspiel ist keine Blamage. Es gibt gute Gründe, wieso du verlierst. Und außerdem sind Turnierspiele das beste Training!

Am letzten Punkt möchte ich noch mal kurz ansetzen. Denn das hört man oft: „Ich bin nicht in Form. Ich muss erst mal trainieren!" „Ich war erst verletzt" oder auch „Ich war gerade erst krank und sollte erst einmal trainieren!" Die meisten Spieler nehmen Turniere viel zu ernst und spielen nur dann ein Turnier, wenn sie in absoluter Bestform sind. Das halte ich für falsch. Hast du schon mal von einem Top-Profi die Aussage gehört: „In Wimbledon spiele ich nicht. Ich bin überhaupt nicht in Form und werde stattdessen trainieren"? So spielte Roger Federer zum Beispiel 2005 nur drei Wochen nach einem Bänderriss und quasi ohne Training den Masters Cup in Shanghai. Sicherlich war der Schweizer ohne Training damals nicht in Bestform. Und natürlich stehen die Top-Spieler auch unter einem gewissen Druck von Sponsoren und Turnierveranstaltern. Allerdings sind die Erfahrungswerte, die die Spieler bei den Turnieren bekommen, immens wertvoll und 100 Trainingsmatches können kein richtiges Turniermatch ersetzen und simulieren. Du solltest Turniere nicht nur spielen, wenn du in Bestform bist, sondern um in Bestform zu kommen!

„Ich spiele sicher kein Turnier, ich war ja erst verletzt und möchte erst einmal trainieren", teilte Adrian seinem Trainer mit. „Du spielst!", war die erbarmungslose Antwort des Coaches, „sieh das Ganze als Training an. Welche negativen Auswirkungen hat es, wenn du schlecht spielst und verlierst? Dann kannst du nächste Woche das nächste Turnier spielen und die Woche darauf wiederum das nächste." Natürlich hat Adrian gespielt. Und das gar nicht mal schlecht. Gleich beim zweiten Turnier erreichte er das Finale und schien recht schnell in Form zu kommen. Mit Sicherheit schneller als nur mit dem Training. Im Training erreichst du nie dieselbe Intensität wie in offiziellen Spielen. Sicherlich ist es für dich vielleicht mit Job/Schule/Studium/Familie und sonstigen Verpflichtungen schwer, jede Woche ein Turnier zu spielen. Ausreden finden wir immer leicht. Und du musst ja auch nicht gleich 30 Turniere spielen. Aber wenn du nur zwei Turniere vor Saisonbeginn spielst, zwei Turniere nach der Mannschaftsrunde im Sommer und vielleicht noch mal vier im Winter kommst du auf acht Turniere. Das ist doch schon mal nicht schlecht. Statt sechs bis acht Einzel im Jahr kommst du so locker auf 20 bis 25 Einzelspiele. Mehr Spiele bedeuten mehr Erfahrung, und wahrscheinlich hast du dann auch mehr Motivation. Wenn ich mich selbst für Turniere angemeldet habe, habe ich auch immer mehr, intensiver und konzentrierter trainiert. Der Wettkampf ist das Salz in der Suppe für Sportler.

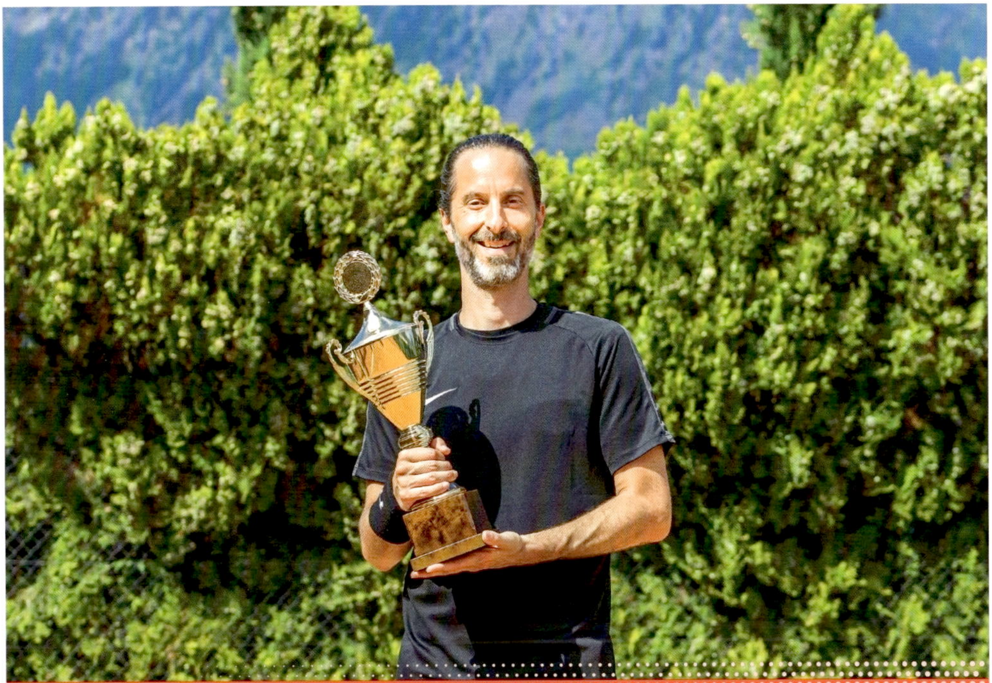

Wer nicht bei Turnieren antritt, kann diese auch nicht gewinnen.

Fazit:

Turniere und Wettkämpfe bringen dich weiter. Du machst Erfahrungen, positive wie negative, genauso wie du Winner schlagen wirst, dir aber auch Fehler unterlaufen werden. Aber du wirst aus den Fehlern lernen und an deinen Erfahrungen wachsen. Tennis ist ein harter Sport, vor allem emotional. Denn in fast jedem Turnier wirst du als Verlierer ausscheiden. Aber aus diesen Niederlagen wirst du lernen. Du wirst deine Fehler analysieren und wirst gezielter trainieren. Außerdem spielst du bei Turnieren immer wieder gegen unterschiedliche Gegner. Zurückspieler, Linkshänder, Konterspieler, Kanonenaufschläger, Serve-and-Volleyspieler. Du wirst lernen, mit allen diesen Spielstilen klarzukommen.

Die meisten Spieler jedoch bleiben lieber in ihrer Komfortzone innerhalb ihrer Klubs. Mach diesen Fehler bitte nicht und gehe raus aus der reinen Vereinskomfortzone und hinein in die Turnierlandschaft. Es wird deinem Tennis garantiert guttun, und dein Spiel wird sich mit Sicherheit verbessern. Wahrscheinlich nicht unbedingt beim ersten oder zweiten Turnier, aber mit der Zeit wirst du Souveränität erlangen. Die Ergebnisse werden dir gefallen.

– KAPITEL 6 –

Wie bescheiße ich richtig?

Wie bescheiße ich richtig?

„Betrügen und betrogen werden, nichts ist gewöhnlicher auf Erden." (Johann Gottfried Seume)

Wir wollen uns nun der dunklen Seite des Tennissports widmen. Zugegeben, die Überschrift dieses Kapitels ist etwas provokant. Und ich will dir auf keinen Fall anraten, deinen Gegner wissentlich zu betrügen. Mit „Bescheißen" kann man sicher das eine oder andere knappe Match zu seinen Gunsten entscheiden, keine Frage. Mittel- beziehungsweise langfristig zahlt sich das meiner Meinung nach aber nicht aus. Als Spieler bekommt man einen schlechten Ruf, und die Gegner wehren sich und geben ihrerseits mehr knappe Bälle aus. Aber das ist auch nicht das Thema, um das es hier gehen soll. Wie fair du als Spieler bist, ist deine Sache. Wie gesagt, ich plädiere für Fairplay, aber schlussendlich muss das jeder mit sich selbst ausmachen. Mir geht es darum aufzuzeigen, wie man sich vernünftig wehren kann, wenn der Gegenspieler unfair spielt.

Wir gehen hierbei immer von einem offiziellen Spiel ohne Schiedsrichter aus, bei dem aber ein Oberschiedsrichter vor Ort ist, der Streitigkeiten zu klären versucht und der im Extremfall einen Schiedsrichter zuteilen kann. Zumeist wird bei Punktspielen, nationalen Preisgeldturnieren oder LK-Turnieren ohne Schiedsrichter gespielt. Ja, sogar in den Qualifikationen der ITF Futures wird oftmals ohne Stuhlschiedsrichter gespielt. Ohne Schiedsrichter gilt die Regel, jeder Spieler entscheidet auf seiner Seite darüber, ob der Ball im Aus oder noch im Feld war. Es ist sehr lobenswert und spricht für den Tennissport, dass der Großteil der Spieler fair ist und die meisten Spiele ohne Schiedsrichter absolviert werden können.

Nun steigen wir ein in die Thematik, wie du damit umgehen sollst, wenn dich dein Gegenspieler zu betrügen versucht. Zunächst einmal das Wichtigste zu Beginn. Das Hauptziel desjenigen, der dich bescheißt, ist oftmals vor allem, den Gegner aus dem Konzept zu bringen. Was passiert, wenn du dich übervorteilt fühlst? Richtig! Du wirst wütend! „Dieser Ball war doch niemals AUS! Das kannst du doch nicht ernst meinen!", rufst du deinem Gegner zu. Er aber bleibt bei seiner Entscheidung. Glücklich wirst du damit leider nicht. Dein Kontrahent gibt einen weiteren Ball „aus", den du als „gut" gesehen hast. Wie reagierst du, wie verhältst du dich? Das Wichtigste in einer solchen Situation ist es, ruhig zu bleiben, aber bestimmt. Du musst klarmachen, dass dein Rivale das mit dir nicht machen kann. Was möchte dein Gegenspieler erreichen, wenn er dich bescheißt?

- Zunächst einmal ist es oft so, dass dein Gegner wenige Lösungen gegen dich hat. Er fürchtet eine Niederlage und weiß sich nicht anders zu helfen, als dich zu bescheißen. Daraus solltest du Selbstvertrauen ziehen. Kaum jemand bescheißt, wenn er ohnehin der klar bessere Spieler ist.
- Er will deinen Rhythmus zerstören. Er möchte, dass du sauer wirst und dadurch den Kopf verlierst. Tu ihm nicht den Gefallen, sondern bewahre einen kühlen Kopf.
- Er möchte testen, ob du gut siehst. Bemerkst du überhaupt, dass er dir einen Ball als „aus" gewertet hat, der vielleicht noch im Feld war? Wenn du nichts sagst, wird er es nochmals versuchen und wieder und wieder. Er wird anfangs wahrscheinlich nur Bälle als „aus" werten, die gerade noch die Linie touchiert haben. Wenn du aber nichts sagst, wird er wagemutiger und auch Bälle „aus" werten, die relativ klar im Feld sind.
- Er will wissen, ob du dich wehrst oder ob du ein Duckmäuser bist. Viele Spieler haben Angst, ihren Gegner verbal anzugehen, sie haben Angst vor der Konfrontation. Dies machen sich die Spieler zunutze, die dich dann dreist betrügen.

Deshalb ist es von immenser Wichtigkeit, sich gleich und unverzüglich zur Wehr zu setzen. Für mich gilt als Faustregel: Wenn mir mein Gegner früh im Match ein oder zwei knappe Bälle „aus" gibt, nehme ich dies hin und frage nur nach, ob er sich wirklich sicher ist.

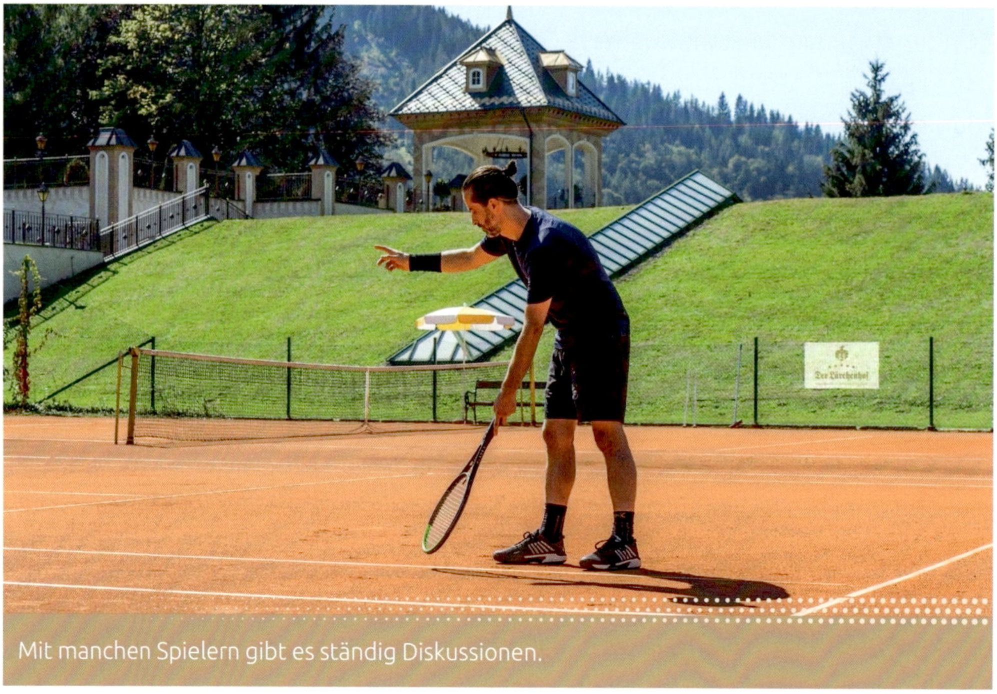

Mit manchen Spielern gibt es ständig Diskussionen.

Es kann ja sein, dass er nicht gut sieht und dies unabsichtlich war oder dass ich den Ball nicht 100 % richtig gesehen habe. Ab dem dritten knappen Ball fordere ich den Punkt für mich oder hole ich mir einen Schiedsrichter. Gibt er mir einen Ball „aus", der meiner Meinung nach klar „gut" war, wehre ich mich sofort. Ich fordere einen Schiedsrichter an, ansonsten weigere ich mich, weiterzuspielen. Ich möchte nun anhand einiger Beispiele (die sich wirklich ausnahmslos alle so zugetragen haben) erläutern, auf welche, teilweise subtilen Arten beschissen wird und was du dagegen tun kannst beziehungsweise was nicht. Beginnen möchte ich mit einem Match, an dem ich selbst beteiligt war. Jenes Match liegt viele Jahre zurück und Peter, mein Gegner, war vor Matchbeginn favorisiert. Er hatte Leistungsklasse zwei und ich hatte damals Leistungsklasse drei. Wir spielten bei einem regionalen Turnier gegeneinander. Das Spiel fand in der Halle, aber auf einem Sandplatz statt, sodass man die Abdrücke erkennen konnte. Peter gewann den ersten Satz mit 6 : 3. Meine Wenigkeit gewann den zweiten Satz mit 6 : 1. Der dritte Satz wurde als Match-Tiebreak gespielt. Hier führte Peter zunächst mit 8 : 4, konnte diesen Vorsprung aber nicht halten, und bei 8 : 8 war klar, dass nun ein Matchball vergeben werden würde. Wir spielten einen langen Ballwechsel und ich konnte ihn mit einer Vorhand longline stark unter Druck setzen. Peter stand nicht mehr richtig zum Ball und musste einen Slice spielen, der im Netz landete. Meine Vorhand war nicht auf der Linie, sondern bestimmt ein oder zwei Zentimeter innerhalb des Feldes, was mir nach dem Match auch mehrere Zuschauer bestätigten. Peter sagte zunächst auch nichts. Er holte den Ball aus dem Netz und trottete zurück in Richtung Grundlinie. Auf seinem Weg entdeckte er einen schönen Abdruck neben der Linie, den er dann einkreiste. „Dein Ball war aus!" „Was, das sagst du mir jetzt? Sorry, aber wir alle hier wissen, dass der Ball gut war! Deine Seite, du entscheidest." Ich war cool, denn ich wusste, Peter hatte einen Ballabdruck. Würde ich den Oberschiedsrichter holen, würde dieser Peter recht geben. Natürlich würde er dableiben und das Ende des Match-Tiebreaks beobachten, was sicher kein Nachteil für mich wäre. Dennoch hätte Peter den Punkt und somit Matchball. Mir war das aber zu aufwendig und ich war zu pragmatisch in diesem Moment. Wenn er so gewinnen wollte, bitte sehr. „Wie entscheidest du, Peter?" „Aus!" Lange Rede, kurzer Sinn: Peter hat, wie die meisten wirklich cleveren Betrüger, den besten Moment ausgewählt, um mich zu bescheißen. Er hatte keine Skrupel und er hatte einen tollen Ballabdruck. Schlussendlich blieb ich gefasst und gewann den nächsten Punkt. Das Match aber habe ich verloren, was für mich in Ordnung war. Wenn mein Gegenspieler es so nötig hat zu gewinnen, soll er doch. Anders wäre es vielleicht in einem Mannschaftsspiel gewesen, wenn es auch ums Team gegangen wäre. Aber welche Optionen hätte ich gehabt?

- Oberschiedsrichter holen. Peter hätte den Punkt gehabt, der Oberschiedsrichter wäre geblieben und das Spiel wäre ähnlich zu Ende gegangen. Keiner hätte mehr die Möglichkeit gehabt zu betrügen.
- Ich revanchiere mich und gebe ihm den nächsten knappen Ball „aus". Auch das wollte ich nicht. Ich wollte mich nicht auf dieses Niveau begeben. Jeder, der selbst jeden knappen Ball „aus" gibt und Bälle „aus" gibt, die wahrscheinlich noch im Spielfeld sind, muss sich nicht wundern, wenn der Gegenspieler dies dann auch tut und man selbst auch beschissen wird. Aber mir war es das in diesem Match einfach nicht wert.
- Spielstand verändern. Diesen „Trick" habe ich zum damaligen Zeitpunkt nicht gekannt und hätte ihn eventuell sogar angewandt. Bevor der Oberschiedsrichter entscheidet, erfragt er immer den Spielstand. Hier kann man den Spielstand drehen oder einen vollkommen anderen Spielstand benennen. Weitergespielt werden muss laut Reglement bei dem Spielstand, bei dem sich beide Spieler einig sind. Dies wäre 0 : 0 im Match-Tiebreak gewesen. Denn 6 : 3, 1 : 6 stand ja auf der Tafel. Aber dieser Spielstand ist mit Sicherheit besser als 8 : 9. Natürlich, ich hätte normalerweise 9 : 8 gehabt und damit den eigenen Matchball, aber zu dieser Situation hätte ich nicht zurückkommen können.

Die nächste Geschichte dreht sich um eine ganz ähnliche Situation und ist genauso auch tatsächlich passiert. Besagtes Match fand bei den Deutschen Jungseniorenmeisterschaften

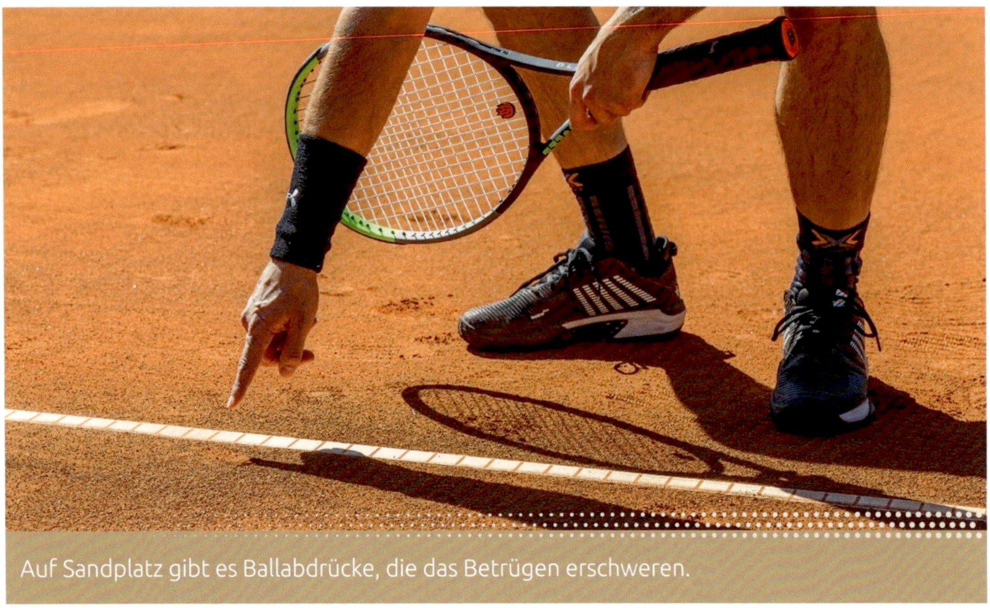

Auf Sandplatz gibt es Ballabdrücke, die das Betrügen erschweren.

statt und es spielten Stefan und Dominik (Namen geändert) um den Einzug ins Halbfinale. Stefan gewann den ersten Satz klar mit 6 : 1 und führte im zweiten auch schon mit 5 : 2, als Dominik zur Aufholjagd blies. Dominik schaffte nicht nur ein Re-Break zum 3 : 5, sondern hielt seinen Aufschlag, sodass Stefan zum Match ausservieren musste. Und erneut konnte Dominik Stefan den Aufschlag abnehmen, zu null mit vier eindeutigen Punktgewinnen. 5 : 5! Dachten alle. Stefan jedoch kam zum Netz und behauptete, es würde 30 : 30 stehen. Die Oberschiedsrichterin wurde geholt. Auf der Tafel stand nach wie vor 6 : 1 und 5 : 4. Als die Oberschiedsrichterin eintraf, behauptete Stefan sogar, dass er sein Aufschlagspiel zu null gewonnen hätte und zählte fein säuberlich seine vier gewonnenen Punkte auf. Es waren auch Zuschauer anwesend, aber deren Meinung zählt in einem solchen Falle nichts. Weitergespielt werden muss bei dem Spielstand, bei dem sich beide Spieler einig sind. Und dies war bei 6 : 1, 5 : 4 – Aufschlag Stefan. Natürlich hielt dieser dann, unter den Augen der Oberschiedsrichterin, seinen Aufschlag souverän gegen den völlig perplexen Dominik. Schlimm nur, dass dieser Spieler anschließend auch das Turnier gewann. Und auch schlimm, dass dies wohl nicht das erste Mal war, dass er diese Masche angewendet hatte. Die Oberschiedsrichterin hat im Übrigen völlig korrekt entschieden.

Auch Geschichte drei hat sich so zugetragen. Es spielten bei einem großen Preisgeldturnier auf Sandplatz Favorit Alex gegen Außenseiter Chris (Namen geändert). Letzterer dominierte das Match überraschend und führte mit 6 : 2, 5 : 4 und hatte bei Aufschlag Alex 30 : 40 und Matchball. Chris machte Druck und beendete das Match anscheinend mit einer unerreichbaren Vorhand Inside Out Gewinnschlag. Alex gab diesen Ball jedoch nicht „gut", sondern rief lauthals „AUS!" Er bat Chris auf seine Seite, zeigte einen langen Abdruck knapp neben der Linie. Chris reklamierte einen Ball, der die Linie komplett weiß gemacht hatte. „Chris, das ist ein Ballabdruck aus dem ersten Satz, jeder entscheidet auf seiner Seite." Chris war nun wütend und stampfte davon, um den Oberschiedsrichter zu holen. Dieser musste natürlich Alex recht geben. Chris war jetzt wirklich sehr wütend, und dies übertrug sich auch auf sein Spiel. Leider konnte Chris kein Spiel mehr gewinnen und verlor mit 6 : 2, 5 : 7 und 0 : 6. Nach dem Spiel sagte Alex unnötigerweise noch Folgendes zu Chris: „Sorry, Chris, aber der Ball vorhin in Satz zwei, der war natürlich gut. Hast du ja gesehen. Aber wenn ich den „gut" gebe, ist das Match vorbei, und ich habe keine Chance mehr, Preisgeld und Ranglistenpunkte zu holen!"

Ich möchte kurz auf diese drei Ereignisse eingehen. Alle drei „Betrüger" haben sich fantastische Zeitpunkte für ihre Schummeleien ausgesucht. Zumeist ist es so, dass die wirklich guten Spieler dann bescheißen, wenn es nicht umkehrbar ist und wenn es richtig wehtut. Ansonsten spielen sie fair. Es ist wie überall im Leben, schwarze Schafe gibt es überall. Der Großteil der Spieler spielt fair, aber es gibt bei den Schwächeren, bei den Besseren und bei den noch Besseren Spielern solche, die ihre Gegenspieler betrügen. Der Hauptunterschied ist der, dass je besser die Spieler werden, desto perfider bescheißen sie. Diese Spieler betrügen nicht bei 2 : 2 und 15 : 15 im ersten Satz, jedenfalls nicht bewusst. Diese Spieler warten, bis es wirklich knappe Spielstände gibt. Sie warten auf Punkte, die sie unbedingt haben wollen, und sie betrügen subtil. Was aber hätten die drei Unterlegenen anders machen können? Eigentlich nicht viel. Meine Wenigkeit hätte vielleicht den Spielstand drehen können. Dominik im zweiten Beispiel wurde wirklich kalt erwischt. Chris aber hätte auf jeden Fall viel cooler bleiben müssen. Der Matchball wurde ihm wegbeschissen, was sicherlich extrem bitter war. Dennoch war er zu diesem Zeitpunkt immer noch nur zwei Punkte vom Match entfernt. Er war in guter Form und an diesem Tag bis zu diesem Zeitpunkt auch der bessere Spieler. Auch hier solltest du dir die Situation klarmachen. Dein Gegner bescheißt dich nur, weil er nervös ist oder Angst hat. Dies sollte dir Selbstvertrauen geben. Spielerisch ist er dir an diesem Tag nicht gewachsen.

Ich habe diese Beispiele auch niedergeschrieben, damit du dich auf alle Eventualitäten vorbereiten kannst. Oftmals ist es so, dass du betrogen wirst und völlig perplex bist, weil du dich noch nie in so einer Situation befunden hast. Auf alles, was du kennst, und auf alles, auf was du vorbereitet bist, ist es einfacher zu reagieren. Mach dir auch unbedingt klar, dass es beim Spiel ohne Schiedsrichter betrügerische Aktionen deines Kontrahenten geben kann, auf die du nicht oder nur sehr unzureichend reagieren kannst. Gibt dir dein Gegenspieler bei 3 : 3 im ersten Satz einen Ball „aus", den du klar innerhalb des Spielfeldes siehst, so kannst du ihn beim nächsten Punkt oder wann immer es dir beliebt zurückbescheißen, sofern dir danach ist. Oder du organisierst dir einen Schiedsrichter, der in der Folge eure Aktivitäten genau beobachten wird. Betrügt dein Rivale aber beim eigenen Satzball oder gar eigenen Matchball, so kannst du dir diesen extrem wichtigen Punkt nicht mehr zurückholen. Ähnlich war es im letzten von mir beschriebenen Match. Chris hätte das Match gewonnen. Aber durch die unfaire Aktion seines Gegners war er wieder zwei Punkte vom Matchgewinn entfernt. Aber mach dir gleichzeitig immer auch klar, dass es zwar Situationen gibt, in denen du den betrügerischen Aktivitäten des anderen ausgeliefert bist, aber dass dieser erst einmal in so eine knappe Spielsituation kommen muss. Geschichten wie die von mir beschriebenen kommen eigentlich so gut wie nie vor. In der Regel sind die meisten Spieler auch faire Spieler.

Gegen die wenigen schwarzen Schafe muss man sich eben wehren und sich vor allem nicht durch deren Aktionen seinen Rhythmus zerstören lassen und sich nicht aus der Ruhe bringen lassen. Hilfreich ist einerseits, wenn man solche bitteren Erfahrungen schon gemacht hat, um aus diesen zu lernen, andererseits auch, sich mental auf eben solche Situationen einzustellen und sich vor dem Match (vor allem wenn man weiß, dass man gegen einen eventuell unfairen Gegner spielt) vorzustellen, wie man reagieren wird, wenn einem selbst ein Ball „aus" gegeben wird, den man klar als „gut" gesehen hat.

Im Übrigen können auch bei internationalen Turnieren skurrile Dinge passieren. Ich möchte jetzt hier nicht alles aufzählen, was mir zu Ohren gekommen ist, aber eine kleine Anekdote möchte ich doch kurz zum Besten geben. Und zwar trat ein Bekannter von mir, Andre, vor vielen, vielen Jahren in der Qualifikation bei einem ITF Future außerhalb Europas gegen einen Einheimischen an. Er spielte auf dem letzten Platz ohne Zuschauer und besiegte den Einheimischen in zwei klaren Sätzen. Dieser schnappte sich flugs die Bälle und verließ anscheinend enttäuscht den Court. Andre ließ sich etwas mehr Zeit, aber als er dann bei der Turnierleitung das Ergebnis melden wollte, sagte man ihm, dass sein Gegner das Ergebnis bereits mitgeteilt habe, allerdings mit ihm selbst als Sieger. Der Einheimische behauptete beharrlich, er habe das Match in zwei klaren Sätzen gewonnen. Nun stand natürlich Aussage gegen Aussage. Die Folge war, dass das Match erneut gespielt werden musste. Das Resultat war mehr oder weniger dasselbe. Andre gewann in zwei Sätzen. Trotz allem ist dies natürlich extrem unsportlich und für den Sieger auch mehr als ärgerlich. Erstens besteht durchaus die Chance, dass das Re-Match andersherum ausgeht, und zweitens kostet es den Sieger auch weitere Kraft, nochmals spielen zu müssen.

Noch mal! Sei im Tennis auf alles gefasst und bereite dich auf alle Eventualitäten vor. Aus meiner Erfahrung kann ich sagen, es gibt nichts, was es nicht gibt. Und alles, auf was du vorbereitet bist, ist leichter zu handhaben.

Fazit:

Unbedingt ruhig und cool bleiben. Oberstes Ziel des Betrügers ist es, dich aus deinem Rhythmus zu bringen. Er möchte, dass du die Konzentration auf dein Spiel verlierst und dich stattdessen mit seinen Mätzchen beschäftigst. Wenn er es schafft, dass du dich aufregst, dass du wütend wirst und schimpfst oder gar die Lust am Spiel verlierst, hat er sein Ziel mehr als erreicht. Stattdessen solltest du dir sagen: „Jetzt erst recht. Ich bleibe ruhig und kämpfe wie ein Löwe. Diesem Gegner gebe ich nicht die Genugtuung des Sieges!"

Zweitens ist es wichtig, dass du dich wehrst. Lass dir nicht alles gefallen. Mach deinem Kontrahenten klar, dass du sehr wohl gesehen hast, dass dein Ball noch im Feld war. Fordere einen Schiedsrichter an. Spiele auf keinen Fall ohne Schiedsrichter weiter und lass dich nicht mehr betrügen.

Drittens, es gibt betrügerische Aktionen beim Spiel ohne Schiedsrichter, auf die du nur unzureichend reagieren kannst. Mach dir klar, dass diese Situationen absoluten Seltenheitswert haben.

Und zu guter Letzt, nutze die unfairen Aktionen deines Gegners, um dein Selbstvertrauen aufzubauen. Die wenigsten Spieler bescheißen, wenn sie ohnehin besser und in Führung sind. Bescheißen ist alles andere als souverän. Wenn dein Gegner nicht souverän ist, ist er angreifbar. Mach dir das klar und verinnerliche dies. Ich wünsche dir jedenfalls für die Zukunft wenige unfaire Gegenspieler und viele tolle Erlebnisse, Matches, Begegnungen und Erfolge auf dem Tennisplatz!

Trainingsübung 1:

Ausführung:

Du spielst mit deinem Trainingspartner ein Match oder ein paar Elfer. Deine Aufgabe ist es, gut zu betrügen. D. h. ganz knappe Bälle auch mal „aus" zu geben, absichtlich falsch zu zählen. Wichtig ist es, das Ganze nicht zu übertreiben und nicht Bälle als „aus" zu geben, die absolut offensichtlich im Feld sind. Die Zählweise darf dein Partner anprangern, sofern er die Punkte vernünftig rekonstruieren kann. Zählst du zum Beispiel 40 : 15 statt 30 : 30 und dein Trainingspartner kann zwei Punkte genau benennen, die er gemacht hat, spielt ihr bei 30 : 30 weiter. Nach dem Ende des Satzes oder des Elfers soll dir dein Partner sagen, wie oft du ihn tatsächlich beschissen hast. Liegt er richtig oder auch knapp daneben, hat er seine Aufgabe gut gemacht. Nun tauscht ihr die Rollen.

Ziel:

- Ruhig bleiben. Auch wenn die Chancen auf den Sieg geringer sind, weil der andere Spieler ja betrügt, solltest du ruhig bleiben.
- Aufmerksam sein und erkennen, wann der Gegenspieler betrügt. Manchmal ist nämlich auch das Problem, dass ein Spieler überhaupt nicht erkennt, dass er gelinkt wird.

Trainingsübung 2:

Ausführung:

Ihr spielt einen normalen Satz gegeneinander. Dein Trainingspartner und du selbst dürft dreimal innerhalb des Satzes einen Ball als „aus" werten, der noch im Feld war. Der Zeitpunkt ist euch selbst überlassen.

Ziel:

- Emotionale Kontrolle bei Fehlentscheidungen. Ruhig bleiben und sich nicht aus dem Konzept bringen lassen.

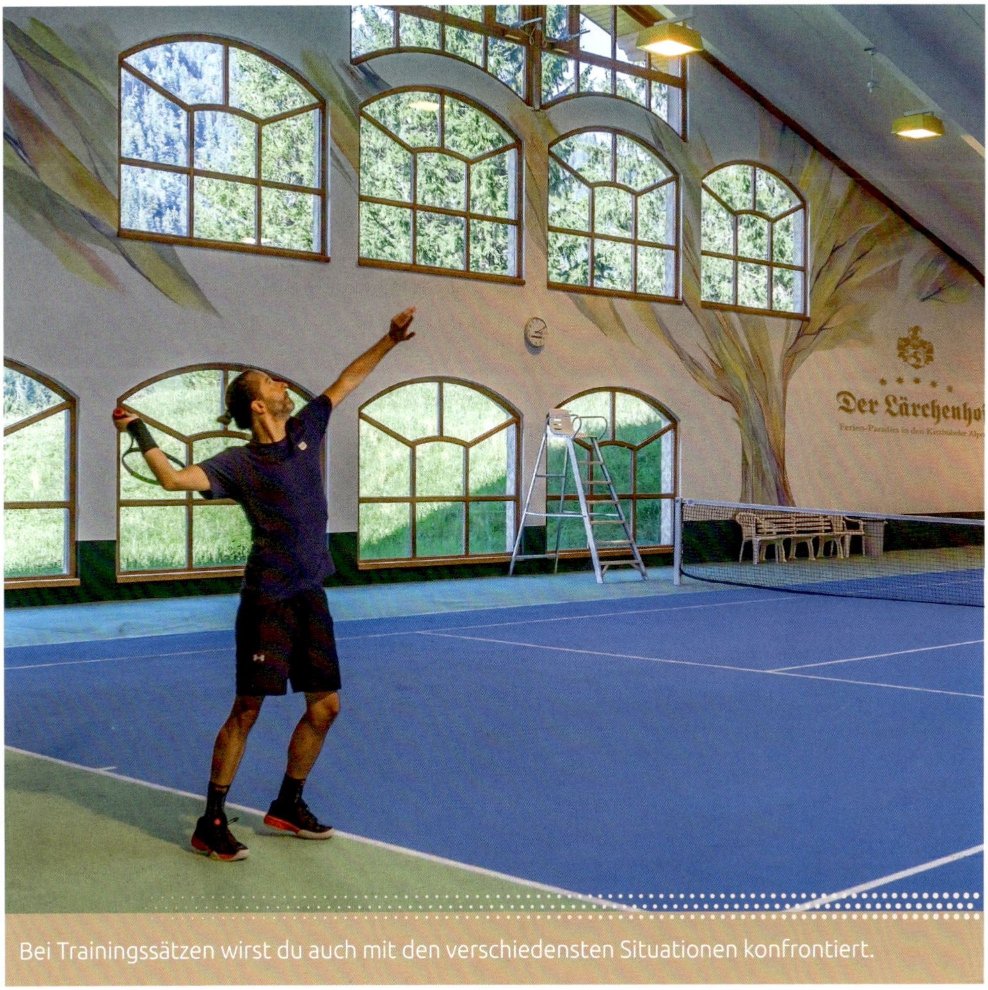

Bei Trainingssätzen wirst du auch mit den verschiedensten Situationen konfrontiert.

– KAPITEL 7 –

Ruhe, Routinen und Rituale

Ruhe, Routinen und Rituale

„In der Ruhe liegt die Kraft." (Konfuzius)

Nicht wenige Tennisfans belächeln Rafael Nadal ob seiner vielen Rituale. Sicherlich ist dies bei Nadal schon sehr extrem. Aber diese Rituale helfen dem Spanier dabei, seine Aufgaben auf dem Tenniscourt zu lösen. Die Definition von Ritual lautet: „Wiederholtes, immer gleichbleibendes, regelmäßiges Vorgehen nach einer festgelegten Ordnung." Rituale geben uns Sicherheit. Dies solltest du dir auf dem Tennisplatz zunutze machen. Denn immer gleiche Abläufe bilden Routinen, und diese helfen in Extrem- und Stresssituationen, bessere Entscheidungen zu treffen. Außerdem erinnern dich die Rituale unterbewusst daran, dass du solche Situationen schon erfolgreich gemeistert hast. Du solltest dir Rituale zulegen, die du in erfolgreichen Spielen schon angewandt hast. Am Anfang musst du dich an diese Handlungsabläufe erinnern und dich auf diese konzentrieren. Irgendwann sind sie so automatisiert, dass sie automatisch ablaufen. Nadal wird im Match keine Sekunde daran denken, dass er sich die Haare hinters Ohr klemmen muss oder dass er an seiner Hose zupfen sollte oder dass er seine Nase berühren muss et cetera pp. All dies geschieht vollkommen automatisch und verleiht ihm Sicherheit. Wichtig ist jedenfalls, dass der Ablauf zwischen den Ballwechseln immer der gleiche ist. Die reine Nettospielzeit beträgt bei einem Tennismatch nämlich gerade einmal zwischen 15 % und 20 %. Der Rest sind Pausen, sowohl zwischen den Ballwechseln als auch die Pause beim Seitenwechsel. In diesen Situationen kann allerhand geschehen. Negative Gedanken können auftreten oder Ängste sich bemerkbar machen, um nur mal zwei Beispiele zu nennen. Beim Spiel ohne Balljungen holst du natürlich die Bälle. Aber was könntest du sonst noch tun? Die meisten Spieler beschäftigen sich mit ihren Saiten am Schläger. Ein beliebtes Ritual ist auch das Aufprellen der Bälle vor dem Aufschlag, was im Übrigen auch nicht jeder Spieler macht (der frühere Weltklassespieler Thomas Enqvist hat den Ball nie „aufgedopst"), oder der bei Spitzenspielern mittlerweile obligatorische Griff zum Handtuch. Manche Spieler vermeiden es, auf die Linien zu treten zwischen den Ballwechseln, andere bewegen sich immer in die gleiche Ecke des Platzes, um sich dort zu sammeln. Auch wollen viele Spieler mit dem Ball den nächsten Punkt spielen, mit dem sie den letzten gewonnen haben, denn dieser Ball hat ihnen ja Glück gebracht. Was du zwischen den Ballwechseln benötigst, ist eine klare Struktur, die dir Sicherheit gibt und dafür sorgt, dass du dich entspannen kannst und dich optimal auf den nächsten Ballwechsel vorbereiten kannst.

Die Pause zwischen den Ballwechseln gehört mit zu den am meisten unterschätzen Dingen bei Klub- und Freizeitspielern. Bei professionellen Spielern hingegen ist diese Zeitspanne sehr ritualisiert und die Abläufe sind sehr routiniert. Intensiv beschäftigt mit der Zeit zwischen den Ballwechseln hat sich schon vor langer Zeit Dr. Jim Loehr. Er unterteilt die Zeitspanne zwischen den Punkten in vier Phasen. Beginnend mit der ersten Phase, was Loehr als „positive physical response" bezeichnet. Dies geschieht direkt im Anschluss des Ballwechsels. Der Spieler soll sich im Falle des Punktverlustes vom Spielgeschehen abwenden und langsam nach hinten laufen. Dabei sollte er die Schultern straffen und seinen Blick auf die Bespannung des Schlägers richten. Loehr empfiehlt zudem, den Schläger in diesem Abschnitt in die Nichtschlaghand zu nehmen. Gewinnt der Spieler den Punkt, kann er auch ein positives Signal zeigen, wie zum Beispiel das Ballen der Faust oder ein kurzes „Come on!". Die zweite Phase benennt Loehr als „relaxation". Der Spieler soll sich entspannen. Ich empfehle dir hier, kurz zum Handtuch zu gehen, um dich abzutrocknen. Dies kannst du auch tun, wenn du nicht schwitzt oder der Punkt kurz war. Es geht vor allem darum, eine Routine einzuführen und eben zu entspannen. In dieser Phase kannst du dir auch Gedanke zum nächsten Ballwechsel machen, wie du diesen gestalten möchtest, welches deine Taktik beim nächsten Punkt ist. Die dritte Phase ist die sogenannte Vorbereitung (nach Loehr „preparation"). In diesem Zeitabschnitt geht es darum, den Körper

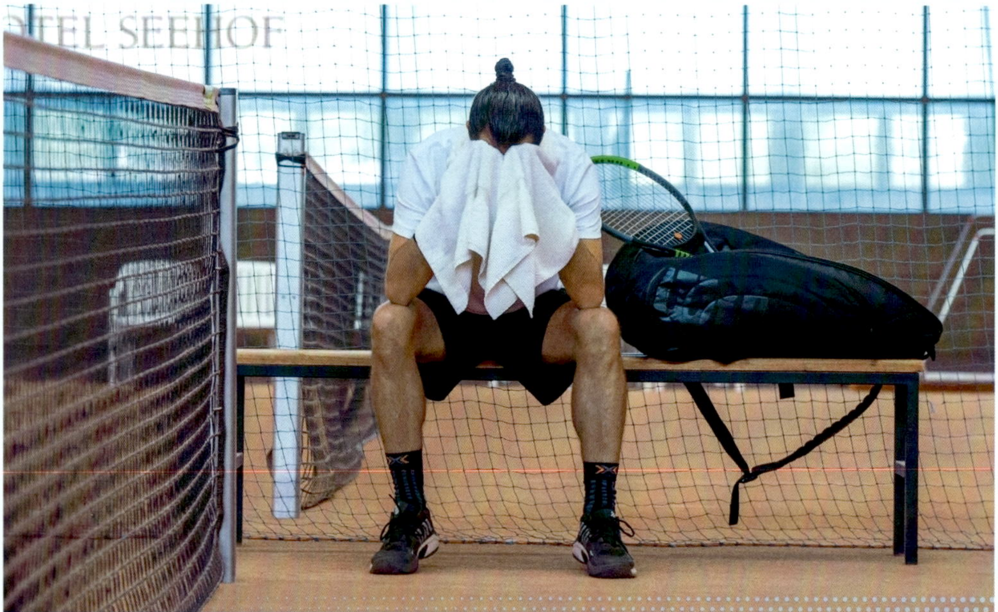

Du solltest dir angewöhnen, die Pausen sinnvoll zu nutzen.

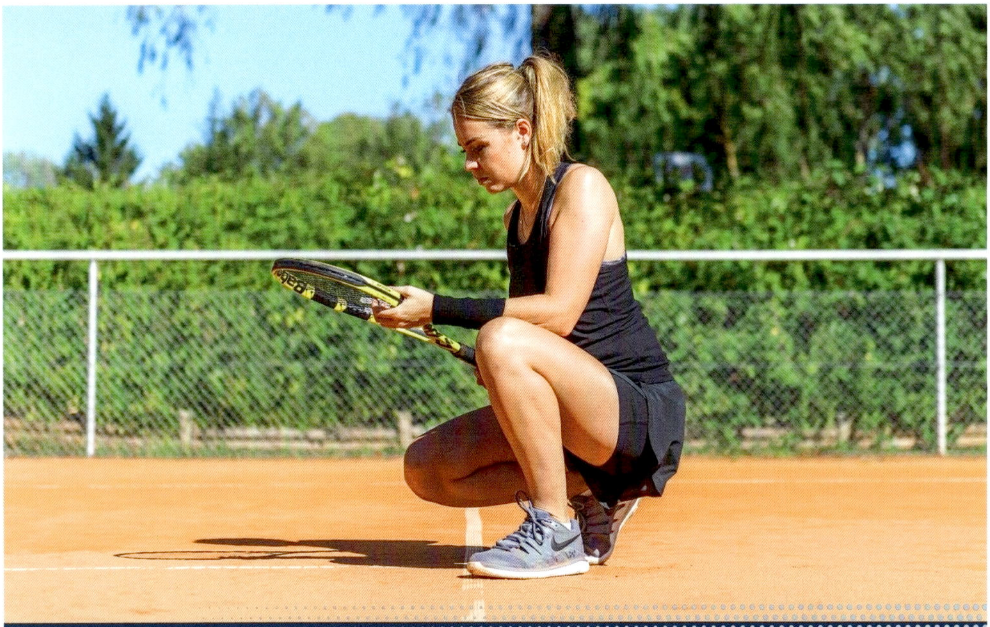

Rituale geben dir Sicherheit.

wieder zu aktivieren, zum Beispiel indem du kurz tänzelst wie ein Boxer oder deine Beine lockerst. Die letzte Phase bezeichnet Loehr als „rituals". Dies kann das Aufprellen des Balles vor dem Aufschlag sein oder das Einnehmen der Returnposition beim Rückschlag. Für mich sind aber die drei Phasen davor auch schon ritualisiert. Denn alle Phasen laufen nach jedem Punkt im Idealfall gleich oder zumindest sehr ähnlich ab. Du gibst dir die Faust (nach einem guten Punkt) oder wendest dich ab vom Geschehen. Gleichzeitig nimmst du deinen Schläger in die Nichtschlaghand und schaust auf deine Besaitung, während du langsam zum Zaun läufst oder zu deinem Handtuch. Hier entspannst du kurz und ordnest deine Gedanken. Anschließend kehrst du zuversichtlich zur Grundlinie zurück und signalisierst deinem Gegenspieler mit deiner Körpersprache, dass du bereit bist für den nächsten Ballwechsel und entschlossen, diesen zu gewinnen. Der Ablauf ist mehr oder weniger immer derselbe. Bei absoluten Spitzenspielern kann man oftmals an ihrer Körpersprache nicht erkennen, ob sie den letzten Punkt gewonnen oder verloren haben, und auch allgemein nicht, ob sie auf der Siegerstraße sind oder sich eher eine Niederlage abzeichnet. Beim gewöhnlichen Klubspieler kann man häufig schon anhand seiner Körpersprache den ungefähren Spielstand erahnen. Auch ist wichtig, dass du die Zeit zwischen den Ballwechseln nutzt, um dich zu erholen. Beginne auf keinen Fall den nächsten Punkt, wenn dein Puls noch nicht zur Ruhe gekommen ist.

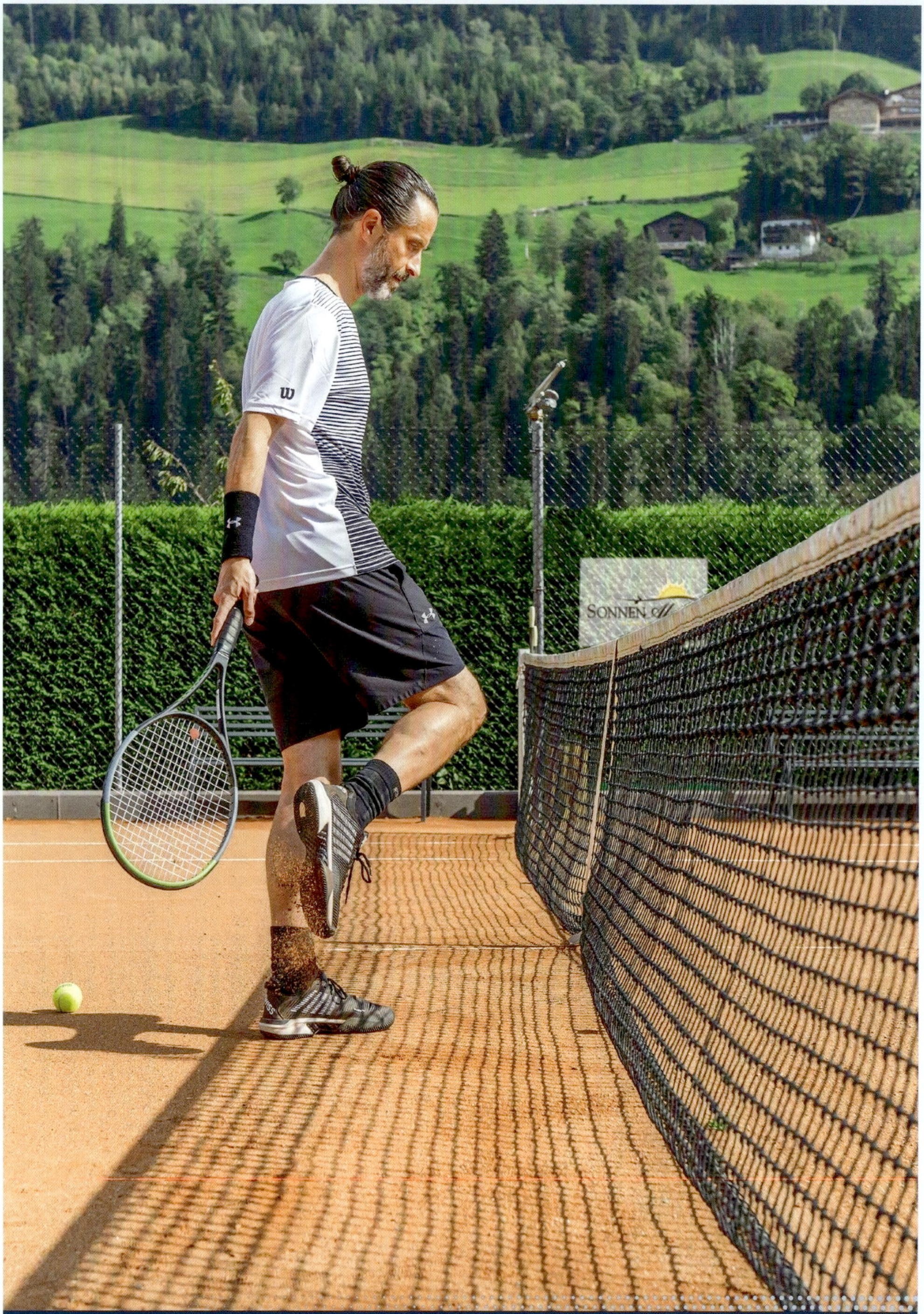

Das Abklopfen der Schuhe auf Sandplatz sorgt für besseren Grip, ist aber auch ein beliebtes Ritual.

Im Übrigen kannst du Rituale auch vor oder nach einem Match einbauen, und auch dies erachte ich als sinnvoll. Viele Spitzenspieler essen zum Beispiel während eines Turniers stets im selben Restaurant. Du könntest am Tag des Matches stets dasselbe „Sieger-frühstück" zu dir nehmen. Selbst die unmittelbare Matchvorbereitung lässt sich ritualisieren, und auch dies kann dir bereits vorab Sicherheit geben.

Mir fällt immer wieder auf, dass Spieler im Klubtennis oft unruhig agieren. Zum einen meine ich die Hektik damit. Diese lässt sich über die eben beschriebenen Rituale und Routinen gut einfangen. Zum anderen meine ich damit aber auch die jeweilige Lautstärke der Spieler, die oftmals lauthals fluchen und schimpfen. Sicherlich muss der Ärger über die eigene vermeintlich schlechte Leistung auch mal raus. Aber dieses ständige Hadern bringt dich nicht weiter. Es gibt mehrere Gründe, die dafür sprechen, dass du ruhig bleiben solltest:

- Du wirkst viel souveräner und abgeklärter, wenn du ruhig bleibst und wenige negative Emotionen zeigst.
- Mit ruhigem Kopf ist es einfacher sich zu konzentrieren, als wenn du wütend bist.
- Wenn du wütend bist, wirst du schlechtere Entscheidungen treffen.
- Regst du dich auf, wird dein Gegner merken, dass du nicht deinen besten Tag zu haben scheinst. Er wird realisieren, dass du unsicher und damit angreifbar bist.

Ich vergleiche das selbst gerne mit dem Beruf oder der Schule / dem Studium. Stell dir vor, du sollst eine wichtige Präsentation halten, die für dein berufliches Vorankommen wichtig ist oder für die du eine Note bekommst. Du bist angespannt und nervös, denn es steht viel auf dem Spiel. Du bist gut vorbereitet und deine Präsentation läuft anfangs ganz gut. Plötzlich unterläuft dir aber ein Fehler und du bringst versehentlich etwas durcheinander und du bemerkst dies auch sofort. Wie reagierst du nun? Fängst du nun an, dich selbst zu beschimpfen und zu fluchen, stampfst vielleicht gar mit dem Fuß auf? Nein, natürlich nicht. Denn dies wäre im höchsten Maße unsouverän. Jeder wüsste sofort, dass dir ein Fehler unterlaufen ist. Und bleibst du cool, fällt der Fehler vielleicht gar niemandem auf. Dieses Verhalten kannst du aufs Tennis übertragen. Natürlich wird das nicht von heute auf morgen gehen und natürlich musst du dies auch trainieren, musst dein Verhalten nach deinen Matches analysieren. Aber der Weg muss klar sein. Zeig deinem Gegner nicht, wie wütend du wirklich bist. Gönne ihm diesen Erfolg nicht. Ich selbst freue mich immer, wenn mein Gegner sich aufregt. Dies ist immer ein kleiner Sieg für mich. Wenn ich es schaffe, dass mein Gegenspieler schimpft, oder noch besser: seinen Schläger wirft, dann weiß ich genau, dass ich ihn schlagen kann. Das gibt mir Auftrieb. Schau dir Roger Federer an. Wie cool er in der Regel agiert. In seiner Jugend und auch zu Beginn seiner aktiven Karriere aber war Federer ein Heißsporn, der sich kaum unter Kontrolle hatte. Er hat dies geändert, weil er gemerkt hat, wie sehr ihm dieses Verhalten schadet. Nimm dir Federer hier zum Vorbild. Auch du kannst dies verändern, wenn du dazu gewillt bist.

Aus aktuellem Anlass möchte ich noch kurz auf die Disqualifikation von Novak Djokovic gegen Pablo Carreno-Busta bei den US Open 2020 eingehen. Die meisten werden sich wahrscheinlich noch gut an diese Szene erinnern, die den Top-Favoriten auf den Titel bei jenen US Open aus dem Turnier katapultierte. Djokovic schoss aus Wut über ein eben eingefangenes Break zum 5 : 6 im ersten Satz einen Ball nach hinten in Richtung Bande und traf unglücklich eine Linienrichterin am Hals, die daraufhin zusammenbrach und nach Luft schnappte. Die Disqualifikation vom Turnier war für den Supervisor die einzige mögliche Entscheidung. Das Djokovic die Linienrichterin traf, war natürlich extremes Pech und absolut unnötig. Djokovic, den ich eigentlich für den mental stärksten Spieler halte und auch im Laufe des Buches immer beispielhaft erwähne, konnte in diesem Match seine Emotionen nicht kontrollieren, sondern diese kontrollierten ihn. Denn bereits ein paar Minuten zuvor schoss Djokovic aus Wut einen Ball gegen eine andere Bande (traf aber niemanden). Die Nummer eins der Welt wirkte in diesem Match nicht so souverän wie gewohnt und durchaus angreifbar. Ob der Spanier Carreno-Busta dies hätte ausnutzen können, ist natürlich eine Frage, die niemand je wird beantworten können, aber Fakt ist, dass Djokovics Wut ihn aus dem Turnier katapultiert hat. Dies ist natürlich ein extremes Beispiel, zeigt aber auch auf, dass selbst die mental stärksten Spieler in diesen Bereichen ihre Fehler begehen. Ich bin mir jedoch sicher, Djokovic wird aus diesem bitteren Ereignis lernen und an seiner inneren Stabilität arbeiten.

Fazit:

Rituale und Routinen geben dir Sicherheit. Nutze die Zeit zwischen den Ballwechseln und automatisiere dein Verhalten in dieser Zeitspanne. Überleg dir, welche Rituale du für dich nutzen möchtest. Du musst es mit Sicherheit nicht so handhaben wie Rafael Nadal, aber das Betrachten der Bespannung oder der Gang zum Handtuch sind einfache Rituale, die dir helfen, dich im Eifer des Gefechts zu entspannen, und die dir Zeit geben, deine Gedanken zu ordnen und dich an deine Taktik zu erinnern. Auch kannst du Rituale in deine Matchvorbereitung einbauen. Auch dies sollte sich positiv auswirken. Wichtig ist in den Pausen zwischen den Ballwechseln auch, dass du ruhig bleibst und dich nicht aufregst. Versuche, so souverän wie in einer Prüfung oder einer Präsentation zu sein. Lass deinen Gegner nicht erkennen, dass du angreifbar bist, indem du schimpfst und fluchst. Djokovics Disqualifikation sollte dir ein warnendes Beispiel sein, welch zerstörerische Kraft unkontrollierte Wut haben kann.

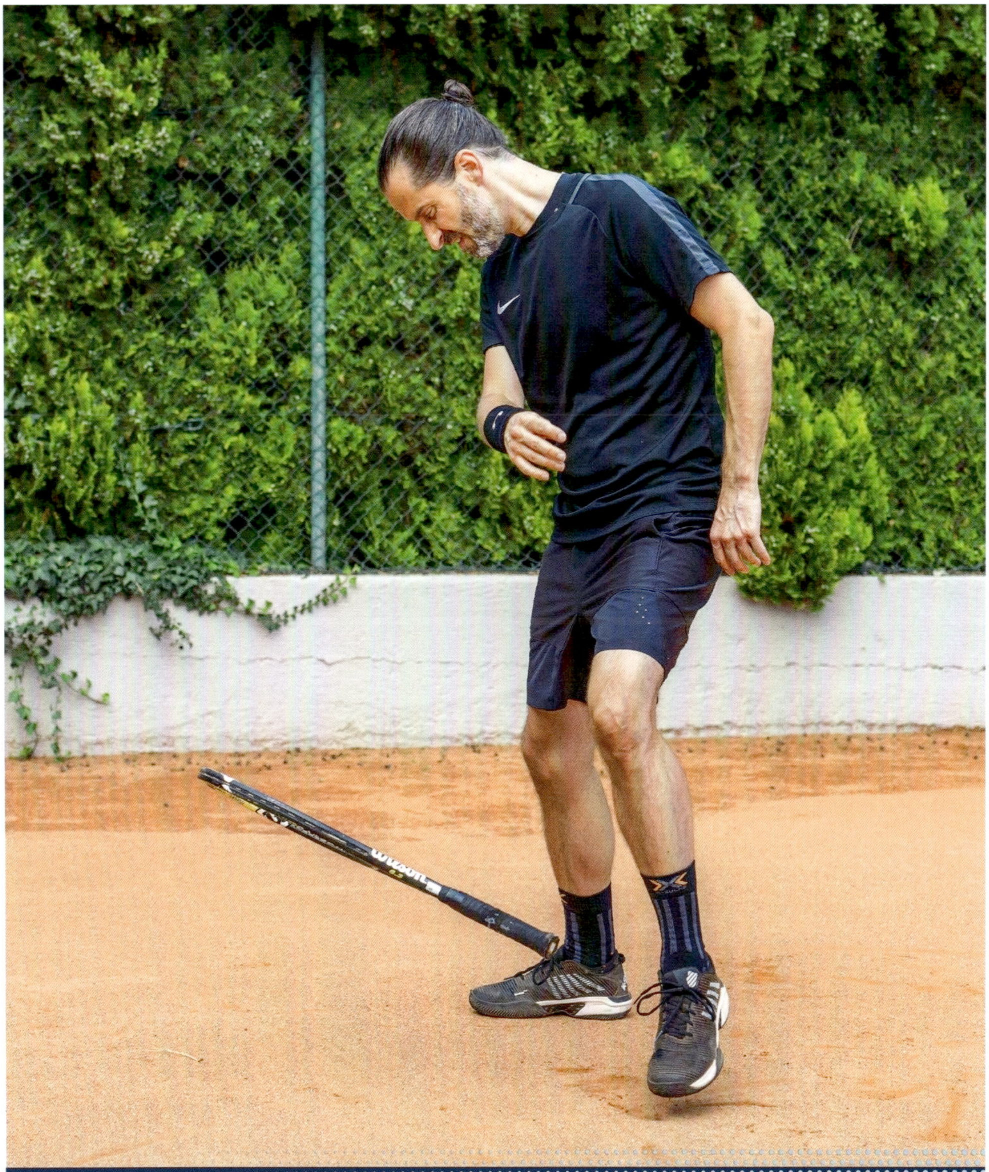

Wutausbrüche sind ein Zeichen von Schwäche und bauen deinen Gegner auf.

– KAPITEL 8 –

In den richtigen Modus kommen

In den richtigen Modus kommen

Es gibt verschiedene psychische und körperliche Zustände, die sich auf deine Leistung auswirken. Dies gilt auch wieder für viele Bereiche des Lebens. Du solltest entspannt, aber nicht zu entspannt sein. Auch solltest du Spannung haben, darfst aber nicht zu angespannt sein, denn dann verkrampfst du. Die meisten Spieler, zumindest diejenigen, denen der Sport etwas bedeutet, sind tendenziell eher zu angespannt und nicht locker und schwingen deshalb auch nicht frei. Die Beine sind schwer und geschmeidige Bewegungen sind ihnen quasi unmöglich. Dies ist kontraproduktiv und sorgt dafür, dass das eigene Spiel begrenzt wird. Aber auch eine zu lockere Herangehensweise beeinträchtigt das Spielvermögen. Denn dann fehlt dir Körperspannung, und es ist schwierig, Kampfgeist aufzubauen, denn du bist zu relaxed und das Ergebnis berührt dich eher weniger. Deine Beine sind zwar locker, aber du willst nicht zu viel Energie aufbringen, um dich zu bewegen. Man kann das mit einer Gitarrensaite vergleichen. Ist diese zu hart gespannt, klingt sie schlecht. Ist sie gar nicht gespannt, klingt sie gar nicht. Prinzipiell können wir auch die Bespannung deines Schlägers als Vergleich nehmen. Ist die Saite extrem schwach gespannt (sagen wir 10 Kilopond), hast du keine Kontrolle und deine Bälle fliegen kreuz und quer durch die Gegend. Ist die Besaitung superhart (40 Kilopond) gespannt, fühlt sich die Bespannung an wie ein Brett und du bekommst Armschmerzen oder benötigst zumindest extrem viel Kraft, um den Ball zu beschleunigen. Beides ist suboptimal.

Wie aber schaffst du es, dein Spiel auf, sagen wir 25 Kilopond zu justieren? Also dass du eine gewisse Körperspannung hast, diese aber nicht so hoch ist, dass sie dich und damit dein Spiel ausbremst?

Zugegeben, ein Patentrezept gibt es dafür nicht. Aber es gibt einige Tricks, die dir helfen können, die Spannung zu heben oder zu senken. Zunächst musst du natürlich für dich herausfinden, ob du eher zu angespannt bist oder zu relaxed. In beiden Fällen solltest du speziell in der Matchvorbereitung und im Warm-up darauf hinarbeiten, von besagtem limitierenden Zustand in einen optimalen Zustand zu kommen.

Du bist zu angespannt. Folgendes kannst du tun:

- Wärme dich gut auf und achte vor allem darauf, dass deine Muskeln locker und geschmeidig sind. Übe auch trockene Schwünge (Schattentennis) und visualisiere dabei, wie du später im Match diese Schläge durchschwingen wirst.
- Generiere schon im Vorfeld viele positive Gedanken. Zumeist ist es so, dass Spieler, die angespannt sind, sich viele Gedanken machen, wie das Match verlaufen könnte, und sich vor allem auch eher Sorgen machen.
- Denke nicht an zu viele mögliche Szenarien, sondern konzentriere dich auf die Dinge, auf die du selbst Einfluss hast. Deine Ausrüstung, dein Warm-up, deine Strategie.
- Konzentriere dich im Match, vor allem zu Beginn, auf deine Atmung, auf deine Rituale, auf deine Körpersprache.
- Lass dir Zeit und vermeide Hektik.
- Achte von Beginn an auf deine Beinarbeit und versuche dich innerhalb des Ballwechsels leichtfüßig zu bewegen. Richte dein Hauptaugenmerk auf deine Beinarbeit. Oftmals ist es so, dass Spieler, wenn sie angespannt sind, wie in einer Art Schockstarre sind und sich ganz schlecht bewegen. Die Folge davon ist, dass die Schläge darunter leiden und diese Spieler dann nicht gut zum Ball stehen und entsprechend viele Fehler machen. Daraufhin hadern sie, dass ihre Vorhand oder Rückhand nicht kommt, verlieren an Selbstvertrauen und geraten ganz schnell in eine Abwärtsspirale. Dabei ist lediglich ihre Beinarbeit nicht stimmig, weil sie im Eifer des Gefechts schlicht vergessen, sich zu bewegen, und dieses Defizit zu Folgefehlern führt.

Du bist zu entspannt. Dies kommt oftmals vor, wenn du dir zu sicher bist und deinen Gegner unterschätzt. In diesem Fall fehlt dir vor allem Körperspannung und Ernsthaftigkeit. Du hast viel Selbstvertrauen und denkst tief in dir: „Dieses Match kann ich unmöglich verlieren, ich bin ja viel besser." Du möchtest cool aussehen und spektakuläre Schläge fabrizieren, aber du möchtest dich nicht unbedingt anstrengen. Nick Kyrgios ist zum Beispiel ein Spielertyp, der ein solches Verhalten oftmals an den Tag legt. Kyrgios ist ein genialer Spieler und wirklich verkrampft habe ich ihn noch nie gesehen. Häufig ist er aber zu lax, läuft nicht allen Bällen hinterher, spielt statt eines konventionellen Schlages lieber einen Schlag durch die Beine oder einen No-Look-Volley oder geht mit dem zweiten Aufschlag auf volles Risiko. Für uns Fans ist das natürlich spektakulär und äußerst unterhaltsam, aber durch diese Art zu spielen hat Kyrgios schon viele Matches verloren, die er eigentlich hätte gewinnen können. Was kannst du dagegen tun, wenn du das Problem von zu wenig Spannung bei dir selbst diagnostizierst?

- Auch hier hilft ein gründliches Warm-up. Da du eher weniger angespannt bist, musst du nicht darauf achten, locker zu werden, denn du bist ohnehin nicht fest. Wichtig ist, dass du richtig ins Schwitzen kommst und dein System aktivierst. Auch kannst du dich schon vor dem Match pushen!
- Lege dir einen klar strukturierten Matchplan zurecht und halte dich an diesen. Wenn du Probleme hast, besinne dich auf deinen Matchplan.
- Versuche, konzentriert zu starten. Derjenige, der eher zu wenig Spannung hat, ist tendenziell eher etwas unstrukturiert in seinen Gedanken, nimmt das Match zu leicht und es fehlt oftmals die Ernsthaftigkeit. Dies führt dazu, dass die Konzentration schnell verloren geht. In diesem Fall solltest du Punkt für Punkt spielen und dir deinen Matchplan ins Gedächtnis rufen.
- Ganz wichtig ist es für dich, dass du dich selbst immer wieder anfeuerst. Zeig deinem Gegner die Faust nach guten Punkten und verdeutliche ihm, dass du bereit bist. Dieses Pushen sorgt für zusätzliche Spannung.
- Achte auch hier auf deine Beinarbeit. Der zu angespannte Spieler ist oftmals in einer Schockstarre. Der zu entspannte dagegen möchte tief im Inneren Kraft sparen und macht nur das Nötigste. Zwinge dich dazu, den Extra-Schritt zu gehen. Es wird dir guttun.

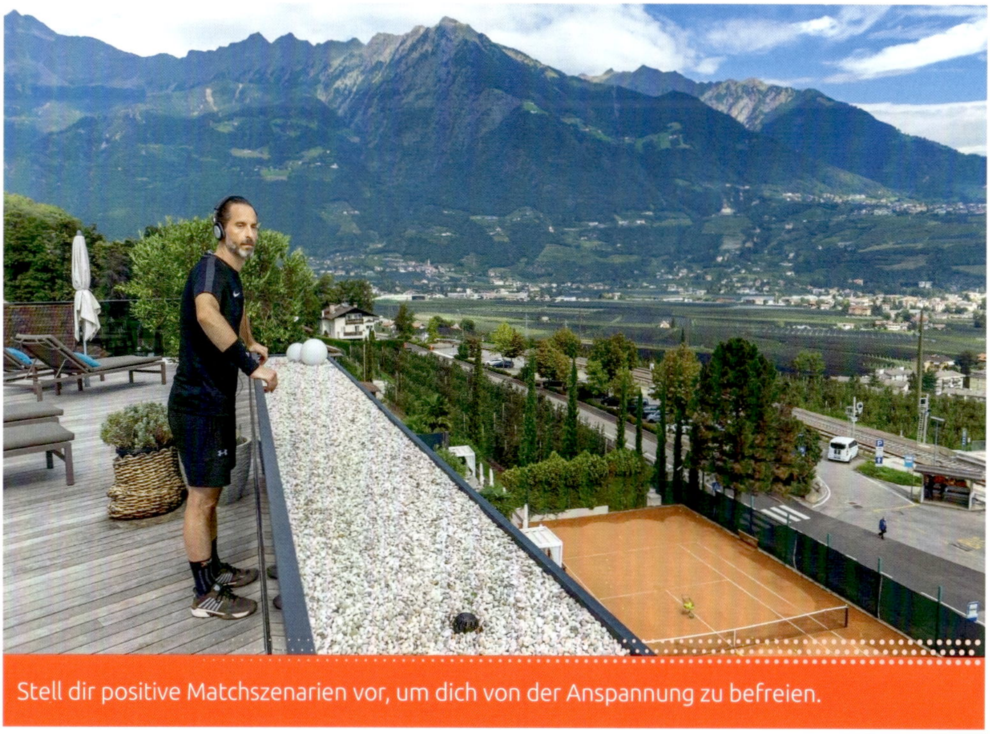

Stell dir positive Matchszenarien vor, um dich von der Anspannung zu befreien.

Der Zustand kann jedoch innerhalb eines Matches auch wechseln. Du kannst zu entspannt starten, kommst dann in den richtigen Modus und plötzlich bist du verkrampft. Oder du bist sehr angespannt, kommst in deinen Modus, liegst in Führung und wirst zu relaxed. Hierbei ist auch wichtig zu erkennen, dass die Spannung zu viel oder zu wenig wird, und entsprechend dagegen zu arbeiten. Zum Beispiel:

Lutz spielt ein wichtiges Match gegen Cedric. Lutz weiß, dass es ein hartes Match werden wird, und er ist nervös und angespannt. Er wärmt sich gut auf, aber der Start ins Match verläuft holprig. Beide Spieler agieren gehemmt. In der Mitte des ersten Satzes aber hat sich Lutz freigespielt, seine Beinarbeit ist leichtfüßig und seine Schläge kommen gut. Er gewinnt Satz eins mit 6 : 4 und hat nun jede Menge Selbstvertrauen. „Wenn ich trotz einer so bescheidenen Leistung zu Beginn den Satz trotzdem noch gewinne, sollte das heute für mich laufen." Im zweiten Satz spielt Lutz nun sein bestes Tennis und überrollt Cedric förmlich. Schnell steht es 3 : 0 und dann 4 : 1. Allerdings kämpft Cedric verbissen weiter, während Lutz sich seiner Sache inzwischen sehr sicher ist. Lutz vergibt Chancen zum 5 : 1 und bei 4 : 2 auch zum 5 : 2. Stattdessen gelingt Cedric, der jetzt auch besser spielt, ein Re-Break zum 3 : 4. Cedric nutzt das Momentum und gleicht aus. Und plötzlich ist Lutz gar nicht mehr locker. „Mensch, wenn du das noch verlierst … Du hattest ihn ja voll im Sack." Im Tennis passieren solche Dinge leider sehr schnell. Deshalb ist es wichtig, dass du schnell gegensteuerst und deine Gedanken in die richtige Richtung lenkst. Dies hat Lutz nicht getan. Er hat das Match nach gutem Spiel zu leichtgenommen und kam dadurch wieder von der Siegerstraße ab. Ich spreche natürlich aus Erfahrung, denn leider sind mir solche Situationen auch immer wieder passiert. Hierbei ist wichtig, dass du dir ins Gedächtnis rufst, dass das Match noch nicht vorbei ist. Dass eine vermeintlich hohe Führung ein ganz gefährlicher Spielstand sein kann, denn wenn der Gegner erst mal seine Aufholjagd startet, hat er auch das Momentum auf seiner Seite.

Fazit:

Selbstverständlich sind die Tipps und Tricks, die ich dir genannt habe, kein Patentrezept, in den richtigen Modus zu kommen. Sie sollten aber die Wahrscheinlichkeit erhöhen, dass du in eben diesen Modus kommst und die richtige Mischung aus Anspannung und Entspannung hast. Du solltest wissen, welcher Typus du bist, und bereits beim Warm-up darauf hinwirken, dass du ready fürs Match bist. Dich locker machen, wenn du eher der angespannte Typ bist, und dich auf Temperatur bringen und pushen, wenn du für gewöhnlich zu relaxed bist. Wende die Verfahren auch während des Matches an und beobachte genau, in welchem Zustand du dich befindest. Bemerkst du, dass du zu locker oder zu angespannt wirst, arbeite sofort dagegen.

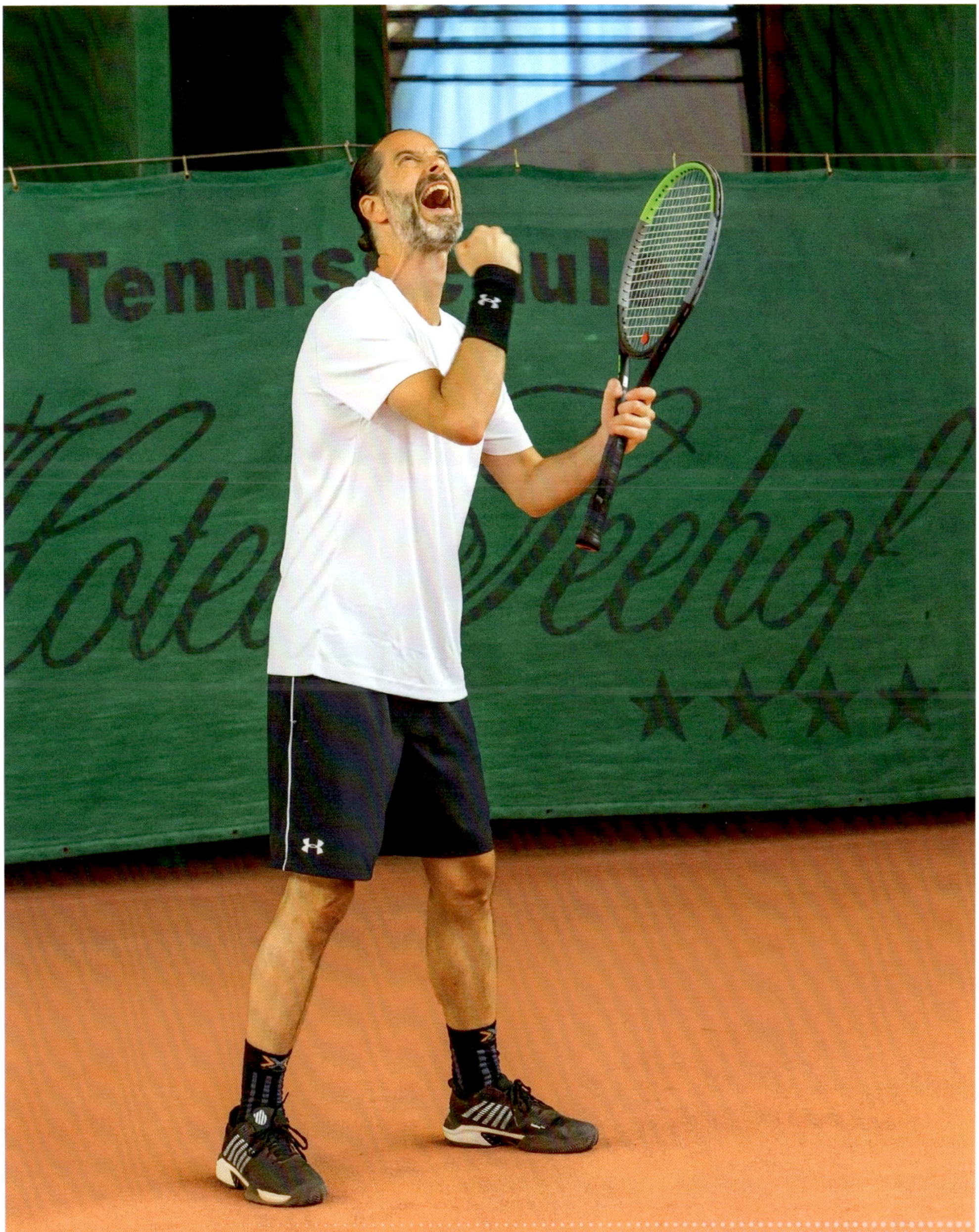

Spieler, die sich selbst anfeuern, sind oftmals sehr präsent.

– KAPITEL 9 –

Konzentration

Konzentration

„Wer sich entschieden hat, etwas zu tun, und an nichts anderes denkt, überwindet alle Hindernisse." (Giacomo Casanova)

Wie oft höre ich den Satz: „Konzentrier dich doch bitte!" Er wurde mir in der Schule von meinen Lehrern an den Kopf geworfen, meine Eltern ermahnten mich damit und auch die meisten Trainer versuchen mit diesen Worten, die Leistung ihrer Schüler zu steigern. Jedoch wurde mir nie erklärt, was genau dieses „Konzentrier dich" bedeutet und wie ich das anstellen soll. Und ich vermute, dass dies auch den meisten, denen dieser kurze Ausspruch zugerufen wird, so ergeht. Es ist ja nicht so, dass ich in der Schule, im Elternhaus oder auf dem Tennisplatz absichtlich unkonzentriert bin und zum Beispiel auf dem Tennisplatz den Ball mit Freude ins Netz geschlagen habe. Nein, ich habe mich meistens schon bemüht.

Die Definition für Konzentration lautet:
„Konzentration ist die willentliche Fokussierung der Aufmerksamkeit auf eine bestimmte Tätigkeit, das Erreichen eines kurzfristig erreichbaren Ziels oder das Lösen einer gestellten Aufgabe."

Das bedeutet auf dem Tennisplatz, dass deine Gedanken nur auf den gelben Ball und das Spielgeschehen gerichtet sind. Nichts anderes zählt. Klingt logisch und einleuchtend und ist es in der Theorie sicher auch. In der Praxis ist die Umsetzung aber alles andere als einfach. Überall lauern Ablenkungen. Du bist mitten im Match und deine Gedanken gehen auf Wanderschaft. Du beschäftigst dich mit den Zuschauern, du denkst daran, was du nach dem Match noch zu tun hast, oder du rätselst über die Lösung aller möglichen Probleme in deinem Leben. Ich habe eine Schülerin, mit der ich regelmäßig trainiere. Sie hat mir kürzlich berichtet, dass heute ungewöhnlich viele Flugzeuge über den Tennisplatz geflogen seien. Dies hätte sie beim Aufschlag festgestellt. Zum Verständnis, die Flugzeuge sind weder deutlich zu sehen noch sind sie laut, denn sie fliegen sehr hoch und um eines zu erkennen, muss man schon sehr genau hinschauen, diese regelrecht suchen. Bis sie mir dies sagte, ist mir das selbst nie aufgefallen. Wenn ich aufschlage, sehe ich auch keine Vögel oder nehme die Form der Wolken nicht wahr. Natürlich ist dies ein Extrembeispiel. Aber wenn du aufschlägst, solltest du nur den Ball sehen und nicht irgendwelche Objekte am Himmel. Das ist ein sicheres Zeichen, dass du eben nicht bei der Sache bist. Ich will dir noch ein anderes Beispiel geben. In meinem früheren Team hatten wir eine Nummer eins aus Südeuropa. Dieser Spieler hatte tolle Schläge und war athletisch. Er war ein Lebemann, wahrscheinlich ein bisschen selbstverliebt und nicht der größte Kämpfer. Wenn eine Frau, die ihm gefiel, am Tennisplatz vorbeischlenderte, so geriet das Tennisspiel anscheinend zur Nebensache und wir alle konnten sehen, wie sich seine Gedanken vom Spiel entfernten. Er ließ sich ablenken und die Folge waren häufig Punktverluste. Selbstverständlich ist auch dies ein Extrembeispiel.

Auffällig ist dennoch, dass es verhältnismäßig viele Spieler gibt, die sich ablenken lassen und die dementsprechend ihren Fokus nicht auf dem Spielgeschehen haben. Das hat zur Folge, dass diese Spieler oft schwankend in ihren Leistungen sind. Sie spielen teilweise glänzend und dann wieder auf absolut grauenhaftem Level. Je höher das Spielniveau aber ist, desto schwieriger sind diese Schwankungen auszugleichen. Hat ein Weltklassespieler gegen seinesgleichen im Satz fünf schwache Minuten, kassiert er ein Break und der Satz ist oftmals entschieden. Aber auch auf Amateurlevel kann das verheerend sein. Ich trainiere regelmäßig mit Thorsten, einem jungen Spieler, und wir spielen Sätze. Wir sind in etwa auf demselben Level, dennoch gehen 90 % der Sätze an mich. Denn Thorsten hat eigentlich in jedem Satz fünf bis zehn Minuten, in denen er seine Konzentration verliert und viele leichte Fehler begeht. In dieser Phase sind die Ballwechsel meist kurz und enden mit Fehlern von ihm. Er wirkt dann überhastet und verliert seinen Spielplan. Dann muss ich da sein und dies ausnutzen. In dieser Zeitspanne hole ich zwei oder drei Spiele. Oftmals ist es dann so, dass Thorsten sich auch aufregt und den Faden verliert. Mir wiederum gibt das viel Selbstvertrauen, denn ich weiß, auch wenn er selbst mit einem Break in Führung liegt, wird er wahrscheinlich seinen Aussetzer haben und ich bin wieder im Spiel.

Wie aber schaffst du es, die Konzentration hochzuhalten? Auch dies ist wieder eine Sache des Trainings. Es gibt viele Übungen für die Konzentration, von denen ich dir zwei am Kapitelende vorstellen möchte. Grundsätzlich gilt es, die Sinneseindrücke, die dich vom Spiel ablenken, auszublenden. Am Anfang musst du dies vermutlich bewusst tun und dich selbst ermahnen, gedanklich beim Spielgeschehen zu bleiben. Irgendwann wird dein Gehirn diese störenden Einflüsse bewusst von selbst ausblenden, ohne dass du dies aktiv steuern musst. Und es gibt am Tennisplatz jede Menge, was dich ablenken kann. Sei es der delikate Geruch nach Essen aus der Clubgaststätte,

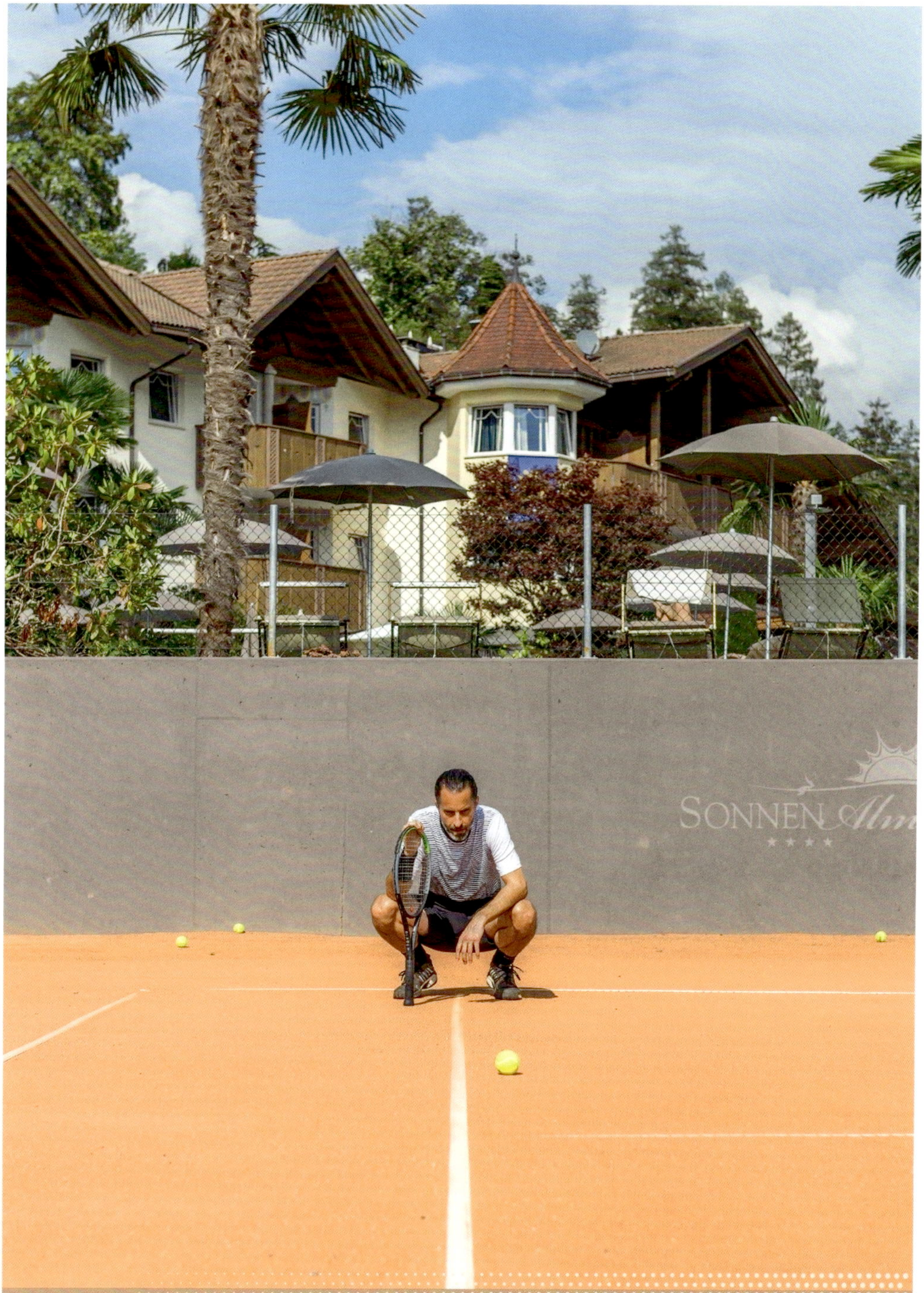

Volle Konzentration ist immer erforderlich. Viele Fehler unterlaufen dir, weil du unkonzentriert bist.

der zum Platz herüberweht, der Streit auf dem Nebenplatz, Zuschauer, die sich unterhalten, klingelnde Handys, vorbeifahrende Züge oder Autos, Kinder, die in der Nähe des Platzes spielen, Vögel, die zwitschern oder sich in deinem Sichtfeld befinden, um nur mal einige zu nennen. Die Kunst ist es, diese Dinge auszublenden und nur zuzulassen, was in diesem Moment wirklich wichtig für dich ist. In Sportübertragungen wird dann oft davon gesprochen, dass der Sportler „im Tunnel" sei. Mit Sicherheit hast du auch schon vom Tunnelblick gehört. Dieser gilt in der Psychologie allgemein als negativ. Im Sport beziehungsweise der Sportpsychologie ist der Tunnelblick jedoch etwas Positives und Erstrebenswertes. Der Athlet ist dann im Tunnel, wenn er absolut fokussiert ist und nur das wahrnimmt, was ihm bei der Entfaltung seiner sportlichen Höchstleistung behilflich ist. Er ist voll aufs Spielgeschehen fokussiert und blendet alles andere (meist unbewusst) aus. Mit der Erfahrung und mit Übung wird dir auch hierbei ein Automatismus gelingen. Es ist sehr anstrengend, die Störfaktoren bewusst auszublenden, deshalb muss dies langfristig unterbewusst geschehen. Ein Kollege von mir hat kürzlich über die Konzentration Nadals und seine Rituale philosophiert und tätigte den Ausspruch: „Bei Nadal könnte ein Flugzeug neben dem Platz abstürzen und Nadal würde sich immer noch an die Nase fassen und die Haare hinter die Ohren stecken, so stark ist er fokussiert auf das, was er tut." Ähnlich wie bei Nadal verhält es sich bei vielen Spitzenspielern. Sie sind voll bei der Sache und lassen sich sehr selten durch vermeintliche Störfaktoren ablenken. Du kannst dies auch tun. Wir lassen uns vornehmlich visuell (sehen) und auditiv (hören) zwischen den Punkten ablenken. Deinen Blick kannst du zwischen den Ballwechseln auf deine Bespannung richten (dies sieht man häufig auch bei den Top-Spielern) oder auf einen von dir gewählten Fixpunkt (zum Beispiel die Stelle, an der dein Handtuch hängt). Ich rate dir davon ab, zu oft nach draußen zu den Zuschauern zu schauen. Der Blickkontakt mit einer Vertrauensperson (zum Beispiel der Trainer) ist hingegen ratsam, da diese dich ermutigen kann. Auch bei den Profispielern geht der Blick oft in die eigene Box. Rastlose Spieler, die mit ihren Augen hin und her wandern, wirken hingegen unruhig und nervös. Dies ist ein Zeichen, das sie eher abgelenkt sind. Auditiv hingegen ist es weitaus schwieriger. Denn du kannst deine Ohren ja nicht einfach verschließen. Aber auch hier solltest du versuchen, die störenden Geräusche weitestgehend bewusst auszublenden. Allerdings ist es natürlich weit schwieriger, sich gut zu konzentrieren, wenn es sehr laut ist. Dennoch ist es natürlich so, dass dein Gegenspieler dieselben Bedingungen hat. Bei den US Open zum Beispiel ist die Lautstärke um ein Vielfaches höher als bei den anderen

Grand-Slam-Turnieren. Häufig fliegen beispielsweise Flugzeuge über die Anlage. Beide Spieler haben dieses „Problem".

Fazit:

Auch die Konzentration zählt selbstverständlich zum mentalen Bereich. Wer konzentriert ist und sich nicht ablenken lässt, begeht weniger Fehler und zeigt somit eine bessere Leistung. Wie vieles andere kannst du auch die Konzentration trainieren, aber kaum ein Spieler im Amateurbereich tut dies. Bist du hingegen in der Lage, dich über einen längeren Zeitraum aufs Spielgeschehen zu konzentrieren, hast du einen klaren Wettbewerbsvorteil. Wichtig ist, sich nicht von Störfaktoren von außerhalb ablenken zu lassen. Rituale und Gewohnheiten erleichtern es dir, deinen Fokus auf dem Wesentlichen zu halten.

Übungen:

Atemübung:

Diese kannst du eigentlich überall durchführen, denn deinen Atem hast du immer zur Verfügung. Du kannst diese Übung beim Seitenwechsel im Match machen, als Vorbereitung vor dem Match oder auch einfach zu Hause. Richte deinen Fokus ganz auf deine Atmung. Atme tief ein und aus. Nimm das Geräusch deiner Atmung wahr, beachte, wie sich dein Bauch hebt und senkt, fühle, wie du atmest, und lass vor allem keinen anderen Gedanken zu.

Tennisballübung:

Nimm einen Tennisball (du kannst auch einen anderen Gegenstand nehmen). Betrachte diesen und konzentriere dich nur auf den Ball. Nimm seine Form und seine Farbe wahr. Betrachte genau den Filz des Balles. Behalte wie bei der Atemübung deine Gedanken ganz auf dem Tennisball und lass nicht zu, dass sie abschweifen.

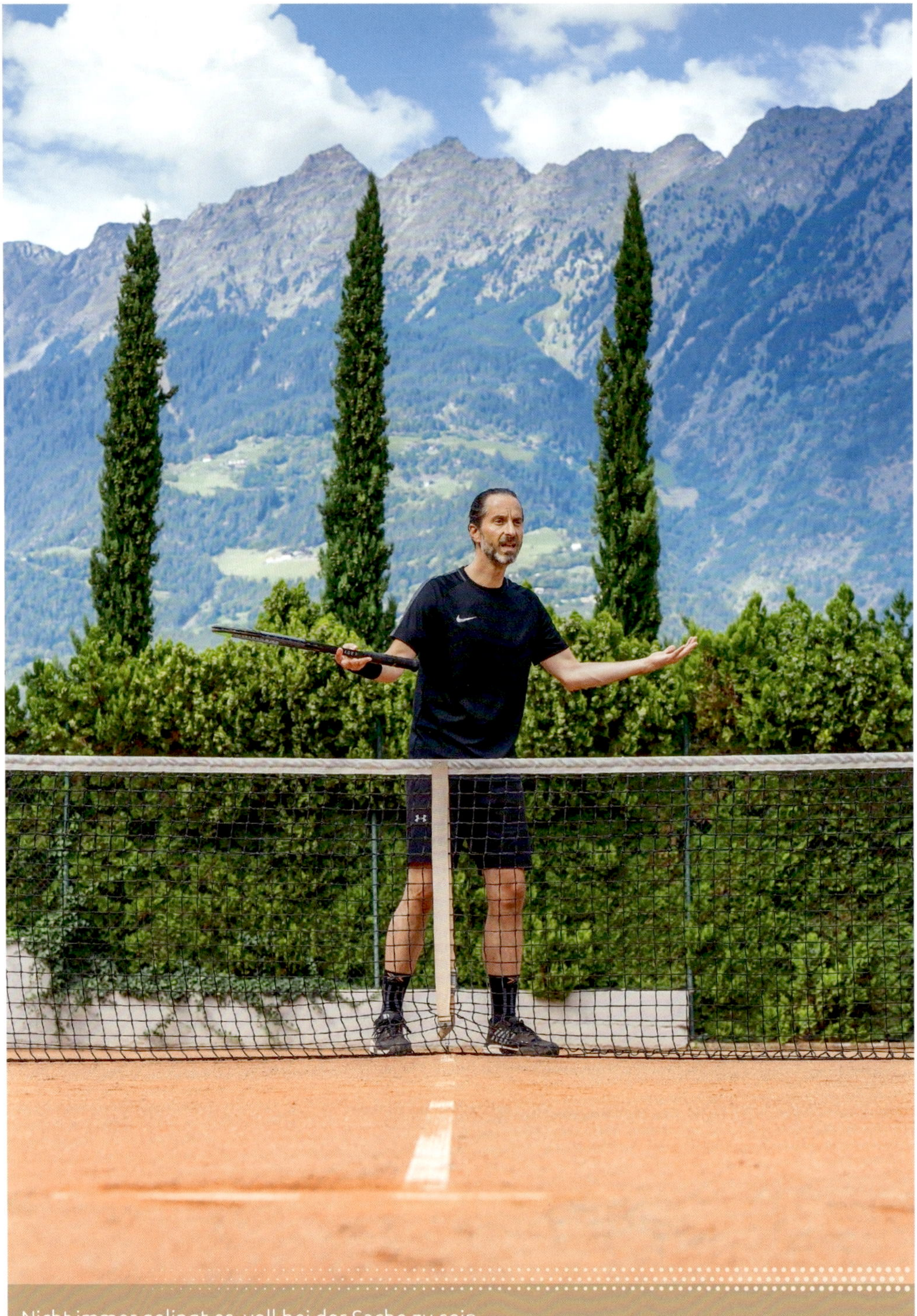

Nicht immer gelingt es, voll bei der Sache zu sein.

Buchstaben zählen:

Nimm einen beliebigen Text und zähle, wie oft der Buchstabe K im Text vorkommt. Du kannst auch einen anderen Buchstaben wählen oder auch mehrere Buchstaben. Wichtig ist, dass du dich wieder nur auf den Text und die von dir zu suchenden und zu zählenden Buchstaben konzentrierst. Mit einem einzelnen Buchstaben ist es relativ leicht. Je mehr Buchstaben du wählst und je länger der Text ist, desto schwieriger ist diese Übung.

Alle drei Übungen dienen dazu, dass deine Gedanken nicht abschweifen. Anfangs wird dir dies sehr schwerfallen und du wirst nicht einmal eine Minute durchhalten. Mit der Zeit wird sich deine Konzentration aber verbessern und du kannst die Übungen länger durchführen. Wichtig ist bei allen drei Übungen, falls die Gedanken auf Wanderschaft gehen, diese einzufangen und wieder auf das Ziel auszurichten. Fokussierst du dich zum Beispiel auf den gelben Tennisball und denkst dann plötzlich an die gelbe Sonne und wie heiß es wohl dort ist, oder daran, wie du den Tennisball schlagen wirst, so kehre zurück zum gelben Tennisball und verdränge die anderen Gedanken. Diese Übungen aus der Psychologie werden dir helfen, deine Konzentration zu stärken und somit für bessere Ergebnisse auf dem Tenniscourt sorgen. Aber auch allgemein kann es dir nicht schaden, wenn du dich besser konzentrieren kannst.

– KAPITEL 10 –

Körpersprache und Verhalten auf dem Platz

Körpersprache und Verhalten auf dem Platz

Die Körpersprache zählt zu den wichtigsten Fähigkeiten im mentalen Bereich, denn durch sie drückst du dein Befinden auf dem Court aus. Du kannst mittels Körpersprache Entschlossenheit, Selbstbewusstsein, Kampfgeist, Ausgeglichenheit oder Souveränität ausdrücken, aber auch Resignation, Frustration, Nervosität, Niedergeschlagenheit oder Hektik. Um nur mal einige Punkte zu benennen. Und dein Verhalten und deine Körpersprache kann dein Gegenpart sehen und hören. Je nachdem, wie du dich präsentierst, wird er eingeschüchtert sein oder Mut schöpfen.

Es ist die eine Sache, wie du dich fühlst, eine andere, ob du dies deinem Gegner zeigen möchtest oder diesen eher im Dunkeln lassen möchtest über deinen Gemütszustand. Und auch in diesem Bereich sind klare Unterschiede zu erkennen zwischen der absoluten Weltspitze und der eher erweiterten Weltspitze und natürlich noch klarere Unterschiede zum normalen Klubspieler. Viele Amateurspieler kann man lesen wie ein offenes Buch, und oft ist allein an der Körpersprache zu sehen, wer sich auf der Siegerstraße befindet. Auch in puncto Körpersprache ist Disziplin gefordert und vor allem auch die Kunst, ein guter Schauspieler zu sein.

Es ist einfach, positiv zu sein, wenn es läuft und du stark spielst. Dann ist zumeist auch die Körpersprache verhältnismäßig gut. Anders verhält es sich, wenn du keinen guten Tag hast. Wenn es wirklich schlecht für dich läuft, du viele Fehler machst und kaum einen Ball ins Feld bringst, ist dies natürlich alles andere als optimal und dein Selbstvertrauen sinkt von Schlag zu Schlag. Nun hast du natürlich verschiedene Optionen. Du kannst schimpfen und deinen Schläger malträtieren und destruktive Selbstgespräche führen. Nur bringt dich dies in der Regel nicht weiter. Und dein Gegner bekommt das natürlich auch mit. Für mich persönlich ist es immer bereits ein kleiner Sieg, wenn mein Gegenspieler schimpft oder noch besser: seinen Schläger durch die Gegend wirft. Niemand schmeißt seinen Schläger und flucht, wenn er vor Selbstvertrauen strotzt und mit seinem eigenen Spiel einverstanden ist. Im Umkehrschluss bedeutet dies, dass mein Kontrahent nicht seinen besten Tag hat und definitiv angreifbar ist. Zum einen ist für dich wichtig, diese Schwächen deinem Rivalen nicht offen kundzutun, und zum anderen, genau zu beobachten, wenn dein Gegner eine negative Körpersprache hat. Aber es hat selbstverständlich noch mehr damit auf sich, als zu schreien und Schläger zu werfen oder die Bälle aus

Frust wild durch die Gegend zu feuern. Dies ist nur die Spitze des Eisberges und nicht jeder Gegner wird dir dies so offensichtlich zeigen. Gerade in schlechten Phasen darfst du dich aber auch selbst anfeuern, die Faust zeigen und somit klarmachen, dass du präsent bist. Auch in schlechten Phasen verlierst du keine 15 Punkte am Stück, und wenn du dann einen oder zwei gute Punkte gewinnst, kann es hilfreich sein, dich selbst zu pushen. Denn auch ein oder zwei gute Punkte in einer schlechten Phase können der Beginn eines starken Zeitraums sein. Eventuell nimmst du gerade ein Momentum auf.

Es gibt auch Spieler, die zwar ruhig und gefasst bleiben, aber dennoch mutlos wirken. Sie laufen gebückt und mit hängendem Kopf durch die Gegend und machen sich viel kleiner, als sie eigentlich sind. Auch dies zeugt sicherlich von Unsicherheit und verdient besondere Beobachtung. Wie aber solltest du dich präsentieren, und welche Körpersprache solltest du zeigen?

Dies ist sicherlich sehr individuell. Es gibt Typen wie früher McEnroe oder auch Boris Becker, die zumeist besser spielten, wenn sie geschimpft haben und wütend waren. Meiner Meinung nach sind das aber absolute Ausnahmen. Genauso wie Björn Borg, der niemals eine Regung zeigte, der aber innerlich brodelte wie ein Vulkan. Nach außen lief er scheinbar teilnahmslos über den Platz, aber innerlich kochte es auch in Borg. Mein Vorschlag ist der, eine Körpersprache zu entwickeln, die zu deinem Charakter passt und dennoch größtenteils positiv ist. Bist du eher der stille und ruhige Typ, so verhalte dich auf dem Platz eher wie Borg oder auch Pete Sampras. Ausgeglichen, in sich ruhend und cool. Nichtsdestotrotz kannst du einige positive Emotionen zeigen und damit signalisieren, dass du da bist. Bist du eher der gegenteilige Typus, derjenige, der eher extrovertiert ist, so solltest du deine Emotionen natürlich nicht komplett verschließen, sondern diese zulassen und zeigen. Vor allem im negativen Bereich ist es aber wichtig, dennoch kontrolliert zu bleiben und nicht komplett wütend zu werden. Im positiven solltest du es aber auch nicht übertreiben, denn zu viele Emotionen kosten dich auch viel Energie.

Wenn wir die Spieler betrachten, die bei den Männern in den letzten Jahren die Grand-Slam-Titel geholt haben, so sehen wir vollkommen unterschiedliche Charaktere. Nadal ist auf dem Platz vermutlich der emotionalste. Aber bei ihm sieht man kaum negative Emotionen. Zumeist pusht er sich nur. Aber auch dies hat im Vergleich zum Beginn seiner Karriere nachgelassen. Er setzt dieses Stilmittel, die Faust oder ganz selten die Säge, immer noch ein, aber bei weitem nicht mehr so häufig wie am Anfang seiner großartigen

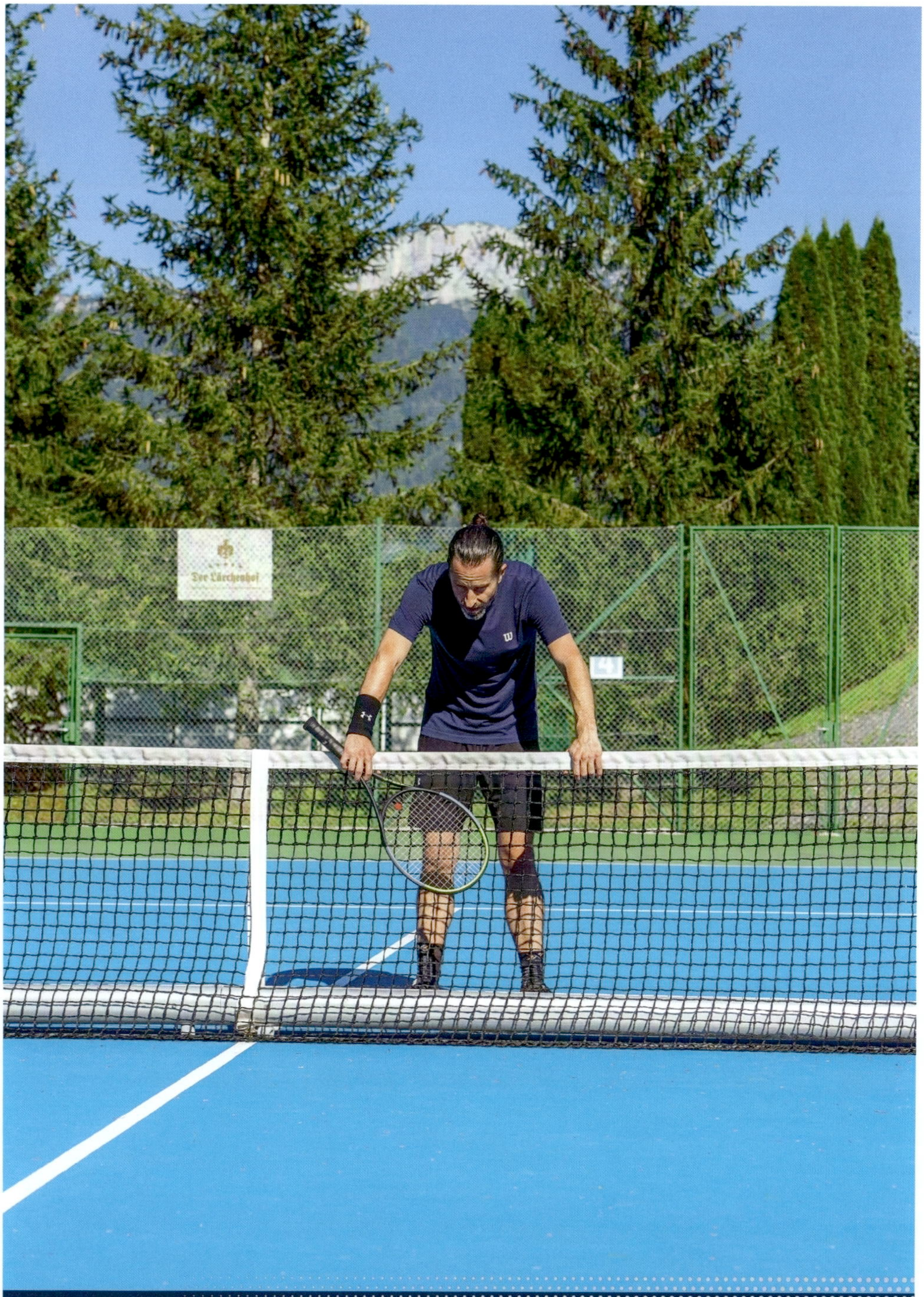

Eine negative Körpersprache zeigt oft an, dass der Spieler auf der Verliererstraße ist.

Laufbahn. Auch Federer und Djokovic sind relativ kontrolliert, wobei Federer noch ruhiger ist als Djokovic. Beide schimpfen für gewöhnlich wenig bis gar nicht und senden auch in schwierigen Situationen positive Signale aus, die klar aufzeigen, dass der Glaube an die eigene Leistungsfähigkeit da ist. Aber auch bei diesen beiden Top-Athleten spielt die Faust und das Anfeuern der eigenen Person eine große Rolle. Murray und Wawrinka hingegen sind nicht ganz so kontrolliert wie Federer und Djokovic. Vor allem Murray hat immer wieder mit sich selbst gehadert und geschimpft. Grundsätzlich ist Murray der negativste dieser Spieler, der diese Emotionen anscheinend auch am wenigsten kontrollieren kann. Aber dies gehört wohl zum Charakterbild des Schotten. Dass du aber auch an solchen Verhaltensmustern arbeiten kannst, zeigen die Wandlungen der Top-Spieler. Nadal zeigt sicher aus Kalkül mittlerweile etwas weniger Emotionen, weil er Energie sparen möchte. Federer war zu Beginn seiner Karriere ein Heißsporn, der ebenfalls öfters Wutausbrüche hatte und seinem Frust vielfach freien Lauf ließ. Aber bereits bei seinen ersten Grand-Slam-Siegen war der junge Federer schon sehr beherrscht und behielt dieses Verhalten seine gesamte weitere Karriere bei. Andy Murray wiederum, der als

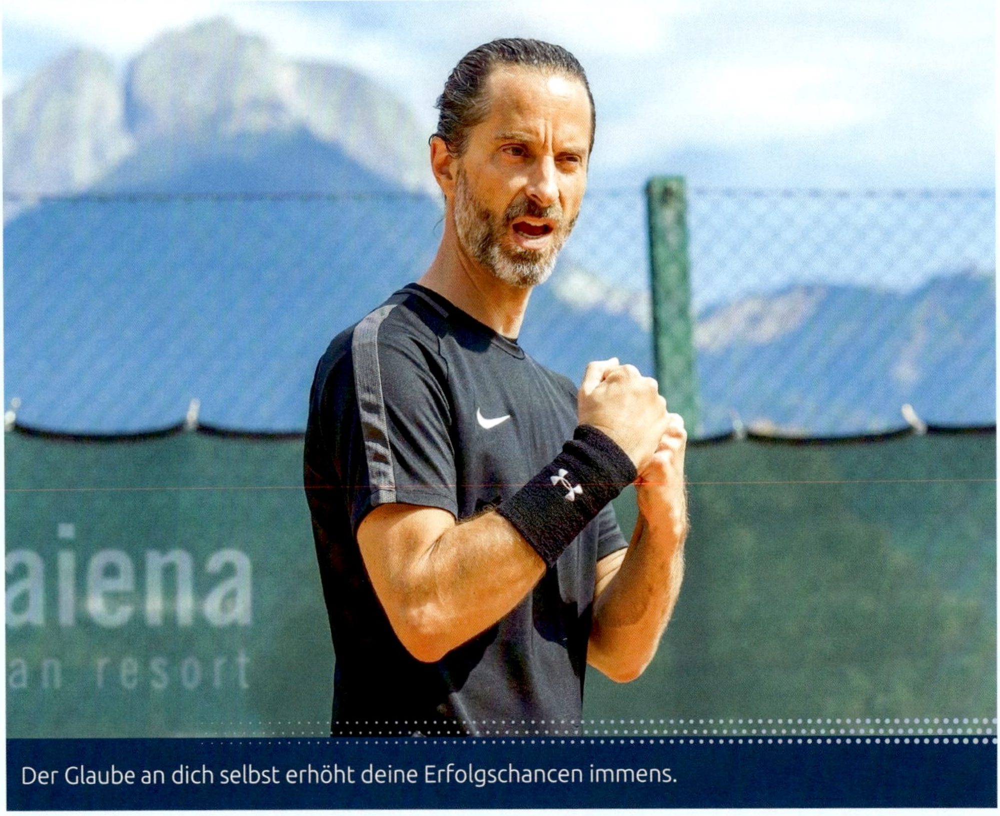

Der Glaube an dich selbst erhöht deine Erfolgschancen immens.

Heißsporn gilt, konnte auch sein Verhalten zeitweise abändern. So schimpfte Murray unter der Anleitung seines Trainers Lendl auch weniger als zuvor und teilweise danach. Auch Murray wird dies aus Kalkül und vermutlich auf Anraten seines Trainers Lendl gemacht haben. Und der Erfolg gibt Murray recht. Unter Lendl gewann Murray alle seine drei Grand-Slam-Titel und zweimal die Goldmedaille bei den Olympischen Spielen.

Du solltest dir also genau überlegen, wie du dich präsentieren möchtest. Auch wenn du zum Beispiel eine Verletzung hast, müde bist oder etwas zwickt. Manchmal ist es sinnvoll, dies zu zeigen, und manchmal nicht. Es gibt Spieler, die ziehen Selbstvertrauen daraus, wenn ihr Gegner angeschlagen ist, und andere sind dann völlig verunsichert und mit der Situation des verletzten Gegners überfordert. Manche Spieler machen sich dies gar zunutze, indem sie den sterbenden Schwan spielen. Bist du zum Beispiel in Führung, so ist es in der Regel besser, eine mögliche Verletzung nicht zu zeigen, denn dies wird deinem Kontrahenten wieder Mut machen. Bist du im Rückstand, kann dies deinen Gegner jedoch verunsichern und seinen Rhythmus negativ beeinflussen.

Welche Gesten kommen häufig im Tennis vor, und auf welche Merkmale der Körpersprache solltest du achten?

- Die geballte Faust. Sie ist ein starkes und wohl das am häufigsten gezeigte Signal im Tennis. Vor allem nach wichtigen oder spektakulären Punkten sieht man sie oft. Die geballte Faust ist sehr positiv und zeugt von Kraft und Energie, und du solltest dieses Signal immer wieder gezielt (vor allem in wichtigen Matchphasen) einsetzen. Begleitet von einer verbalen Eigenanfeuerung wie „Come on" oder „ja", wird die geballte Faust oft noch zusätzlich verstärkt und zeigt deinem Gegner, dass du bereit und kämpferisch bist.
- Schläger werfen oder Ball wegschießen. Beides sind negativ besetzte Signale, die auch deinem Gegner nicht verborgen bleiben. Mich persönlich freut es immer ungemein, wenn mein Rivale die Beherrschung verliert und sein Arbeitsgerät malträtiert. Dies stärkt mein Selbstvertrauen, denn ich weiß sicher, dass er angreifbar ist. Deshalb rate ich dir, dich in diesem Punkt in Selbstbeherrschung zu üben. Sicher, manchmal muss der Frust raus und ein lauter Schrei oder der kurze Missbrauch des Schlägers können befreiend wirken. Bei vielen Spielern bleibt es aber nicht dabei, und die Wutausbrüche werden immer regelmäßiger und unkontrollierter. Wandele deine Wut und deine Aggression stattdessen in Energie in den Ballwechseln um.

- Der aufrechte Gang. Die Körperhaltung an sich ist auch sehr wichtig. Viele Spieler schlurfen mit hängenden Schultern und gesenktem Kopf über den Platz. Dies wirkt weder energiegeladen noch selbstbewusst. Es ist allgemein wichtig, auf eine gute Körperhaltung zu achten, aber im Match ist es ganz besonders wichtig, nicht eingefallen über den Platz zu schleichen. Die Körperhaltung sollte stets Selbstvertrauen ausdrücken.

Viele Spieler, vor allem Amateurspieler, schenken all dem kaum Bedeutung. Aber auch dies kannst du trainieren. Jedes Detail verdient Beachtung, denn in Summe kann dies den Unterschied ausmachen. Die Top-Spieler überlassen auch hier nichts dem Zufall, und auch du kannst an solchen Kleinigkeiten arbeiten. Du kannst Vergleiche zu den Top-Spielern oder deinem favorisierten Spieler ziehen und diese bei ihren Matches beobachten. Im nächsten Schritt überlegst du dir, wie du gerne über den Platz gehen würdest, welche Gesten und Verhaltensweisen du gerne an den Tag legen willst. Wie soll dich dein Gegner wahrnehmen? Du kannst dich beim Spielen auf Video aufnehmen lassen und dich im Nachgang selbst analysieren. Dann triffst du Veränderungen. Oder du übst Gesten und Gang zu Hause vor dem Spiegel. Im Übrigen helfen dir diese Dinge nicht nur auf dem Tennisplatz, sondern eigentlich fast überall.

Fazit:

Das Verhalten auf dem Platz und die Körpersprache nimmt dein Gegner wahr, und dies spielt wiederum eine große Rolle dabei, wie er sich selbst fühlt. Bist du präsent, positiv und hast eine starke und klare Körpersprache, kann ihn dies einschüchtern. Lässt du dich gehen und haderst mit dir, wird dein Kontrahent daraus Selbstvertrauen ziehen und hält dich für angreifbar. Vor allem wenn du keinen guten Tag hast, gilt es, eine gute Körpersprache und ein positives Verhalten zu zeigen. Dein Gegner sollte nicht erkennen, dass du eigentlich unzufrieden und angreifbar bist. Machst du an schlechten Tagen gute Punkte, ist es umso wichtiger, Präsenz zu zeigen und dich selbst zu pushen, indem du die Faust ballst und dich selbst anfeuerst. Achte auch auf deine Körperhaltung, die aufrecht sein und Selbstvertrauen ausstrahlen sollte. Trainiere deine Verhaltensweisen und deine Körpersprache gezielt und versuche auch in diesem Bereich, Verbesserungen vorzunehmen. Wichtig ist hierbei natürlich, dass dein Verhalten und deine Körpersprache zu deinem Charakter und deinen Vorlieben passen sollten und dass auch dein Gebaren individuell sein kann.

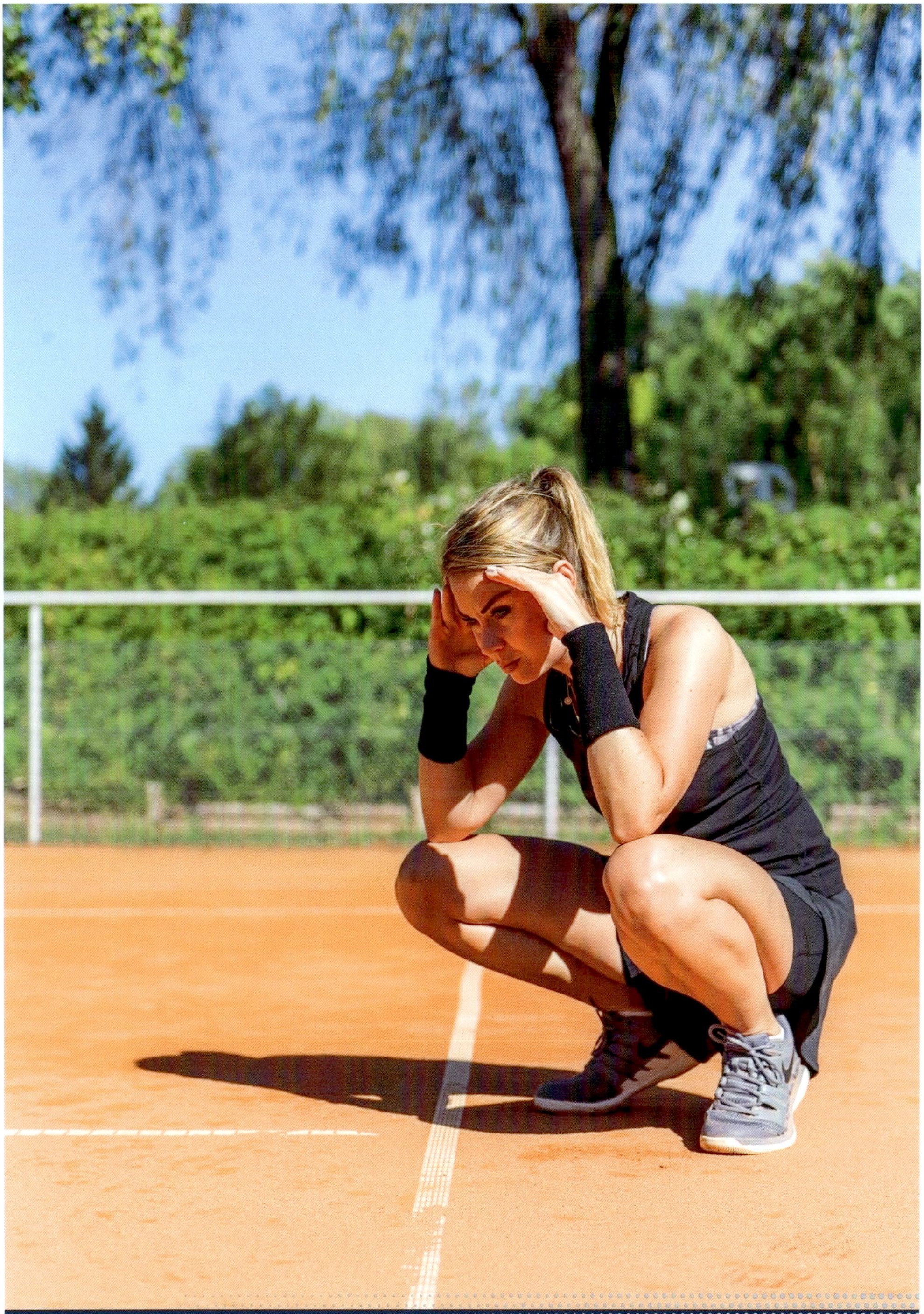

Auch deinem Gegenspieler wird deine Körpersprache nicht verborgen bleiben.

– KAPITEL 11 –

Wie breche ich den Gegner und schaffe es, selbst nicht gebrochen zu werden?

Wie breche ich den Gegner und schaffe es, selbst nicht gebrochen zu werden?

Wie breche ich den Gegner und schaffe es, selbst nicht gebrochen zu werden? Bei welchen Spielständen kann ich ansetzen?

Paris, Juni 1994, Viertelfinale:

Es spielt der junge Deutsche Dreekmann gegen den Schweden Larsson. Ich habe das Match seinerzeit im Fernsehen verfolgt. Dreekmann spielte gut und mutig. Er holte die ersten zwei Sätze mehr oder weniger souverän und führte demnach 2 : 0 in den Sätzen. Auch im dritten Satz hielten beide Spieler ihre Aufschlagspiele bis zum 5 : 4 für Dreekmann. Dreekmann war bis zu diesem Zeitpunkt eindeutig der bessere Spieler und stand kurz vor dem völlig überraschenden Einzug ins Halbfinale von Paris. Beim Spielstand von 4 : 5 musste Larsson gegen das Match servieren. Bei 15 : 40 hatte Dreekmann die ersten beiden Matchbälle. Larsson wehrte beide mit starken Aufschlägen ab und hielt seinen Aufschlag. Da auch Dreekmann seinen Service durchgebracht hat, musste Larsson erneut gegen das Match aufschlagen. Auch in diesem Aufschlagspiel Larssons hatte Dreekmann wieder Matchbälle. Diesmal die Matchbälle drei bis sechs. Bei allen spielte Larsson gut und wehrte die Matchbälle ab. Dreekmann konnte sich bei seinen Matchbällen kaum etwas vorwerfen. Larsson rettete sich in den Tiebreak und gewann diesen recht deutlich mit 7 : 3. Die Sätze vier und fünf dauerten dann nur noch 43 Minuten. Larsson zog mit einem 3 : 6, 6 : 7, 7 : 6, 6 : 0 und 6 : 1 ins Halbfinale von Roland Garros ein. Nach dem dritten Satz war Hendrik Dreekmann völlig eingebrochen.

Es gibt Spielstände, die sind prädestiniert dazu, ein Match zu drehen. Oftmals ist es so, wenn ein Spieler kurz vor dem Satzgewinn oder gar Matchgewinn steht und er schafft es nicht, das Match zu beenden oder den Satz zu gewinnen, dass dieser Spieler dann völlig einbricht. Mir selbst ist es vor vielen Jahren auch einmal so ergangen. Ich kann mich noch genau an das Match und auch meine Gefühle und Gedanken erinnern.

Mein Gegner war ein Spieler, den ich von anderen Turnieren kannte. Zweimal waren wir schon gegeneinander angetreten. Jeder einmal mit dem besseren Ende für sich. Ich selbst ging von einem ausgeglichenen und knappen Spiel aus. Mein Gegner erwischte keinen guten Start, und ich fühlte den Ball ganz gut auf dem Schläger. Mit 6 : 2 gewann ich den ersten Satz recht souverän. Auch im zweiten Satz war ich der bessere Spieler, führte mit 5 : 3, musste jedoch den Ausgleich zum 5 : 5 hinnehmen. Ein paar Minuten später waren wir im Tiebreak. Es war heiß an diesem Tag und wir hatten schon eine beträchtliche Zeit gespielt. Auch im Tiebreak konnte ich in Führung gehen und meinen Vorsprung auch halten. Bei 6 : 4 hatte ich zwei Matchbälle. Wir hatten zwei lange Ballwechsel, die beide zu meinen Ungunsten endeten. Innerhalb der beiden Ballwechsel gab es zwar Chancen, das Match zu beenden, allerdings war keine so eindeutig, dass ich das Gefühl gehabt hätte, total versagt zu haben. Mein Gegenspieler sicherte sich nun den nächsten Punkt. Nun hatte er Satzball. Nach einem guten Ballwechsel konnte er diesen mit einem satten Winner verwandeln und holte sich den Satz. Nun war mein Akku leer. Körperlich war ich noch in Ordnung und sicherlich in keiner schlechteren Verfassung als mein Kontrahent. Und auch von meinen Schlägen war ich nicht unterlegen. Aber mental war ich sehr müde. Ich dachte immer wieder: „Du warst nur einen Punkt vom Sieg entfernt, und jetzt bist du wieder einen ganzen Satz, wieder 24 Punkte vom Sieg entfernt. – Du warst besser, warum konntest du den Matchball nicht verwandeln? – Heute wird das nichts mehr, du hast dich einfach zu dämlich angestellt. – Ein Punkt … ein Punkt!“

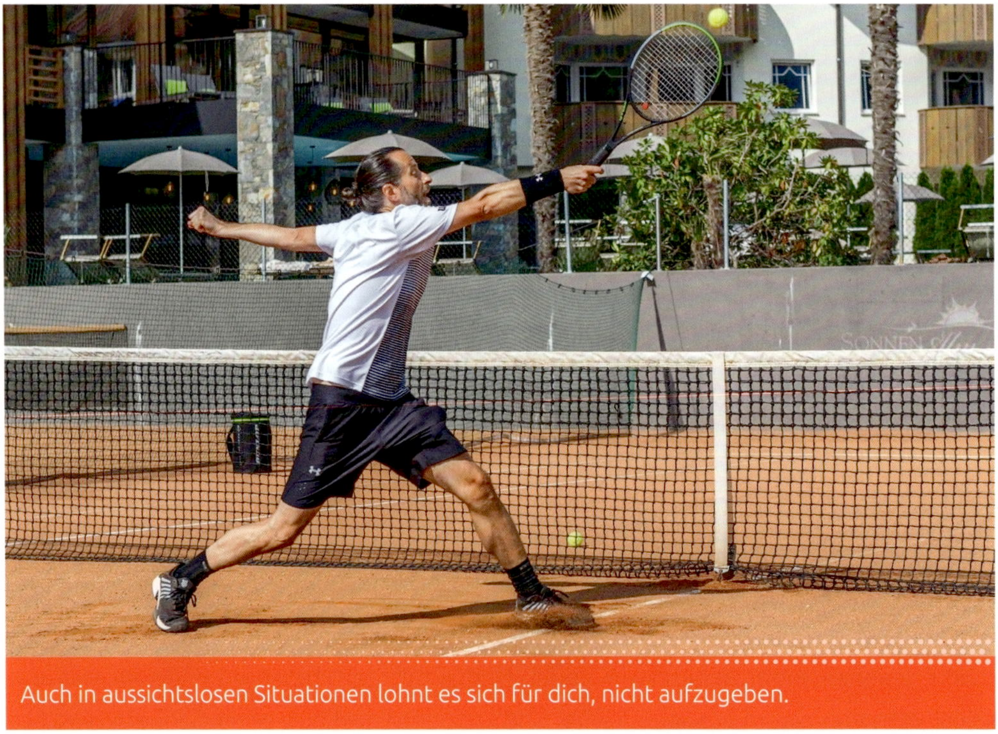

Auch in aussichtslosen Situationen lohnt es sich für dich, nicht aufzugeben.

Natürlich konnte ich mich nicht mehr aufs Spiel konzentrieren. Meine Gefühle gewannen die Oberhand. Enttäuschung, Frust, Wut und Resignation waren die Folge. Mit wenigen Punkten hatte mein Rivale mich gebrochen. Es stand eins zu eins in den Sätzen, ich war nicht im Rückstand und dennoch waren meine Siegchancen fast nicht mehr vorhanden. Letzten Endes verlor ich den entscheidenden dritten Satz mit 0 : 6. Genauso gut hätte ich auch aufgeben können, denn wirklich gekämpft habe ich nicht mehr. Mein Gegner hatte meinen Siegeswillen gebrochen.

Wie kannst du solch einem Szenario entgehen? Natürlich indem du deine Matchbälle verwandelst und deine Führung nicht aus der Hand gibst. Aber was tun, wenn dies nicht gelingt, vielleicht auch weil dein Gegner gerade in diesen Momenten besonders gut spielt? Dann ist es immens wichtig, rational an die Sache ranzugehen. Vergibst du eine klare Führung und verlierst den zweiten Satz noch, solltest du dir klarmachen:

- dass der Spielstand nun ausgeglichen ist;
- dass du nicht im Rückstand bist;
- dass dein Gegner noch dieselbe Anzahl an Punkten wie du benötigt, um das Match zu gewinnen;
- dass du lange Zeit im Match alles richtig gemacht hast. Besinne dich auf deinen Spielplan und deine Stärken;
- dass du die Situation analysieren musst: Hast du wichtige Punkte leichtfertig vergeben (a), hat dein Gegner einfach viel besser gespielt als zuvor (b), hattest du vielleicht etwas Pech oder er hatte Glück (c)? Du kannst dich weiter fragen: Wie schaffe ich es, meine Konzentration wiederzuerlangen, mich nicht ablenken zu lassen (a)? Wie schaffe ich es, den Gegner aus seinem Flow zu bekommen, seinen Rhythmus zu brechen (b)?

Mir hilft in solchen Situationen auch immer eine Betrachtung des Gesamtgeschehens. Bin ich der Underdog, so kann ich mir sagen: Vor dem Match wärest du wahrscheinlich froh gewesen, im dritten Satz zu sein. Bin ich der Favorit und der bessere Spieler, so ist es so, dass ich im dritten Satz immer noch der bessere Spieler sein werde. Ganz wichtig ist es, im Hier und Jetzt zu sein und nicht in die Vergangenheit abzuschweifen.
Was wäre, wenn …
… ich den Matchball genutzt hätte?
… mein Gegner im entscheidenden Moment einen Doppelfehler gemacht hätte?
… ich beim Matchball mehr oder weniger Risiko eingegangen wäre?

All dies spielt in der aktuellen Situation keine Rolle. Diese Szenarien sind reines Wunschdenken und spielen sich in der Vergangenheit ab. Wir alle wissen, die Vergangenheit kann man nicht mehr verändern. Sehr wohl aber können wir die Zukunft beeinflussen. Der dritte Satz hat noch nicht begonnen. Am besten du nimmst dir eine kleine Auszeit. Geh zur Toilette und ordne deine Gedanken. Dies ist nicht nur für dich hilfreich, sondern die kleine Auszeit sorgt eventuell auch dafür, dass dein Gegner seinen Rhythmus verliert. Unbedingt wichtig ist vor allem, einen klaren Kopf zu behalten.

Meiner Meinung nach ist nicht die größte mentale Herausforderung, einen klaren Rückstand aufzuholen, sondern nach vielen vergebenen Chancen und einer verspielten Führung ein Match noch zu retten. Auch hier möchte ich kurz ein Beispiel zum Besten geben. Und zwar spielte 2014 Djokovic gegen Federer im Endspiel von Wimbledon. Federer holte sich den ersten Satz im Tiebreak. Djokovic gewann den zweiten mit 6 : 4 und den dritten Satz ebenfalls im Tiebreak. Bei einer 2 : 1-Satzführung schaffte der Serbe dann ein frühes Break in Satz vier und konnte dies auch bis zu einer 5 : 2-Führung transportieren. Bei 5 : 3 schlug Djokovic dann zum Matchgewinn und somit zum Wimbledonsieg auf. Man muss sich vor Augen halten, dass Djokovic bis dahin in dreieinhalb Sätzen an diesem Sonntagnachmittag nur einmal gebreakt wurde. Von 21 eigenen Aufschlagspielen konnte Djokovic 20 zu seinen Gunsten entscheiden (95 % gewonnene Aufschlagspiele bis dato). Und nun kam vielleicht das wichtigste Aufschlagspiel des Jahres für Djokovic, dessen Jahr 2014 bis dahin eher unglücklich verlief. Und ausgerechnet dieses Aufschlagspiel verlor der Serbe. Bei einer 5 : 4-Führung konnte Federer auch noch einen Matchball von Djokovic mit einem Ass auf die Linie zunichtemachen. Und bei 5 : 5 gelang Federer gar ein erneutes Break. Mit einem glatten Aufschlagspiel sicherte sich Federer dann den vierten Satz mit 7 : 5. Wie viele Spieler wären an dieser Situation zerbrochen, hätten ihren vergebenen Chancen und ihrem Pech nachgetrauert? Hätten sich in einer solchen Situation selbst gegeißelt und sich schwere Vorwürfe gemacht? „Das ganze Jahr trainierst du hart, und jetzt versagst du, wenn es drauf ankommt." „Wieso habe ich wieder so ein Pech? Hätte der Aufschlag bei Matchball nicht zwei Zentimeter länger fliegen können?" „Und weshalb hast du dann auch noch gleich dein nächstes Aufschlagspiel abgegeben? Du hast ihm den Satz ja förmlich geschenkt."

Aber nicht so die Mentalbestie (nicht despektierlich gemeint) Novak Djokovic. Natürlich kann niemand von uns in Djokovics Kopf schauen und sagen, was er in diesen Momenten gedacht hat. Aber Djokovic blieb ruhig und besonnen. Meiner Ansicht nach war er auch in diesem Moment sehr rational und hat sich von den negativen Gedanken befreit und positive Gedanken kreiert. Er war nach wie vor nur einen Satz vom Wimbledonsieg entfernt (und damit 20 Sätze näher am Wimbledonsieg als vor Turnierbeginn). Das Momentum hat in diesem Moment natürlich für Federer gesprochen, aber Djokovic war bei sich und konnte sich auf sein Spiel fokussieren und besann sich auf seine Stärken. Schlussendlich siegte der Serbe dann im fünften Satz nach fast vier Stunden Spielzeit mit 6 : 4 und konnte anschließend seinen zweiten Wimbledontitel nach 2011 feiern. Mental war dies eine unglaubliche Leistung von Novak Djokovic, denn er ließ sich durch die Rückschläge gegen Ende des vierten Satzes nicht brechen, sondern spielte beharrlich mit voller Konzentration und ungebrochenem Kampfgeist weiter. Diese Enttäuschung und diesen Negativlauf gegen Ende des vierten Satzes so zu verarbeiten, war wirklich meisterlich.

Aber es gibt nicht nur diese extremen Situationen, in denen die Spieler mental gebrochen werden. Ein psychisch schwacher Spieler verliert oft schon bei den ersten ernsthaften Schwierigkeiten seinen Glauben an sein Spiel und damit oftmals auch seinen Kampfgeist.

Michael geht als klarer Außenseiter in sein Match gegen Jürgen. Niemand erwartet einen Sieg von ihm. „Sei froh, wenn du das eine oder andere Spiel holst, Jürgen ist grundsolide, sehr beweglich und sowohl Aufschlag als auch Vorhand sind knallhart." Natürlich versucht Michael, an seine Chance zu glauben, und macht sich selbst Mut: „Auf jeden Fall habe ich eine Chance. Ich muss nur genug Länge in meine Schläge bekommen und Jürgen auf der Rückhand halten." Das ist die richtige Einstellung. Das Spiel beginnt und Jürgen schlägt von Beginn an fantastisch auf. Das erste Spiel holt er zu null. Nun denkt Michael: „Viele Breaks werde ich wohl nicht schaffen. Ich muss auf jeden Fall meinen Aufschlag halten." Der erste Aufschlag kommt bei Michael nicht wie gewohnt, und Jürgen macht beim Return gleich ordentlich Dampf mit der Vorhand. Es kommt das frühe Break und Jürgen hält seinen Aufschlag erneut souverän. Michaels Selbstvertrauen ist im Keller: „Wie soll ich den Kerl nur breaken? Die anderen hatten recht, hier kann ich nichts holen, vielleicht das eine oder andere Spiel." So ist es oft, wenn Spieler als Außenseiter ins Match gehen und schlecht starten. Sie verlieren schnell den Glauben an sich selbst und der Favorit überrollt sie. Dass auch Jürgen vielleicht eine schlechte Phase haben kann, dass Jürgen vielleicht am Anfang an seinem Limit gespielt hat, diese Gedanken kommen Underdog Michael nicht. Wie ist es aber umgekehrt? Wie geht Michael als klarer Favorit ins Match gegen Ingo? Er weiß, Ingo hat auch eine gute Vorhand und einen harten Aufschlag. Allerdings streut Ingo ganz gerne. Er trifft mal ein paar unglaubliche Schläge, fabriziert anschließend aber wieder haarsträubende Fehler. „Gegen Ingo kann ich nicht verlieren", denkt Michael. Das Match beginnt und Michael erwischt einen Kaltstart. Er lässt sich gleich breaken, weil Ingo seine Grundschläge wirklich satt trifft. Auch der Aufschlag kommt bei Ingo. Keine Chance auf ein Re-Break für Michael. Dieser bleibt aber ruhig: „Ich muss einfach dranbleiben, das hält der niemals so durch." Aber Ingo scheint über seinen Möglichkeiten zu spielen. Im Verlauf des ersten Satzes gestaltet Ingo seine Aufschlagspiele nicht nur äußerst souverän, nein, er breakt Michael gar noch mal. „Auch ein blindes Huhn findet mal ein Korn", denkt sich Michael. Allerdings findet Ingo im zweiten Satz weitere Körner. Nach wie vor lässt Ingo nichts zu bei eigenem Aufschlag und schafft es gar, Michael erneut zu breaken. „Es ist noch nichts verloren. Gleich wird er nervös und spielt wieder auf seinem Normallevel." Ob dies dann tatsächlich so kommt, lasse ich jetzt einmal offen.

Fakt ist jedenfalls, dass Michael auch nach hohem Rückstand nach wie vor an die Schwäche des Gegners glaubt. Gegen den hohen Favoriten Jürgen hat er nach den ersten guten Spielen seines Kontrahenten gleich den Kopf in den Sand gesteckt, weil er eben nicht an Jürgens Schwäche glaubte. Für ihn war das hohe Level, mit dem Jürgen startete, Jürgens normales Spielniveau. Egal, ob der Gegner gut spielt oder du selbst schlecht, es wird immer Phasen geben, in denen es weniger gut für dich läuft, aber auch Zeiträume, in denen du den Ball gut spürst und dein Gegenspieler mehr Fehler produziert als gewöhnlich. Wenn du einen Satz klar verlierst, ist das natürlich erst mal nichts Positives. Aber es gibt noch einen zweiten Satz. Dein Gegner kann abbauen, sowohl was seine Konzentration als auch was seine Physis anbetrifft. Du selbst kannst dein Spiellevel sicherlich auch steigern. Oftmals wird nach einem hohen Satzverlust der Gegner aber als unbesiegbar angesehen. Das ist sicherlich die falsche Einstellung. Du kannst auch nach einem klaren Rückstand noch zurückkommen.

Umgekehrt verhält es sich nicht anders. Du wirst gegen Gegenspieler antreten, die sich innerlich früh geschlagen geben werden. Diese Gegner ordnen ihre Siegchancen von Anfang an als niedrig ein. Geraten sie dann in Rückstand und du selbst triffst einige gute Bälle, bist präsent und strahlst Souveränität aus, so bricht der Gegner mental oft völlig ein.

Samstagabend, Winterhallenrunde, Christian spielt für sein Team an Position 1. Sein Gegner Florian ist drei Leistungsklassen schlechter eingestuft. Als man sich vorstellt, ist der Händedruck von Florian sehr schwach und er trifft die Aussage zu Christian: „Hoffentlich

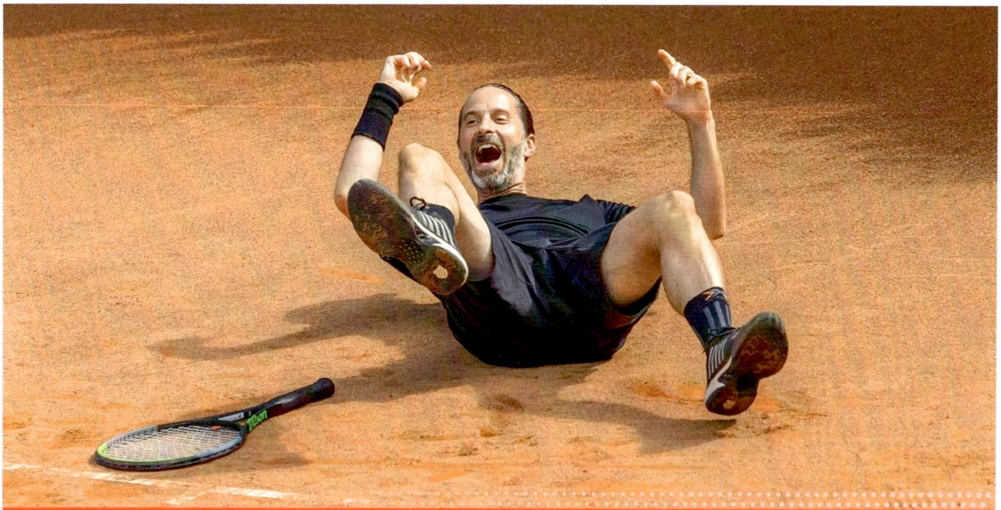

Wenn du ein verloren geglaubtes Match noch drehst, darfst du durchaus ausgelassen jubeln.

hole ich heute das ein oder andere Spiel, ich habe zuletzt ganz wenig gespielt." Bei einer solchen Aussage ist oftmals die Intention, den Druck von sich selbst zu nehmen. Weil Florian wenig gespielt hat, ist die Wahrscheinlichkeit einer schwachen Leistung größer. Deshalb wäre eine klare Niederlage keine Schande. Auch sollte es den Druck auf seinen Kontrahenten erhöhen, allerdings funktioniert dies nur, wenn derjenige mental schwach ist und sich zu Gedanken hinreißen lässt wie: „Dieses Match muss ich unbedingt siegreich gestalten, denn eine Niederlage wäre mehr als peinlich für mich." Aber Siegertypen denken anders. Christian hat sich jedenfalls über Florians Ausspruch sehr gefreut: „Der hat ja gar kein Selbstvertrauen und keinen Kampfgeist. Geschenkt bekommt der von mir gar nichts. Konzentriert starten ist jetzt sehr wichtig, dass er gar nicht erst auf den Gedanken kommen könnte, dass er gegen mich eine Chance hat. Da brauche ich auch gar nicht nervös werden, falls ich mal den einen oder anderen Ball verschlage, denn der glaubt ja gar nicht an den Sieg." Und so kam es dann auch. Ein eindeutiger Start-Ziel-Sieg für Christian, der durch die Aussage seines Gegenspielers Sicherheit bekam und genau erkannt hat, was im Kopf des Gegners vorging.

Tennis wird nicht auf Zeit gespielt und ein Tennisspieler kann einen Vorsprung somit nicht über die Zeit retten. Sofern nicht ein Spieler aufgibt, muss der Sieger zwangsläufig den letzten Punkt gewinnen. Diese Zählweise gibt dem Tennisspieler theoretisch jederzeit die Möglichkeit, das Match noch zu drehen. Viele Spieler aber geben sich zu früh geschlagen, gewichten manche Punkte zu stark. Zugegeben, es gibt im Tennis zweifelsohne Big Points, denen wir uns in einem späteren Kapitel noch widmen werden, allerdings ist mit Ausnahme des verwandelten Matchballs kein Punkt so entscheidend, dass du ihn nicht irgendwie wieder wettmachen kannst. Viele Spieler aber erreichen im Match irgendwann einen Punkt, an dem sie beginnen, sich mit der Niederlage abzufinden. Bei manchen Spielern gibt es diesen Punkt sogar schon vor dem ersten Ballwechsel, bei anderen wiederum kommt er sehr früh, nämlich bereits wenn sie das erste Mal mit zwei oder drei Spielen im Rückstand sind. Wieder andere streichen die Segel erst, wenn sie mit Satz und Break in Rückstand sind. Es gibt Spieler, die sind gar in Führung und glauben trotzdem nicht an den Sieg. Die mental wirklich guten Spieler versuchen einerseits stets alles, ein auch aussichtslos erscheinendes Match noch herumzureißen, erkennen andererseits aber auch genau, wann ihr Rivale kurz davorsteht, seinen Glauben an den Sieg zu verlieren. Und in diesen Momenten intensivieren diese Spieler ihre Bemühungen, um dem Gegner sprichwörtlich den Todesstoß zu versetzen. Denn in diesen Phasen ist der Gegner oft am gefährlichsten, denn noch glaubt er ja irgendwie an den Sieg. Gedanken wie: „Wenn ich jetzt gebreakt werde, ist es vorbei" oder „Wenn ich nun die nächsten beiden Spiele hole, habe ich vielleicht noch eine Chance" zeugen davon, dass der Kontrahent sich am Abgrund sieht. Man kann diesen Spieler in diesem Moment mit einem verletzten Raubtier vergleichen, das eben dann am gefährlichsten ist, wenn es verwundet ist. Das Tier ist dann wütend und weiß, dass es um Leben und Tod geht, und mobilisiert nochmals alle Kräfte. So versuchen oft auch die Tennisspieler, wenn sie einen Rückschlag erlitten haben, zum Beispiel einen knapp verlorenen Satz, nochmals kurzzeitig alles, um diesen Rückschlag wettzumachen. Viele spielen dann mit der Brechstange und stecken ihre ganze Energie in ihre Schläge und laufen nach jedem Ball. Diese Spieler sehen sich in diesem Moment als unterlegen an und scheuen kein Risiko, und oftmals spielen diese Spieler genau dann sehr gut. Wenn du jedoch diese Phase überstehst, die in der Regel höchstens zehn bis 15 Minuten dauert, dann hast du oftmals den Widerstand deines Gegners gebrochen. Erspielt er sich jedoch in dieser Phase einen Vorsprung und merkt, dass du nachlässt, so kommen das Selbstvertrauen und der Glaube an den Sieg schnell zurück. Und hier können wir noch mal kurz auf das Match von Hendrik Dreekmann gegen Magnus Larsson zurückkommen. Larsson sagte nach dem Match: „Er (Dreekmann) hat richtig gut gespielt. Ich hatte keine Chance. Er hat die ganze Zeit den Ball im Aufsteigen genommen. Ich habe mich überhaupt nicht wohl auf dem Platz gefühlt, aber bei 4 : 5, 15 : 40, wenn du dein Aufschlagspiel hältst, bist du immer noch im Match." Larsson spielte in dieser Phase mit sehr viel Risiko, er hatte nichts mehr zu verlieren und spielte sein bestes Tennis. „Ich denke nicht, dass ich auf dem Platz einen Fehler gemacht habe, weil er unglaublich aufgeschlagen hat. Ich hatte keine Chance, den Punkt zu machen. Ich hätte nichts tun können", erklärte Dreekmann später. Larsson aber hat alles richtig gemacht. Er hat nicht aufgegeben, auch wenn sein Gegenspieler an diesem Tag sehr gut gespielt hat und wohl auch der Bessere war. Und das solltest du auch tun. Es wird immer wieder Chancen geben, zurück in ein Match zu finden.

Fazit:

Im Tennis gibt es immer wieder Chancen, in ein Match zurückzufinden. Der Gegner muss den Matchball verwandeln, erst dann hast du verloren. Viele Spieler aber geben sich schon weit davor geschlagen und lassen sich von den tollen Schlägen ihrer Gegenspieler beeindrucken oder noch schlimmer: von deren Leistungsklasse oder deren Rangliste oder auch früheren Erfolgen. Das solltest du nicht tun. Es gibt in den meisten Matches einige heikle Phasen, in denen der vermeintlich bessere Spieler die Konzentration verliert oder der vermeintlich schwächere Spieler ein paar Punkte über seinem eigentlichen Spiellevel spielt. Diese Phase solltest du als Underdog suchen und fest daran glauben, dass diese Phasen kommen werden. Und im nächsten Schritt geht es darum, diese für dich günstigen Phasen in die Länge zu ziehen. Durch den Glauben an einen positiven Ausgang des Matches (das muss nicht unbedingt der Sieg sein, auch eine knappe Niederlage gegen einen klar favorisierten Gegner kann man als Erfolg und damit positiv werten) schaffst du es, dass der Gegner dich eben nicht bricht. Punkt zwei ist, den Siegeswillen des Gegenspielers zu brechen. Hierbei ist wichtig zu erkennen, wie der Gegner sich fühlt, und dann im richtigen Moment voll da zu sein. Der dritte Punkt sind knappe Spielstände, die zu deinen Ungunsten enden. Du verlierst den ersten Satz knapp im Tiebreak und der Gegner erspielt sich früh im zweiten Satz eine Führung mit Break. Oder du hast den ersten Satz gewonnen und verlierst den zweiten Satz trotz deutlicher Führung. Beides sind typische Spielstände, an denen Spieler sich brechen lassen und oftmals nur noch geringen Widerstand leisten. In solchen Situationen trennt sich oftmals die Spreu vom Weizen. Lass dich nicht brechen und verbeiße dich in das Match wie ein Terrier.

– KAPITEL 12 –

Der Glaube kann Berge versetzen

Der Glaube kann Berge versetzen

„Mit Glauben allein kann man sehr wenig tun, aber ohne ihn gar nichts." (Samuel Butler)

Der Glaube kann Berge versetzen. Diesen Satz hat wohl fast jeder schon einmal gehört. Der Satz bedeutet vereinfacht ausgedrückt, wenn du fest an etwas glaubst, kannst du es auch erreichen. Viele Spieler aber glauben nicht daran, dass sie etwas erreichen. Viele Menschen glauben nicht daran, dass sie etwas schaffen. Sie sind von Selbstzweifeln geplagt. Diese Menschen setzen sich kleine Ziele, weil sie Angst davor haben, ihre Träume und Visionen nicht zu verwirklichen. Erfolg ist kein Zufall und Glück gibt es nicht! Das ist jedenfalls mein Motto. Sicherlich kannst du kurzfristig Glück oder Pech haben. Langfristig gleicht sich dies aber aus und Qualität und Beharrlichkeit setzen sich durch.

Jeder, der große Ziele verwirklicht hat, hat an sich und seine hohen Ziele geglaubt. Sicherlich gab und gibt es immer auch Menschen, die hohe Ziele hatten, an diese geglaubt haben und von diesen überzeugt waren, alles in ihrer Macht Stehende dafür getan haben und diese nicht erreicht haben. Das will ich nicht ausschließen. Aber großer Erfolg ist noch keinem zugefallen. Niemand, der halbherzig an eine Sache rangeht, wird je etwas erreichen. Über dieses Thema sind schon viele fantastische Bücher geschrieben worden, und ich erzähle da sicherlich auch nichts bahnbrechend Neues. Ich möchte das Ganze dennoch aufgreifen.

Die meisten Menschen, die Außergewöhnliches erreichten, wurden von Neidern und Zweiflern für verrückt erklärt, wurden von anderen Menschen verspottet oder ihnen wurde gesagt, sie hätten keine Chance, das zu schaffen. Dennoch haben diese Personen ihr Ziel entgegen der Meinung anderer erreicht. Besonders drastisch testete beispielsweise der spanische Eroberer Hernán Cortéz den Glauben seiner Männer an die bevorstehende Eroberung Mexikos. Manche seiner Männer zweifelten an diesem durchaus riskanten Vorhaben (immerhin wollte er ein großes und für die Spanier noch gänzlich unbekanntes Land mit gerade einmal 670 Männern erobern) und zettelten eine Meuterei an. Daraufhin ließ Cortéz zwei der Anführer der Meuterei hinrichten und die Schiffe, die sie von Kuba nach Mexiko gebracht hatten, zerstören. Die Spanier hatten somit keine Rückzugsmöglichkeit mehr und ihr Vorhaben musste gelingen, denn ansonsten waren sie alle dem Tode geweiht. Nun mussten seine Soldaten ihm vertrauen und an ihre gemeinsame Mission glauben. Natürlich sahen seine Soldaten, dass auch ihr Anführer selbst absolut an einen Erfolg glaubte und keine Zweifel zu haben schien. Ähnlich sollte deine Einstellung sein, bei dem, was du tust. Nicht nur beim Tennis, sondern auch in anderen Lebensbereichen. Ich trainiere nicht, wenn ich nicht überzeugt bin, dass mich das Training stärker und besser macht. Ich fahre nicht zu einem Tennisturnier, wenn ich nicht überzeugt bin, dort Matches zu gewinnen, eventuell sogar das ganze Turnier. Ich schreibe kein Buch, wenn ich nicht daran glaube, dass andere es lesen werden und es ihnen weiterhilft.

Was aber bedeutet es, an etwas zu glauben oder von etwas überzeugt zu sein? Es ist immer einfach zu sagen: „Ich glaube daran zu gewinnen." Aber tief in ihrem Inneren zweifeln viele Menschen. Auch ist es natürlich einfach, von Dingen überzeugt zu sein, die ohnehin eine hohe Eintrittswahrscheinlichkeit haben. Aber an ambitionierte Ziele zu glauben, die auf den ersten Blick sehr geringe Erfolgswahrscheinlichkeiten haben und diese dann trotz Rückschlägen über Jahre hinweg zu verfolgen, ist die Kunst des Glaubens an die eigene Stärke. Wenn die Dinge gut laufen, du erfolgreich bist und du ohnehin Selbstvertrauen hast, ist es leicht, von sich selbst und seinen Zielen überzeugt zu sein. Anders sieht es aus, wenn die Dinge eben nicht so reibungslos laufen, du einige unerwartete Niederlagen erlebt hast, dein Training nicht so anzuschlagen scheint, Stagnation oder vielleicht gar Rückschritte eintreten statt Verbesserung. Wenn die Leute hinter deinem Rücken sagen, du bringst es nicht mehr oder du seiest auf dem absteigenden Ast. Oder wenn deine Gegner dich eher bemitleiden, statt dich zu fürchten. In diesen Situationen ist es äußerst schwierig, von sich selbst überzeugt zu sein und den Glauben an die eigene Stärke und das Erreichen seiner Ziele aufrechtzuerhalten. Dies kann über einen längerfristigen Zeitraum sein oder auch kurzfristig. Ich möchte hierzu wieder einige Beispiele zum Besten geben:

Roland Garros, 1995:
Chanda Rubin liegt im Match gegen Jana Novotna im dritten Satz mit 0 : 5 und 0 : 40 zurück. Die inzwischen leider schon verstorbene Novotna hat drei Matchbälle am Stück. Aufgeben kommt für Rubin aber nicht in Frage. Sie kämpft um jeden Punkt. Und dies sieht auch Novotna, die mehr und mehr verkrampft. Insgesamt neun Matchbälle kann Rubin abwehren und siegt schlussendlich mit 8 : 6 in diesem dritten Satz. Wie viele Spieler aber beschließen, wenn sie weit zurückliegen, das Match aufzugeben oder auslaufen zu lassen? „Heute ist einfach nicht mein Tag." Infolgedessen lassen sie es an

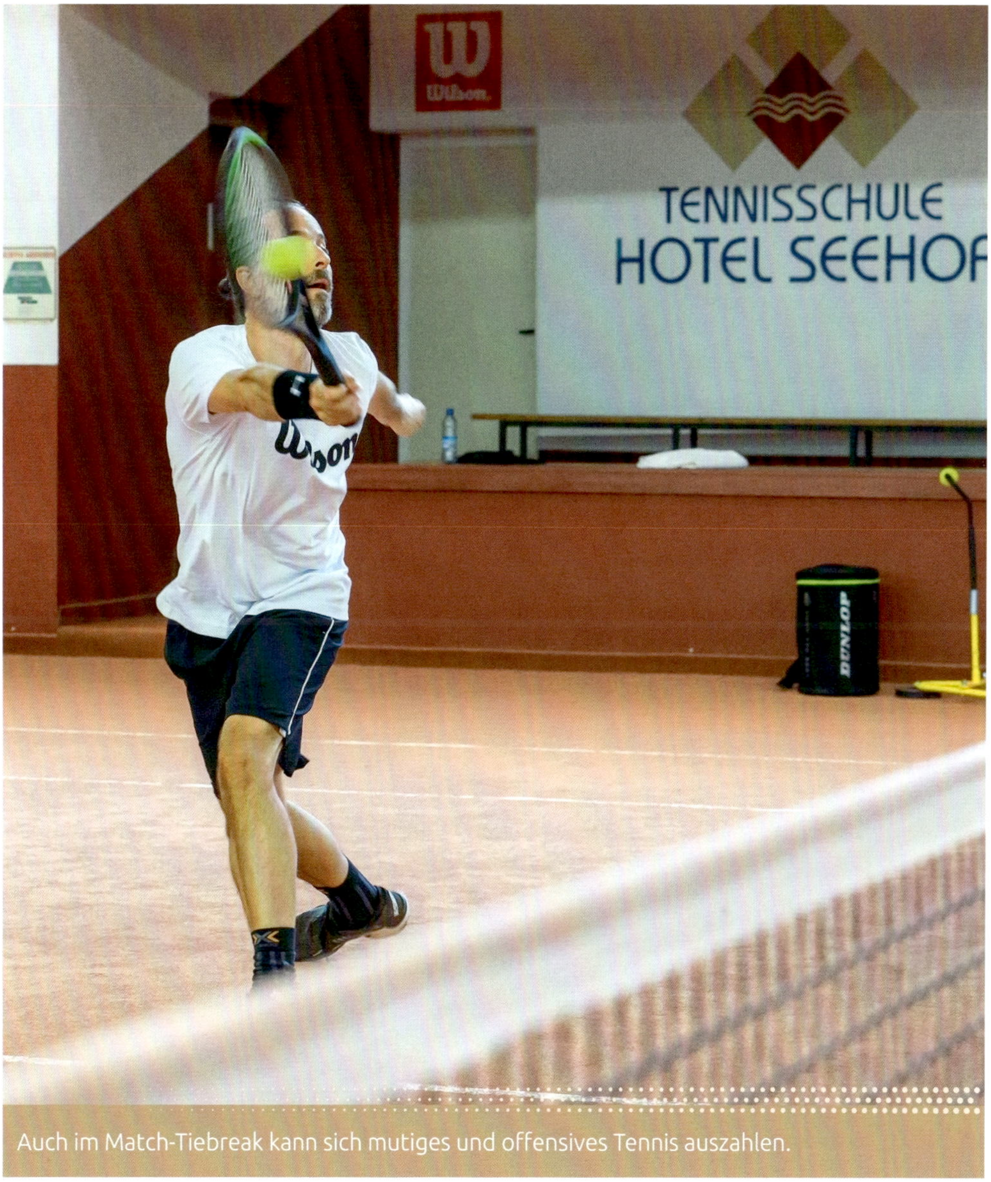

Auch im Match-Tiebreak kann sich mutiges und offensives Tennis auszahlen.

Entschlossenheit fehlen und glauben nicht mehr daran, in diesem Match etwas ausrichten zu können. Sie machen es dem Gegenspieler zu leicht. Da wir Tennis nicht auf Zeit spielen, kann immer etwas Außergewöhnliches passieren. Aber die meisten Spieler glauben nicht daran, dass der schier übermächtige Gegner eine Schwäche zeigt oder sie selbst gar plötzlich ihr bestes Tennis spielen. Stattdessen wird geschimpft und gehadert. Kommt dir das bekannt vor?

US Open, 2002:
Pete Sampras ging nicht als Favorit in das letzte Grand-Slam-Turnier des Jahres 2002. Die dominierende Figur im Tenniszirkus in den 90er-Jahren war augenscheinlich außer Form. Kritiker warfen ihm vor, inzwischen zu alt und zu langsam zu sein, und forderten doch endlich ein Ende seiner großartigen Karriere. Obwohl Sampras zu diesem Zeitpunkt über zwei Jahre ohne Turniersieg war, obwohl er vor den US Open zehn seiner letzten 16 Matches verloren hatte, glaubte Sampras nach wie vor an den großen Wurf, auch bei einem Grand-Slam-Turnier. Und Sampras Glaube und seine Beharrlichkeit sollten sich auszahlen. Er gewann Match um Match und fand sich plötzlich im Finale gegen seinen ewigen Widersacher Andre Agassi wieder. In einem spannenden und guten Spiel siegte Sampras in vier Sätzen und beendete danach seine großartige Karriere. Sampras spürte, wie er im Anschluss sagte, dass er noch zu einem großen Titel fähig sei, und er ignorierte auch all seine Kritiker, die längst ein Karriereende gefordert hatten. Wie viele Spieler aber hätten frustriert schon längst das Handtuch geworfen, weil eben der Glaube an den großen Sieg nicht mehr da war? Sampras Geschichte erinnert auch irgendwie an Federers Comeback in Australien 2017. Auch ihm wurde oft zu einem Karriereende geraten von diversen Journalisten und Experten. Auch Federer wurde abgeschrieben und viele glaubten nicht mehr an einen großen Sieg des „Maestros" bei einem Major. Federer selbst und sein Team aber waren der festen Überzeugung, dass ein Grand-Slam-Sieg nach wie vor möglich sei. Sampras und Federer haben gezeigt, was mit dem Glauben an sich selbst möglich ist. Es geht nicht darum, irgendwie weiterzumachen, sondern darum, gezielt, strukturiert und zielorientiert auf die großen Turniere zu trainieren.

Fazit:

Um langfristig erfolgreich zu sein, musst du an dich selbst und deine Fähigkeiten glauben und von diesen überzeugt sein. Verfolge deine Ziele beharrlich und sei auch dann von dir überzeugt, wenn es Schwierigkeiten gibt und du in einer Sackgasse festzustecken scheinst. Hier trennt sich die Spreu vom Weizen. Denn die einen geben auf, weil ihnen die rechte Überzeugung fehlt. Der wahre Champion lässt sich jedoch von Widerständen nicht brechen, sondern wächst daran. Auch solltest du in deinem Umfeld nach Menschen suchen, die an dich glauben und von deinen Fähigkeiten überzeugt sind, denn sie bestärken dich in deinem Glauben und verleihen dir Kraft und Stärke.

– KAPITEL 13 –

Der Match-Tiebreak

Der Match-Tiebreak

„Der Match-Tiebreak ist die mentale Königsdisziplin im Tennis." (Unbekannt)

In den nächsten fünf Kapiteln werde ich umfassend Zahlen und Statistiken mit einbauen, die ich gesammelt, zusammengetragen und ausgewertet habe. Ein großes Problem für viele Spieler in der Einzelsportart Tennis ist die mangelnde Ruhe und die oft fehlende Entspannung (darauf gehe ich noch ausführlich ein). Aber gerade in heißen Matchphasen, wenn es um alles zu gehen scheint, sollte man ruhig, besonnen und rational agieren und den Fokus auf das Wesentliche richten. Rational kannst du agieren, wenn du die Chancenverhältnisse abwägen kannst. Aber nun zum Match-Tiebreak.

2012 wurde bei uns in Baden in den Mannschaftsspielen der Match-Tiebreak im Einzel in den Medenspielen eingeführt. Im Doppel kam er schon ein paar Jahre davor zum Einsatz. Andere Verbände im DTB hatten diesen schon davor eingeführt oder zogen kurze Zeit später nach. Auch bei manchen Turnieren, vor allem in der Halle, wurde aus Zeitgründen schon davor auf diese verkürzte Entscheidung gesetzt. Mittlerweile ist der Match-Tiebreak als Entscheidung statt des dritten Satzes eher die Regel als die Ausnahme bei Turnieren. International wird im Doppel (selbst bei ATP-Turnieren) und in Futures in der Qualifikation auch im Einzel Match-Tiebreak gespielt. Zwar habe ich noch nie jemanden sagen hören: „Hurra, ich darf Match-Tiebreak spielen!", denn der Jubel ob dieser Änderung hält sich in Grenzen. Ganz anders die kritischen Stimmen, die den Match-Tiebreak als „Lotterie" oder „Glücksspiel" bezeichnen, bei dem nach diesen Aussagen stets der bessere Spieler einen großen Nachteil zu haben scheint. Für mich ist es an der Zeit, sich damit auseinanderzusetzen.

Dies hat auch schon der eine oder andere sogenannte Mentaltrainer oder Online-Coach versucht. Ich habe kurze Berichte und Videos gesehen, in denen versprochen wird, dir zu helfen, den Match-Tiebreak besser zu spielen. Manche der Tipps sind wie immer hilfreich, andere eher kontraproduktiv. Und manche Behauptungen sind schlichtweg falsch. Das Hauptproblem aus meiner Sicht ist, dass sich die Spieler zu viel Stress machen. Sie werden hektisch, nervös und verkrampft. Sie hetzen von Punkt zu Punkt und wollen den Match-Tiebreak, der sie ja zu stressen scheint, schnellstmöglich hinter sich bringen. Der Match-Tiebreak ist die ultimative Entscheidung. Wer ihn gewinnt, gewinnt das Match. Jeder Punkt ist wichtig! Hast du die Top-Spieler schon mal beobachtet, wie sie sich vor wichtigen Punkten verhalten? Djokovic und Nadal ließen sich bei wichtigen Punkten, bevor Zeitüberschreitungen strenger reguliert wurden, unendlich viel Zeit. Djokovic prellte den Ball teilweise bis zu 40-mal auf, bevor er servierte. Tat er dies, um seinen Gegenspieler einzuschläfern oder zu entnerven? Vielleicht. Vor allem aber konzentrierte er sich sehr stark. Auf seine Atmung und visualisierte den kommenden Bewegungsablauf. War er in diesem Moment hektisch? Sicher nicht! Ein weiterer Punkt ist, dass vielen Spielern vor allem im Match-Tiebreak das Selbstvertrauen fehlt. Vor allem unerfahrenen Spielern geht das so. Obwohl sie teilweise den letzten Satz dominiert haben, fühlen sie sich trotzdem unwohl, weil eben Match-Tiebreak gespielt wird. Ich möchte nun so vorgehen, dass ich eine Aussage in den Raum werfe, du dir kurz überlegst, ob diese zutreffend ist, und ich dann meine Sicht der Lage zum Besten gebe:

„Der Match-Tiebreak benachteiligt die fitten Spieler."

Wahr oder falsch?

Da ist sicherlich etwas Wahres dran. Aber auch hier muss man wieder differenzieren. Bei einem schnellen Spiel in der Halle spielt die konditionelle Komponente nicht die alles entscheidende Rolle. Anders sieht es bei einem langen Spiel auf Sandplatz aus, vor allem wenn es heiß ist. In diesem Fall kann es einen großen Unterschied ausmachen, ob nun ein verhältnismäßig kurzer Match-Tiebreak gespielt wird oder ein dritter Satz die Entscheidung bringen muss. Allerdings kann ich aus meiner eigenen Erfahrung sagen, dass der konditionelle Aspekt oftmals auch etwas überschätzt wird. In der Regel sind die Spieler, die sich spielerisch auf einer Ebene begegnen, auch von ihrem Fitnesslevel ähnlich stark. Selbstverständlich gibt es Ausnahmen, wenn ein Spieler nach einem Satz bereits in den Seilen hängt. Hier hat er beim Match-Tiebreak bei gewonnenem ersten Satz natürlich die Möglichkeit, den zweiten Satz abzuschenken und sich dann noch mal voll in den Match-Tiebreak reinzuhängen, auch wenn dies ein großes Risiko ist.

Dennoch sind solche Ausnahmen eben Ausnahmen und nicht die Regel. Ich würde dir anraten, dich damit nicht so sehr zu beschäftigen und auch die Chancen eines möglichen Entscheidungstiebreaks zu betrachten. Denn wurde früher beim dritten Satz nicht auch oft geschimpft: „Ich bin eigentlich der klar bessere Spieler, und jetzt spiele ich schon drei Stunden gegen dieses Laufwunder. Der kann ja nur laufen und besiegt mich jetzt mit seinem Antitennis." Genauso wie der Match-Tiebreak aus konditioneller Sicht ein Nachteil für dich sein kann (nämlich wenn dein Gegner konditionsschwach ist), kann er auch ein Vorteil für dich sein, wenn du gegen einen nimmermüden Dauerläufer spielst. Festzuhalten bleibt, dass der Match-Tiebreak sicher für konditionsstarke Spieler keinen Vorteil darstellt.

„Der Match-Tiebreak ist eine Lotterie, die den schlechteren Spieler in eine deutlich bessere Ausgangslage versetzt.“

Wahr oder falsch?

Eine Lotterie ist der Match-Tiebreak sicherlich nicht. Meiner Ansicht nach gewinnt in der Regel der Spieler den Match-Tiebreak, der auch den dritten Satz gewinnen würde. Sind die Spieler auf Augenhöhe, also in etwa gleichstark, was ja oftmals der Fall ist, wenn beide einen Satz gewonnen haben, so ist ein knapper Match-Tiebreak zu erwarten, in dem es auf Nuancen ankommen kann. Aber wahrscheinlich würde der dritte Satz auch nicht unbedingt mit einem klaren Ergebnis wie 6 : 0, 6 : 1, 6 : 2 zu Ende gehen. Ist dein Gegenspieler in etwa so stark wie du, musst du dich auf einen knappen Match-Tiebreak gefasst machen, in dem alles passieren kann. Anders sieht es aus, wenn du der klar bessere Spieler beziehungsweise klar schwächere Spieler bist. Wann ist dies der Fall? Eindeutig lässt sich dies natürlich nicht sagen, denn neben Leistungsklasse und Rangliste gibt es eben auch noch die Tagesform. Für mich ist jemand in der Regel dann der bessere Spieler, wenn er einen Satz hoch gewinnt und den anderen knapp verliert. Grundsätzlich gilt (statistisch gesehen), dass der Spieler, der mehr Spiele holt, bessere Siegchancen hat (siehe Tabelle). Ganz gravierend ist dies, wenn Spieler XY den ersten Satz knapp verloren hat und den zweiten klar gewonnen hat und eine Spieldifferenz von drei oder mehr Games besteht. Zum Beispiel bei einem 4 : 6, 6 : 1. Dann ist die Wahrscheinlichkeit bei über 60 %, dass Spieler XY das Spielfeld als Sieger verlässt. Wieso ist das so? Ganz einfach, Spieler XY ist der bessere Spieler und ist sich dessen auch bewusst. Er macht sich keinen Stress im Match-Tiebreak und ist fokussiert und lässt sich auch durch kleinere Rückschläge nicht aus der Fassung bringen. Aber auch bei einem solchen Ergebnis gibt es Ausnahmen. Zum Beispiel kann XY einen Lauf gehabt haben in Satz zwei, oder sein Gegenspieler hat den Satz einfach laufen lassen. Es kann sein, dass XY mental schwach ist und im Match-Tiebreak nicht sein gewohntes Spiellevel abrufen kann oder auch dass sein Gegenspieler gerade dann in den Flow kommt. Eine Garantie zu siegen sind ein hoch gewonnener zweiter Satz oder auch eine große Spieldifferenz natürlich nicht. Aber diese Zahlen zeigen eindeutig, dass in der Regel der Spieler auch den Match-Tiebreak gewinnt, der mehr Games geholt hat und aus meiner Sicht somit der bessere

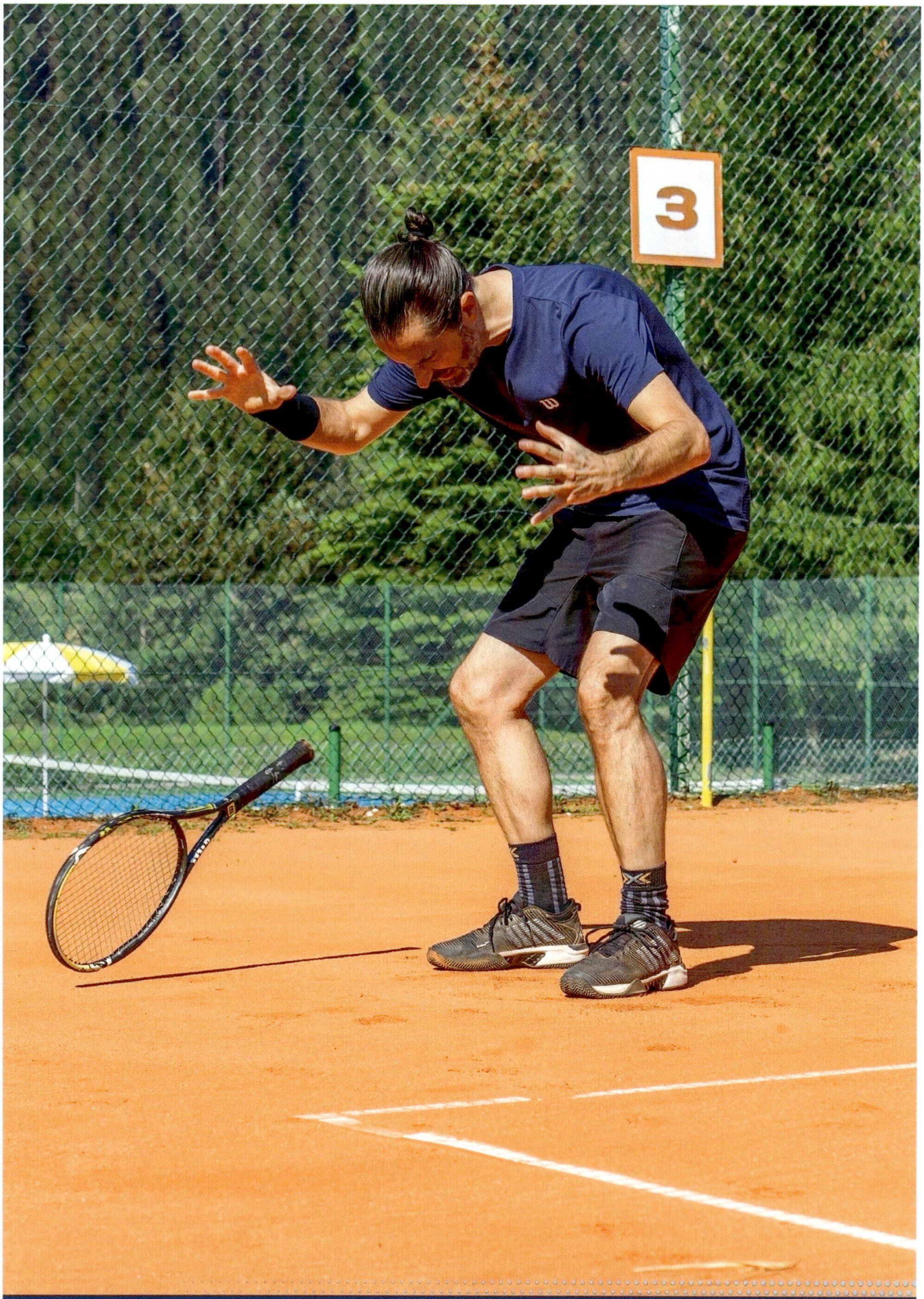

Viele Spieler sind nach leichten Fehlern im Match-Tiebreak geradezu verzweifelt.

Spieler ist. Aber viele Spieler erkennen nicht, dass sie besser sind und der Match-Tiebreak eben kein Glücksspiel ist. Sie regen sich unnötigerweise über das Glück des Gegners oder ihre eigene Unfähigkeit auf. Statt zu erkennen, dass sie selbst besser sind, und daraus Selbstvertrauen zu ziehen, beschäftigen sie sich mit den falschen Gedanken. Dies sind zumeist negative Gedanken: „Sicher habe ich jetzt wieder Pech." „Oje, Match-Tiebreak, das ist doch wieder eine Lotterie." „Hilfe, ich bin doch immer so schwach im Match-Tiebreak." „Wenn ich diesen Punkt jetzt verliere, wird sich das am Ende sicher rächen, jetzt zählt doch jeder Punkt." Mit diesen Gedankenmustern wird der Match-Tiebreak tatsächlich zur Lotterie. Bist du allerdings von dir selbst und deiner Stärke überzeugt und bist du der bessere Spieler, wirst du den Match-Tiebreak mit hoher Wahrscheinlichkeit für dich entscheiden. Ich will nicht verhehlen, dass du natürlich in einem ausgespielten dritten Satz wohl noch minimal bessere Chancen hättest, aber die Unterschiede zwischen Match-Tiebreak und ausgespieltem dritten Satz sind relativ gering. Was aber, wenn du der eigentlich schwächere Spieler bist? Dann solltest du den Match-Tiebreak als Chance betrachten. Es sind nur zehn Punkte, die du gewinnen musst. Ist dein Gegner der bessere Spieler und ist er mental stabil, konzentriert und wird nicht hektisch, räume ich dir nur geringe Chancen ein. Aber ist dein Gegenspieler nervös, hat er Angst, ist er hektisch, so wird er nicht sein bestes Level abrufen können, und dann hast du wiederum großartige Möglichkeiten, den Match-Tiebreak zu gewinnen.

Fakt ist, dass der dritte Satz sicherlich den besseren Spieler mehr bevorteilt als der Match-Tiebreak. Genauso wie es in „Best of Five"-Matches weniger Überraschungen gibt als in „Best of Three"-Matches. Je weniger Punkte gespielt werden, desto größer die Chance auf eine Überraschung. Allerdings ist der Match-Tiebreak mit Sicherheit kein Glücksspiel. Sind beide Spieler auf Augenhöhe, mental, technisch und von ihrem Fitnesslevel her, macht es kaum einen Unterschied, ob der Satz ausgespielt wird oder eine verkürzte Entscheidung bis zehn gespielt wird. Ist ein Spieler klar besser, hat er, sofern er mental stabil ist, auch deutlich bessere Siegchancen im Match-Tiebreak.

„Der Match-Tiebreak bevorzugt den mental stabileren Spieler."

Wahr oder falsch?

Dies ist mit Sicherheit eine richtige Aussage. Derjenige Spieler, der mental stark ist, hat definitiv einen großen Vorteil im Match-Ttiebreak. Der Match-Tiebreak ist die ultimative Entscheidung und jeder Punkt scheint ein Big Point zu sein, denn im Gegensatz zu einem herkömmlichen Satz gewinnt immer der Spieler, der mehr Punkte gewinnt. Wer mit dieser ungewöhnlichen Herausforderung besser umgehen kann, hat einen großen Vorteil. Auch ist es so, dass beide Spieler zu Beginn gerade einmal zehn Punkte vom Matchgewinn entfernt sind. Bei einem normal ausgespielten dritten Satz sind es immerhin mindestens 24 Punkte. Dies erhöht den Druck auf beide Spieler, denn eine Handvoll schlecht gespielter Punkte oder eine kurze Konzentrationsschwäche können verhängnisvoll sein. Ich schreibe bewusst „können", denn auch wenn du kurz die Konzentration verlierst und zum Beispiel mit einem 0 : 7 in den Match-Tiebreak startest, hast du immer noch die Möglichkeit zu gewinnen, denn auch dein Gegner kann einen kurzzeitigen Negativlauf haben. Ich habe sogar schon Match-Tiebreaks gesehen, in denen ein Spieler mit 1 : 9 im Rückstand lag und diesen scheinbar aussichtslosen Rückstand noch in einen Sieg umwandeln konnte. Jedenfalls ist es so, dass der Spieler, der in dieser Phase bei sich ist, seine Konzentration hochhalten kann, rationale Entscheidungen trifft, ruhig bleibt und nicht hektisch agiert, sicherlich einen guten Match-Tiebreak spielen wird.

„Es macht einen großen Unterschied aus, ob man den ersten oder den zweiten Satz bei einer Partie, die im Match-Tiebreak entschieden wird, gewonnen hat."

Wahr oder falsch?

Laut Aussage von verschiedenen Experten ist „in der Theorie die Wahrscheinlichkeit höher, dass derjenige den Match-Tiebreak gewinnt, der den ersten Satz gewonnen hat". Denn, so die Begründung, „der Sieger des zweiten Satzes hat mit dem Satzgewinn ein Teilziel erreicht und fährt unbewusst seine Energiesysteme herunter".

In der Praxis aber ist es so, dass der Sieger des zweiten Satzes zu 54 % auch den Match-Tiebreak gewinnt und damit deutlich häufiger als derjenige, der den ersten Satz für sich entschieden hat. Meiner Meinung nach liegt dies daran, dass der Gewinner von Satz zwei das Momentum auf seiner Seite hat und dies oftmals mit in den Match-Tiebreak nehmen kann. Für den Verlierer von Satz zwei ist es in diesem Fall sinnvoll, eine taktische Pause einzulegen, um den Rhythmus des Gegenspielers zu brechen und sich selbst zu sammeln, und sich eventuell nochmals Gedanken zum eigenen Spielplan zu machen und diesen gegebenenfalls anzupassen.

Welche Verhaltensmuster solltest du ansonsten im Match-Tiebreak an den Tag legen (gilt auch für alle anderen Big Points)?

- Lass dir Zeit zwischen den Punkten. Manche Spieler haben Panik vor dem Match-Tiebreak und wollen diesen schnellstmöglich hinter sich bringen. Das ist nicht der richtige Weg. Durch Hektik und Unruhe verlierst du an Konzentration, und dies ist bei Big Points das Schlimmste, was dir passieren kann.
- Nutze die Zeit sinnvoll zwischen den Punkten. Halte dich an deine Rituale. Gehe zu deinem Handtuch. Richte die Aufmerksamkeit auf deine Atmung. Beschäftige dich nicht mit den Zuschauern. Lass dich nicht ablenken von Nebenkriegsschauplätzen. Erinnere dich an deinen Spielplan und versuche, dich an diesen zu halten.
- Spiele dein Spiel, setz deine Stärken ein! Verändere dein Spiel nicht! Auch dies ist ein häufiger Fehler, den ich immer wieder beobachte. Ein Spieler liebt die Offensive, spielt gerne aggressiv und macht viele schöne Winner, aber auch verhältnismäßig viele Fehler. Im Match-Tiebreak wird ihm nun angeraten, doch bitteschön „SICHER" zu spielen. Er tut dies, spielt höher, drosselt die Geschwindigkeit, er hält den Ball länger im Spiel. Tatsächlich, er macht weniger Fehler. Aber: Sein Spiel hat nicht mehr dieselbe Wirkung. Der Gegner kann sich aufgrund des geringeren Tempos besser zum Ball stellen. Ich sage nicht, dass du, wenn du ein Offensivspieler bist, dein Gegenüber vom Platz schießen musst. Nein, aber du musst deinen Charakter beibehalten und dein Spiel durchziehen, mit allen damit verbundenen Risiken.
- Konzentriere dich auf das, was noch vor dir liegt, nicht auf das, was schon passiert ist. Es ist ärgerlich, aber sekundär, dass du eben bei 2 : 2 einen leichten Schmetterball verschlagen hast. Auch wenn du dich noch so sehr ärgerst, du darfst diesen Schlag nicht wiederholen. Aber du kannst mit nur einem guten Punkt dein Missgeschick wieder ausbügeln. Wichtig ist auch, bei einer hohen Führung konzentriert zu bleiben. Du führst 9 : 4. Das klingt komfortabel, oder? Aber nun macht dein Gegner zwei gute und einen glücklichen Punkt. 9 : 7! Und du machst einen leichten Fehler. Und plötzlich ist es nur noch ein Punkt. Gedanklich hast du bereits die Glückwünsche deiner Kameraden entgegengenommen. Ach, wie peinlich, wenn du dieses Match nun noch verlierst. Du wärst im Übrigen nicht der Erste, dem so etwas widerfahren wäre. Also auch bei hoher Führung konzentriert bleiben. Dies gilt im Übrigen auch außerhalb des Match-Tiebreaks.
- Entspanne dich! Versuche, den Schläger so locker wie möglich zu halten. Versuche, mit Schwung und nicht mit Kraft zu spielen. Verkrampfung kannst du sowieso nie gebrauchen, aber gerade in entscheidenden Situationen schleicht sie sich gerne ein. Achte auch hier wieder auf deine Atmung und fokussiere dich auf den nächsten Punkt.
- Denk daran, auch dein Gegenspieler ist nervös und angespannt und auch für ihn ist die Situation nicht einfach.

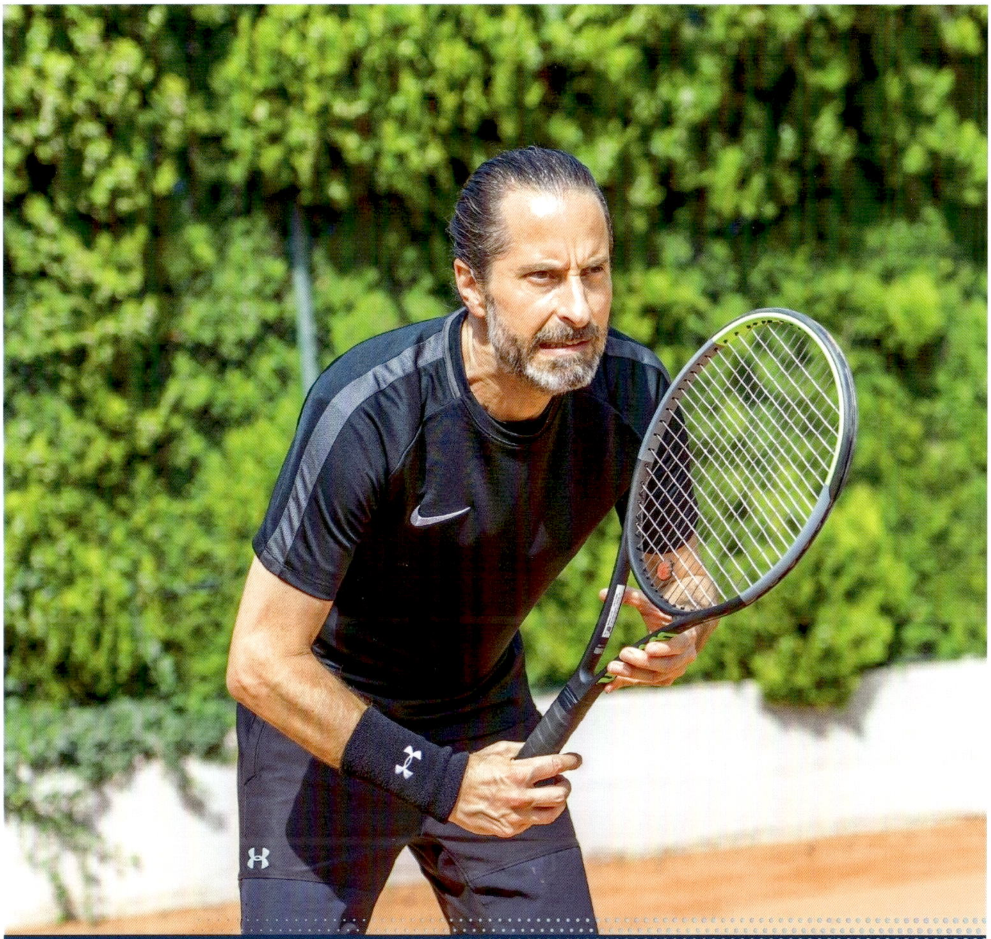

Im Match-Tiebreak sind die meisten Spieler eher verkrampft.

- Lege vor dem Match-Tiebreak eine kurze Pause ein und suche die Toilette auf oder gehe in die Umkleidekabine, um dich kurz frisch zu machen, wenn du den zweiten Satz verloren hast. Achtung! Mach dies nicht, falls du den zweiten Satz siegreich gestalten konntest. Denn dann ist das Momentum auf deiner Seite und dieses solltest du nicht durch eine Pause zerstören. Der Sieger des zweiten Satzes hat im Match-Tiebreak in der Regel einen kleinen Vorteil (zu 54 % gewinnt der Spieler, der den zweiten Satz siegreich gestalten konnte, auch den Match-Tiebreak). Durch die zugegeben taktische Pause nimmst du deinem Gegner ein Stückchen von diesem Vorteil.

Nun möchte ich noch kurz auf einige Tipps zum Match-Tiebreak eingehen und diese etwas näher begutachten.

Vor einiger Zeit hat mir eine meiner Schülerinnen einen kurzen Leitfaden mit hilfreichen Tricks im Match-Tiebreak gezeigt. Diesen habe ich selbst weiteren Spielern gezeigt, die Probleme in diesen Situationen haben. Alle befanden den „Leitfaden" kritiklos für hilfreich. Ich persönlich sehe darin keine große Hilfe, sondern nur eine Aneinanderreihung von Phrasen. Folgende Tipps wurden gegeben:

Tipp 1:
Verzichte auf die Brechstange und lass lieber deinen Gegner einen guten Ball spielen und zwei Fehler machen.
Klingt schlüssig! Was aber, wenn der Gegner denselben Plan hat? Außerdem stellt sich mir die Frage, ob dies ein Tipp zum Match-Tiebreak ist? Soll ich außerhalb des Match-Tiebreaks zum Beispiel im ersten Satz die Brechstange auspacken und wie ein Bekloppter auf jeden Ball draufprügeln?

Tipp 2:
Serviere bei eigener Führung mit 100 % deines möglichen Tempos beim ersten Aufschlag.
Warum? Ist dies nicht auch gegnerabhängig? Wenn dein Gegner eine schwache Rückhand hat, solltest du lieber mit 80 % Geschwindigkeit zu dessen schwacher Seite aufschlagen und den ersten Aufschlag gut platziert ins Feld spielen und den Ballwechsel kontrollieren, als (mit der Brechstange) 100 % Geschwindigkeit zu geben und den Aufschlag zu verfehlen. Denn passiert dies, weißt du, dass dein Gegner den zweiten Aufschlag versuchen wird, mit der Vorhand zu attackieren, sofern dein zweiter Aufschlag zu ungenau sein wird. Ich behaupte nicht, dass es immer sinnvoll ist mit 70–80 % Geschwindigkeit aufzuschlagen, denn auch das ist situationsabhängig.

Tipp 3:
Serviere bei Rückstand mit 70–80 % deines möglichen Tempos, variiere mit Slice.
Diesen Kniff kann ich noch viel weniger verstehen. Liegst du nun jedoch in Front, sagen wir mit 8 : 5 und dein Gegner hat zwei Aufschläge, so fürchtest du sicher nichts mehr als einen schnellen Punktgewinn deines Gegenübers. Schlägt er nun zögerlich auf, so kannst du mit dem Return viel Risiko eingehen, denn du bist in Führung und kannst dir einen Fehler erlauben. Triffst du aber, steht es 9 : 5 und deine Siegchancen sind immens. Geht der Ball in die Plane, steht es immer noch 8 : 6 und du kannst dir nicht vorwerfen,

nicht entschlossen gewesen zu sein. Auch bei 8 : 6 kannst du versuchen, aggressiv zu sein im Rahmen deiner Möglichkeiten. Bitte versteht mich nicht falsch, ich meine nicht, blind auf den Ball draufzuprügeln, sondern entschlossen und aggressiv zu spielen. Und das kannst du mit Sicherheit, wenn der Gegner nur mit 70 % aufschlägt. Was du hingegen nicht gebrauchen kannst, sind zwei wirklich gute Aufschläge deines Gegners, die ihm „leichte" Punkte sichern. Vor allem auch, weil dann eben sein Selbstvertrauen ansteigt und er wieder Lunte riecht. Ich kann nur von mir persönlich reden, bei Rückstand versuche ICH immer eher aggressiv zu spielen, denn ich bin derjenige, der mit dem Rücken zur Wand steht.

Tipp 4:

Bei 1 : 4 aus deiner Sicht ist rein gar nichts verloren. Dein Gegner braucht sechs Punkte zum Sieg, du nur drei Punkte zum 4 : 4.

Auch dies ist eine typische Phrase. Beim Doppelpass wäre das Phrasenschwein bereits randvoll. Ich habe Match-Tiebreaks (mehrfach, einmal gar das Finale eines großen Preisgeldturniers) gesehen, in denen ein Spieler mit 9 : 1 geführt hat und am Ende trotzdem noch verloren hat. Dass man niemals aufgeben sollte, versteht sich wohl von selbst, und gerade in einem Match-Tiebreak kann man mit wenigen guten Aktionen ein Match gewinnen oder eben mit schlechten Aktionen auch verlieren. Hinzu kommt, dass der Gegenspieler auch nervös werden kann.

Tipp 5:

Bei 4 : 1 aus deiner Sicht: Mach das Spiel schneller. Nicht in den Ballwechseln, sondern zwischen den Ballwechseln. Gib Gas und schlage schnell auf, stelle dich schnell zum nächsten Return. So nutzt du das Momentum.

Auch das klingt natürlich erst mal schlüssig. Aber erstens, was machst du selbst, wenn dein Gegner sich so verhält? Du lässt dir Zeit (denn du merkst, was dein Gegenüber im Schilde führt), holst dein Handtuch, bindest deine Schuhe und legst dir dabei den Plan für den nächsten Punkt zurecht. Du gehst in dich und vergegenwärtigst dir die Situation und dass du mit drei bis vier guten Punkten wieder im Spiel sein wirst. Jedenfalls lässt du dich nicht auf das schnelle Spiel deines Gegners ein. Zweitens kann dieses fahrige, hektische Verhalten auch zu Unruhe bei dem in Führung liegenden Spieler führen. Nun habe ich kurz die Negativpunkte der Strategie „Schnell zwischen den Ballwechseln" beschrieben, die es zweifelsohne gibt. Aber wie verhältst du dich richtig? Das Tempo deines Kontrahenten kannst du nicht oder nur sehr bedingt beeinflussen. Deshalb rate ich dir, dich auf dich selbst zu konzentrieren (im Übrigen auch wenn du im Rückstand bist), denn du musst dein Tempo spielen. Oder hast du den „Aufdopsweltmeister" Djokovic vor dem Aufschlag je schnell machen sehen in wichtigen Situationen, dass er den Ball nur zweimal aufprellt statt gefühlt 52-mal? Hast du Nadal je ohne seine 27 Rituale gesehen, wenn es hart auf hart kommt? Diese Spieler lassen sich nicht stressen. Magst du lange Pausen zwischen den Ballwechseln, so nimm dir diese, egal, wie es steht. Bist du eher von der schnelleren Sorte, so halte die Pausen kurz zwischen den Ballwechseln. Wenn du Glück hast, macht dies dein Gegner mit und passt sich deinem schnellen Tempo an.

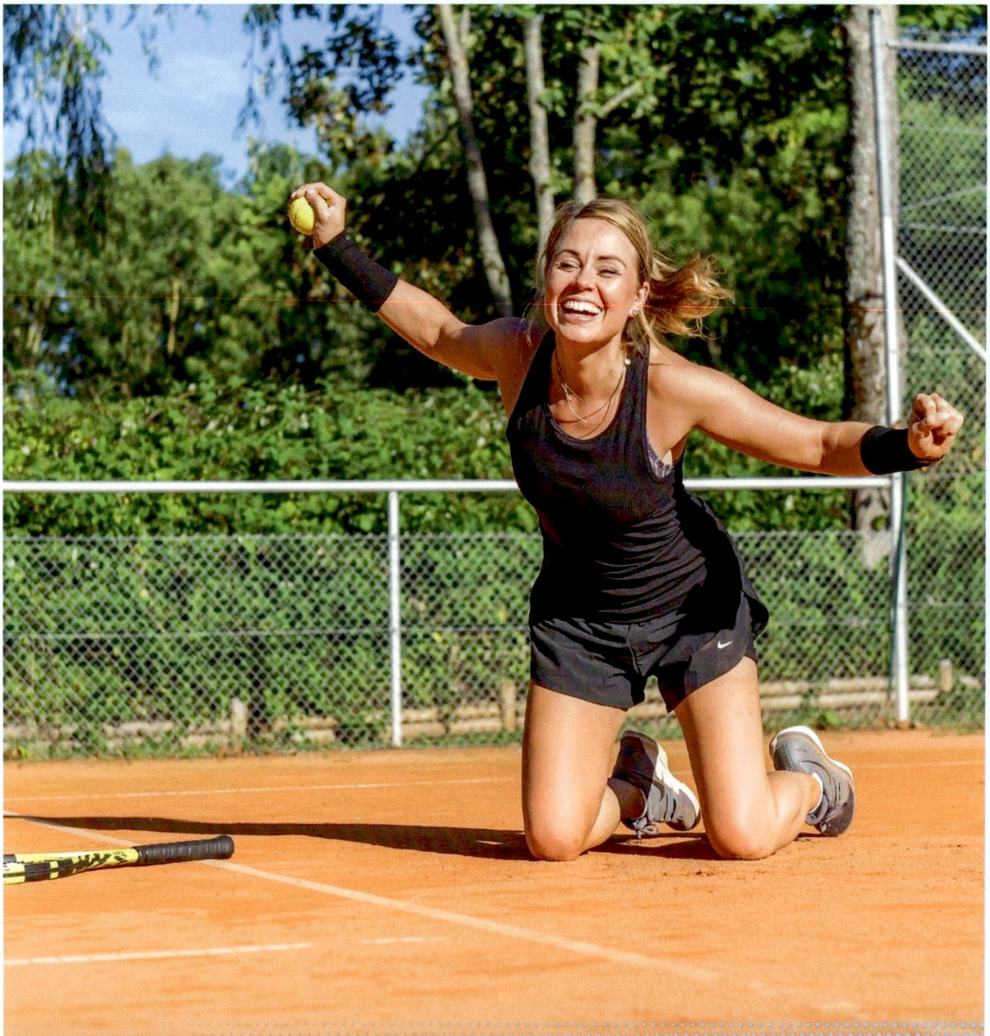

Die Freude nach einem gewonnen Match-Tiebreak ist riesengroß.

Tipp 6:

Zeige Präsenz beim Return: Kopf hoch, Schultern zurück. Entspannte Körperhaltung, Arme baumeln lassen, leichtes Tänzeln auf der Stelle.

Auch dies ist kein Tipp zum Match-Tiebreak, sondern allgemein zum Returnspiel. Grundsätzlich solltest du dich von deiner Körperhaltung, deiner Körperspannung, deiner Beinarbeit immer gleich auf den Return vorbereiten. Damit sage ich nicht, dass du den Return immer gleich spielen solltest. Aber die Vorbereitung sollte bei einem verhältnismäßig unwichtigen Punkt nicht anders aussehen als beim Matchball.

Tipp 7:

Teile dir unbedingt deine Kondition ein. Bedenke immer: Kondition ist gleich Konzentration. Verschwende dein Budget nicht gleich bei den ersten vier Punkten.

Mein Lieblingstipp! Man kann Tennismatches aus meiner Sicht so einteilen. Drei Gewinnsätze = Marathon. Zwei Gewinnsätze = Zehn-Kilometer-Lauf. Ein Satz = 400-Meter-Lauf. Match-Tiebreak = 100-Meter-Sprint. Klar, du hast, wenn du den Match-Tiebreak beginnst, bereits zwei Sätze hinter dir. Aber erstens hast du dann eine Pause und zweitens wirst du einen kurzen Sprint schon noch hinlegen können. Du bist auf der Zielgeraden und es ist *Crunch Time*. Höchste Zeit, Vollgas zu geben und notfalls die eigenen Reserven anzugreifen. Ich erinnere mich noch gut an meinen allerersten Match-Tiebreak, der für mich und meine Mannschaft auch immens wichtig war. Sowohl mein Gegner als auch ich selbst waren am Ende unserer Kräfte, denn es war der heißeste Tag des Sommers. Meine Taktik, die ich mir vor dieser finalen Entscheidung zurechtgelegt hatte: die Schmerzen zu vergessen, zu laufen, als ginge es um mein Leben, und jeden Ball unangenehm zurückzuspielen. Ich habe mir gesagt, wenn mein Gegner mir die Bälle um die Ohren haut, O. K., dann hat er verdient gewonnen. Aber er bekommt keine Geschenke von mir in Form von leichten Fehlern. Nach gefühlt zwei Minuten stand es 7 : 0 für mich und am Ende habe ich souverän 10 : 4 gewonnen. Das wird sicherlich nicht immer so funktionieren. Aber startest du schlecht in den Match-Tiebreak, kann dieser fast schon verloren sein, bevor er richtig begonnen hat.

Tipp 8:

Sei nicht zögerlich. Wird dein Gegner zu kurz, nutzt du dies aus und setzt deine Stärke ein. Grundlegend: Lieber *cross* statt *longline*. Lieber höher über das Netz als zu flach. Vermeide Fehler ins Netz (die Rafael-Nadal-Methode).

Auch dies sind eigentlich grundlegende Tipps und nichts Spezielles für den Match-Tiebreak. Ich rate dir dringend davon ab, deine eigene Spielanlage im Match-Tiebreak zu verändern, oder auch in anderen wichtigen Situationen. Spielst du flach und aggressiv wie Del Potro, so musst du dieses riskante Spiel auch in wichtigen Momenten durchsetzen, denn darin bist du gut. Oder kannst du dir vorstellen, dass Del Potro in wichtigen Momenten gegen Nadal plötzlich hohe Topspin-Bälle spielt, beziehungsweise würde dies deiner Meinung nach seine Chancen steigern? Zu guter Letzt möchte ich noch auf einen für mich ebenfalls wichtigen Punkt zu sprechen kommen. Und zwar das Verhindern des Match-Tiebreaks. Ja, du hast richtig gehört! Was meine ich damit? Und zwar, dass Spieler oftmals unnötigerweise in den Match-Tiebreak müssen. Mir ist dies aufgefallen, als mir einer meiner Schüler, der sehr viele Turniere spielt, stolz von seiner tollen Bilanz in Match-Tiebreaks berichtete. Tatsächlich liegt seine Erfolgsquote bei 70 % siegreichen Match-Tiebreaks. Aber in den meisten Matches ist er rein von der Leistungsklasse klar favorisiert. In vielen Matches gewinnt er den ersten Satz relativ deutlich, um den zweiten Satz dann mit 4 : 6, 5 : 7 oder 6 : 7 zu verlieren. Außerdem berichtete er mir, dass er oftmals den ersten Satz klar gewinnt und im zweiten im Rückstand ist und diesen dann doch noch irgendwie 7 : 5 oder 7 : 6 gewinnen würde. Das Ganze hat schon fast System. Auch mir selbst ist es schon des Öfteren widerfahren, dass ich den ersten Satz gewann, gefühlt der bessere Spieler war, im zweiten auch schon mit Break in Führung lag, eventuell sogar mit der Chance, mit drei oder vier Spielen in Führung zu gehen, dann erst die Konzentration und dann folgerichtig auch noch den Satz verlor. Das ist ärgerlich und unnötig, zumal der Spieler, der den zweiten Satz gewinnt, dass Momentum auf seiner Seite hat und prozentual viel häufiger auch den Match-Tiebreak gewinnt. Hier solltest du deine Ergebnisse genau analysieren und Muster herausfinden. Hast du Schwächen ganz am Anfang des Matches? Verlierst du nach gewonnenem ersten Satz die Konzentration und gerätst oftmals früh im zweiten Satz in Rückstand? Oder vergibst du häufiger verhältnismäßig hohe Führungen? Letzteres war bei mir persönlich häufiger der Fall. Nun, da ich seit einiger Zeit um diese Schwäche weiß, kann ich rechtzeitig gegensteuern und dem Konzentrationsloch in dieser Phase oftmals entgehen, indem ich dann besonders aufmerksam bin und eben nicht mit meinen Gedanken abschweife.

Fakt ist, dass es Matches gibt, die du in zwei Sätzen gewinnen solltest, nicht weil du der klare Favorit bist, sondern weil du einfach an diesem Tag der bessere Spieler bist und deinen Gegenspieler dominierst. Trotzdem verlierst du häufig einen Satz recht knapp, um den anderen souverän zu gewinnen. Und das ist schlicht nicht nötig. Also, wenn du die Möglichkeit hast, in zwei Sätzen zu gewinnen, mach den Sack zu und erspar dir den nervenaufreibenden Match-Tiebreak!

Fazit:

Falls du sehr konditionsstark bist, ist der Match-Tiebreak sicher kein Vorteil für dich. Eine Lotterie ist er auf keinen Fall. In der Regel gewinnt der bessere Spieler. Mental starken Spielern sollte der Match-Tiebreak sogar entgegenkommen. Auf folgende Punkte solltest du achten:

- Du solltest ruhig bleiben.
- Du solltest dir Zeit lassen und auf keinen Fall hektisch werden.
- Du solltest die Konzentration auf den nächsten Punkt legen.
- Du solltest deine Aufmerksamkeit auf die eigene Atmung lenken.
- Du solltest dich auf deinen Spielplan und deine Taktik besinnen.
- Verändere deine gewohnte Spielweise nicht im Match-Tiebreak und spiele deine Stärken aus.
- Entspanne dich und halte den Schläger locker und nicht verkrampft.
- Solltest du den zweiten Satz verloren haben, lege eine taktische Pause ein.

Und zu guter Letzt solltest du natürlich nicht unnötig in den Match-Tiebreak kommen, wenn du dies auch verhindern kannst.

– KAPITEL 14 –

Dritter Satz versus Match-Tiebreak

Dritter Satz versus Match-Tiebreak

Eben hatte ich intensiv den Match-Tiebreak beschrieben. Im Vergleich dazu steht der dritte Satz, der immer noch ab und zu vorkommt. Auf der Profitour, auf ITF-Turnieren (ITF Pro, ITF Senior und ITF Juniors), bei TE-Turnieren, bei manchen Ranglistenturnieren (zum Beispiel Verbandsmeisterschaften) und natürlich bei manch klubinternen Matches. Der Hauptunterschied zum Match-Tiebreak ist natürlich, dass der dritte Satz länger dauert, da mehr Punkte ausgespielt werden. Dies hat zur Folge, dass du und selbstverständlich auch dein Gegner mehr Zeit auf dem Platz verbringen werdet. Dies kostet Kraft und erfordert Ausdauer. Ein weiterer Unterschied ist der, dass du dir beim dritten Satz Schwächephasen eher leisten kannst als im Match-Tiebreak. Auf der anderen Seite musst du aber auch starke Phasen eher bestätigen.

Beispiel: Du spielst im dritten Satz zehn Minuten unkonzentriert und schlecht und verlierst in dieser Zeit drei Spiele. Stand es eben noch 1 : 0 für dich, so steht es nun 1 : 3. Das ist natürlich schlecht. Dennoch ist dein Kontrahent immer noch drei Spiele und zwölf Punkte vom Matchgewinn entfernt, und du kannst das Spiel immer noch drehen. Gleiche Situation im Match-Tiebreak und du hast das Match verloren (oder gewonnen, wenn dein Gegner eine schlechte Phase hat oder du eine gute).

Dies führt bei fast allen Spielern dazu, dass sie in einem dritten Satz etwas entspannter sind als im Match-Tiebreak. Diese Dinge sind wohl auch fast allen Spielern klar. Mental ist es viel einfacher, einen dritten Satz zu spielen, denn Konzentrationsaussetzer sind im dritten Satz zwar auch ärgerlich, aber viel leichter wettzumachen als im Entscheidungstiebreak. Dafür ist der dritte Satz körperlich viel anstrengender. Dies kann dazu führen, dass Spieler innerlich früher aufgeben als bei einem möglichen Match-Tiebreak. Und dagegen solltest du mental ankämpfen. Mir ist dies vor einigen Jahren leider auch so ergangen. Ich trat bei einem Turnier an, bei dem der dritte Satz noch ausgespielt wurde. Es war einerseits heiß und andererseits hatte ich mit meinem Gegenspieler viele lange und intensive Ballwechsel. Ich spielte gut und konnte in Führung gehen und diese auch halten bis zum 5 : 3. Mein Gegner aber wehrte sich nach Kräften und ich musste den Ausgleich hinnehmen. Allmählich merkte ich, dass ich diese Intensität keine zwei Stunden mehr durchhalten würde. Den zweiten Satz könnte ich noch voll durchziehen, dessen war ich mir sicher. Aber im dritten würde es sehr eng werden. Für mich war klar, dass ich unbedingt den ersten Satz gewinnen müsste. Ich legte alles in die verbleibenden Punkte, aber leider gelang mir der Satzgewinn nicht und ich verlor ärgerlich im Tiebreak. Dennoch wollte ich natürlich alles versuchen. Allerdings war da das kleine Männchen im Kopf, das mir einflüstern wollte, dass ich ja eh nicht mehr gewinnen könne, denn mein Gegner wäre ja viel fitter als ich selbst (war er, zweifelsohne). Ich versuchte nicht auf das kleine Teufelchen zu hören, sondern sprach mir Mut zu. Ich wollte gleich zu Beginn des zweiten Satzes angreifen, aggressiv spielen und die Ballwechsel kurzhalten und den Satz schnell gewinnen, um nicht so viel Kraft zu verschleudern. Jedoch wehrte mein Gegenspieler meine Angriffsbemühungen ab und blies stattdessen zum Gegenangriff. Ihm gelang ein recht frühes Break, und damit war mein Widerstand innerlich gebrochen. Mein Akku war einfach leer und ich war zu müde, um mich noch zu wehren. Bei einem möglichen Match-Tiebreak wäre mir das vermutlich nicht passiert, denn diesen kurzen Sprint hätte ich auch nach intensivem zweiten Satz noch geschafft. Vermutlich hätte ich auch mein Spiel nicht umgestellt und hätte mich weiter auf längere Ballwechsel eingelassen.

Prinzipiell unterscheiden sich der dritte Satz und der Match-Tiebreak nicht großartig. Zumindest wenn man das Ganze von der Statistik her betrachtet. In der Regel gewinnt der bessere Spieler sowohl den Match-Tiebreak als auch den dritten Satz. Auch der Faktor Zufall oder Glück wird meiner Ansicht nach überbewertet im Match-Tiebreak. Selbst in einem ausgespielten Satz kannst du Glück oder Pech haben. Ich persönlich jedenfalls habe beides schon erlebt, sowohl was einen ausgespielten dritten Satz anbelangt als auch den Match-Tiebreak. Wohingegen ein großer Unterschied besteht, ist in der Körperlichkeit und auch in der mentalen Einstellung. Du musst dich mental auf das Match anders vorbereiten und auch im Match auf andere Dinge achten, wenn der dritte Satz ausgespielt wird. Im Beispiel ist mir selbst die Luft ausgegangen. Allerdings hat mein kluger Gegenspieler wohl auch erkannt, dass er mich mit dem Gewinn des ersten Satzes brechen kann, und hat alles darangesetzt, diesen auch für sich zu entscheiden. Du solltest deinen Gegner sowieso immer genau beobachten, aber gerade in einem langen Match mit ausgespieltem dritten Satz solltest du vor allem auch auf den körperlichen Zustand deines Gegners achten. Ein dritter Satz bietet dir auch hinsichtlich der Taktik andere Möglichkeiten. Den Gegner laufen zu lassen und mürbe zu machen funktioniert viel besser, wenn dein Rivale weiß, dass er lange spielen muss und dass nach dem ersten Satz noch ein langer Weg vor ihm liegt. Dies wird sich dann auch auf seine psychische Verfassung auswirken.

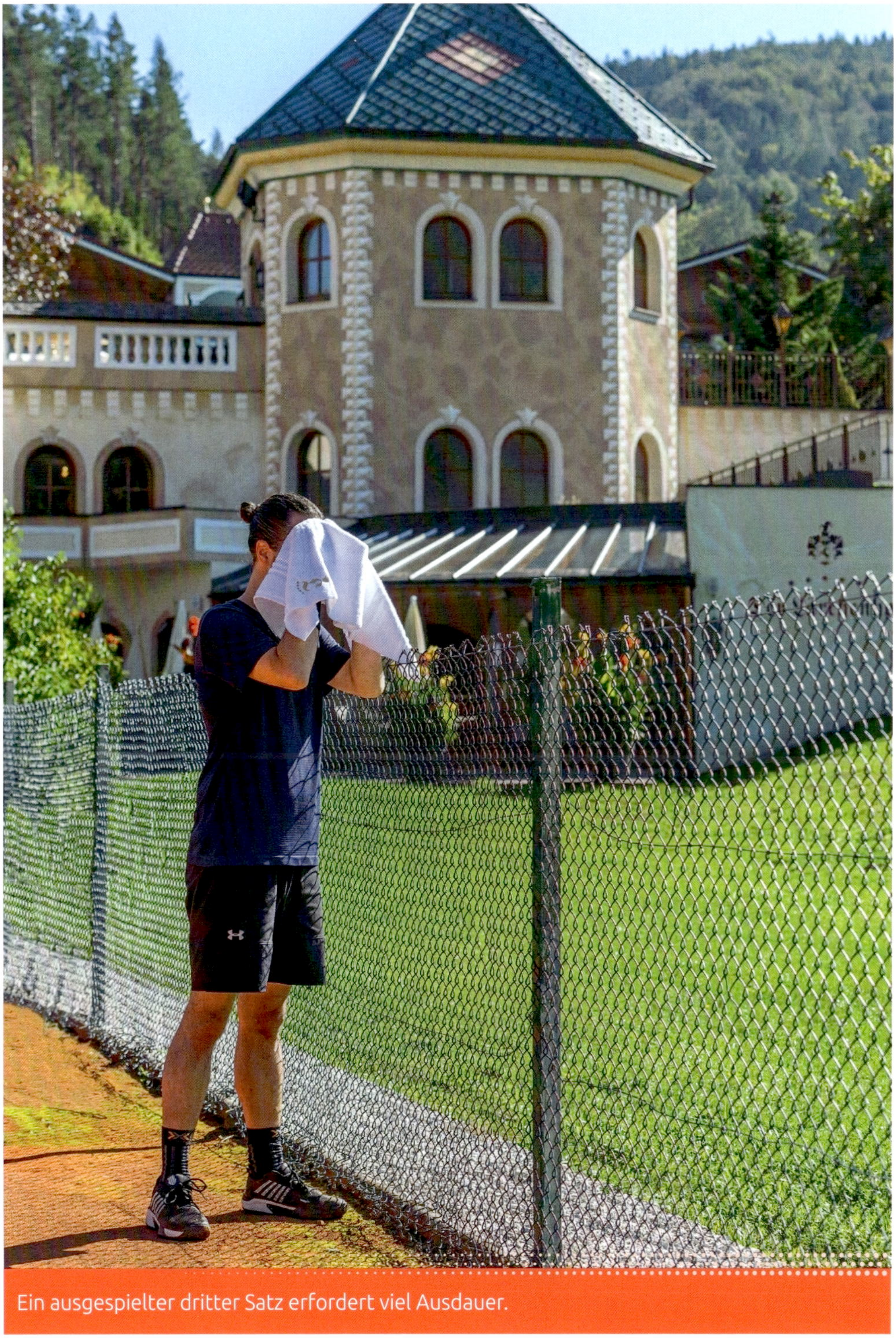

Ein ausgespielter dritter Satz erfordert viel Ausdauer.

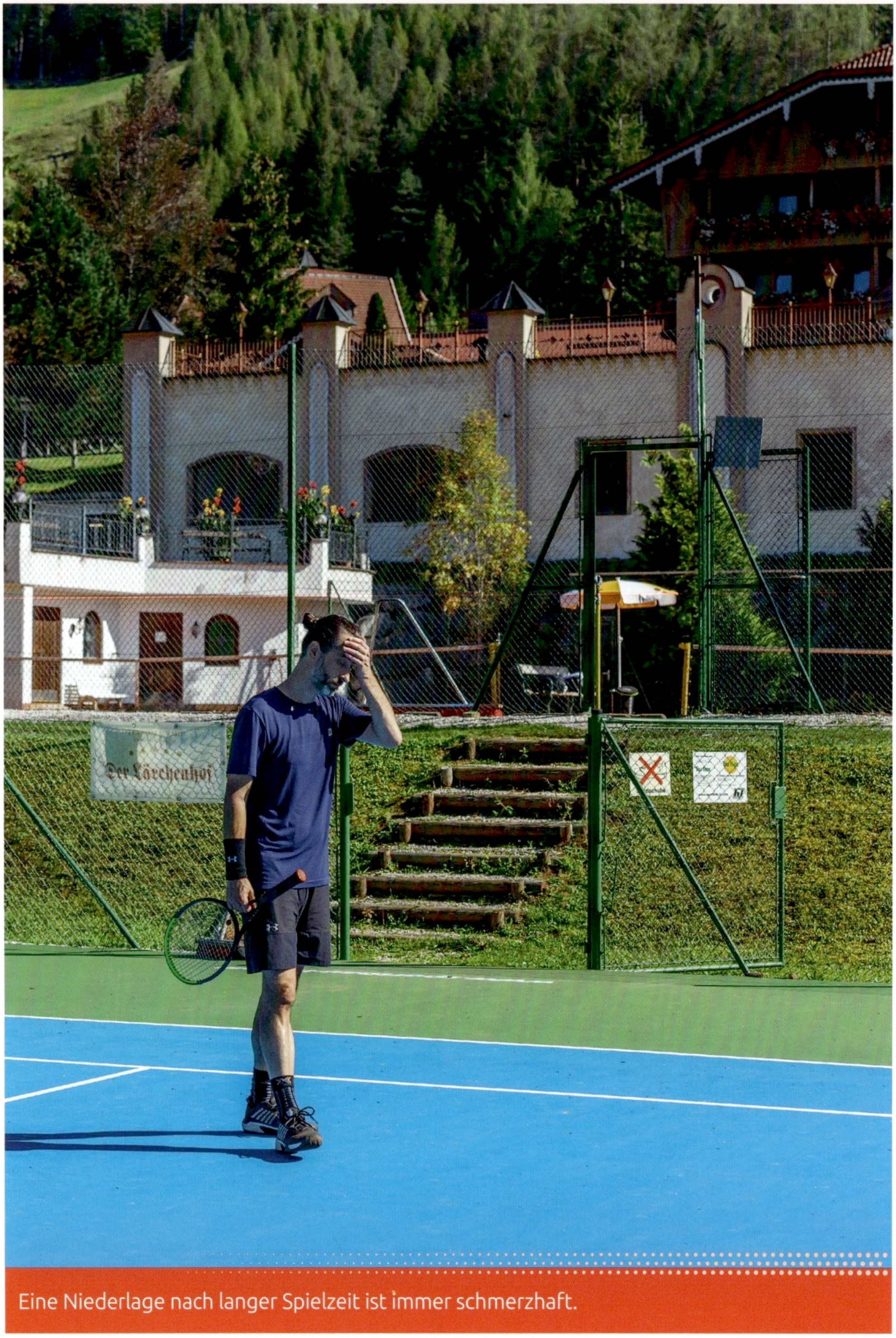

Eine Niederlage nach langer Spielzeit ist immer schmerzhaft.

Ich möchte ganz kurz noch auf die Statistik eingehen. Der Spieler, der in den ersten beiden Sätzen mehr Spiele gewonnen hat, gewinnt auch viel häufiger, sowohl den dritten Satz, als auch den Match-Tiebreak (siehe nachfolgende Tabelle). Du kannst also mit Selbstvertrauen und Zuversicht in die Entscheidung gehen, wenn du mehr Spiele gewonnen hast. Eine Gewähr zu siegen ist dies selbstverständlich nicht.

Bei Drei-Satz-Matches	Sieger gewinnt ersten Satz	Sieger gewinnt zweiten Satz
Dritter Satz Profis	42,00 %	58,00 %
Dritter Satz Amateure	43,90 %	56,10 %
Match-Tiebreak Amateure	45,60 %	54,40 %

Bei Drei-Satz-Matches mehr Spiele in Satz 1 und 2	Sieger gewinnt mehr Spiele	Sieger gewinnt weniger Spiele	Spiele sind ausgeglichen
Dritter Satz Profis	41,10 %	33,00 %	25,90 %
Dritter Satz Amateure	35,10 %	33,80 %	31,10 %
Match-Tiebreak Amateure	45,30 %	33,90 %	20,80 %

Tabelle Dritter Satz vs. Match-Tiebreak

Fazit:

Wider Erwarten unterscheiden sich Match-Tiebreak und dritter Satz von der Gewinnwahrscheinlichkeit kaum. Jedenfalls ist dies für mich doch etwas überraschend. Der Hauptunterschied liegt in der Psyche und in der Physis. Mental ist der Match-Tiebreak eine große Herausforderung, und es gilt sich für einen relativ kurzen Zeitraum sehr gut zu fokussieren. Der dritte Satz hingegen ist eher eine körperliche Herausforderung. Du kannst dir eine Schwächephase durchaus leisten, allerdings ist die natürlich trotzdem ein Nachteil für dich.

– KAPITEL 15 –

Momentum – wie mache ich mir dieses zunutze?

Momentum – wie mache ich mir dieses zunutze?

„Erfolg besteht darin, dass man genau die Fähigkeiten hat, die im Moment gefragt sind" (Henry Ford)

Der Tennissport ist ein stetes Auf und Ab. Du gehst in Führung und verlierst diese wieder. Du spielst für einige Minuten sehr gut, dann wiederum unterlaufen dir ein paar einfache Fehler und das Match scheint gegen dich zu laufen. Aber auch dein Gegner schwächelt und macht dir einige Geschenke. Kaum ein Match verläuft geradlinig. Es gibt immer wieder Schwankungen und jedes Match ist vom Spielverlauf ein bisschen anders. Dennoch gibt es Phasen, in denen es für dich sehr gut läuft und du einige Punkte am Stück holst oder auch einige Spiele am Stück. Diese Phasen werden als Momentum bezeichnet. Die kürzesten Phasen sind hierbei einzelne Punkte. Sogenannte kleine Punktserien. Es steht 15 : 15 und du holst vier Punkte am Stück, dann hast du dein Aufschlagspiel gewonnen und führst mit 0 : 15 bei Aufschlag des Gegners. Eigentlich müsste die Wahrscheinlichkeit, den nächsten Punkt zu gewinnen, gleich sein, egal, ob man den Punkt davor verloren oder gewonnen hat. Von der Statistik her ist es aber so, dass zu 55 % der Spieler den Punkt gewinnt, der den Punkt davor gewonnen hat, und nur zu 45 % derjenige, der den Punkt davor verloren hat. Dieser Wert steigt weiter an, wenn der Spieler auch den Punkt davor gewonnen hat. Das heißt, nach zwei Punktgewinnen in Folge liegt die Wahrscheinlichkeit, dass ein dritter Punktgewinn folgt, bei 66 %.

Auch bei den Spielen und Sätzen ist es ähnlich. Betrachten wir zunächst die Spiele. Natürlich ist die Wahrscheinlichkeit (zumindest im Spitzensport) höher, dass beide Spieler ihr Aufschlagspiel durchbringen, als dass ein Spieler ein Break schafft oder es gar Break und Re-break gibt. Denn dazu sind einfach die Aufschläger zu dominant. Aber die Wahrscheinlichkeit, das eigene Aufschlagspiel zu halten, nachdem man selbst davor ein Break geschafft hat, ist höher, als das eigene Aufschlagspiel zu halten, wenn der Gegner davor das eigene Aufschlagspiel durchgebracht hat. Ich weiß, es heißt oft, nach einem Break müsse man aufpassen, weil man sonst das Re-Break kassiere. Dies ist ein alter Mythos, der genauso wenig zutreffend ist, wie der Sieger des zweiten Satzes eher den Match-Tiebreak verliert. Begründet wird das oftmals damit, dass der Spieler, der das Break schafft, nachlässig wird und sich zu sehr in Sicherheit wiegt, während der andere seinen Aufschlagverlust unbedingt wettmachen möchte. Aber die Zahlen sprechen eine andere Sprache. In der Realität ist es so, dass derjenige Spieler seinen Aufschlag eher hält, wenn er davor ein Break realisieren konnte, als wenn ihm dies nicht gelang. Es scheint, als würde das Durchbrechen des gegnerischen Aufschlages dem Spieler zusätzliches Selbstvertrauen und damit Stärke verleihen. Das Momentum ist auf seiner Seite.

Gehen wir den nächsten Schritt und damit zu den Sätzen. Auch hier erhöht sich durch einen Satzgewinn die Chance, den nächsten Satz zu gewinnen. Zu 63 % gewinnt nämlich derjenige, der den aktuellen Satz gewinnt, auch den nächsten Satz, wenn man alle gespielten Sätze betrachtet (meine Untersuchung beinhaltet 4.323 Matches und 10.188 Sätze auf der ATP- und WTA-Tour auf allen Bodenbelägen). Gestaltest du den ersten Satz erfolgreich, so gewinnst du zu 64 % auch den zweiten Satz. Verlierst du jedoch Satz eins und sicherst dir Satz zwei, gewinnst du zu 58 % auch den dritten Satz (zum Beispiel 4 : 6, 6 : 4, 6 : 3). Am häufigsten kommt also ein 2 : 0-Satzverhältnis vor und am seltensten, nämlich zu gerade einmal 15 %, jener Spielverlauf aus Satzsieg, Satzverlust, Satzsieg (zum Beispiel 6 : 4, 3 : 6, 6 : 3). Aber nicht nur bei einzelnen Punkten, Spielen und Sätzen gibt es das Momentum, nein, es gibt auch Matchserien, in denen Spieler über mehrere Matches bessere Leistungen erbringen als gewöhnlich. Man sagt dann, sie hätten einen Lauf. Und dies ist oft psychisch bedingt. Du gewinnst ein Match, in dem du besonders gut spielst. In deinem nächsten Match hast du mehr Selbstvertrauen und machst dir weniger Gedanken, denn du hast das letzte gute Match noch im Hinterkopf. Du sagst dir unbewusst: „Beim letzten Match habe ich über meinem Level gespielt. Selbst wenn ich jetzt nicht ganz so gut spiele wie im letzten Match, ist das in Ordnung, denn ich habe ja im Match zuvor sehr gut gespielt." Du erwartest also von dir selbst nicht unbedingt wieder dieselbe super Leistung, denn du weißt, du hast über deinen Möglichkeiten gespielt, und das funktioniert nun einmal nicht immer. Trotz allem hast du natürlich Selbstbewusstsein. Auch wirst du nicht groß über Fehler und deine Schwachstellen nachdenken, denn im letzten Match hat ja alles gut geklappt Diese Mischung macht dich locker und entspannt. Die Wahrscheinlichkeit, dass du auch dieses Match gut spielst, ist relativ groß. Tritt dies tatsächlich ein, so denkst du dir: „Super, zwei klasse Matches in Folge, ich bin tatsächlich in guter Form." Du bist überzeugt von deinen Fähigkeiten und dein Selbstbewusstsein ist hoch. Nach wie vor denkst du nicht über mögliche Fehler nach und was im nächsten Match schiefgehen könnte, denn es läuft ja. Auch diese Siegesserien kann man als Momentum bezeichnen.

Wie aber kannst du dir dies zunutze machen? Denn es bringt dir ja verhältnismäßig wenig zu wissen, dass deine Chancen höher sind, den nächsten Punkt zu gewinnen, wenn du den letzten Punkt erzielt hast, oder zu wissen, dass du eher dein Aufschlagspiel hältst, wenn du ein Break geschafft hast. Das Wissen an sich bringt dir relativ wenig, das ist richtig. Aber du kannst dieses Wissen für dich nutzen. Denn wenn du das Momentum auf deiner Seite hast, gilt es, dieses zu verlängern. Angenommen, du startest super ins Match und gehst mit 3 : 0 in Führung, weil dein Gegenspieler keinen Spielrhythmus hat. Nun gilt es, das Momentum zu nutzen und die Führung weiter auszubauen. Denn lässt du deinen Gegner ins Spiel kommen und seinen Rhythmus finden, wird es ein anderes Match sein. Ich habe selbst schon einige Matches erlebt, in denen ich das ganze Match oder zumindest einen Großteil des Matches nicht in den Schlagrhythmus gekommen bin. Ich bin schlecht gestartet und es wurde danach einfach nicht besser. Und das lag meistens am Gegenspieler, weil er das eben nicht zugelassen hat. Bedenke den alten Spruch vom Fußballtrainer Otto Rehhagel: „Man spielt nur so gut, wie es der Gegner zulässt.". Spielst du selbst hingegen gut, so gilt es unbedingt, nicht nachzulassen und zu versuchen, diesen Zustand beizubehalten. Viele Spieler aber ruhen sich auf einem Vorsprung aus und bringen ihren Gegner wieder ins Spiel. Momentum gibt es natürlich nicht nur am Anfang. Es kann auch sein, dass du den ersten Satz verlierst und plötzlich läuft es im zweiten rund. Auch hier gilt es auf jeden Fall, das Momentum mitzunehmen. Gehst du mit 4 : 1 in Führung, sollte dein Ziel sein, das Ergebnis nicht nur über die Runden zu bringen, um irgendwie 6 : 3 oder 6 : 4 zu gewinnen, sondern du solltest einen klaren Satzsieg anstreben. Denn oftmals gewinnt der Spieler, der den zweiten Satz glatt gewinnt, auch den dritten Satz deutlich, weil er eben das Momentum auf seiner Seite hat.

Wie aber ist dies zu erklären? Meiner Ansicht nach vor allem psychologisch. Gehen wir davon aus, du gewinnst den ersten Punkt des Spiels. 15 : 0. Verlierst du den nächsten, bist du in etwa gleichgestellt wie am Anfang. Gewinnst du diesen aber, so führst du 30 : 0 und dein Gegenspieler benötigt zwei Punkte, um in etwa in derselben Situation zu sein wie am Anfang. Bei dir macht sich Zufriedenheit breit und du bekommst Selbstvertrauen. Hier ist aber wichtig, dass du dich nicht zu sehr in Zufriedenheit ergehst und trotzdem die Spannung beibehältst. Jedenfalls fühlt sich natürlich ein 30 : 0 besser an als ein 15 : 15 oder gar 0 : 30. Auch wirst du dir keine Gedanken darüber machen, was du falsch gemacht haben könntest. Dein Gegner allerdings wird wohl nicht ganz so zufrieden sein wie du und wird sich vermutlich ein bisschen über die beiden Punktverluste ärgern. Noch extremer ist dies natürlich, wenn du ein paar Spiele gewinnst. Gehen wir wieder davon aus, du gehst schnell mit 3 : 0 in Führung im ersten Satz. Nun sind es nicht nur zwei oder drei Punkte, sondern drei Spiele. Die Ursache könnten einige leichte Fehler deines Kontrahenten sein. Nun wird er seine Schläge genauer unter die Lupe nehmen, vor allem wird er seine Schwachstellen eingehender betrachten. Wenn du Glück hast, wird er auch schon zu schimpfen beginnen und mit seinem Spiel hadern. Und das sind genau die Momente, in denen du ansetzen musst. Dein Gegner hat erste Selbstzweifel. Zeit für dich, diese Selbstzweifel zu verstärken. Lass ihn nicht aus seinem Loch klettern. Denn lässt du jetzt nach und er holt das nächste Spiel und vielleicht gar das Break zum 2 : 3, so ist das Momentum wiederum auf seiner Seite.

Aber natürlich kannst du das Momentum auch mitten im Spiel auf deine Seite ziehen. Je länger die Phase andauert, in der du überproportional viele Punkte gewinnst, desto mehr schlägt das Pendel zu deinen Gunsten aus. Als wichtig erachte ich, dass du erkennst, dass du einen Lauf hast und dass du in dieser Phase versuchst, nicht zu viel zu analysieren, und dich vor allem an deine vertrauten Rituale hältst. Wenn du viele gute Punkte gewinnst, analysierst du ohnehin in der Regel wenig. Dies tust du vor allem dann, wenn du Fehler begehst. Dann fragst du dich: „Muss ich mich besser bewegen? Sollte ich den Ball mit mehr Topspin spielen? Spiele ich zu flach oder eher zu drucklos? Schwinge ich bei meinen Grundschlägen auch durch?" Du möchtest herausfinden, was du falsch machst. Wenn du dich aber zu sehr in technischen Details verlierst, wird sich dies negativ auf dein Spiel auswirken. Machst du viele Punkte in kurzer Zeit, so wirst du dies als gegeben hinnehmen. Mach das auch unbedingt und stell dir auf keinen Fall selbst die Frage, wann das Momentum für dich enden wird.

Was aber unterscheidet das Momentum vom Flow?

Auf den Flow komme ich ja noch ausführlicher zu sprechen. Im Flow bist du, vereinfacht gesagt, im perfekten Zustand. Beim Momentum kann dies auch sein, und du kannst natürlich gleichzeitig im Flow sein und Momentum haben. Aber das Momentum kann eben auch auf deiner Seite sein, weil dein Gegenspieler eine Krise hat und du diese Schwächephase ausnutzt. Genauso kannst du im Flow sein, aber kein Momentum haben, weil dein Gegenspieler eben auch auf der Höhe seiner Schaffenskraft agiert und an seinem Limit spielt. Du bist zwar im Flow und spielst fantastisch, dein Kontrahent aber auch, und das Spiel ist trotz deiner Top-Leistung ausgeglichen.

Wann ergeben sich noch gute Möglichkeiten, das Momentum zu übernehmen?

Besonders zu Beginn eines Satzes. Denn auch im zweiten oder dritten Satz ist dies stets ein Neubeginn, und zu Beginn eines Satzes verlieren viele Spieler erst einmal Spannung und gönnen sich eine mentale Auszeit. Hier lohnt es sich besonders, konzentriert zu sein. Hast du den Satz gewonnen, hast du ohnehin die letzten Punkte gewonnen und gute Chancen, dein Momentum auszubauen und deinem Gegner nach dem Satzverlust einen weiteren Nackenschlag zu verpassen. Besonders wenn du den Satz knapp im Tiebreak gewonnen hast, lohnt sich dies. Oft gelingt es dir in diesen Phasen auch, den Siegeswillen deines Gegners zu brechen, und du hast danach relativ leichtes Spiel. Gehen wir davon aus, dass du den ersten Satz im Tiebreak gewonnen hast. Dann hast du einen zusätzlichen Boost. Denn ein gewonnener Tiebreak wirkt sich unglaublich aus. Gewinnt im Durchschnitt zu 64 % der Spieler den zweiten Satz, der den ersten Satz gewonnen hat, so steigt dieser Wert auf 66,5 % an, wenn der erste Satz im Tiebreak gewonnen wurde. Und häufig ist dies auf einen guten Start in Satz zwei zurückzuführen. Hier lohnt es sich, Konzentration und Energie zu investieren, denn dein Kontrahent ist noch mit dem Verlust des ersten Satzes beschäftigt. Er hadert vielleicht über vergebene Chancen oder macht sich Gedanken darüber, wie lange der Weg zum Sieg noch sein könnte. Dies kannst du ausnutzen, indem du alles daran setzt, gleich zu Beginn in Führung zu gehen. Umgekehrt solltest du aber nach einem verlorenen Tiebreak unbedingt auch darauf achten, dass dein Gegner eben nicht gut in Satz zwei startet. Und damit kommen wir zur nächsten Fragestellung:

Wie kannst du das Momentum des Gegners brechen oder gar selbst das Momentum auf deine Seite ziehen?

Wie bereits beschrieben, gibt es Matches, in denen ein Spieler überhaupt nicht sein eigenes Spiel findet und der Gegner dies auch geschickt unterbindet. In 2019 war dies zum Beispiel beim Finale der Australian Open zwischen Djokovic und Nadal der Fall, als Djokovic von Anfang an sehr dominant auftrat und Nadal über die komplette Matchdauer nicht ins Spiel kommen ließ. Auch im Wimbledonfinale gelang dies Simona Halep, die dort überraschenderweise Serena Williams klar besiegte und das Momentum vom Anfang bis zum Ende transportieren konnte. Allerdings ist das Momentum in den meisten Matches nicht dauerhaft, zumindest wenn beide Spieler in etwa gleich stark sind. Wie schaffst du es aber, beispielsweise einen schlechten Start auszugleichen? Zum einen ist es wichtig zu analysieren, weshalb dein Start suboptimal war. Spielt dein Gegner einfach großartig? Dann ist es wichtig dranzubleiben, denn vermutlich wird dein Gegenspieler (sofern ihr gleich stark seid) dieses Level nicht über die ganze Matchdauer beibehalten (und wenn doch, hatte er einfach einen guten Tag und hat verdient gewonnen, und das kannst du dann auch akzeptieren). Bist du selbst hingegen schlecht gestartet, so stell nicht gleich alles in Frage, sondern analysiere in Ruhe, weshalb dies der Fall war, und mach dir Gedanken über mögliche Lösungen. Aber analysiere auf keinen Fall zu stark deine Schlagtechnik. Auch ist es wichtig, dass du kleine Schritte gehst. Oftmals wenn wir 0 : 3 oder 1 : 4 im Rückstand liegen, wollen wir unbedingt gleich den Ausgleich erzielen. Begnüge dich zunächst mit einem Spiel. Versuche, das 1 : 3 zu schaffen. Hält dein Gegner dann sein Aufschlagspiel, steht es 1 : 4. Wenn du jedoch daraufhin dein Aufschlagspiel zum 2 : 4 hältst, ist das Momentum zumindest nicht mehr auf seiner Seite, sondern das Match hat wieder einen normalen Verlauf. Schaffst du nach 1 : 3 aber gar ein Re-Break zum 2 : 3, so ist das Momentum sogar eher auf deiner Seite. Ich sage bewusst eher, denn in solchen Phasen ist es dann immens wichtig auszugleichen, denn dann hast du das Momentum sicher auf deiner Seite und kannst wiederum den ganzen

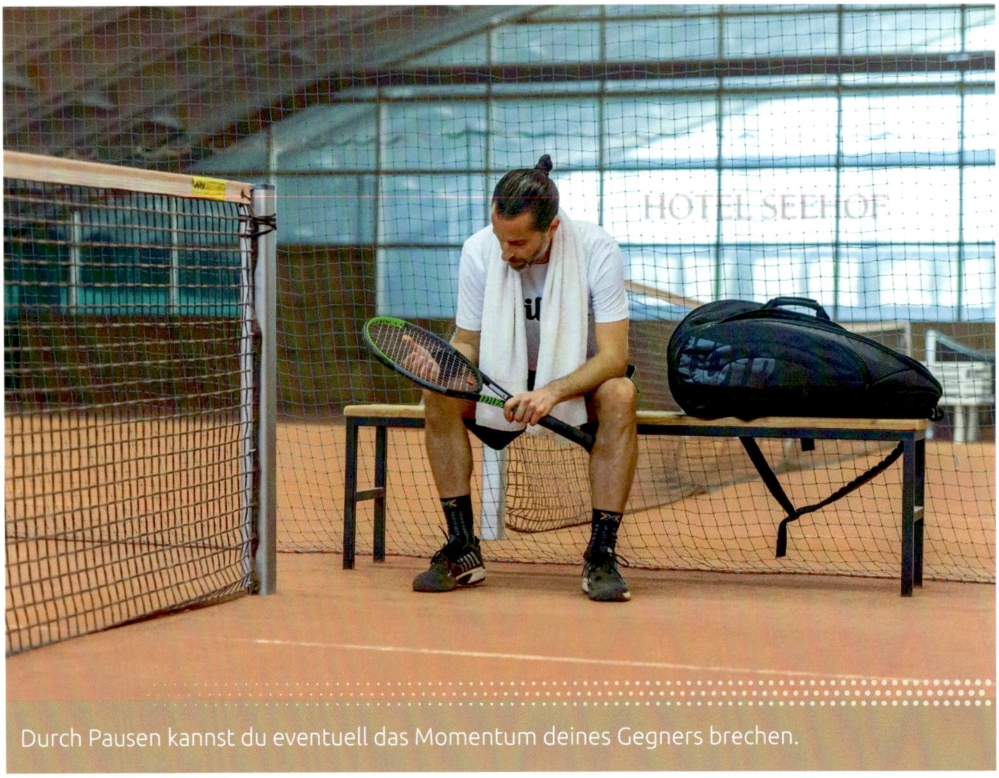

Durch Pausen kannst du eventuell das Momentum deines Gegners brechen.

Satz drehen. Es gibt nämlich im Tennis nicht viel Schlimmeres, als einen Satz nach hoher Führung doch noch zu verlieren. Transformierst du ein 0 : 3 in ein 6 : 4, so sollte dir das einen ähnlichen Boost geben wie ein Sieg im Tiebreak.

Kommen wir zurück zur Fragestellung, wie du das Momentum des Gegners brechen kannst. Die eine Möglichkeit ist, dass du dich am Spielstand orientierst. Die andere an der Qualität der Punkte beziehungsweise deiner Schläge. Angenommen, dein Gegner überrollt dich und schießt dich förmlich vom Platz. So kannst du versuchen, selbst mehr Länge in deine Schläge zu bringen, den Ball mit unangenehmerem Absprung zu spielen, deine Quote beim Aufschlag zu erhöhen oder grundsätzlich zu versuchen, die Ballwechsel länger zu halten. Akzeptiere die guten Schläge deines Gegenspielers und fokussiere dich auf dein eigenes Spiel. Machst du hingegen selbst viele leichte Fehler und triffst keinen Ball (wie wir Tennisspieler manchmal ja gerne behaupten), so kann ein Zwischenerfolg sein, wenn du den Fehler statt nach dem dritten erst nach dem sechsten Schlag begehst. Das mag sarkastisch klingen, aber in einer schlechten Phase kann es durchaus hilfreich sein, auch die kleinen, positiven Schritte wahrzunehmen. Auch hier ein kleines Beispiel: Einer meiner Freunde hat, als er mit Wettkampftennis begonnen hatte als Kind, anfangs immer 0 : 6, 0 : 6 verloren, weil er einfach nicht so gut spielen konnte. Am Ende seiner ersten Spielsaison holte er zumindest ab und zu ein Spiel und war darauf sehr stolz. Im zweiten Jahr gelang ihm sogar mal ein 4 : 6 und 2 : 6. Er hat sich nicht von den vielen klaren Niederlagen deprimieren lassen, sondern fleißig weitertrainiert und die kleinen Schritte in die richtige Richtung wahrgenommen. Ab dem dritten Jahr hat er dann angefangen zu gewinnen und ist inzwischen ein vernünftiger, ordentlicher Spieler. Ich finde diese Einstellung und diese Sicht auf die Dinge (und das aus der Sicht eines Kindes) geradezu weise. Und was glaubst du, wer kommt weiter, derjenige, der sich über alles und jeden aufregt und sich selbst immer und immer wieder beschimpft, oder derjenige, der positive Dinge aus schwierigen Situationen ziehen kann, und obwohl viel gegen ihn läuft, trotzdem noch an sich und seine Fähigkeiten glaubt? Ich denke, die Antwort auf diese Frage kennen wir alle.

Wie kann das Momentum bei hohem Rückstand helfen?

Mit am spektakulärsten im Tennis sind grandiose Aufholjagden. Ich erinnere mich hier zum Beispiel an das Match von Nadal bei den ATP Finals 2019 im letzten Jahr, als Nadal gegen Daniil Medvedev mit 1 : 5 im dritten Satz und Matchball gegen sich anscheinend aussichtslos zurücklag, das Match aber noch drehen konnte und den Satz noch mit 7 : 6 gewann. Vielen Spielern fehlt in ähnlichen Situationen völlig der Glaube an eine mögliche Wende. Natürlich wissen auch Top-Athleten wie Nadal, dass eine Wende in diesem Stadium der Partie sehr unwahrscheinlich ist. Aber sehr unwahrscheinlich heißt nicht unmöglich. Zunächst ist das Ziel (im Falle von Nadal), das nächste Spiel zum 2 : 5 zu holen. Dann wird natürlich versucht, das Break zum 3 : 5 zu realisieren. Und wird anschließend der Aufschlag zum 4 : 5 durchgebracht, so steht fast schon wieder der Gegenspieler (in diesem Fall Medvedev) unter Druck. Denn er hat nur noch eine Möglichkeit, aufs Match zu servieren, und das Momentum ist auch auf die andere Seite gewandert. Liegst du also hoch hinten, kann das Momentum noch der Rettungsanker für dich sein. Liegst du hingegen klar vorne, so solltest du das Match zeitnah beenden, um das Momentum nicht deinem Gegner zukommen zu lassen, denn das kann noch extrem unangenehm für dich werden.

Fazit:

In jedem Match, in jedem Satz, ja sogar in jedem Spiel hat ein Spieler Momentum. Das können kurze Phasen von zwei oder drei Punktgewinnen in Folge sein (um ein Spiel zu gewinnen, benötigst du mindestens einmal zwei Punkte am Stück) oder auch mehrere Spielgewinne am Stück. Die Kunst ist es, das Momentum in die Länge zu ziehen und für sich auszunutzen. Wenn du das Momentum auf deiner Seite hast, steigt dein Selbstvertrauen an, während gleichzeitig das Selbstbewusstsein deines Gegners sinkt. Dies erhöht die Wahrscheinlichkeit, dass du auch den nächsten Punkt beziehungsweise das nächste Spiel gewinnst. Aber das Momentum geht natürlich auch irgendwann verloren (das ist in der Regel auch nur eine Frage der Zeit) und kann gar kippen, sodass dein Gegenspieler das Momentum auf seiner Seite hat. Hat dein Gegner Momentum, ist es wichtig zu versuchen, den Rhythmus zu brechen, aber auch zu akzeptieren, dass du gerade eine schwache Phase hast oder dein Gegner eine starke. Mach dir aber auch klar, dass diese Situation nicht ewig anhalten wird, und konzentriere dich auf kleine Schritte. Den nächsten Punkt, das nächste Spiel oder allgemein die Qualität deines Spiels. Vor allem zu Beginn eines Satzes (gerade, wenn der Satz davor recht knapp war) ist die Chance recht groß, Momentum aufzubauen, da viele Spieler in diesen Matchphasen psychisch etwas nachlassen. Die Anspannung in der engen Situation am Satzende war ziemlich hoch, und dann gönnen sich manche Spieler zu Beginn des neuen Satzes eine kleine Auszeit. Dies solltest du unbedingt ausnutzen. Auch bei hohem Rückstand hast du noch Siegchancen. Du solltest daran glauben und das Momentum kann dir dabei helfen, wieder ins Spiel zu kommen.

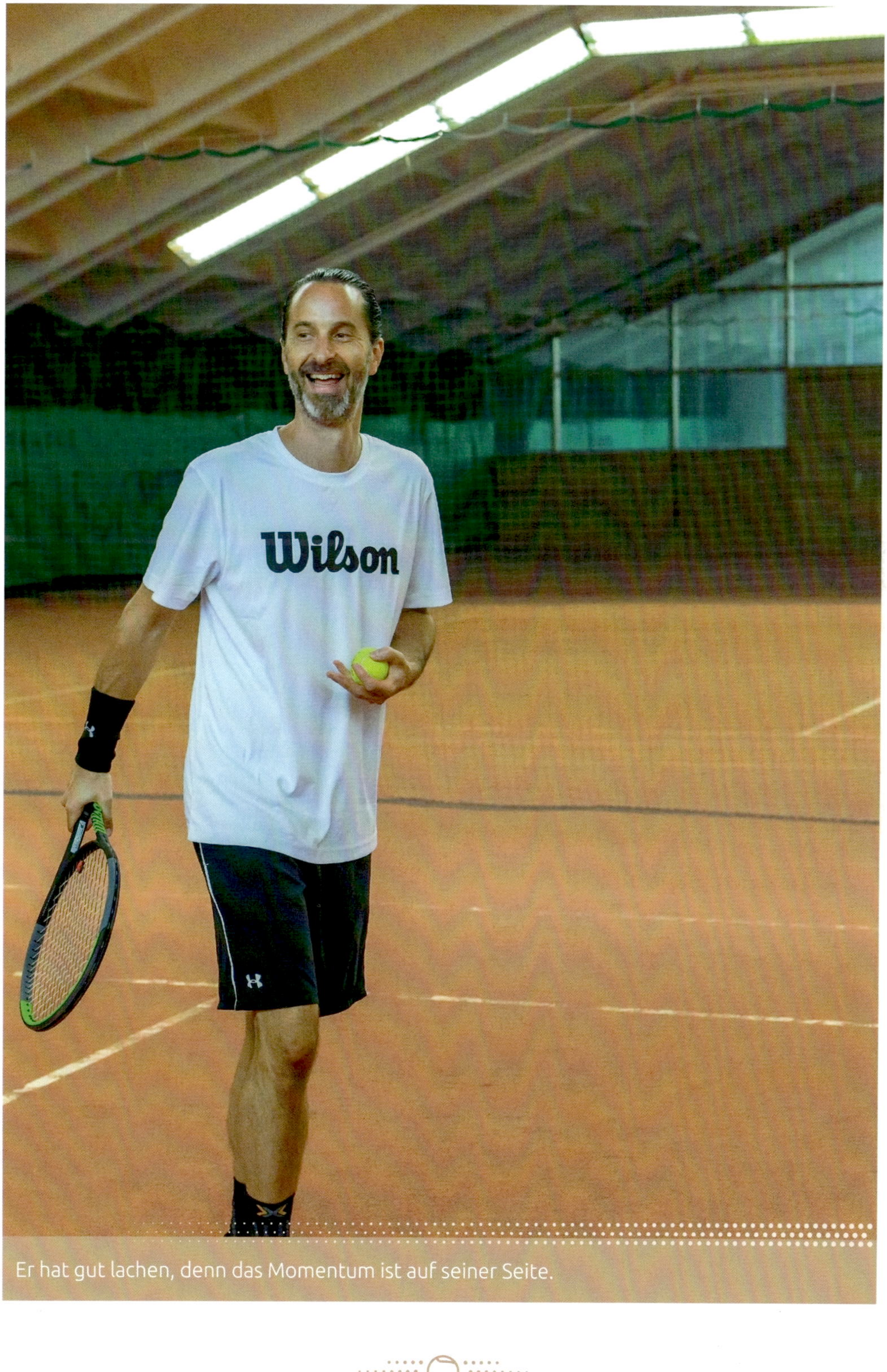

Er hat gut lachen, denn das Momentum ist auf seiner Seite.

– KAPITEL 16 –

Big Points

Big Points

24. Januar 2020, Rod Laver Arena: Es geht auf Mitternacht zu und Federer und Millman spielen bereits seit knapp vier Stunden, als Millman ein spektakulärer Passierschlag mit der Vorhand zum 7 : 4 im Tiebreak des fünften Satzes gelingt. Aber Millman hat noch nicht gewonnen. Denn dieser Tiebreak wird in Melbourne bis zehn Punkte gespielt. Die Spannung aber ist greifbar und Außenseiter Millman steht kurz vor der Sensation. Beim nächsten Ballwechsel spielt Federer erneut aggressiv und kommt mit einem guten Angriffsball auf Millmans Vorhand nach vorne. Wieder passiert dieser spektakulär aus vollem Lauf und Federer hat keine Chance, an den Ball zu kommen. Millman reckt die Faust in den australischen Nachthimmel und das Publikum jubelt. Es steht 8 : 4 und Millman fehlen nur noch zwei Punkte zum Sieg, während Federer mit dem Rücken zur Wand steht. Die Buchmacher geben Federer gerade noch 10 % Siegchance. Jedoch spielt Federer die nächsten Punkte gut und erzwingt zwei Fehler von Millman, während dieser auf der anderen Seite auch zwei leichte Fehler begeht. Wie aus heiterem Himmel steht es wieder ausgeglichen. Bei 8 : 8 favorisieren die Buchmacher plötzlich wieder den Schweizer. Alle Punkte davor waren wichtig. Aber nun wird auf jeden Fall ein Matchball vergeben. Wer den nächsten Ballwechsel für sich entscheidet, ist nur noch einen Punkt vom Matchgewinn entfernt. Sicher kennst du solche Situationen auch. Viele Gedanken schießen dir durch den Kopf und jede Menge Adrenalin wird ausgeschüttet. Du bist nervös und weißt genau, dass die nächsten Sekunden extrem wichtig sind und ein Fehler dein Schicksal auf dem Platz nun besiegeln kann. In solchen Momenten ist die Anspannung zwar einerseits immens, aber auch die Konzentration ist am Anschlag. Du bist voll im Tunnel und nur noch der nächste Punkt, der nächste Schlag zählt. Alle Schmerzen sind vergessen. Du kommst dir vor wie auf der Flucht oder bei einem Kampf. Zwar wirken die Akteure Millman und Federer ruhig und ausgeglichen, aber auch sie sind nervös und angespannt und auch in ihnen brodelt es. Federer fabriziert einen guten Aufschlag und Millmans Return ist viel zu kurz. Federer spielt den Ball eher dosiert und geht nicht voll an die Linie. Er geht kein hohes Risiko ein, aber er übt Druck aus. Millman ist in Bedrängnis und verschlägt den Ball. Nun wiederum steht Millman mit dem Rücken zur Wand und muss den nächsten Punkt unbedingt gewinnen. Auch Millman schlägt gut auf und dominiert den Ballwechsel von Beginn an und Federer wird immer kürzer. Diesmal greift Millman an, aber bei der Attacke entscheidet er sich für die falsche Ecke und Federer kontert mit einem finalen Vorhand-Cross-Winner zum Sieg. Am Ende gewinnt Federer nach einer Spielzeit von vier Stunden und drei Minuten hauchdünn.

Big Points sind wie folgt definiert: „Big Points sind Punkte, die einen großen Einfluss auf den Ausgang des gesamten Matches haben. Nur mit großem Aufwand lassen sich die Konsequenzen eines verlorenen Big Points kompensieren." Big Points sorgen häufig, wie auch im Falle von Federer und Millman, für große Anspannung, aber auch für volle Aufmerksamkeit. Manche Experten bezweifeln aber, dass es Big Points tatsächlich gibt. Sie begründen dies mit der angeblichen Tatsache, „dass derjenige Spieler, der die Mehrzahl der Punkte im Match erreicht, in 99 % auch das Match gewinnt". Weiter behaupten diese Experten, „dass es sich bei Big Points um einen leistungsmindernden Aberglauben handelt. Deshalb sollte jeder Punkt als gleich wichtig genommen werden, denn Big Points wirken sich aus psychologischer Sicht negativ auf die Leistung aus". Beide Aussagen halte ich für falsch. Zum einen ist es so, dass der Sieger nicht zu 99 % mehr Punkte gewinnt, sondern lediglich zu 94,70 %. Das ist erst mal immer noch ein gewaltiger Wert. Dies liegt aber daran, dass viele Matches auch recht klar ausgehen. Und bei einem 6 : 2 und 6 : 2 gibt es in der Regel keine Big Points, weil ein Spieler klar überlegen ist. Interessant sind hier zum Beispiel Matches, die über drei Sätze gehen. Hier gewinnt der Sieger nur in

Alle Matches	**Herren**	**Damen**	**Insgesamt**
Sieger mehr Punkte	93,40 %	95,70 %	94,70 %
Verlierer mehr Punkte	5,30 %	3,50 %	4,30 %
Punkte unentschieden	1,30 %	0,80 %	1,00 %

Dritter Satz	**Herren**	**Damen**	**Insgesamt**
Sieger mehr Punkte	85,60 %	89,40 %	87,60 %
Verlierer mehr Punkte	12,20 %	8,80 %	10,40 %
Punkte unentschieden	2,20 %	1,80 %	2,00 %

Spielgleichstand (z.b. 6-4, 2-6, 6-4)	**Herren**	**Damen**	**Insgesamt**
Sieger mehr Punkte	51,30 %	50,00 %	50,80 %
Verlierer mehr Punkte	43,40 %	43,80 %	43,50 %
Punkte unentschieden	5,30 %	6,20 %	5,70 %

Sieger weniger Spiele (z.b. 7-6, 2-6, 6-4)	**Herren**	**Damen**	**Insgesamt**
Sieger mehr Punkte	21,50 %	15,00 %	17,90 %
Verlierer mehr Punkte	76,30 %	77,50 %	76,90 %
Punkte unentschieden	2,20 %	7,50 %	5,20 %

Tabelle Big Points

85,60 % der Matches mehr Punkte. Unabhängig davon ist es völlig unerheblich, mehr Punkte zu gewinnen. Ich will das kurz erklären. Wir können Matches auf Punkte, Spiele und Sätze herunterbrechen. Wir sind uns sicher einig, dass derjenige, der mehr Sätze gewinnt, das Match gewinnt. Dies trifft zu 100 % zu, es sei denn, ein Spieler gibt auf. Wer also mehr Sätze gewinnt, ist der Sieger des Matches. Wer mehr Spiele gewinnt, verlässt zu 98 % als Sieger den Platz. Und wer mehr Punkte gewinnt, wird eben zu 94,70 % auch das Match gewinnen. Sätze sind somit wichtiger als Spiele und Spiele wichtiger als Punkte. Hier will ich auch ein Beispiel geben, weshalb du manche Punkte vernachlässigen kannst. Mit Vernachlässigen meine ich nicht, dass du diese Punkte nicht versuchen solltest zu gewinnen. Aber wenn du zum Beispiel 40 : 0 in deinem Aufschlagspiel in Führung liegst und du verlierst den nächsten Punkt oder auch noch den darauf, bringst dein Aufschlagspiel aber dennoch durch, so spielen diese Punktverluste keine Rolle. Einzelne Punkte erscheinen niemals auf der Anzeigetafel. Gewinnst du aber ein Spiel, so kann dir dieses dein Gegner nicht mehr nehmen. Es spielt auch keine Rolle, mit welchem Ergebnis du einen Satz gewinnst oder verlierst. Um diesen Verlust auszugleichen, musst du einen hohen Aufwand betreiben und den nächsten Satz gewinnen. Auch hier ein kurzes Beispiel:

Günter geht als leichter Außenseiter in sein Match gegen Daniel. Aber Günter spielt einen ausgezeichneten ersten Satz, der auf hohem Niveau stattfindet. Günter spielt aggressiv und macht dennoch kaum Fehler. Da auch Daniel gut spielt, kommt es zum Tiebreak. Hier führt Günter mit 5 : 4 und hat zwei Aufschläge. Aber er ist nervös und angespannt. Günter macht einen Doppelfehler, gefolgt von zwei leichten Fehlern. Er hat den Satz noch aus der Hand gegeben. Diese drei wichtigen Punktverluste sind jetzt nur noch mit hohem Aufwand auszugleichen. Denn Günter muss mindestens 24 Punkte erzielen, um den Satzausgleich zu schaffen. Und dann muss er auch noch den Match-Tiebreak gewinnen. Natürlich hat Günter nicht nur wegen der drei leichten Fehler am Ende den Satz noch abgegeben, sondern auch weil Gegenspieler Daniel den ganzen Satz konstant gut gespielt hat. Aber die drei leichten Fehler kamen zur Unzeit und haben seinen Untergang in diesem Satz besiegelt. Eine ähnliche Konstellation gab es im Übrigen im letztjährigen Wimbledonfinale 2019 zwischen Novak Djokovic und Roger Federer. Ein Match, in dem Federer am Ende insgesamt auch 14 Punkte mehr gewann als sein Kontrahent. Bei diesem Match redet jeder auch immer über die vergebenen Matchbälle im fünften Satz von Roger Federer. Aber Federer hätte sich bereits Satz eins holen müssen. Denn in diesem Satz war der Schweizer auch der bessere Spieler. Federer hatte im Tiebreak eine 5 : 3-Führung, hat dann aber die nächsten vier Punkte verloren und dabei drei leichte Fehler begangen.

Federer hat in dieser Phase den Satz aus der Hand gegeben. Damit aber nicht genug. Federer erholte sich von diesem Rückschlag, dominierte Satz zwei, den er mit 6 : 1 auch souverän gewann. Und auch in Satz drei war Federer der bessere Spieler. Federer gewann bis zum Tiebreak neun Returnpunkte, Djokovic lediglich vier Returnpunkte. Aber wieder spielte Federer im Tiebreak schwach und beging zu viele leichte Fehler. Djokovic holte sich diesen Satz, obwohl Federer in diesem Satz sogar mehr Punkte gewann. Als es um die Wurst ging, war Djokovic da, während Federer leicht verkrampfte. Neben Big Points gibt es aus meiner Sicht auch Big Matches. Also Matches, die einen großen Einfluss auf die oder auch deine Karriere haben. Das Wimbledonfinale war natürlich so ein Match. Hätte Federer einen seiner Matchbälle verwandelt und das Finale gewonnen, stände er bei 21 Grand-Slam-Titeln, während Djokovic jetzt bei 16 stände. Es muss aber nicht immer ein Finale sein, dass „big" ist. Es kann ein knappes Erstrundenmatch sein, in dem du dich durchsetzt, um anschließend das Turnier zu gewinnen. Es kann ein Match sein, in dem du einfach gut spielst und gegen einen besseren Gegner gewinnst und dir fortan zutraust, gegen diese Kaliber mitzuhalten. Es muss nicht einmal ein Sieg sein. Wawrinka hat zum Beispiel 2013 ein super Match im Achtelfinale gegen Djokovic gespielt und nach über fünf Stunden mit 10 : 12 im fünften Satz verloren. Jedoch gab ihm seine Leistung unglaubliches Selbstvertrauen, weil er gesehen hatte, dass er mit den absoluten Top-Spielern auch dann mithalten kann, wenn diese ihr bestes Tennis spielen. Kommen wir zum Duell Djokovic gegen Federer zurück und betrachten wir nicht nur dieses eine Match dieser beiden Ausnahmespieler, sondern alle 50 Duelle, so fällt auf, dass Djokovic in wichtigen Situationen besser zu sein scheint als Federer. Denn die Sätze sind mit 73 : 73 absolut ausgeglichen. Aber Federer gewann in diesen 146 Sätzen sowohl mehr Spiele (755 : 747) als auch mehr Punkte (4.795 : 4.789). Aber, und das ist das Entscheidende, Djokovic gewann 27 Matches und Federer nur 23 Matches. Das liegt daran, dass Djokovic 74 % aller Entscheidungssätze gewann. Auch gewann Djokovic mehr Tiebreaks und Djokovic gelang es in drei Matches, Matchbälle gegen sich abzuwehren und noch zu gewinnen. Ist Federer nun mental schwach? Nein, keineswegs. Auch Federer gewinnt viele knappe Matches, ist stark in Entscheidungssätzen, stark in Tiebreaks und bei Breakbällen.

Nun möchte ich erläutern, weshalb ich es als falsch erachte, die Big Points zu negieren, und weshalb ich es für durchaus wichtig erachte, sich mit diesen speziellen Situationen auseinanderzusetzen. Manche Experten behaupten, wie gesagt: „Big Points wirken sich aus psychologischer Sicht negativ auf die Leistung aus." Dies wird mit dem Druck begründet, den sich die Spieler dann machen. Habe ich selbst Druck bei Big Points? Mit

Sicherheit. Wirkt sich dies negativ auf meine Leistung aus? Dies würde ich eher verneinen. Ich weiß, dass es Big Points gibt, und ich weiß, wie ich mit diesen umgehen muss. Ich möchte dich fragen, ob du das Gefühl hast, dass die Top-Spieler in heißen Matchphasen eher besser, gleich oder eher schlechter spielen als bei sogenannten Small Points? Ich selbst habe das Gefühl, dass die Top-Spieler in wichtigen Situationen besonders konzentriert agieren und an ihrem oberen Leistungslimit spielen. Diese Spieler sind an den Druck gewöhnt, wissen genau, welche Verhaltensweisen und Spielmuster sie in diesen Situationen an den Tag legen müssen. Die Spitzenspieler schaffen es einerseits, in Extremsituationen (und nichts anderes sind Big Points) ihr Spiellevel oftmals anzuheben, und andererseits sind sie in der Anspannung trotzdem entspannt. Auch hier wirken wieder die bewährten Techniken. Routinen, Atemtechniken, Positivität und Selbstbewusstsein, um in den richtigen Modus zu kommen. Als besonders wichtig erachte ich es, sich in diesen Situationen selbst zu pushen. Allerdings solltest du das Ganze nicht übertreiben, denn dies kostet dich Energie. Grundsätzlich sind die meisten Spieler bei Big Points eher zu angespannt. Deshalb ist es in diesen Situationen wichtig, gegen die Anspannung zu arbeiten, eben mit den Techniken, die ich dir im Kapitel „In den richtigen Modus kommen"

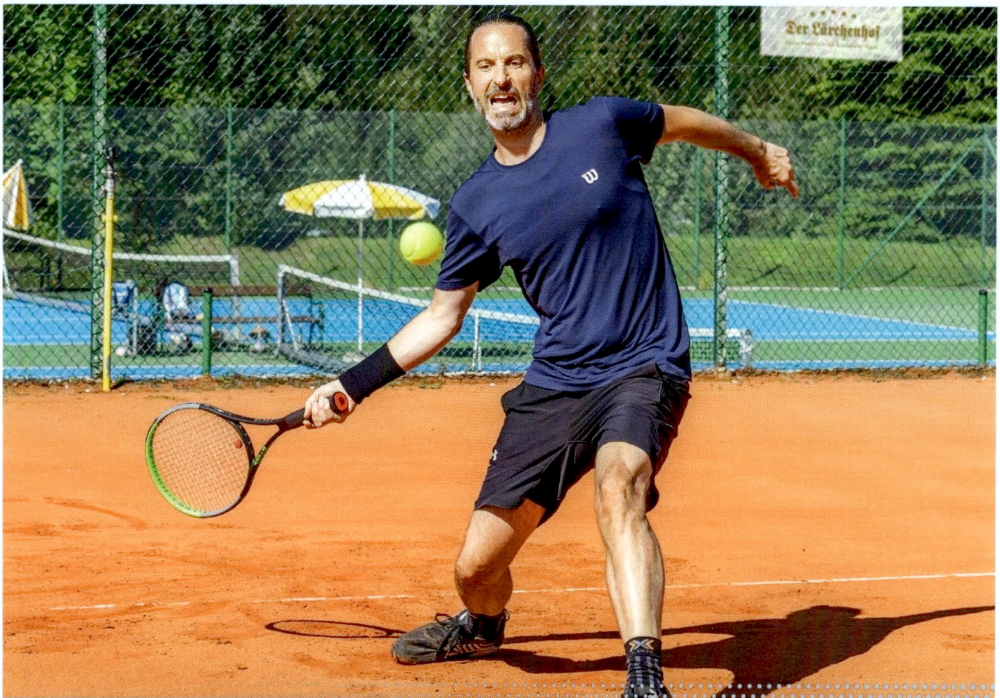

Auch bei Big Points solltest du eine gewisse Grundaggressivität beibehalten.

schon vorgestellt habe. Was ich für wichtig erachte, ist, die Big Points nicht als „leistungsmindernden Aberglauben“ abzutun, sondern sich mit diesen auseinanderzusetzen und sich gezielt auf diese speziellen Situationen vorzubereiten. Dies geht zum einen, indem du die Übungen am Kapitelende nachzuspielen versuchst. Zum anderen ist natürlich auch Matcherfahrung extrem wichtig. Je häufiger du solche Erfahrungen in Matches machst, desto besser. Federer zum Beispiel hat zum aktuellen Zeitpunkt (Mai 2020) über 1.500 Matches auf der Tour bestritten und dabei mehr als 700 Tiebreaks und mehr als 400 Entscheidungssätze gespielt. Er hat diese Situationen so häufig durchlebt, dass zwar auch er nervös und angespannt sein wird und das Adrenalin durch seine Blutbahn strömen wird, er aber genau weiß, was zu tun ist. Das ist Erfahrung und sie bewirkt in der Regel eine Verbesserung des eigenen Spiels. Neben dem Training der Big Points und dem Spielen von vielen Matches solltest du dich auch selbst analysieren. Wie hast du dich bei den Big Points verhalten? Was war gut, was war weniger gut? Was hat dir geholfen und was hat eher dazu geführt, dass deine Leistung abgefallen ist?

Wenn wir über Big Points reden, wird oftmals von Breakbällen gesprochen. Dies ist aus meiner Sicht nur bedingt richtig. Ein Breakball hat sicher oftmals eine höhere Bedeutung für das Match, und der Verlust des eigenen Aufschlagspiels kann manchmal tatsächlich nur mit hohem Aufwand ausgeglichen werden. Aber es kommt immer auf die Situation an. Wenn du der klar bessere Spieler bist und bereits den ersten Satz klar gewonnen hast und schon mit einem Break führst, so wird der Breakball zum Doppelbreak deinem Gegner wahrscheinlich den Todesstoß versetzen. Aber deine Chancen sind auch ausgezeichnet, das Match zu gewinnen, wenn du diesen Punkt nicht gewinnst. Diesen Punktverlust kannst du ohne Weiteres ausgleichen. Dagegen hat wahrscheinlich der Punkt bei 4 : 4 und 15 : 15 im entscheidenden dritten Satz eine höhere Bedeutung. Verlierst du nämlich diesen Punkt, so kann sich dein Gegner mit dem nächsten Punktgewinn Spielmöglichkeiten zum 5 : 4 erarbeiten und wäre demnach nur noch ein Spiel vom Matchgewinn entfernt. Grundsätzlich kann man sagen, je weiter der Satz und das Match fortgeschritten sind und je ausgeglichener das Match ist, desto wichtiger werden die Punkte.

Es ist einfach zu behaupten, wir sollten jeden Punkt gleich spielen, denn alle Punkte hätten ja ohnehin dieselbe Bedeutung. Aber wir alle wissen, wenn sich die Situation am Matchende zuspitzt, dass wir uns dann nicht viele Fehler leisten können. Federer weiß genau, dass er bei 8 : 8 im Tiebreak des Entscheidungssatzes zwei Punktverluste nicht mehr aufholen kann. Dieselbe Situation am Satzanfang ist aber sehr wohl aufzuholen.

Das ist im Übrigen nicht nur im Tennis so. Bekommt eine Mannschaft im Fußball bei ausgeglichenem Spielstand ein Gegentor kurz vor Spielende, so ist dieses viel schwieriger aufzuholen als ein Gegentor bei gleichem Spielstand in der ersten Hälfte. Und selbst wenn du nicht an Big Points glaubst, so wirst du dennoch nicht in der Lage sein, die Big Points genauso zu spielen wie die Small Points. „Aus psychologischer Perspektive ist dabei entscheidend, dass auf Grund von vorherigen Lernerfahrungen dieser Einfluss auf unser Verhalten auch dann eintritt, wenn wir nicht an Big Points glauben."

Wie aber solltest du die Big Points spielen und welche Fehler begehen die Spieler oft bei solchen matchentscheidenden Punkten? Ganz wichtig ist, dass du „normal" spielst und dein Spiel nicht umstellst. Oft beobachte ich, dass Spieler, wenn Big Points anstehen, zögerlich und verhalten spielen und jegliche Aggressivität vermissen lassen. Bist du ein Offensivspieler, so spiele auch die Big Points offensiv. Gehst du gerne Risiko ein, so spiele auch bei den Big Points mit Risiko. Spielst du grundsätzlich eher mit weniger Risiko und dafür geduldig und eher defensiv, dann behalte auch dieses Spielsystem bei den Big Points bei. Das Schlimmste, was du machen kannst, ist, dass du dein Spiel verrätst und deine Stärken brachliegen lässt.

Nun ist klar, dass du bei den Big Points besonders konzentriert zu Werke gehen solltest und auch deine ganze Energie in diese Punkte investieren solltest. Nun stellt sich natürlich die Frage, ob du bei den anderen Punkten unkonzentriert und nur mit halber Energie spielen solltest. Dies ist selbstverständlich zu verneinen. Stell dir vor, du balancierst auf einer schmalen Mauer, wie es Kinder gerne machen. Der Boden ist 50 cm unter dir. Dieses Wagnis würdest du jederzeit eingehen und du wärst nicht nervös und stattdessen locker und entspannt, denn du weißt, dass die Wahrscheinlichkeit eines Sturzes gering ist, du aber einen Sturz abfangen könntest oder dieser im Worst Case zwar schmerzhaft wäre, aber zumindest nicht tödlich. Dieselbe Situation aber mit einem Abgrund von 50 Metern würdest du wohl eher mit Bauchschmerzen angehen. Du würdest langsamer, vorsichtiger und noch konzentrierter darübergehen, denn eine Unachtsamkeit könntest du nicht abfangen, und ein Sturz wäre tödlich. Du wärst in der zweiten Situation zwar viel aufmerksamer, aber auch in der ersten Situation würdest du sicher aufpassen, denn du willst natürlich nicht stürzen, da dies auch schmerzhaft wäre. Ähnlich verhält es sich beim Tennis bei Big Points und Small Points. Bei Big Points bist du angespannter, dafür auch konzentrierter und vielleicht vorsichtiger. Du lässt dir mehr Zeit vor diesen Punkten. Umgekehrt ist es bei den Small Points. Und diesen möchte ich mich jetzt widmen.

Small Points sind demnach Punkte, deren Verlust du ohne große Probleme ausgleichen kannst beziehungsweise deren Verlust sogar unter Umständen überhaupt keine Auswirkung hat. Verlierst du zum Beispiel einen Punkt bei 30 : 40 und eigenem Aufschlag, so hast du ein Break kassiert und du benötigst mindestens vier Punkte beim gegnerischen Aufschlag, um diesen Verlust auszugleichen. Dies ist sicherlich kein Small Point (es muss aber auch nicht unbedingt ein Big Point sein). Führst du jedoch 40 : 0 bei eigenem Aufschlag und du verlierst zwei Punkte, um daraufhin den Punkt bei 40 : 30 zu gewinnen, so hast du dir das Spiel gesichert. Die beiden verlorenen Punkte sind im Prinzip im Nachhinein nichtig, denn du hast das Spiel gewonnen und es wird dir auf der Anzeigetafel gutgeschrieben. Wie beschrieben, solltest du natürlich jeden Punkt versuchen zu gewinnen, aber manche Punktverluste sind eher zu verschmerzen als andere. Small Points bieten Chancen, aber auch Risiken.

Die Chancen der Small Points:

- Du kannst Dinge ausprobieren.
- Du kannst dich etwas entspannen und sehr frei schwingen.
- Du kannst versuchen, deinen Gegner zu beeindrucken.

Die Risiken von Small Points:

- Dein Gegner kann das Momentum auf seine Seite ziehen. Zum Beispiel, indem du leichtfertig drei Punkte bei einer 40 : 0 Führung vergibst.
- Das Selbstvertrauen deines Gegners kann ansteigen, wenn du ihm bei diesen Punkten zu viele Geschenke bereitest.

Wie solltest du die Small Points am besten spielen? Oft beobachte ich, dass diese Punkte vogelwild gespielt werden. Es werden abstruse Dinge ausprobiert. Dies würde ich nicht tun. Natürlich kannst du in solchen Situationen mal einen spektakulären Winner riskieren, kannst einen sanften Stopp versuchen. Du kannst Serve and Volley spielen. Allerdings solltest du das Ganze nicht übertreiben. Denn auch die Small Points summieren sich irgendwann auf. Wichtig ist, dass du ein Gefühl dafür entwickelst, wann du dir einen Punktverlust leisten kannst. Denn sind wir ehrlich, Punkte verliert jeder Spieler. Du wirst kein Match ohne jeglichen Punktverlust gewinnen und nur sehr wenige ohne Spielverlust (6 : 0, 6 : 0). Die Nummer eins zum Jahresende hat in den letzten zehn Jahren immer zwischen 54 % und 56 % ihrer Gesamtpunktzahl gewonnen, und das obwohl diese Spieler in etwa neun von zehn Matches gewannen. Nadal als Nummer eins am Jahresende gewann zum Beispiel 55 % seiner Gesamtpunkte, 66 % aller Spiele, 84 % aller Sätze und 89 % aller Matches.

Entscheidend ist, wie du mit Punktverlusten umgehst. Nochmal zurück zur Taktik bei den Small Points. Bei diesen darfst du Dinge ausprobieren, solange du es nicht übertreibst. Natürlich gibt es nun diejenigen, die sagen, du solltest jeden Punkt gleich spielen und um jeden Ball kämpfen. Du solltest keinen Punkt bewusst verschenken, aber auch nicht jeden Ballwechsel mit derselben Intensität angehen. Betrachten wir Roger Federer. Hast du das Gefühl, dass er in Matches, in denen er klar überlegen ist, dieselbe Intensität und Ernsthaftigkeit an den Tag legt, wie in einem Finale gegen Nadal und Djokovic? Ich, ehrlich gesagt, nicht. Ich finde, dass Federer dann sehr entspannt, sehr locker, wenig gestresst ist. Dass er in solchen Matches und Situationen manchmal Dinge ausprobiert. Die Betonung liegt auf manchmal. Spielt Federer in einem Zweitrundenmatch gegen die Nummer 87 der Welt, so nimmt er seinen Gegner selbstverständlich ernst und unterschätzt ihn nicht, denn auch die Nummer 87 der Welt ist ein verdammt guter Tennisspieler. Aber für gewöhnlich läuft es für Roger. Und irgendwann kommen Punkte, deren Verlust Federer verschmerzen kann. Dann spielt er mal einen Stopp oder er versucht einen Winner aus dem Lauf mit der Rückhand, den er normalerweise als taktischen Slice spielen würde. Dadurch sinken jedoch seine Chancen, den Punkt zu gewinnen, und Federer weiß dies (die anderen Top-Spieler machen im Übrigen dasselbe, da sieht es nur nicht so entspannt aus wie bei Federer). Aber auch dies kalkuliert er ein, denn er weiß, dass diese Spielzüge und Schläge ihm irgendwann in einer heiklen Situation zugutekommen werden. Betrachten wir auch kurz Nadal. Früher hat er das Netz gemieden wie die Pest. Irgendwann aber begann Nadal, bei Small Points

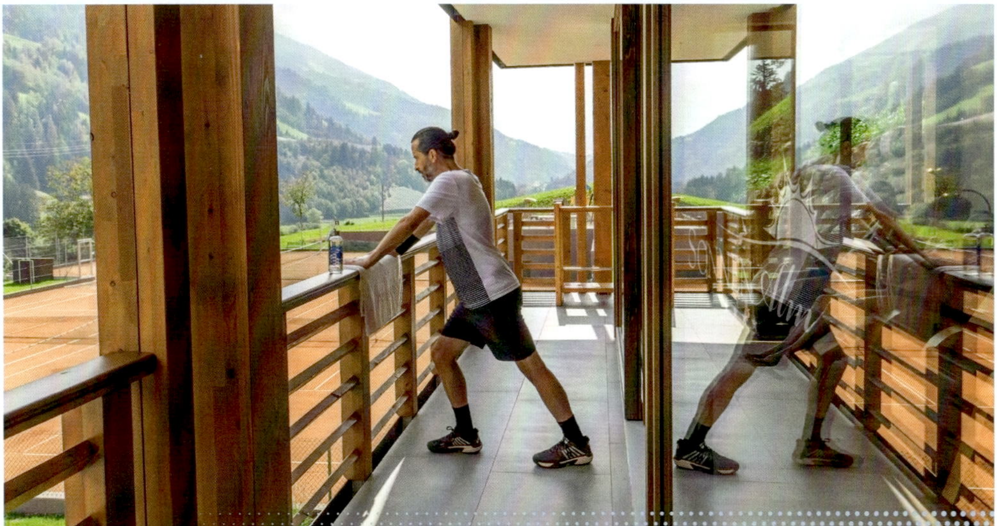

In engen Matches kommt es auf Kleinigkeiten an, also miss auch diesen Bedeutung bei.

anzugreifen, in Matches, die er im Griff hatte. Je öfter er dies praktiziert hatte, desto mehr Sicherheit hatte er bei diesen Aktionen. Mittlerweile sind diese Spielzüge so automatisiert, dass er sie auch in wichtigen Matches und wichtigen Situationen anwendet. So gewann Nadal im Finale der French Open 2019 20 % seiner Punkte am Netz. Er war fast doppelt so häufig am Netz wie sein Finalgegner und hatte am Netz eine Erfolgsquote von 85 %. Auch im Finale der US Open 2019 kam Nadal sehr häufig nach vorne (66 Netzangriffe) und schloss 77 % dieser Angriffe erfolgreich ab. So gelangen Nadal im US-Open-Finale fast 30 % seiner Punkte am Netz. Wenn du dein Spiel weiterentwickeln möchtest, sind Small Points prädestiniert dafür, ab und zu neue Dinge zu versuchen.

Prinzipiell ist es so, dass eigentlich in jedem Match Small Points und Medium Points vorkommen. Medium Points sind wichtiger als Small Points, aber weniger entscheidend als Big Points. Typische Medium Points sind zum Beispiel Spielbälle am Satzanfang oder Punkte bei 30 : 30 am Satzanfang. In einem Match gibt es im Normalfall verhältnismäßig viele Medium und Small Points und verhältnismäßig wenige Big Points. Als wichtig erachte ich, dass du erkennst, welche Bedeutung der jeweilige Punkt und die jeweilige Matchphase haben. Und entsprechend passt du dich dann an. Mir ist zum Beispiel aufgefallen, dass die Top-Spieler sich in engen Spielsituationen mehr Zeit lassen, als wenn ein Punkt bei 40 : 0 oder 40 : 15 ansteht. Bevor die Shot Clock eingeführt wurde, war es keine Seltenheit, dass Djokovic bei wichtigen Spielständen den Ball 30- bis 40-mal aufgeprellt hat. Bei klaren Spielständen dagegen hat er verhältnismäßig wenig geprellt. Auch bei anderen Top-Spielern ist die Konzentrationsphase dann länger, wenn ein wichtiger Punkt ansteht. Die Spitzenspieler sind in der Lage, ihr Konzentrationslevel an die Situation anzupassen, denn die Konzentration über Stunden auf höchstem Level zu halten ist sehr anstrengend und ermüdend. Und die Spieler möchten unbedingt verhindern, dass sie im entscheidenden Moment die Konzentration verlieren. Deshalb fahren sie ihr System bei Small Points eher etwas herunter, und wenn es um alles geht wieder herauf. Auch du solltest in der Lage sein, dein System so zu steuern, dass du bei den wichtigen Punkten keinen Aussetzer hast.

Fazit:

Spielen zwei Spieler in etwa auf demselben Level, kommt es meist auf wenige Punkte an, die schlussendlich den Unterschied ausmachen. Punkte oder Punktserien, die einen großen Einfluss auf das gesamte Match haben und nur mit hohem Aufwand ausgeglichen werden können, nennt man Big Points. Diese treten zumeist in der Endphase eines ausgeglichenen Satzes auf. Wichtig ist, dies auch anzuerkennen und sich mit der Situation vorab schon mental auseinanderzusetzen und auch im Nachgang das Verhalten bei den Big Points zu analysieren und gegebenenfalls dieses Verhalten zu verändern und zu verbessern.

Entscheidend ist bei Big Points, das eigene Spiel nicht zu verändern, sondern vielmehr die eigenen Stärken einzubringen. Viele Spieler neigen dazu, in kritischen Situationen zu vorsichtig zu spielen. Du solltest zwar nicht hektisch agieren und nicht auf Teufel komm raus die Punkte erzwingen wollen, aber eine gewisse Aggressivität ist auch in heiklen Situationen wichtig. Dazu benötigst du Courage und Selbstvertrauen. So wie es wichtig ist, die richtige Mischung zwischen Aggressivität und Kontrolle zu finden, so ist es auch bedeutend, dass du den entsprechenden Mix aus Lockerheit und Spannung erreichst. Die meisten Spieler sind in engen Spielsituationen aufgeregt und neigen dazu, eine zu hohe Spannung (zu hoher Muskeltonus) zu haben und zu verkrampfen. Lass dir Zeit, fokussiere dich auf deine Atmung, halte an deinen Ritualen fest (denn diese geben dir auch Sicherheit), denk an deine Taktik und spiele erst dann den nächsten Punkt, wenn du psychisch dazu bereit bist. Hektik bringt dich nicht weiter. Auch die absoluten Top-Spieler lassen sich bei den Big Points zwischen den Punkten viel Zeit.

Mach dir unbedingt auch klar, dass du nicht jeden Punkt gewinnen musst und auch nicht jeden Punkt gewinnen kannst. Einzelne Punktverluste sind nichts Schlimmes. Versuche bei Small und Medium Points, deinen Spielrhythmus zu finden. Denn es ist wichtiger, dass du den Ball gut und sauber schlägst, als einzelne Punkte zu sammeln. Besonders bei Small Points darfst du ab und zu auch mal etwas versuchen, solange du es nicht übertreibst und dich dabei gut fühlst.

Trainingsmöglichkeiten:

Spieler mit viel Erfahrung agieren oftmals abgeklärter, wenn es an die Big Points geht. Sie wirken ruhiger und weniger hektisch. Das liegt daran, dass sie diese Situationen schon oft erlebt haben und bewusst oder unbewusst ihre Schlüsse gezogen haben. Sie sind oftmals an ihnen gescheitert, haben diese kritischen Phasen aber andererseits auch häufiger gemeistert. Erfahrung ist auch bei Big Points zweifelsohne ein großer Vorteil. Du kannst Erfahrungen aber nicht nur im Match machen, sondern auch im Training. Was ist dabei zu beachten?

- Du solltest die jeweilige Matchsituation, so gut es geht, simulieren. Der frühere spanische Weltklassespieler Alex Corretja trainierte zum Beispiel das Tiebreak-Spiel sehr spezifisch. Zu Beginn seiner Karriere hatte Corretja große Probleme bei Tiebreaks und verlor diese überproportional häufig. So beendete er zum Beispiel das Jahr 1996 als Nummer 23 der Weltrangliste und gewann 37 Matches bei nur 25 Niederlagen, verlor in dieser Spielzeit aber 14 von 20 Tiebreaks. Danach simulierte er dies sehr viel im Training und spielte ständig kurze Tiebreak-Sätze, um sich an diese spezielle Situation zu gewöhnen. Und dies mit Erfolg. Am Ende der Karriere hatte er auch bei den Tiebreaks eine positive Bilanz. Vor allem in den mittleren Jahren seiner Laufbahn, zwischen 1997 und 2002, war Corretja bei Tiebreaks sehr stark und machte aus einer großen Schwäche fast eine Stärke. Hast du also Probleme, Break-Chancen zu verwerten, so simuliere viele Return-Spiele. Lass deinen Partner aufschlagen und ihn bei 15 : 40 oder 30 : 40 beginnen. Hast du Probleme, Spiele bei 30 : 30 zu halten, so starte bei dieser Situation. Genauso kannst du Sätze bei 4 : 4 starten. Wichtig hierbei ist, dass du dich in die Matchsituation hineinversetzt und es als richtiges Match betrachtest.

- Natürlich ist dies immer schwer, wenn es im Training um die goldene Ananas geht. Denn du weißt ja, dass das Match gegen deinen Kumpel eben nur ein Trainingsspiel ist. Deshalb nun Tipp zwei. Spielt um einen Einsatz. Das kann ein Geldbetrag sein, muss es aber nicht. Es sollte aber etwas sein, das dem Gewinner gefällt und dem Verlierer zumindest ein bisschen wehtut. Wenn einer von euch der bessere Spieler ist und öfter gewinnt als der andere, spielt mit Handicap. Der schwächere Spieler bekommt in jedem Spiel einen Punkt Vorsprung (0 : 15 beim Return, 15 : 0 bei eigenem Aufschlag) oder der stärkere Spieler hat nur einen Aufschlag. Wichtig ist, das Spiel muss ausgeglichen sein.

Übung Joker und Schwarzer Peter:

Es wird ein normaler Satz ausgespielt. Innerhalb dieses Satzes können beide Spieler zweimal einen „Joker“ einsetzen. Der Joker bringt ihnen den Punkt, ohne dass dieser ausgespielt wird. Bis zum Satzende müssen die Spieler allerdings auch je zweimal den „Schwarzen Peter“ einsetzen. Setzen sie diesen ein, erhält ihr Gegner direkt den Punkt. Du kannst zum Beispiel den „Schwarzen Peter“ bei 40 : 0 einsetzen. Dann wird bei 40 : 15 weitergespielt. Wichtig ist, den Schwarzen Peter bei einem Small Point einzusetzen. Den „Joker“ wiederum solltest du bei einem Big Point einsetzen. Zum Beispiel bei Breakball für dich, denn dann ist dir das Break sicher. Der kluge Umgang damit wird dir helfen, dich mit Big Points und Small Points zu beschäftigen.

Übung Big Point Set:

Erneut spielst du einen Satz mit deinem Trainingspartner. Es kommt die No-Ad-Regel zur Anwendung, das heißt, bei Einstand entscheidet der nächste Punkt. Wobei der Return-Spieler entscheiden darf, von welcher Seite aufgeschlagen wird. Um den Druck zu erhöhen, bekommt der Spieler, der den Entscheidungspunkt bei Einstand gewinnt, zwei Spiele.

Beispiel:
Du gewinnst die ersten beiden Spiele durch Entscheidungspunkt bei Einstand. Dann steht es 4 : 0 für dich. Die nächsten beiden Spiele gewinnt dein Spielpartner zu 15. Somit steht es 4 : 2. Das nächste holt er sich mit dem Entscheidungspunkt bei Einstand. Spielstand nun 4 : 4.

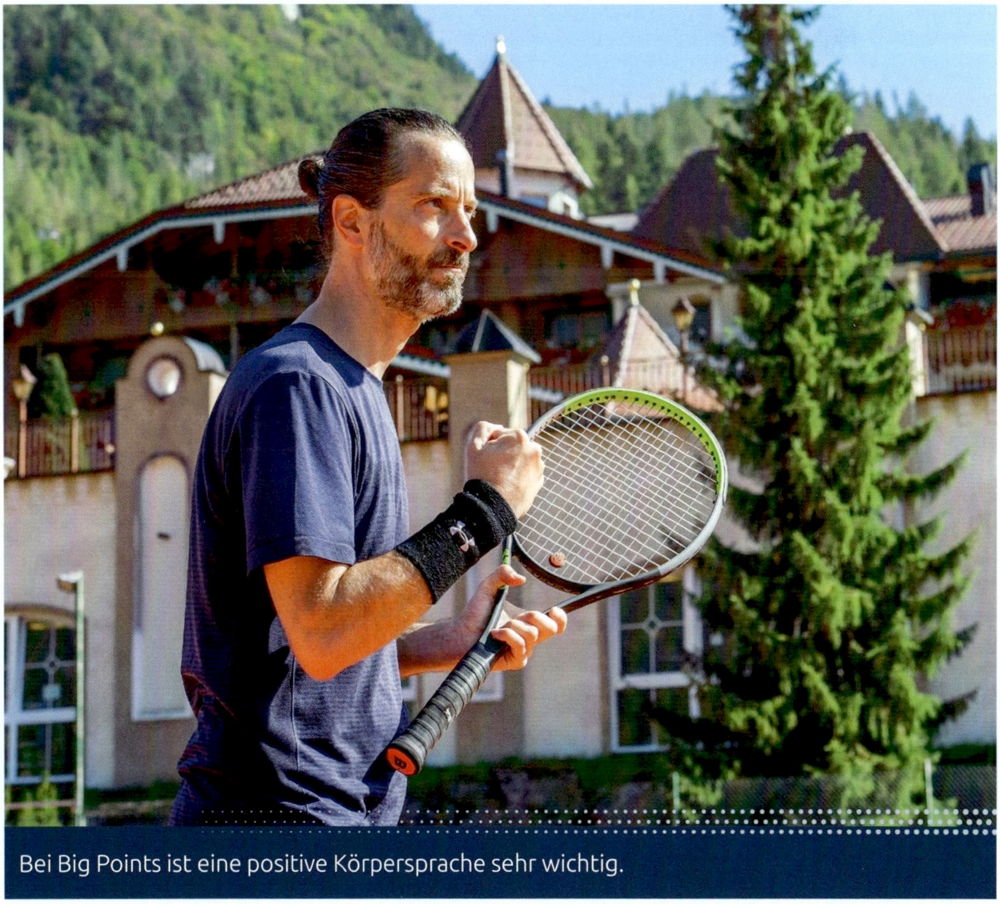

Bei Big Points ist eine positive Körpersprache sehr wichtig.

– KAPITEL 17 –
Der Flow

Der Flow

Über den Flow-Zustand wurde schon viel geschrieben. Ein Klassiker in der Tennisliteratur ist natürlich „The Inner Game" (das Innere Spiel) von Timothy Gallwey, in dem er sich unter anderem auch ausführlich mit dem Flow-Zustand beschäftigt. Dieses Buch ist im Übrigen absolut empfehlenswert.

Trotz der vielen Literatur möchte ich dennoch kurz erklären, was es mit dem Flow-Zustand auf sich hat, vor allem für diejenigen, die noch wenig davon gehört haben.

Der Flow (nicht nur im Tennis) ist ein Zustand vollkommener Vertiefung und restlosen Aufgehens in einer Tätigkeit, die wie von selbst vor sich geht. Es gibt hierbei keine Gedanken, die einen von der Tätigkeit ablenken, und die Zeit spielt keine Rolle. Du kannst den Flow-Zustand nicht bewusst herbeiführen, denn er kommt zu dir. Der Flow-Zustand kann sich im Tennis durch ein ganzes Match ziehen oder auch nur phasenweise auftreten. Ich selbst habe den Flow-Zustand in über 20 Jahren Wettkampftennis ein paarmal erlebt, und es ist einfach ein berauschendes und absolut fantastisches Gefühl. Ich möchte zum besseren Verständnis hier kurz aus meinem Erfahrungsschatz berichten:

Zum ersten Mal bewusst in den Flow-Zustand bin ich vor gut 20 Jahren gekommen. Ich spielte im Halbfinale eines nationalen Preisgeldturniers in der Halle auf einem schnellen Teppichboden und hatte einige Monate davor bereits gegen meinen Gegenspieler verloren. Er war der Favorit und startete gut und konnte mir gleich mein erstes Aufschlagspiel abnehmen. Dieses Break konnte er bis zum 5 : 3 halten. Dann gelang mir ein Re-Break zum 4 : 5. An diesem Tag hatte ich ein unglaubliches Gefühl für meinen Aufschlag und konnte ihn nahezu perfekt platzieren. Normalerweise beschlich mich früher immer große Nervosität, wenn ich gegen den Satz, das Match oder auf den Satz oder auf das Match aufschlagen musste. An diesem speziellen Tag aber war ich nicht nervös, sondern ich war mir absolut sicher, dass ich mein Aufschlagspiel zum 5 : 5 halten würde. Mir gelang dies nicht nur mit Leichtigkeit, nein, mir gelang sogar abermals ein Break und kurz darauf der Satzgewinn mit 7 : 5. Früh im zweiten Satz gelang mir ein Break zum 2 : 1. Beim darauffolgenden Seitenwechsel dachte ich bei mir: „Eigentlich kannst du das Match jetzt nicht mehr verlieren. Du kannst dein Aufschlagspiel nicht verlieren." Sechs Spiele später war der Spielstand 5 : 4 und ich war mir absolut sicher, dass ich im folgenden Aufschlagspiel nicht mehr als einen Punkt verlieren würde. Ich wusste genau, dass ich den Aufschlag so gut platzieren konnte, dass der Gegenspieler ihn, wenn überhaupt, nur mit größten Schwierigkeiten zurückbringen würde. Und ich wusste auch, dass ich im Anschluss keine Probleme haben würde, den nächsten Ball zu verwandeln, sollte dieser tatsächlich zurückkommen. Schlussendlich kam überhaupt kein Ball zurück und ich konnte mein Aufschlagspiel zu null zum Matchgewinn durchbringen. Dies hört sich natürlich toll und einfach an. Aber grundsätzlich war und ist der Aufschlag nicht meine Stärke. Normalerweise bin ich mir nie sicher, dass ich dieses oder jenes Aufschlagspiel durchbringen werde oder auch dass ich jetzt sicher ein Break landen werde. Der Flow aber gibt dir unglaubliches Vertrauen in dich selbst und deine Fähigkeiten, zumindest für den Moment. Du hast das Gefühl, es kann nichts schiefgehen, und entsprechend agierst du auch.

Wie gesagt, der Flow kommt nicht oft und mich hat er vielleicht ein Dutzend Mal erreicht, wobei die Tendenz steigend ist. Ich möchte nun nicht alle diese Matches (wovon mir die meisten noch lebhaft in Erinnerung sind) aufzählen und beschreiben, aber zum besseren Verständnis zumindest noch zwei weitere Beispiele aufführen.

Auch dieses Match ist schon länger her. Es war bei einem Mannschaftsspiel und die Saison lief sowohl für unser Team als auch für mich persönlich eher bescheiden, sodass wir uns mitten im Abstiegskampf befanden. Keine Top-Form, kein Selbstvertrauen. Wieder trat ich gegen einen Gegenspieler an, gegen den ich schon einmal verloren hatte und der wiederum von der Papierform favorisiert war. Überraschenderweise (für mich) spielte ich von Beginn an gut. Allerdings setzte ich sehr viele Bälle knapp neben die Linien, verlor viele enge Spiele und irgendwie schien es, von außen betrachtet, gegen mich zu laufen. Mit 2 : 6 endete der erste Satz. Aber ich spielte gut, fühlte den Ball fantastisch auf dem Schläger und wusste genau, dass ich das Match gewinnen würde. So etwas hatte ich noch nie erlebt und kann es auch nicht erklären. Aber tief in mir war die feste Überzeugung, dass ich gewinnen würde und dass heute mein Tag sei. Im zweiten Satz änderte sich das Spiel. Plötzlich landeten meine Bälle nicht mehr knapp im Aus, sondern fast immer im Feld nah an den Linien oder sogar darauf. Den zweiten Satz gewann ich locker mit 6 : 2. Im dritten führte ich schnell mit 3 : 0 und dann kam eine lange Regenpause. Diese hätte mir damals fast das Genick gebrochen. Denn danach war mein Flow weg. Ich spielte immer noch gut, aber eben nicht mehr im Flow. Das Spiel war nun ausgeglichener und umkämpfter und mein Gegenspieler holte auf. Mit viel Mühe konnte ich den Sieg mit 6 : 4 über die Ziellinie retten. An diesem

Tag waren alle Schläge fantastisch und nicht nur der Aufschlag. Wieder hatte ich lange, bis zur Regenunterbrechung, das Gefühl, dass nichts schiefgehen konnte. Trotz klarem Rückstand. Denn ich spürte den Ball unglaublich.

Aber es kommt nicht nur vor, dass du als Außenseiter in den Flow kommst, nein, auch als klarer Favorit ist dies möglich. So auch im dritten Match, von dem ich dir berichten möchte. Hier trat ich gegen einen guten Bekannten im Finalspiel eines kleineren LK-Turniers an. Meine Wenigkeit war der klare Favorit und eine Niederlage wäre schon unangenehm gewesen. Zu Beginn des Matches spielte mein Kontrahent an seinem obersten Leistungslevel, und da ich selbst auch ganz gut spielte, waren die ersten vier Spiele ausgeglichen und umkämpft und wir fanden uns bei 2 : 2 wieder. Mein Rivale ließ nun etwas nach. Er spielte immer noch gut, aber einen Tick schlechter. Das reichte für mich, die nächsten beiden Spiele zu holen. Vom Flow aber noch nichts zu spüren. Plötzlich aber begann ich, einfach keine Fehler mehr zu machen, der Schläger lief und die Bälle kamen immer härter und trotzdem noch genau dahin, wohin ich sie haben wollte. An den Spielstand, das Ergebnis, an die Zuschauer oder was heute oder morgen sonst noch anstehen würde, verschwendete ich keinen Gedanken. Ich spürte, ich war im Flow, und genoss das Ganze. Ich konnte in diesem Moment mit dem Tennisball machen, was ich wollte. Zwar kam der Ball weder in Zeitlupe auf mich zu noch sah ich den Tennisball größer als gewöhnlich, aber das Gefühl, den Ball auf der Bespannung zu spüren, war fantastisch. Außerdem waren die Beine auch unfassbar leicht und schnell. Einfach ein schönes Gefühl.

Bei allen diesen Erlebnissen vergaß ich die Zeit. Ich wusste zu keinem Zeitpunkt, wie spät es war. Ich dachte nicht an die Zuschauer, ich verschwendete keine Gedanken an meine Arbeit oder mein Privatleben. Mich interessierte nicht, wie die Spieler auf den Nebenplätzen spielten. Nichts konnte mich ablenken. Meine gesamte Konzentration war auf dem Tennisball und bündelte sich auf Tennisschläger und Tennisball. Ähnlich verhält es sich manchmal, wenn ich etwas schreibe. Es läuft, ich vergesse die Zeit und es gelingen mir fantastische Zeilen, Abschnitte, Seiten. Manchmal führt dies gar dazu, dass ich zu spät zu Anschlussterminen komme, weil ich so gefangen bin in dem, was ich tue. Allerdings läuft es oft auch nicht und ich brauche ewig für einen kurzen Artikel, der dann noch nicht einmal wirklich gut ist. Aber ich denke, du kannst nun erahnen, wie sich der Flow anfühlt und dass es absolut erstrebenswert ist, ihn zu erreichen.

Ich bin ja nicht der Einzige, der sich nun daran versucht hat, den Flow zu beschreiben. In

„The Inner Game" von Gallwey wird das Ganze ebenso beschrieben wie in diversen anderen Büchern (z. B. „Flow-Erleben im Tennis durch Aufmerksamkeitssteuerung" von Vladislav Ilijin).

Boris Becker hat dies folgendermaßen beschrieben:
„Ich lag einen Satz und 0 : 2 im zweiten zurück … in dem Moment passierte es wieder: Ich geriet langsam in zone. In die Zone, das ist wie Trance, weit weg von allem Wahrnehmbaren. Du hörst nicht einmal den Beifall mehr, du siehst alles wie unter einem Vergrößerungsglas, du siehst den Tennisball so groß wie einen Fußball, du triffst bei jedem Schlag genau die Linie, tong, tong, tong, dir gelingt einfach alles."

Andere beschreiben den Zustand so, als würden sich die Gegenspieler und der Ball wie in Zeitlupe bewegen, man selbst aber schneller als normal. Auch wird häufig beschrieben, dass die Antizipation außergewöhnlich sei in Flow-Momenten und man fast ein bisschen in die unmittelbare Zukunft schauen könnte, da man genau weiß, was der Gegner vorhat.

Nun solltest du in etwa wissen, wie sich der Flow anfühlt. Natürlich gibt es auch verschiedene Ausprägungen des Flows. Auch die Zeitspanne unterscheidet sich. Wahrscheinlich bist du in den meisten Matches ein paar Minuten im Flow, erkennst dies aber nicht, weil du nach drei oder vier Minuten wieder auf Normallevel spielst. Der Flow fällt dann auf, wenn er über einen längeren Zeitraum auftritt. Folgende Fragen stellen sich nun:

- Wie komme ich in den Flow?
- Wie kann ich die Dauer des Flows in die Länge ziehen beziehungsweise was sollte ich vermeiden, um nicht aus dem Flow zu geraten?
- Mein Gegner ist im Flow! Wie schaffe ich es, dass er wieder auf Normallevel spielt?

Wie komme ich in den Flow?

Das ist wahrlich eine gute und spannende Frage. Eine sichere Lösung gibt es hierfür nicht, denn die würde dann ja jeder Spieler immer anwenden und fortan immer im Flow spielen. Aber es gibt Verhaltensweisen, die den Flow verhindern. Darauf komme ich gleich. Auch im Profitennis kommen Spieler natürlich in den Flow. Zwei Matches sind mir hier lebhaft in Erinnerung. Und zwar zum einen das Match Lukas Rosol gegen Rafael Nadal in Wimbledon 2012. Rosol spielte hier fantastisch. Vor allem der fünfte Satz war exzellent. Nadal spielte damals im fünften Satz auch sehr gut, aber Rosol traf einfach jeden Ball. Ich bin mir zu 100 % sicher, dass der Tscheche im Flow war. Ähnlich verhielt es sich bei Dustin Brown gegen Nadal drei Jahre später ebenfalls in Wimbledon. Auch Brown spielte das Match seines Lebens und war wohl fast das gesamte Match im Flow, jedenfalls war das mein Eindruck. Allerdings verloren sowohl Rosol als auch Brown nach dem Match gegen Nadal ihr nächstes Match relativ deutlich, eben weil sie nicht an die Leistung gegen Nadal anknüpfen konnten. Sie waren ein Match im Flow und gewannen als krasse Außenseiter in fantastischen Spielen, aber im nächsten Match spielten sie wieder auf Normallevel. Was ich damit zum Ausdruck bringen möchte, ist, dass es kein Geheimnis für den Flow gibt, sehr wohl aber Verhaltensweisen, die verhindern, dass du in den Flow kommst.

An den Flow denken und sich wünschen, in den Flow zu kommen. „Jetzt denk bloß nicht an die blaue Bratwurst." Zack, und schon denkst du daran. Der Flow kommt zu dir und nicht du zu ihm!

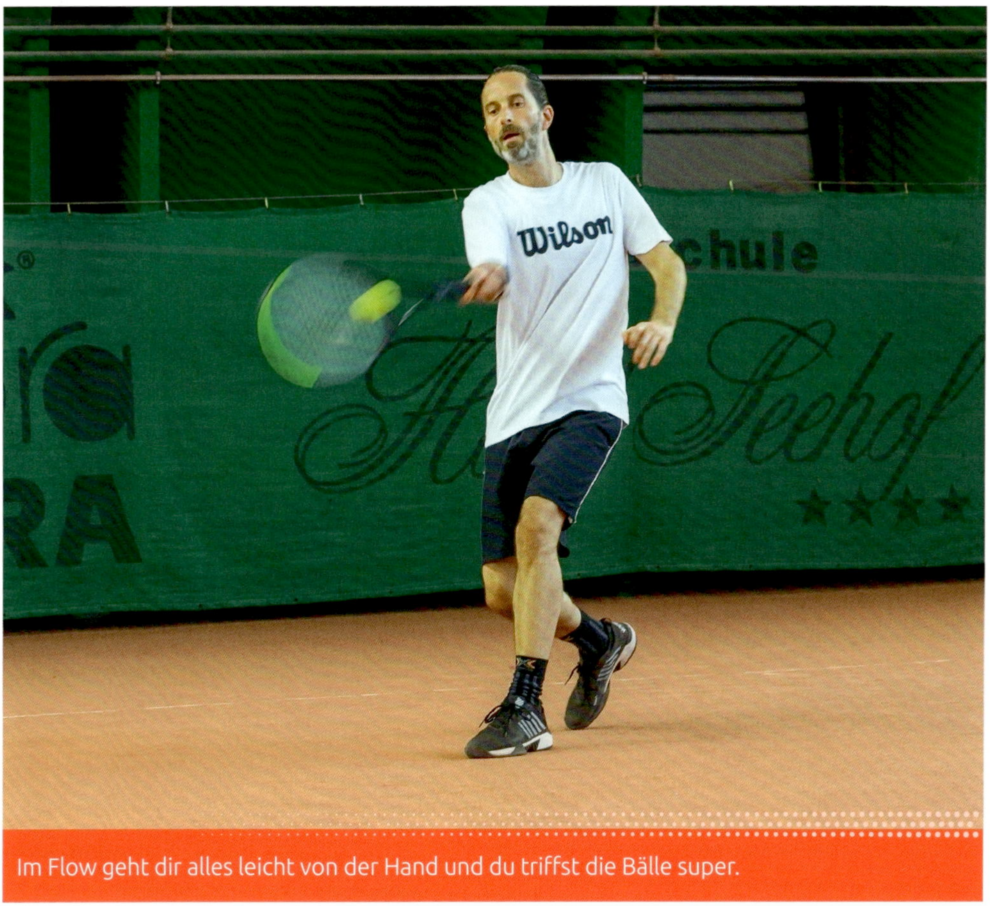

Im Flow geht dir alles leicht von der Hand und du triffst die Bälle super.

Zu angespannt sein! Nervosität ist absolut in Ordnung, denn Nervosität bedeutet, dass du das Match ernst nimmst und es dir wichtig ist. Keiner ist bei alltäglichen Dingen nervös. So ist zum Beispiel normalerweise niemand beim Einkaufen nervös (es sei denn, man kauft Plutonium oder lässt etwas mitgehen). Anders sieht es mit Druck aus. Denn es ist absolut kontraproduktiv, sich selbst zu viel Druck zu machen. Klar, bei manchen geschieht das auch vom Umfeld. Eltern oder Trainer machen Druck auf ihre Schützlinge. „Dieses Match musst du gewinnen!" „Dieses Turnier ist sehr wichtig!" Oder: „Denk daran, was für einen Aufwand wir betreiben!" Ich habe selbst nie Druck von außen bekommen, mich aber selbst unter Druck gesetzt. Nun weiß ich, dass mir dies mehr geschadet als geholfen hat. Sei also möglichst entspannt und relaxed. Oder hast du das Gefühl, dass die Top-Spieler enormen Druck verspüren? Sicher, sie setzen sich auch unter Druck und wollen die Matches unbedingt gewinnen, verspüren sicherlich unterbewusst Druck von ihren Teams, Sponsoren, haben Verantwortung für ihre Familien. Aber die Top-Spieler können dies ausblenden oder sehen den Druck maximal als Herausforderung an, an der sie wachsen können. Oder denkst du, Federer, Djokovic, Nadal, Williams, Kerber, Halep machen sich vor oder gar während wichtigen Matches bewusst, dass das Match zigtausend Dollar oder gar Millionen schwer ist und auch viele Ranglistenpunkte? Nein, sicher nicht, denn dies würde nur ihre Konzentration auf das Wesentliche stören. Die Top-Spieler wollen natürlich auch unbedingt gewinnen. Aber sie haben gelernt, so entspannt zu sein, um nicht zu verkrampfen. „Ich war talentiert, aber habe mich früher zu sehr unter Druck gesetzt. Ich war irgendwie blockiert, weil ich die Siege zu sehr wollte." Diese Aussage stammt von der deutschen Top-Spielerin Laura Siegemund und umschreibt wohl ganz gut, was ich zum Ausdruck bringen möchte. Du solltest also auf keinen Fall zu angespannt sein, ansonsten hast du keine Chance, in den Flow zu kommen.

Was benötigst du, um entspannt zu sein? Vor allem Vertrauen! Du musst deinen Schlägen und deinen Fähigkeiten absolut vertrauen. „Sieger zweifeln nicht und Zweifler siegen nicht" ist ein Spruch, der mir gut gefällt. Des Weiteren ist es auch wichtig, gute Bälle und Aktionen des Gegners zu akzeptieren. Bei mir persönlich hat glücklicherweise irgendwann ein Umdenken eingesetzt und ich habe mir gesagt: „Du spielst ganz gut und gibst dein Bestes. Aber der Gegenspieler eben auch. Und wenn er gewinnt, dann muss es auch ein guter Spieler sein. Das kannst du dann akzeptieren!" Ich möchte eines klarstellen, das hat nichts damit zu tun, dass ich mich mit der Niederlage abfinde beziehungsweise mich nicht gegen diese stemme. Aber wie viele Spieler machen immer alles an sich selbst fest? Wenn sie gegen einen in etwa gleichwertigen Kontrahenten verlieren, spielen sie stets schlecht. Noch schlimmer ist es, wenn der Gegner von der Papierform oder den Ergebnissen her schlechter zu sein scheint. Aber auch dein Rivale kann über sich hinauswachsen, einen guten Tag haben. Dann ist es doch in Ordnung und verdient, dass er gewinnt. Was ist mit meiner veränderten Denkweise anders geworden? Ich spiele befreiter und lockerer und dadurch de facto besser. Ich vertraue meinen Schlägen auch in wichtigen Matchsituationen und spiele dadurch lockerer und weniger verkrampft. Niederlagen ordne ich nicht als peinlich ein, was mir auf dem Platz hilft, mutiger und entschlossener zu agieren. Seit diesem Umdenken komme ich um ein Vielfaches häufiger in den Flow. Betrachtest du die Top-Spieler, so wirst du extrem selten hören, dass sie selbst total schlecht gespielt hätten. Nein, vielmehr loben Federer & Co. ihre Gegner häufig in Pressekonferenzen und Interviews nach den Matches, und dies nicht nur aus reiner Höflichkeit. Die Top-Spieler wissen genau, dass auch ihr Kontrahent gutes Tennis spielt und es Gründe für Niederlagen gibt. Ich habe vorhin kurz die Niederlagen Nadals gegen Brown und Rosol in Wimbledon erwähnt. Auch Nadal wusste natürlich, dass beide an diesen Tagen im Flow waren und nicht gespielt haben wie die Nummer 102 der Welt (Brown) und die Nummer 100 der Welt (Rosol), sondern dass ihr Spielniveau an diesem Tag das eines absoluten Top-Spielers war. Aber Nadal weiß auch, dass diese beiden Spieler dieses Niveau fast nie abrufen können, während er selbst ein ähnliches Level fast täglich abrufen kann.

Wie kann ich die Dauer des Flows in die Länge ziehen beziehungsweise was sollte ich vermeiden, um nicht aus dem Flow zu geraten?

Ich habe ja bereits kurz beschrieben, dass du wohl in den meisten Matches kurz im Flow bist, aber diese Phase sehr kurz ist und somit nicht als Flow wahrgenommen wird. Das kann zum Beispiel sein, wenn du den ersten Satz 3 : 6 verloren hast und im zweiten Satz 0 : 3 und 0 : 30 zurückliegst. Insgeheim glaubst du nicht mehr daran, noch sehr große Chancen zu haben, dein Gegner greift über deine schwache Rückhand an und du ziehst voll durch (weil es ja nun eh egal ist) und passierst ihn. Also, geht doch. Beim nächsten Ballwechsel gelingt dir ein Vorhand-Winner aus dem Halbfeld und auf diesen folgt ein Ass. Bei jenem Aufschlag triffst du den Ball satter als das ganze Match davor. Du holst das Spiel und spielst zwei der nächsten drei Punkte auch wieder großartig. Während dein Gegner denkt: „Toll, jetzt trifft der jeden Ball. Das kann ja heiter werden", ist deine Denkweise jedoch nicht die: „Super, endlich funktioniert mein Spiel" oder „Ja, endlich bin ich im Flow". Nein, du denkst: „Wichtiger Punkt jetzt, wenn du den gewinnst, hast du Break-Chancen! Bloß keinen Fehler machen jetzt", und der Zauber ist vorüber. Du verkrampfst und spielst wieder auf deinem normalen Level. Der Mini-Flow kann auch bei 1 : 1 im ersten Satz sein, indem du dort ein makelloses Aufschlagspiel hinlegst. Aber es sind eben nur vier fantastische Punkte am Stück. Dem schenkst du keine Beachtung. Zwei leichte Fehler später beim Aufschlag deines Kontrahenten zweifelst du an deiner Leistungsstärke und spielst wieder auf deinem eigentlichen Leistungsniveau. Wie gesagt, die meisten Flows sind kurz und werden überhaupt nicht bemerkt. Auffällig wird es erst, wenn wir annähernd einen Satz oder länger im Flow spielen, was im Übrigen auch nicht bedeutet, dass du gar keine Fehler machst oder jeder Ball ein Winner ist. Aber du spürst den Ball fantastisch und du bist mit dir und deinem Spiel absolut im Reinen. Du bist voll da im Hier und Jetzt. Es macht aber einen großen Unterschied, ob der Flow nur zwei Spiele, einen Satz oder gar ein ganzes Match andauert. Mindestens ebenso wichtig, wie in den Flow zu kommen, was ja schwer genug ist, ist auch, diesen auszureizen. Sehr wichtig dabei ist, die Situation als natürlich zu betrachten. Auch dies hat wieder viel mit Selbstvertrauen zu tun. Viele Spieler bemerken ab einem gewissen Zeitpunkt, wenn sie sehr gut spielen und im Flow sind, dass sie viel besser spielen als gewöhnlich. Darauf schießt ihnen der Gedanke durch den Kopf: „Ich treffe ja jeden Ball. So gut kann ich eigentlich gar nicht spielen. Hoffentlich hält diese Situation noch ein bisschen an." Das ist die falsche Denkweise, denn anscheinend kannst du tatsächlich so gut spielen. In jenen goldenen Momenten bist du voll bei der Sache, du bist entspannt und trotzdem entschlossen und du rufst das Spiellevel ab, das du eigentlich in der Lage bist zu spielen. Du hast keine Angst, deine Gedanken hängen weder in der Zukunft noch in der Vergangenheit und du bewertest auch nicht alles. Vor allem denkst du auch nicht an Sieg oder Niederlage. Ganz wichtig ist jetzt, nichts zu verändern. Behalte deinen Rhythmus bei, vor allem in den Pausen zwischen den Ballwechseln. Beachte deine vertrauten Rituale. Vertraue deinen Schlägen, deinen Bewegungsabläufen und vor allem deinen Instinkten. Mit diesem Verhalten hast du die größten Chancen, dass dein Flow anhält. Eine Garantie ist dies jedoch nicht. Was du auf keinen Fall tun solltest, sind Dinge zu verändern. Läuft es, nimm keine Auszeit, keine Toilettenpause. Ich würde nicht einmal das Shirt wechseln und auch nicht das Griffband oder gar den Schläger. Denn mit diesen greifbaren Dingen assoziierst du deinen Lauf. Selbstverständlich darfst du dein Spiel auch nicht verändern. Oft sieht man, dass ein Spieler großartig spielt, sehr offensiv, sehr riskant. Und dann kommt der Coach, ein Teamkamerad oder ein Elternteil und rät, doch bitte etwas sicherer zu spielen. Schlag diesen Rat aus und behalte dein Tennis bei, auch wenn es riskant zu sein scheint. Es funktioniert, denn bisher warst du damit erfolgreich. Noch mal, VERTRAUE DEINEN SCHLÄGEN UND FÄHIGKEITEN!

Mein Gegner ist im Flow! Wie schaffe ich es, dass er wieder auf Normallevel spielt? Zunächst einmal ist es wichtig zu erkennen, dass dein Rivale einen absoluten Lauf schiebt und im Flow ist. Des Weiteren akzeptiere seine tollen Schläge und erkenne an, dass er wirklich gut spielt. Vor allem solltest du dich nicht über dich selbst aufregen. Wenn du erkannt hast (was nicht selbstverständlich ist), dass dein Gegenspieler im Flow ist, solltest du vor allem versuchen, seinen Rhythmus zu brechen. Lass dir und vor allem auch ihm Zeit. Hetze auf keinen Fall von Punkt zu Punkt. Je mehr Zeit zwischen den Ballwechseln vergeht, desto mehr Zeit hat dein Kontrahent nachzudenken. Hält sein

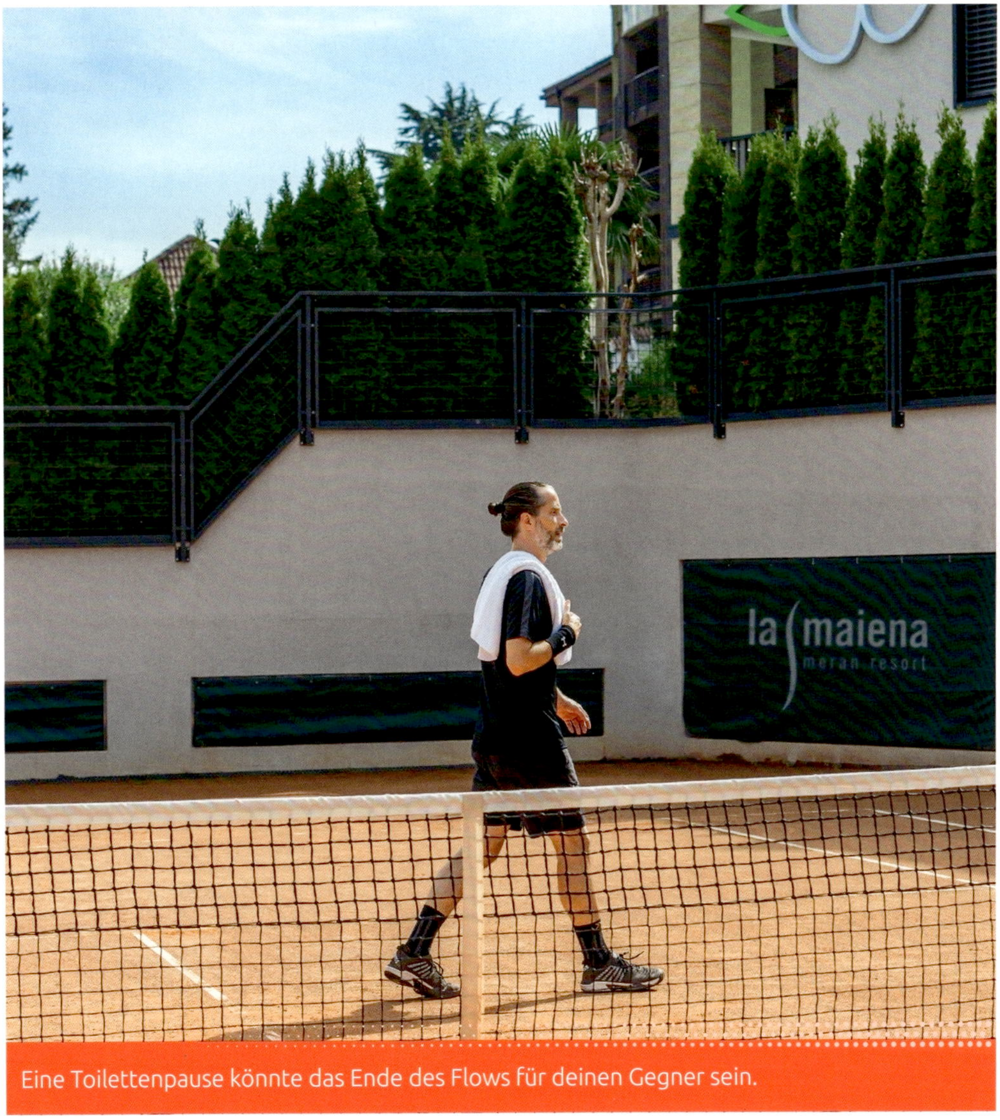

Eine Toilettenpause könnte das Ende des Flows für deinen Gegner sein.

Lauf an, hast du auch die Möglichkeit, eine Toilettenpause zu nehmen. All dies kann dazu führen, dass dein Rivale aus dem Rhythmus und damit aus dem Flow kommt. Noch ein letzter Tipp dazu. Dieser mag nicht jedermanns Sache sein, hilft aber in der Regel. Lobe deinen Gegner. Sag ihm, wie gut er spielt und dass du ihn niemals so stark eingeschätzt hast. Schmiere ihm Honig ums Maul. Das Ziel muss sein, dass er beginnt nachzudenken. Er soll das Gefühl haben, dass er eigentlich über seinen Möglichkeiten spielt. Normalerweise hilft das, den Flow des Gegners zu stoppen.

Ich möchte dazu aber noch kurz anmerken, dass es durchaus als unsportlich wahrgenommen werden kann, wenn du solche Aktionen praktizierst. Zwar beschreibt auch Brad Gilbert in „Winning Ugly", dass es unter Profispielern Usus sei, den Rhythmus des Gegners zu stören. Er erzählt ausführlich von den Störmanövern von Lendl, McEnroe und Connors. Dass solche Psychospielchen Wirkung zeigen, ist unbestritten, genauso, dass diese Spielchen absolut legal sind. Auch im Amateur- und Freizeitbereich werden diese Tricks zuweilen angewendet. Allerdings bewegen diese sich sicherlich am äußersten Spektrum des Fairplays und du wirst dir dadurch weder Freunde machen noch eine Fairplay-Medaille dafür erhalten. Dies wollte ich auch nicht unerwähnt lassen.

Fazit:

In den Flow zu kommen ist das ultimative Ziel. Denn dann spielst du dein bestes Tennis. Bist du im Flow, spielst du wie im Rausch oder wie in Trance. Du bist voll im Hier und Jetzt und deine Gedanken sind voll auf das Wesentliche fokussiert. Es gibt leider keine Anleitung, wie du in den Flow kommst. Allerdings schaffst du es garantiert, den Flow zu verhindern, wenn du zwanghaft versuchst, in den Flow zu kommen. Der Flow kommt zu dir und nicht umgekehrt. Zweitens: Bleib entspannt. Bist du verkrampft, wird der Flow nicht bei dir erscheinen. Drittens: Vertraue deinen Schlägen und Fähigkeiten. Beachtest du diese Punkte, erhöht sich die Wahrscheinlichkeit, dass du in den Flow kommst.

Um nicht aus dem Flow zu geraten, fokussiere dich auf deine Rituale und behalte deinen Rhythmus bei. Und vertraue weiterhin deinen Schlägen und Fähigkeiten. Zweifle nicht, denn du kannst es!

Ist der Gegner hingegen im Flow, störe seinen Rhythmus. Versuche, ihn zum Nachdenken zu bringen, dann hast du die besten Chancen, dass er zeitnah wieder auf Normallevel spielt.

– KAPITEL 18 –
Der Anti-Flow

Der Anti-Flow

Eben haben wir uns mit dem Flow beschäftigt, jenem Zustand absoluter Konzentration und Leichtigkeit, den es anzustreben gilt. Wie bei vielen Dingen im Leben, Gut und Böse, Schwarz und Weiß, Groß und Klein, Dick und Dünn, Stark und Schwach etc., gibt es auch hier die Gegenseite. Den sogenannten Anti-Flow. Nichts fällt leicht und alles stört dich. Auch der Anti-Flow kann jederzeit und ohne Vorwarnung kommen. Auch dies möchte ich beispielhaft darlegen.

Vor Jahren startete ich mit meinem Team in die Saison Anfang Mai. Zur Vorbereitung auf jene Medenspielsaison bestritt ich zwei Turniere, wovon ich das zweite gewann. Ich wähnte mich in guter Form und gut vorbereitet für das erste wichtige Mannschaftsspiel. Wir spielten auswärts und ich spielte an der ersten Position. Von der Papierform her war ich klar favorisiert, was dazu führte, dass ich meinen Gegenspieler vielleicht etwas unterschätzte und mich mental nicht richtig auf das Match vorbereitete. Ich nahm es zu locker, wie man so schön sagt. Schnell war mir aber klar, dass es aus meiner Sicht ein ganz hässliches Spiel geben würde, denn ich spielte nicht gut. Mein Kontrahent allerdings auch nicht. So stand es anfangs 0 : 2, 2 : 2, 2 : 3, 3 : 3, 3 : 4, 4 : 4 und das Match war auf einem (zumindest sah ich es so) grauenhaften Niveau. Mein Gegner spielte in der Folge auch nicht besser, aber meine Wenigkeit einfach noch viel schlechter. Ich war anfangs sicherlich nicht gut, aber das Ganze steigerte sich zu einem immens schlimmen Anti-Flow. Der Tennisplatz schrumpfte mehr und mehr, jedenfalls fühlte es sich so an. Versuchte ich, meine Bälle durchzuziehen, wurden sie grundsätzlich zu lang. Spielte ich mit mehr Spin, was man ja tun sollte, wenn einem die Bälle hinten ins Aus segeln, hatte mein Rivale keine Probleme, sich gut zum Ball zu stellen. Also flacher, da dann wieder mehr Druck vorhanden ist. Na ja, dann geriet der Ball wieder zu flach, nämlich an die Netzkante. Natürlich machte ich nicht nur Fehler, aber wenn ich versuchte, mit mehr Kontrolle zu spielen, waren die Bälle zu langsam und oft zu kurz. Wir spielten fünf- oder sechsmal über das Netz und dann kam der Fehler von einem von uns beiden, zumeist von mir. Versuchte ich, an die Seitenlinien zu kommen, ging der Ball immer ein paar Zentimeter daneben. Also Sicherheitsabstand einen Meter weg von der Seitenlinie. Na ja, was soll ich sagen, der Ball landete dann nicht einen Meter weg von der Seitenaußenlinie, sondern dreieinhalb, nämlich direkt in der Mitte. Ich konnte quasi wählen, ob ich den Ball verschlug oder meinem Gegner mit einer Schleife drum herum auf dem

Präsentierteller servierte, langsam, zentral, kurz und halbhoch. Et voilà, bitte zum Winner ansetzen, lieber Gegenspieler. Mit diesen Schlägen, hinzu kamen natürlich noch schwere Beine, ist es schwer, ein Match zu gewinnen. Endergebnis 4 : 6, 2 : 6. Total ernüchternd. So extrem habe ich den Anti-Flow weder davor noch danach je wieder erlebt. Hätte ich denn etwas anders machen können? Aber ja. Ob ich gewonnen hätte oder zumindest einen Satz geholt hätte, vermag ich natürlich nicht zu sagen. Aber ich habe sehr viele Fehler gemacht. Und dabei rede ich nicht von jenen Fehlern, die ich im Spiel haufenweise produziert habe, ins Aus, hinten, seitlich und vor allem auch ins Netz. Ich rede auch nicht von taktischen Fehlern. Aber ich hatte mich nicht gut genug vorbereitet, den Gegner zu leichtgenommen. Hatte mich nicht auf Schwierigkeiten gefasst gemacht. Dies waren große Fehler in der Vorbereitung vor dem Match. Ein noch größerer Fehler war, dass ich im Match nichts unternommen hatte, um den Rhythmus zu verändern. Keine Toilettenpause, kein frisches Shirt, kein anderer Schläger, keine Ideen. Da mein Gegner auch nicht überragend spielte, musste ich auch seinen Rhythmus nicht zerstören, aber wenn du den Ball selbst nicht spürst, können Veränderungen unter Umständen dein Spiel zum Positiven verändern. Es hätte ja nicht viel bedurft. Wenn du dein Spiellevel nur um drei bis fünf Prozent anhebst, hast du schon viel gewonnen. Im richtigen Moment ein bis zwei Punkte mehr und es steht dann eben nicht 4 : 5, sondern 5 : 4. Bei 5 : 4 habe nicht ich den Druck, sondern der Gegenspieler. Und auch wenn du den Ball überhaupt nicht spürst und absolut im Anti-Flow bist, so kannst du auch aus diesem wieder herauskommen. Was ist dabei wichtig?

- Du musst daran glauben, dass es möglich ist, aus dem Anti-Flow zu kommen.
- Du solltest dir kleine Zwischenziele setzen. Zum Beispiel, dass die Ballwechsel und Spiele länger dauern und nicht drei Spiele in fünf Minuten weggehen.
- Du solltest mit weniger Risiko spielen. Im Fußball gibt es den tollen Spruch: „Über den Kampf zum Spiel finden." Im Tennis gilt dasselbe. Spielst du schlecht und bist du im Anti-Flow, dann verabschiede dich vom Gedanken, das Match mit spielerischen Mitteln zu gewinnen und tolle Schläge zu fabrizieren. Stattdessen ist solide Hausmannskost gefragt. Halte den Ball im Spiel und lauf um dein Leben.
- Lass dir Zeit. Die Zeit spielt in diesem Fall für dich. Bleib ruhig und verinnerliche dir, dass es früher oder später wieder aufwärtsgehen muss.

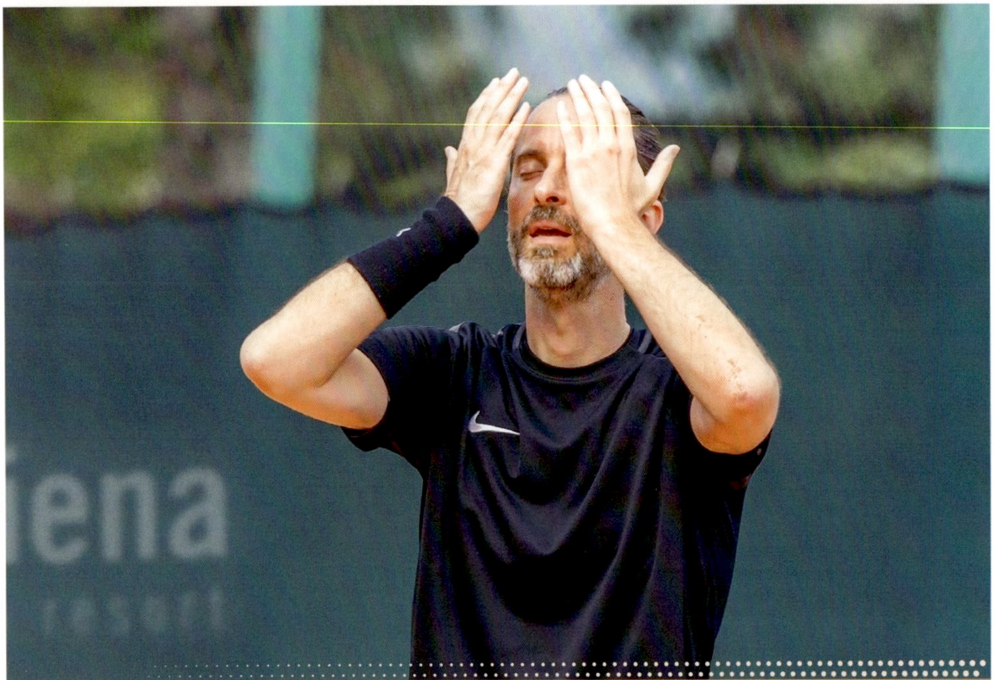

Im Anti-Flow spielst du leider unter deinen Möglichkeiten.

Genauso, wie du selten ein ganzes Match im Flow spielen wirst, wirst du auch äußerst selten ein komplettes Match im Anti-Flow spielen. Hierzu ein weiteres Beispiel:

Nina trifft im Turnierspiel in Runde eins auf Hannah. Ich bin als Zuschauer vor Ort, denn Nina trainiert bei mir. Nina ist auch favorisiert und sollte meiner Ansicht nach relativ leicht gewinnen. Sie startet auch gut und hält ihr erstes Aufschlagspiel souverän. Durch zwei leichte Fehler ihrer Gegnerin kommt sie zu einem 0 : 30. Aber ab diesem Zeitpunkt geht überhaupt nichts mehr. Nina macht Fehler über Fehler. Sie spielt zu schnell und mit zu wenig Spin. Ihre Bälle gehen überall hin und sie produziert Fehler über Fehler. Sie verliert den ersten Satz klar mit 2 : 6. Die Leistung war, nüchtern betrachtet, erbärmlich. Nina überlegt und entscheidet sich, eine kurze Toilettenpause einzulegen. Als sie zurückkommt, scheint Nina einen Plan zu haben. Gut spielt sie immer noch nicht, aber ihre Gegenspielerin auch nicht. Nina hält den Ball im Spiel, spielt etwas höher und wartet ab, bis der Fehler von Hannah kommt. Sie achtet mehr auf ihre Beine und bewegt sich etwas besser. Spielerisch ist es immer noch weit unter ihrem eigentlichen Level, aber das tut auch nichts zur Sache, denn Nina spielt nun klug und macht nur noch wenige Fehler.

Folgerichtig geht der zweite Satz mit 6 : 2 an sie. Der Match-Tiebreak ist dann nur noch Formsache. Nina kann diesen souverän mit 10 : 5 für sich entscheiden. Aber es kommt noch besser. Im nächsten Match, das bereits 90 Minuten später stattfindet, ist Nina die Außenseiterin, denn ihre Gegnerin ist gesetzt. Nina spielt befreit auf, denn dieses Match kann nur besser werden. Und sie gewinnt sehr überzeugend und problemlos mit 6 : 0 und 7 : 5. Auf zwei Dinge möchte ich nun eingehen.

Erstens: Was hat Nina nun gut gemacht, vor allem besser als meine Wenigkeit im davor beschriebenen Match? Sie hat bemerkt, dass sie im Anti-Flow war und es wirklich nicht gut lief. Du musst dir vorstellen, dass sie eigentlich nicht viel schlechter spielen konnte. Dies hat sie erkannt und vor allem die Konsequenzen daraus gezogen. Und das ist der entscheidende Punkt. Nina hat gehandelt und sich eine Pause gegönnt. Diese Pause half ihr. In dieser Pause ist sie in sich gegangen und hat sich einen Plan zurechtgelegt. Sie hat entschieden, nicht einfach kampflos vom Feld zu gehen, sondern die Möglichkeiten auszuschöpfen, die sie an diesem Tag zur Verfügung hat. Nach der Pause hat sie immer noch deutlich unter ihrem eigentlichen Level gespielt, aber doch etwas besser als im ersten Durchgang. Des Weiteren hat sie auch ihre Spieltaktik umgestellt und, wie empfohlen, mit weniger Risiko gespielt. Sie spielte etwas höher und mit mehr Spin und versuchte, ihre Bälle auch weiter von den Linien entfernt zu platzieren. Diese dadurch natürlich etwas zentraler und langsamer gespielten Bälle veränderten die Dynamik des Matches. Ihre Gegnerin musste nun einerseits mehr fürs Spiel tun, und andererseits unterliefen Nina nun deutlich weniger Fehler. Zwar musste sie infolgedessen etwas mehr laufen, aber die Ballwechsel wurden länger und Nina bekam einen besseren Rhythmus. Natürlich wird das nicht immer so funktionieren, aber wenn du schlecht spielst oder gar im Anti-Flow bist, können Veränderungen nie schaden.

Zweitens: Nina konnte dieses erste Match noch umbiegen und spielte darauf im nächsten Match viel besser. Dies ist eine Feststellung, die ich selbst auch irgendwann einmal gemacht habe. Auf ein schlechtes erstes Match folgt oftmals ein verhältnismäßig gutes Turnier. Früher dachte ich immer, wenn ich in einem Turnierspiel sehr schlecht spielte und große Probleme hatte, dass ich, selbst wenn ich dieses Match gewänne, ja im nächsten ohnehin keine Chancen hätte. „Der nächste Gegner ist ja viel besser als der jetzt. Wenn ich gegen den schon solche Probleme habe, wie soll das dann erst im nächsten Match aussehen? Ich bin ja überhaupt nicht in Form." Ganz schlechte Gedanken! Zum einen solltest du dich während des Matches nur auf die aktuelle Situation konzentrieren und nicht darauf, was im nächsten Match passiert oder gegen wen du als Nächstes spielst. Das ist ein großer Fehler, der häufig gemacht wird. Es macht zudem einen großen Unterschied, ob du als gleichwertiger Spieler oder Favorit in ein Match gehst oder eben als Außenseiter. Genauso macht es einen Unterschied, ob es das erste Match oder das zweite ist. Ist es dein zweites Match, hast du schon einmal gewonnen, was definitiv sehr gut ist. Dies sorgt für Selbstvertrauen. Im zweiten Match wirst du auch lockerer und befreiter aufspielen, weil du eben schon ein Match gewonnen hast. Du bist auch mit den Gegebenheiten, Platzanlage, Bälle etc. besser vertraut. Und gewinnst du wiederum dieses zweite Match, steigert sich natürlich dein Selbstvertrauen weiter und du wirst das Turnier in jedem Fall mit mehr gewonnenen Matches beenden, als du verloren hast. Dies geht im Übrigen auch Top-Spielern so. Alexander Zverev sagte 2018 nach seinem ersten Match in Miami, das er gegen Daniil Medvedev knapp mit 7 : 6 im Entscheidungssatz gewann (Medvedev gewann damals sogar drei Punkte mehr), dass er „oft das erste Match richtig schlecht spielt". Überlebt er dieses, wird es „meist ein sehr gutes Turnier". So war es auch in diesem Fall. Zverev erreichte das Endspiel und verlor erst dort knapp gegen John Isner.

Abschließend sei noch zu sagen, dass genauso, wie du dich in vielen Matches kurzzeitig im Flow befindest, es umgekehrt auch ist, dass du nämlich kurzzeitig im Anti-Flow bist. In vielen Matches spielst du ein paar wenige Minuten sehr schlecht. Entscheidend ist aber vor allem auch, wie du damit umgehst. Lässt du dich davon runterziehen, verstärkst du damit das negative Gefühl und erhöhst dadurch die Wahrscheinlichkeit, dass der Anti-Flow sich ausweitet, oder arbeitest du dagegen und akzeptierst, dass du kurzzeitig schlecht spielst? Zu viele Spieler steigern sich förmlich in ihr schlechtes Spiel hinein, wenn sie mal fünf oder zehn Minuten lang schlecht spielen. Dies solltest du nicht tun. Akzeptiere diese Phase und überleg dir, was du dagegen tun kannst, um aus diesem Loch wieder herauszukommen. Schimpf nicht, denn dies ist einerseits negativ für dich selbst und hilft andererseits deinem Gegner zu erkennen, dass du in diesem Moment Probleme hast. Wenn mein Gegner schimpft und flucht, ist das Wasser auf meine Mühlen. Es hilft mir zu erkennen, dass mein Rivale Probleme hat und angreifbar ist. Dies ist auch ein wichtiger Punkt, nämlich zu erkennen, wenn der Gegner Probleme hat, unsicher ist, an sich zweifelt. Kluge und erfahrene Spieler können dies sehr geschickt verbergen und überstehen diese schwierigen Phasen deshalb oftmals unbeschadet. Emotionale und eher unerfahrene Spieler hingegen kann man in diesen Momenten lesen wie ein offenes Buch und hieraus seine Vorteile ziehen.

Fazit:

Den Anti-Flow als Gegenpol zum Flow gilt es zu vermeiden. Genauso, wie es Strategien gibt, die die Wahrscheinlichkeit erhöhen, in den Flow zu kommen beziehungsweise diesen zu verlängern, gibt es auch Strategien, wieder aus dem Anti-Flow herauszukommen. Erkenne und akzeptiere, dass du eine schlechte Phase hast, den Ball nicht spürst und viele Fehler begehst. Bleib ruhig, denn Wut darüber bringt dich nicht weiter und verstärkt nur das negative Gefühl. Lass dir Zeit und versuche, Dinge zu verändern. Wechsele dein Shirt oder Griffband oder auch den Schläger. Leg eine Toilettenpause ein. „Über den Kampf zum Spiel finden." Gehe weniger Risiken ein und versuche stattdessen, über mehr Laufarbeit und Kampf die Ballwechsel zu verlängern. Denke positiv. Jeder schlechte Lauf hat mal ein Ende. Und vor allem halte auch immer Ausschau nach Anzeichen bei deinem Gegner, mit denen er signalisiert, dass er eine schlechte Phase hat. Erkennst du dies, mach dir seine Schwäche zunutze.

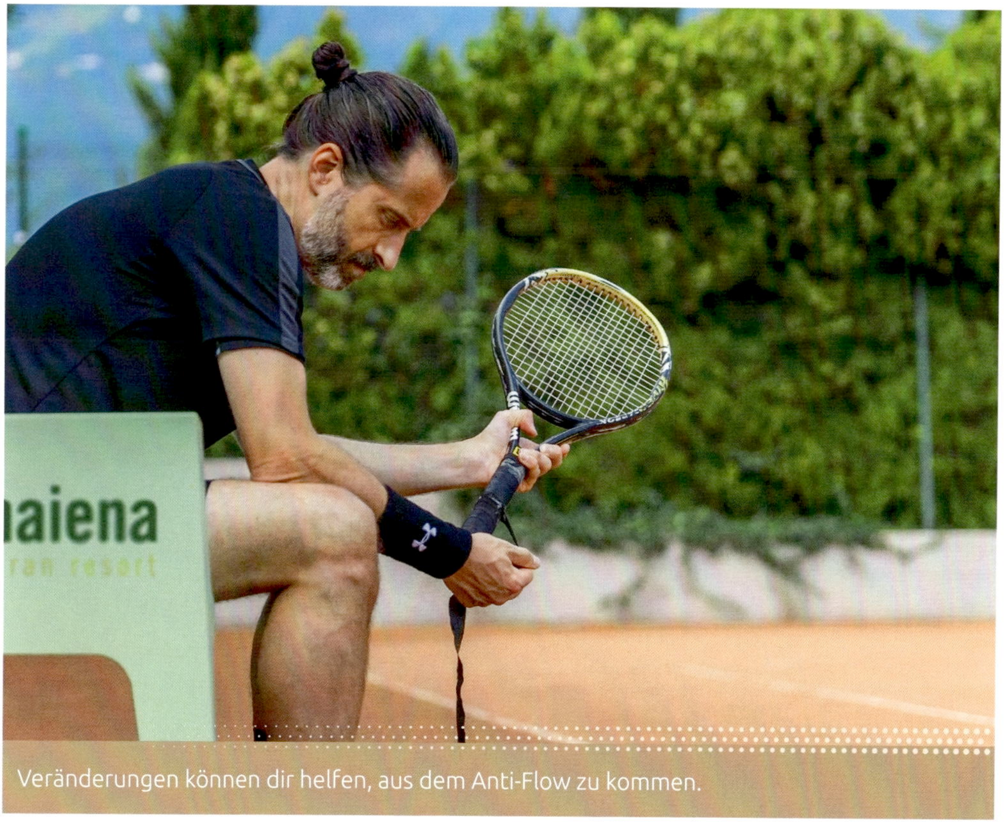

Veränderungen können dir helfen, aus dem Anti-Flow zu kommen.

– KAPITEL 19 –

Wie bekämpfe ich Angst?

Wie bekämpfe ich Angst?

„Ängstigt euch nicht vor dem Tod, denn seine Bitterkeit liegt in der Furcht vor ihm" (Socrates)

Tennis ist ein wunderschöner Sport, den die meisten in ihrer Freizeit betreiben. Die wenigsten Spieler verdienen ihren Lebensunterhalt mit diesem Sport. Dennoch gibt es das Phänomen der Angst im Tennis. Spieler kommen zu mir und erzählen mir, dass die Angst, einen Fehler zu machen, ein großes Problem für sie ist. „In einem richtigen Match, in dem es um LK-Punkte oder auch um Punkte für die Mannschaft geht, bin ich total verkrampft und traue mich nicht, meine Schläge durchzuziehen. Wenn ich dieses Problem nur lösen könnte." Es sind erstaunlich viele Spieler, denen es so ergeht. Mich hat das doch ein bisschen überrascht, vor allem weil es ja im Amateurbereich oftmals, überspitzt gesagt, um die goldene Ananas geht. Und das wissen auch die Spieler. Sie wissen, dass sie nicht um großes Preisgeld spielen und dass vermutlich andere Dinge in ihrem Leben höhere Priorität haben sollten. Im Profisport hingegen geht es um viel Geld. Da wäre es doch viel eher verständlich, Angst zu haben. Da Tennisspieler Einzelsportler sind, müssen sie ihre Ausgaben alle selbst decken, das bedeutet, sie müssen ihre Betreuer (Tennistrainer, Fitnesstrainer, Physiotherapeuten) und deren Spesen bezahlen. Darüber hinaus Flüge und Hotels für sich und ihr Team. Das wiederum bedeutet, dass der Druck, der auf ihnen lastet, gewaltig ist. Verlieren diese Spieler zu viele Matches, verlieren sie nicht nur Ranglistenpunkte und stürzen in der Weltrangliste ab, nein, darüber hinaus nehmen sie auch zu wenig Geld ein und die Ausgaben übersteigen die Einnahmen. Wieso aber wirken diese Top-Profis so, als hätten sie keine Angst? Diese Frage werde ich etwas später versuchen zu klären.

Kommen wir zu den Amateur- und Klubspielern zurück. Woran liegt das, dass es verhältnismäßig viele Spieler im Freizeitbereich gibt, die Angst verspüren? Und welche Gruppen sind davon besonders betroffen? Den Hauptgrund, weshalb viele Spieler im Amateurbereich sich eben nicht trauen, ihre Schläge durchzuziehen, liegt meiner Ansicht nach an der mangelnden Routine und damit einhergehend am fehlenden Selbstvertrauen. Zumeist tangiert dieses Problem sehr ehrgeizige Spieler, die unbedingt gewinnen und Erfolg haben wollen. Aber wir müssen da noch etwas genauer hinschauen, denn diese Erklärung ist etwas zu vereinfacht. Ich trainiere seit einigen Jahren eine Mannschaft. In dieser Mannschaft gibt es ein paar Spieler, die in etwa auf demselben Level spielen. Einer dieser Spieler, wir nennen ihn Nico, hat eben in den Mannschaftswettkämpfen besagtes Problem mit der Angst. Seine Teamkollegen Eric und Emil haben dieses nicht. Emil und Eric wollen auch gewinnen, aber für sie haben der Sieg und der Tennissport allgemein eine geringere Bedeutung. Infolgedessen ziehen sie ihre Schläge eher durch und verbuchen den einen oder anderen spektakulären Gewinnschlag, begehen bei dieser verhältnismäßig offensiven Spielweise aber auch mehr Fehler. Nico hingegen hält den Schläger sehr fest und spielt, bedingt durch seine Angst, weder entspannt noch locker, sondern mit Kraft. Nico spielt auch eher defensiv und versucht, Fehler zu vermeiden. Der Unterschied zu seinem Spiel im Training ist sehr groß, denn da spielt Nico sehr offensiv, produziert aber auch mehr Fehler. Durch sein eher ängstliches und vorsichtiges Spiel im Match gelang es ihm aber, in der letzten Saison alle seine Matches zu gewinnen. Die beiden großen Nachteile bei einem Spiel mit Angst, das grundsätzlich von Vorsicht durchsetzt ist, sind, dass es äußerst schwierig ist, gegen bessere Spieler zu gewinnen, und auch dass dieses Spiel nicht wirklich Spaß bereitet.

Zumeist sind ehrgeizige Spieler von Angst betroffen, die viel über Tennis nachdenken und das Gefühl haben, dass sie einen hohen Aufwand betreiben und dieser sich in guten Spielergebnissen und starken Schlägen niederschlagen müsse. Spieler eben, die auch an Konsequenzen denken. Kinder und allgemein sehr junge Spieler hingegen sind kaum von Angst betroffen. Sie spielen einfach. Oftmals ungestüm und ohne erkennbare Taktik, dafür aber mit großer Hingabe. Auch bei wirklich erfahrenen Spielern sieht man selten Angst, und wenn, dann nur in großen Drucksituationen. Die älteren, erfahreneren Spieler hatten vielleicht früher teilweise Angst beim Spielen, haben aber gelernt, diese zu kontrollieren. Und das ist es auch, was die Profispieler tun.

Ich habe das eben schon mal angerissen. Der Druck im Profisport ist gewaltig. Wie aber schaffen es die Profis, trotzdem ihr Spiel ohne Angst abzurufen?

Drei Punkte spielen für sie dabei eine große Rolle:

- **Selbstvertrauen:** Alle Profispieler haben mehr Matches gewonnen als verloren in ihrem Leben und ihrer Karriere. Sie waren vom Kindesalter an erfolgreich in diesem Sport. Natürlich hat jemand mal eine Krise oder schlechte Saison. Aber dann hat der Spieler die Möglichkeit, von der ATP auf die Challenger Tour zu gehen. Klappt es dort nicht, kann er ITF Futures spielen und danach die nationalen Preisgeldturniere. Über Siege entsteht Selbstbewusstsein und wer selbstbewusst ist, hat weniger Angst.

Und wer die Treppe emporgeklettert und in der Lage ist, seinen Lebensunterhalt mit dem Tennissport zu verdienen, weiß, dass er in diesem Sport zu den Besten zählt. Alle Profis haben Selbstvertrauen und vertrauen ihren Schlägen und Fähigkeiten. Wer seinen Fähigkeiten vertraut und von diesen überzeugt ist, ist weniger anfällig, Angst zu bekommen und zu verkrampfen.

- **Ausblenden der Angst:** Natürlich haben auch Profispieler Bedenken und Zweifel. Wenn es in einem Match um mehr als 10.000 € geht und die Situation sich zuspitzt, könnten sich schon Gedanken einschleichen wie: „Wenn ich jetzt gut spiele, habe ich das Geld, um mein Team weitere drei oder vier Wochen zu bezahlen." Dieser Gedankengang aber ist nicht produktiv in dieser Situation, denn er impliziert den nächsten negativen Gedankengang: „Wenn ich jetzt nicht gut spiele und ich dieses Match verliere, muss ich beim nächsten Turnier liefern! Wenn ich dort auch früh verliere, kann ich meinen Trainer nicht mehr bezahlen. Das führt zu Problemen und ohne Trainer ist es schwieriger, erfolgreich zu sein." Um gar nicht in diesen Teufelskreis zu kommen, blenden die Profispieler diese Gedanken aus, orientieren sich stattdessen an ihren Ritualen und Gedanken, die in der entsprechenden Situation angemessen sind („welche Taktik wähle ich?" oder „wie schaffe ich es, den nächsten Punkt zu gewinnen?"). Die Angst schieben sie weit von sich. Denn Angst lähmt. Auch verhalten sich die Profis in diesen Situationen wie Schauspieler. Sie spielen quasi eine Rolle, in der sie stark, mutig und angstfrei sind. Denn wenn der Gegenspieler erkennt, dass sie zweifeln, wird er das gnadenlos ausnutzen.
- **Positivität:** Negative Gedanken ersetzen die Top-Spieler durch positive Gedanken. Negative Gedankengänge hemmen, machen unglücklich und schaden uns, und das nicht nur beim Tennis. Positive Gedanken hingegen spenden Energie und beflügeln uns. Wie funktioniert das Ganze? Ich bin zwar kein Profi, aber ich bin es folgendermaßen angegangen: Früher dachte ich oftmals bei kritischen Spielständen: „Jetzt bloß kein Doppelfehler" oder „Bei deinem Glück kommt jetzt sicher der Doppelfehler". Irgendwann habe ich umgestellt und mir stattdessen gesagt: „Ich werde einen guten Aufschlag spielen" oder „ich werde versuchen, direkt mit dem Aufschlag zu punkten. Du hast schon so viele Aufschläge in deinem Leben gemacht. Du kannst das! Und wenn der Aufschlag nicht kommen sollte, hast du immer noch einen zweiten". Das war jetzt auf den Aufschlag bezogen. Es funktioniert aber auch in anderen Bereichen. Du bist verkrampft und schaffst es nicht, deine Schläge voll durchzuziehen und schiebst stattdessen nur? Dann kommt oft der Gedanke: „Ich bin nicht in der Lage, Druck zu machen und Winner zu schlagen." Gut. Ersetze diesen negativen Gedankenansatz

damit, dass du dir sagst: „Ich spiele defensiver als im Training, dafür aber besser, denn ich mache überhaupt keine Fehler und der Gegner bekommt von mir nichts geschenkt." Das klingt doch schon besser, oder? Auch beobachte ich häufig, dass die Spieler viele negative Selbstgespräche führen, ihre Körperhaltung eher gebückt ist und ihre negative Körpersprache ihre ganze Verzweiflung ausdrückt. Es ist besser, wenn du dich selbst anfeuerst. Zeige durch die „Becker-Faust" deine Entschlossenheit. Meiner Meinung nach ist es sehr hilfreich, sich selbst anzufeuern, wenn man Angst hat.

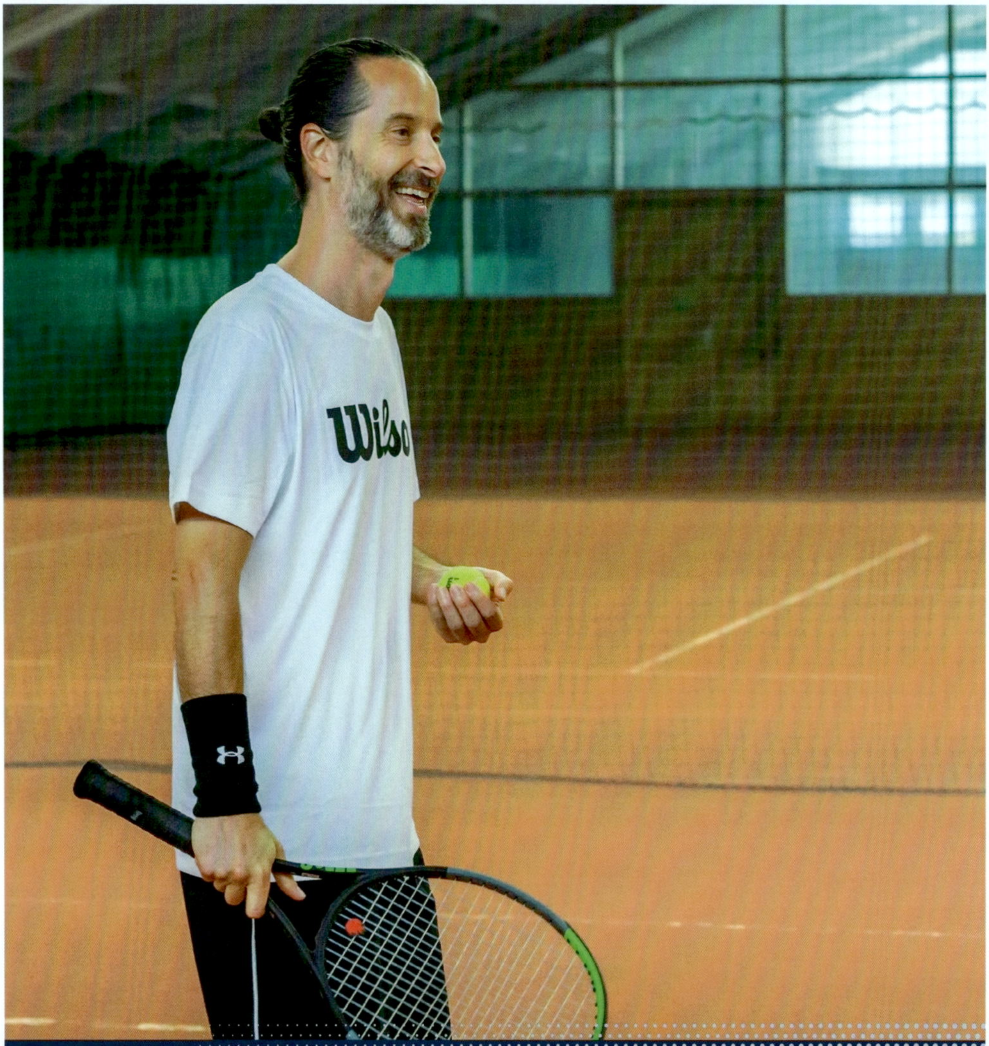

Optimismus hilft, wenn du ängstlich bist.

Lösen alle Profis das Problem der Angst? Mittlerweile würde ich zu „ja" tendieren. Denn fast alle Top-Profis arbeiten mit Psychologen zusammen und das mentale Spiel ist mittlerweile, genau wie die Technik und Athletik, auf einem sehr hohen Level. Allerdings gab es in der Vergangenheit durchaus Profis, die damit große Probleme hatten. Beispielhaft kann man das Wimbledonfinale aus dem Jahr 1993 zurate ziehen, als Jana Novotna gegen Steffi Graf beim Spielstand von 6 : 7, 6 : 1 und 4 : 1 und eigenem Aufschlag die Angst zu siegen bekam. Bis zu diesem Spielstand spielte sie offensiv, mutig, aggressiv. Plötzlich verirrten sich ihre Gedanken, und als der Sieg zum Greifen nahe war, schien sie zu denken: „Was ist, wenn ich jetzt doch nicht gewinne?", und mit jedem verlorenen Punkt gewann jener Gedanke an Kraft und Stärke. Am Ende gewann Novotna in diesem Finale kein Spiel mehr und verlor den dritten Satz mit 4 : 6. Glücklicherweise konnte sie ihre Dämonen vertreiben und ein paar Jahre später doch noch Wimbledon gewinnen.

Fazit:

Zusammengefasst kann man sagen, dass nur Spieler von Angst auf dem Tennisplatz befallen werden, die dem Tennissport eine hohe Priorität beimessen und ehrgeizig sind. Du kannst nun natürlich dein Wesen nicht abschütteln, denn es ist gut so, dass du ehrgeizig und ambitioniert bist. Aber du kannst versuchen, so zu tun, als wären das Match und vor allem der nächste Punkt nicht ganz so wichtig. Auch solltest du dich an den Verhaltensweisen der Top-Spieler orientieren. Selbstbewusstsein (wenn dieses angekratzt ist, tu einfach so, als wärest du selbstbewusst) ausstrahlen, die Angst ausblenden und positiv sein. Feuere dich selbst an und gib dir die Faust. Und wie auch in vielen anderen mentalen Bereichen wirst du Fortschritte machen, indem du dich der mentalen Herausforderung stellst, diese wieder und wieder durchlebst und aus dieser lernst. Mach dir aber keine Illusionen, du wirst nicht von heute auf morgen mutig und ohne Angst spielen. Das Ganze ist ein Prozess und du musst viele kleine Schritte gehen. Lerne unbedingt, die kleinen Schritte wertzuschätzen.

– KAPITEL 20 –

Was tun gegen Yips?

Was tun gegen Yips?

„Niemand rettet uns. Wir müssen selbst den Weg gehen“ (Buddha)

Da die Yips sicherlich nicht jedem Tennisspieler etwas sagen, möchte ich sie zunächst beschreiben. Wikipedia beschreibt die Yips folgendermaßen: „Unter Yips versteht man vor allem bei Golfern auftretende plötzliche unwillkürliche Muskelzuckungen, die insbesondere beim Putten auftreten.“

Im Tennis tritt das Phänomen vor allem beim Aufschlag auf. Auch hier möchte ich kurz Auszüge eines Erfahrungsberichtes, der bei tennisnet.com (der Name des Autors ist unbekannt) erschien, wiedergeben: „Es ist einfach ein Dämon, der da in dir sitzt. Die meisten von euch da draußen, die es nicht haben, belächeln es. Sie können nicht verstehen, wie Alexander Zverev, die Nummer sechs der Weltrangliste (zum damaligen Zeitpunkt, als der Artikel erschien), diesen verdammten zweiten Aufschlag nicht ins Feld spielen kann. Aber die Schlaghand ist in dem kurzen Moment beim Treffpunkt nicht mehr Teil des Körpers. Man spürt seine Hand nicht mehr und kann die Bewegung nicht mehr kontrollieren.“ Weiter wird im Artikel beschrieben: „Bevor du zum Aufschlag läufst, hast du nur eines im Kopf: ‘Hoffentlich kein Doppelfehler!’ Und ‘Hoffentlich sieht es keiner …’ Deine Hand wird schwitzig und fängt an zu zittern. Du wirfst den Ball hoch und fällst quasi beim Treffpunkt in dich zusammen, weil die Körperspannung fehlt. Du führst die Bewegung ganz normal aus und tatsächlich erkennt es von außen auch niemand, da sich die Bewegung vermeintlich auch kaum verändert. Du hast keine Ahnung, ob der Ball ins Feld gehen wird oder nicht, da du ihn einfach nicht spürst in dem Moment. Nicht im Sinne von ‘gar keinen Kontakt spüren’. Doch, den spürst du. Aber dir fehlt diese selbstverständliche Kontrolle und das Gefühl, den Ball dahin zu steuern, wohin du willst. Der Arm ist blockiert, du kannst nichts dagegen machen. Der Ball kann in die Mitte des Netzes gehen oder noch schlimmer: sogar vorm Netz aufkommen […].“

So weit die Ausführungen des unbekannten Autors auf tennisnet.com. Ich habe diesen Bericht deshalb gewählt, weil viele nicht wissen, was die Yips sind und weil der Autor die Yips einfach sehr gut beschreibt. Weiter sagt er, dass das Problem fast nur im Match und paradoxerweise eher selten im Training auftaucht. Auch sieht er einen Mix aus „psychologischen und physischen bzw. technischen Problemen“. Zuletzt erwähnt er, dass es „die wenigsten zu 100 % in den Griff bekommen“.

Ich möchte mich nun den beiden letzten Aussagen widmen. Ich denke, dass das Problem der Yips hauptsächlich psychologischer Natur ist und nur bedingt mit der Technik an sich zu tun hat. Weiter bin ich fest davon überzeugt, dass jeder, der die Yips hat, diese in den Griff bekommen kann, auch wenn es für manchen ein langer Weg sein mag. Ich bin mit Sicherheit ein Experte bei diesem Thema, denn ich hatte auch die Yips zwischen 2008 und 2010, auch wenn ich damals noch nicht wusste, dass diese so zu benennen sind. Angefangen hat alles mit Schulterschmerzen bei Überkopfbällen und Aufschlägen. Daraufhin habe ich die Bewegung minimal verändert, hatte aber kein Timing mehr. Anfangs schien es kein Problem zu sein. Gut, ich machte ein paar Doppelfehler mehr und der Aufschlag war auch nicht mehr so effektiv, wenn er ins Feld kam. Aber die Aufschlagschwäche weitete sich aus und ich hatte in jedem Aufschlagspiel mindestens einen Doppelfehler. Ich begann dann langsamer aufzuschlagen, viel langsamer und immer langsamer, und das machte die ganze Situation nur noch schlimmer. Mir mangelte es an Selbstvertrauen und ich suchte Lösungen. Auch mein Ballwurf war miserabel. Hier bin ich mir jedoch unsicher, ob die Yips wegen meines schlechten Ballwurfes kamen oder der Ballwurf infolge der Yips immer schlechter wurde. Zu Hochzeiten machte ich jedenfalls durchschnittlich zwei bis drei (wenn das Spiel über Einstand ging) Doppelfehler pro Aufschlagspiel. Es ist so, als würde man jedes Mal mit 0 : 30 starten. Schrecklich. Wie aber bekam ich das Problem in den Griff? Für mich war es ja quasi existenzbedrohend, denn wer will sich von einem Tennislehrer, der augenscheinlich selbst nicht aufschlagen kann, den Aufschlag beibringen lassen? Zunächst arbeitete ich an meinem Ballwurf. Ich begann zu jonglieren. Zuerst mit drei Bällen und beiden Händen und später dann mit zwei Bällen in jeder Hand. Dies sorgte dafür, dass ich ein viel besseres Gefühl für den Ballwurf bekam. Hatte ich zu meiner Hochphase, als ich Doppelfehler um Doppelfehler produzierte, noch überall hingeworfen und musste die Bewegung daher immer und immer wieder anpassen, so konnte ich den Ball nun immer gleich werfen und daher immer dieselbe Bewegung ausführen. Dies stabilisierte meinen Aufschlag ein bisschen und ich machte wieder nur noch einen Doppelfehler durchschnittlich pro Aufschlagspiel. Und nun kommen wir zum zweiten Punkt, nämlich dass das Problem hauptsächlich psychisch ist. Nehmen wir das Beispiel Zverev, der im Jahr 2019 Phasen hatte, in denen sich Doppelfehler an Doppelfehler reihte. Aber es gab auch Turniere (wie zum Beispiel die ATP Finals in London), als Zverev fast keine Doppelfehler machte. Auch der Beginn von 2020 zeigt auf, dass es eher ein mentales als ein technisches Problem ist. Bei seinen zwei ATP-Turnieren in 2020 (ATP Cup und 500er Acapulco) beging Zverev 50 Doppelfehler in 52 Aufschlagspielen (Durchschnitt 0,96 Doppelfehler pro Aufschlagspiel, 4,5 Doppelfehler pro Satz). Beim Grand-Slam-Turnier in Melbourne hingegen machte Zverev in 94 Aufschlagspielen nur 15 Doppelfehler (0,16 Doppelfehler pro Aufschlagspiel im Durchschnitt, das ist lediglich ein Doppelfehler alle sechs Aufschlagspiele, im Durchschnitt 0,75 Doppelfehler pro Satz). Zverev hat ja nicht von jetzt auf gleich das Aufschlagen verlernt, und sein Aufschlag sieht rein optisch alles andere als schlecht aus. Auch ich hatte damals natürlich das Problem, dass ich kein Vertrauen in meinen Aufschlag hatte. Und unwillkürlich schleichen sich Gedanken ein wie: „Bitte, jetzt kein Doppelfehler“ oder „hoffentlich bekomme ich den ersten Aufschlag ins Feld, denn der zweite ist so unsicher“. Und dies ist nun der knifflige, der schwierige Teil. Diese Gedanken sind Gift und diese Gedanken musst du unterdrücken und durch positive, bessere Gedanken ersetzen (ich komme darauf ausführlicher zu sprechen im Kapitel „Denken lernen“). Ich bin irgendwann vom Worst-Case-Szenario ausgegangen. „Was kann schlimmstenfalls passieren? Du machst wieder einen Doppelfehler.“ „Was aber kann bestenfalls passieren? Du schlägst ein Ass oder dein Gegner verschlägt den Return ob deines guten Aufschlags. Wenn du aber gar nicht versuchst, einen guten Aufschlag zu machen, dann kannst du auch keinen Fehler erzwingen und schon gar kein Ass schlagen.“ Ich habe also den Doppelfehler akzeptiert und habe begonnen, wieder mutiger und schneller aufzuschlagen. Doppelfehler habe ich trotzdem erst mal noch gemacht. Aber ab und zu gelang es mir sogar, wieder einen direkten Punkt mit dem Aufschlag zu erzielen. Die Geschwindigkeit wurde wieder schneller, die Flugkurve wieder besser, der Treffpunkt wieder sauberer und das Selbstvertrauen stieg in gleichem Maße an, wie die Anzahl der Doppelfehler abnahm. Ich substituierte den Gedanken: „Bitte kein Doppelfehler“ (wichtig hierbei ist, dass weder ich noch andere Spieler mit diesem Problem denken: „Hoffentlich mache ich jetzt keinen Doppelfehler.“. Nein, wir denken: „Hoffentlich kein Doppelfehler“, als ob man selbst keinen Einfluss darauf hätte. Aber den hast du, falls du von dem Problem betroffen sein solltest) durch „Jetzt werde ich einen guten Aufschlag machen“ oder „Jetzt schlage ich ein As“. Oder auch: „Jetzt öffne ich den Platz mit einem Aufschlag weit nach außen.“. Dies geht natürlich nicht von heute auf morgen und es werden sich noch lange diese destruktiven Gedanken einschleichen. Dabei ist dann wichtig, diese sofort und umgehend zu unterdrücken und durch „gute“ Gedanken zu ersetzen. Denke an gute Aufschläge, die du schon gemacht hast. Verinnerliche dir, wie der Sound war, als du den Ball im Training oder vorhin beim Einschlagen satt getroffen hast, und versuche, dieses Geräusch wieder zu erzeugen mit deinem Aufschlag. Denke positiv.

Im Übrigen ist Zverev nicht der einzige Profispieler, der die Yips zu haben scheint, bei ihm tauchen sie sogar nur sporadisch auf und nicht immer. Bei den Frauen hat Sara Errani aktuell mit diesem Problem zu kämpfen. Der ehemalige argentinische Weltklassespieler Guillermo Coria (ehemalige Nummer drei der Welt) beendete unter anderem wegen der Yips seine Karriere. Nachdem Coria bereits in der Saison 2005 346(!) Doppelfehler schlug (das Jahr aber dennoch als Nummer acht der Weltrangliste beendete), fabrizierte er im Jahr 2006 287 Doppelfehler in nur 25 Matches. Dies sind 11,5 Doppelfehler durchschnittlich pro Match. Und das bei insgesamt lediglich 14 Assen in der Saison 2006. Coria, der die Jahre davor bis 2005 zumindest immer solide aufschlug, bekam das Problem danach nicht mehr in den Griff und beendete 2009 im Alter von gerade einmal 27 Jahren seine Karriere.

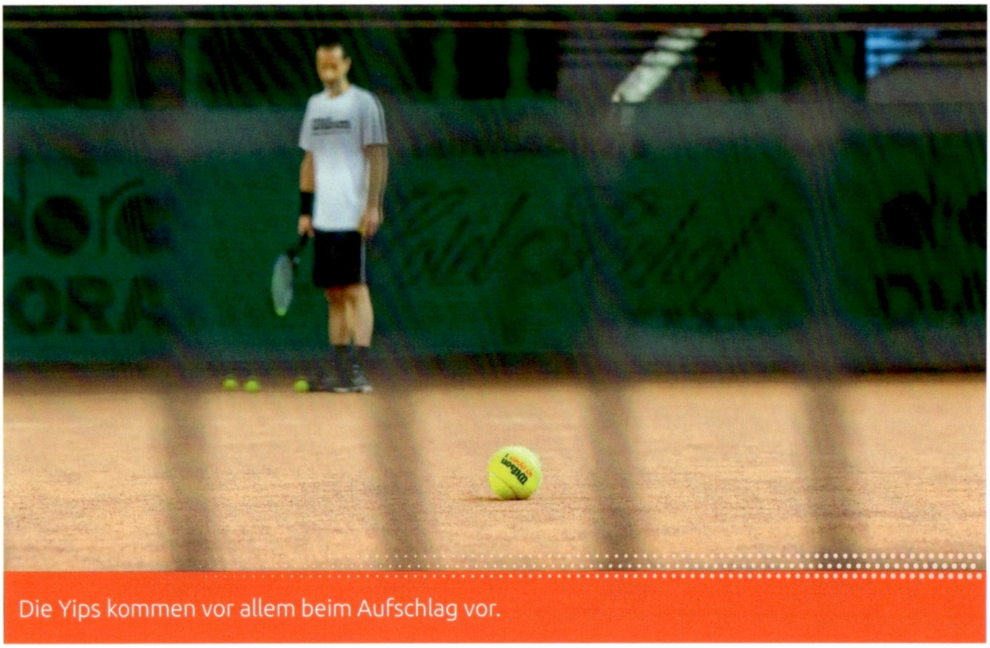

Die Yips kommen vor allem beim Aufschlag vor.

Die Yips gibt es natürlich nicht nur beim Aufschlag im Tennis. Sie können auch bei Vor- oder Rückhand auftreten. Allerdings gibt es hier mehrere Vorteile, um deren Auswirkung zu minimieren. Eine Rückhand oder Vorhand kannst du umlaufen. Du kannst verhindern, den schlechten Grundschlag spielen zu müssen, indem du zum Netz gehst. Du kannst statt Topspin Slice spielen, auch wenn dies auf der Vorhandseite wohl etwas sonderbar anmuten mag, aber es wäre eine Lösung. Und wenn du dich sicherer fühlst, kannst du wieder durchziehen. Den Aufschlag hingegen kannst du nicht umgehen. Auch kommt bei den Grundschlägen (beim Volley kenne ich niemanden, der die Yips hat) hinzu, dass dein Zielfeld viel größer ist, nämlich 97,85 m² gegenüber 26,37 m² (Aufschlagfeld). Dennoch gelten bei den Grundschlägen dieselben Regeln. Oftmals ist es psychisch bedingt, und du solltest die negativen Gedanken durch positive ersetzen. Es gibt immer eine Lösung und Aufgeben ist keine Option. Hier möchte ich noch mal kurz auf das Zitat von Björn Borg zurückkommen: „Du musst es finden. Sonst findet es niemand für dich." Die Lösung liegt bei dir, allein bei dir! Dein Trainer kann dir Tipps geben, aber das Gefühl für den Aufschlag, die Vorhand, die Rückhand musst du selbst bekommen. Aber es lohnt sich, danach zu suchen, und früher oder später wirst du es finden!

Auch ist es so, dass die Yips sich nicht nur auf diesen Schlag, sondern auf dein gesamtes Spiel auswirken. Nehmen wir nochmals das Beispiel des Aufschlags. Wenn du nun im Durchschnitt, sagen wir, 1,5 Doppelfehler pro Aufschlagspiel machst, wirst du häufiger deinen Aufschlag verlieren. Das bedeutet, du musst mehr Breaks schaffen. Das wiederum bedeutet, dass du aus dem Spiel heraus deutlich besser spielen musst als dein Gegenspieler. Als es mir damals so erging, dass ich im Durchschnitt zwei Doppelfehler pro Aufschlagspiel schlug, wusste ich, dass ich aus dem Spiel heraus fast jeden Punkt gewinnen musste. Mir war infolgedessen klar, dass ich mir keine leichten Fehler erlauben durfte, denn beging ich zwei Doppelfehler und einen leichten Fehler, steht es schon 0 : 40! Beim Aufschlag des Gegners wiederum, wenn er einen direkten Aufschlagpunkt macht und ich mache einen Fehler, steht es 30 : 0. Dies setzt dich psychisch unglaublich unter Druck. Bei mir wirkte sich das so aus, dass ich begann, sehr defensiv zu spielen, denn Fehler konnte ich mir nicht leisten. Dies ist im Übrigen nicht nur bei mir so. Ich habe im Laufe der Jahre ein paar Spieler gesehen, die wohl auch Probleme mit den Yips hatten. Alle spielten defensiv, aber alle hatten sehr große Sicherheit in ihren Grundschlägen. Paradoxerweise jedoch nicht beim Aufschlag.

Fazit:

Die Yips treten zumeist beim Aufschlag auf, können aber auch bei anderen Schlägen auftreten. Meiner Meinung nach ist es vor allem eine mentale Geschichte, was das Ganze nicht minder kompliziert macht. Dennoch gibt es Lösungen und die Yips, egal, bei welchem Schlag, müssen kein Dauerzustand sein. Versuche mit kleinen Schritten, dein Problem zu lösen, und versuche dir die richtige Denkweise anzugewöhnen. Ruf dir aber auch ins Gedächtnis, dass es ein langer Prozess bis zur endgültigen Heilung sein wird, und mahne dich zu Geduld. Mir ist auch klar, dass nur ein geringer Prozentsatz der Spieler und Leser von diesem Problem betroffen sind. Dennoch wollte ich dies thematisieren, denn ich konnte in der Tennisliteratur keinen Beitrag finden, der sich diesem Thema umfassend gewidmet hat.

– KAPITEL 21 –

Das Unterbewusstsein und die Beeinflussung durch Visualisierung

Das Unterbewusstsein und die Beeinflussung durch Visualisierung

„Du wirst morgen sein, was du heute denkst" (Buddha)

„Das Unterbewusstsein (Unbewusstes), die psychischen Vorgänge unterhalb der Bewusstseinsschwelle, die der rationalen Kontrolle entzogen sind" lautet eine Definition, die mir ganz gut gefällt. Das Unterbewusstsein hat zweifelsohne großen Einfluss auf unser Leben, wahrscheinlich mehr, als wir uns alle wünschen. „Einer bewussten Entscheidung geht immer eine unbewusste Entscheidung voraus." Das ist auch der Grund, weshalb du oftmals, vor allem mit deinem schwächsten Schlag, zögerlich bist und diesen verhalten und verkrampft ausführst. Tief im Inneren glaubst du nicht an die erfolgreiche Durchführung, wenn du den Schlag voll durchziehst. Bei deinem Paradeschlag hingegen bist du schon mutiger und ziehst durch. Was aber passiert, wenn du diesen verschlägst? Richtig, du sagst dir: „Zufall, dass ich verzogen habe. Ich kann den doch", und probierst es wieder und wieder. Und wenn dir dein Paradeschlag partout nicht gelingen will, dann hattest du eben einen schlechten Tag. Denn es ist dein bester Schlag und das Selbstbewusstsein für diesen außergewöhnlichen Schlag ist tief im Unterbewusstsein verankert. Ähnlich kannst du aber auch für deine schwächeren Schläge Selbstbewusstsein im Unterbewusstsein aufbauen. Aber kaum jemand tut dies. Was ich dir verdeutlichen wollte, ist, welch große Rolle das Unterbewusstsein spielt, und das nicht nur beim Tennis oder beim Sport.

Wie aber kannst du Einfluss auf dein Unterbewusstsein nehmen? Hier gibt es verschiedene Methoden. Autosuggestion, Hypnose oder Visualisierung, um nur mal einige zu benennen. Ich möchte vor allem auf die Visualisierung als Technik eingehen.

Die aktuelle Nummer eins der Welt, Novak Djokovic (Stand Mai 2020), sprach nach seinem Wimbledontriumph 2019 von „der Kraft der Visualisierung". Aber Djokovic ist da kein Einzelfall. So äußerte sich auch die US-Open-Siegerin von 2019, Bianca Andreescu, folgendermaßen: „Dass all das Realität wird, ist schon verrückt. Anscheinend helfen diese Visualisierungen wirklich." Und weiter sagte Andreescu im Anschluss an ihren US-Open-Triumph: *„Ich habe die längste Zeit von diesem Moment geträumt. Nachdem ich den Orange Bowl gewonnen hatte (im Jahr 2015), glaubte ich wirklich daran, dass ich es auf* *diese Bühne schaffen könnte. Seitdem visualisiere ich das beinahe jeden einzelnen Tag, um ehrlich zu sein."*

„Visualisieren bedeutet, sich etwas mit dem Geist bildlich vorzustellen." Andreescu stellte sich quasi über Jahre vor ihrem eigentlichen US-Open-Sieg jeden Tag vor, wie sie das Finale der US Open gewinnen würde. Sie stellte sich vor, wie sie den Matchball verwandeln würde, wie sie die Glückwünsche ihrer Gegenspielerin entgegennehmen würde und auch wie sie den Pokal in die Höhe stemmen würde. Wie kannst du das auf dich und dein Tennis übertragen? Zum einen solltest du dir natürlich ein Ziel setzen (im Falle Andreescus war dies der US-Open-Sieg). Dies kann der Sieg bei einem Ranglisten- oder LK-Turnier sein, dies kann der Sieg in einem wichtigen Mannschaftsspiel sein, der deinem Team den Aufstieg sichert, oder der Sieg gegen deinen Angstgegner im Tennisverein. Nun stellst du dir bildlich vor, wie du Punkte in diesem Spiel erzielst, wie du den Matchball verwandelst, wie du jubelst, vielleicht auch wie gut das Bier nach dem Sieg schmecken wird. Wichtig dabei ist, dass du dir nicht nur die Bilder vorstellst, die wie ein Film vor deinem inneren Auge ablaufen, sondern dass du auch die anderen Sinne versuchst mit einzubeziehen. Die Geräusche (den Jubel der Zuschauer, ein lautes „Come on" deinerseits nach einem gelungenen Punkt, dein eigener Freudenschrei nach dem verwandelten Matchpunkt), die deine Ohren wahrnehmen, die Hitze oder den Wind, den deine Haut spürt, die Gerüche, die deine Nase wahrnimmt (ich rieche ein Break) etc. Gut beschrieben, dass Visualisierungen eben nicht nur die Vorstellung von Bildern sind, hat dies im Übrigen Novak Djokovic: „Wenn sie (die Fans in Wimbledon) rufen 'Ro-ger, Ro-ger', dann höre ich 'No-vak, No-vak'. Es klingt komisch, aber so ist es." Djokovic hat also vor dem Wimbledonfinale visualisiert und sich unter anderem vorgestellt, wie die Fans ihm zujubeln und „No-vak, No-vak" skandieren. Auch äußerte sich Djokovic dahingehend, dass er schon vor dem Match „alle möglichen Szenarien", ja sogar „jede mögliche Variante des Matches durchgespielt habe. In meiner Vorstellung war ich dabei immer der Sieger". Dies ist bei Visualisierungen sehr wichtig, dass sie immer positiv und energiegeladen sind. Denn du kannst dein Unterbewusstsein auch auf negative Art beeinflussen, und dein Unterbewusstsein wird die Negativität wieder zum Vorschein bringen. Angst, Zweifel, Verkrampfung statt Mut, Entschlossenheit, Entspannung.

Was aber ist noch wichtig bei Visualisierungen, außer dass diese stets positiv sein sollten? Wichtig ist, dass du deine Ruhe hast, denn du benötigst Konzentration. Du solltest ungestört sein und dich nicht durch andere Lebewesen oder dein Handy ablenken lassen. Auch unter Zeitdruck ist es schlecht zu visualisieren. Am besten du schaffst dir jeden Tag ein kurzes Zeitfenster (fünf bis zehn Minuten), in dem du deine Visualisierungen durchführen kannst. Auch ist es wichtig, dass du dabei entspannt bist und es mehr oder weniger bequem hast. Ich selbst bevorzuge eine liegende Position. Ich rate dir, Visualisierungen regelmäßig durchzuführen. Vor allem am Abend vor einem Match, aber auch beim mentalen Warm-up am Tag des Matches. Je häufiger du visualisierst, desto wohler wirst du dich dabei fühlen und desto besser werden die dadurch erzielten Ergebnisse.

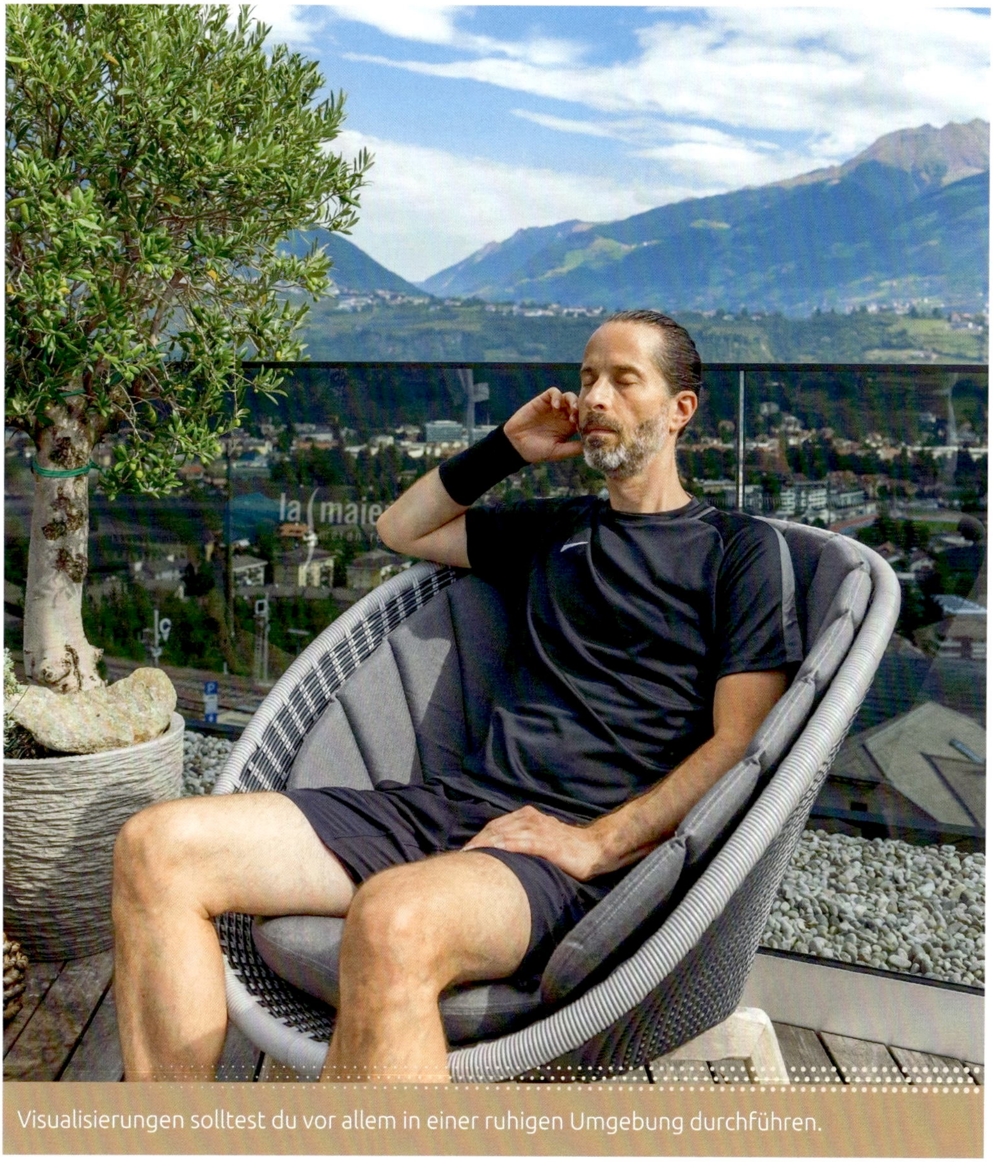

Visualisierungen solltest du vor allem in einer ruhigen Umgebung durchführen.

Du musst Visualisierungen auch nicht nur auf deine Ziele im Tennis, und wie du diese zu erreichen gedenkst, anwenden, sondern kannst sie auch auf einzelne Schläge anwenden. Du bist unzufrieden mit deinem Aufschlag? Stell dir genau vor, wie du den Aufschlag ausführst, wie du den Ball satt im Sweetsport triffst. Nimm das Geräusch des Aufpralls auf deinem Schläger wahr. Fühle die Vibration des Schlägers im Arm, den der Kontakt mit dem Ball erzeugt. Stell dir unbedingt auch die Flugkurve des Balles vor. Vor deinem inneren Auge sollte der Ball unerreichbar in der von dir gewünschten Ecke des Aufschlagfeldes einschlagen. Visualisiere dies wieder und wieder und wieder. Mit der Zeit wird es besser gehen und ein Automatismus wird sich einstellen. Dein Aufschlag wird sich definitiv verbessern. Dies wird nicht nach der ersten Visualisierung geschehen, vermutlich auch nicht nach der zweiten. Aber wenn du dies eine geraume Zeit praktizierst, wirst du positive Ergebnisse erzielen. Vor allem wenn du Probleme mit den zuvor beschriebenen Yips hast, sind Visualisierungen in Hinblick auf den Aufschlag sinnvoll. Ansonsten kannst du Visualisierungen auch auf jeden anderen Schlag anwenden. Versuche dir die Bewegung, die du durchführst, bildlich vorzustellen, genauso die Flugbahn des Balles, spüre den Ballkontakt und nimm den Sound des Balles und des Schlägers wahr, am besten auch das Geräusch deiner Atmung bei der Vorhand oder der Rückhand, je nachdem, welchen Schlag du visualisieren möchtest.

Auch kannst du Visualisierungen auf andere Lebensbereiche übertragen. Zum Beispiel auf ein wichtiges Vorstellungs- oder Verkaufsgespräch. Sicher hast du dir bereits einmal vor einem wichtigen Gespräch vorgestellt, wie eben jenes Gespräch verlaufen wird, was du gefragt wirst, wie du antworten wirst. Je tiefer du in dich gehst und je genauer du dir die Situation vorstellst, desto besser. In deiner Vorstellung beantwortest du auch schwierige Fragen und komplexe Themenbereiche souverän. Außerdem solltest du auch hier auf Details achten, dass du auch dann nicht ins Schwitzen gerätst, wenn dein Gesprächspartner eventuelle Schwächen aufzudecken scheint. Je besser du vorbereitet bist, je mehr verschiedene Situationen du visualisierst, desto souveräner und selbstsicherer wirst du auftreten, ob nun in einem wichtigen beruflichen Gespräch oder auch auf dem Tennisplatz.

Fazit:

Die Macht des Unterbewusstseins wird von vielen Menschen immer noch unterschätzt. Aber unser Unterbewusstsein hat eine große Kraft und einen starken Einfluss auf unsere Entscheidungen. Vor allem in Druck- und Extremsituationen zeigt sich, wer tief im Inneren selbstbewusst ist und positive Energie in sich trägt. Dies ist kein Zufall, sondern kann gezielt gesteuert werden, indem wir unser Unterbewusstsein mit positiven Botschaften anfüttern. Hierfür gibt es verschiedene Methoden. Über Visualisierungen können wir großen Einfluss auf besagtes Unterbewusstsein nehmen. Top-Spieler wie Novak Djokovic oder Bianca Andreescu berichteten im Anschluss an ihre Grand-Slam-Siege im Jahr 2019 von dieser Methode und wie sie diese erfolgreich angewendet hatten. Sie schreiben den Visualisierungen einen Anteil an ihrer mentalen Stärke zu. Wenn du visualisierst, mach dies in einem entspannten Zustand und einer entspannten Position. Suche dir dafür einen ruhigen Ort, an dem du nicht gestört wirst, und lass dich von nichts und niemandem ablenken. Versuche diese Methode regelmäßig, besonders am Abend vor einem Match, aber auch beim mentalen Warm-up vor dem Match durchzuführen. Je häufiger du visualisierst, desto wohler wirst du dich fühlen und desto besser werden die Ergebnisse werden.

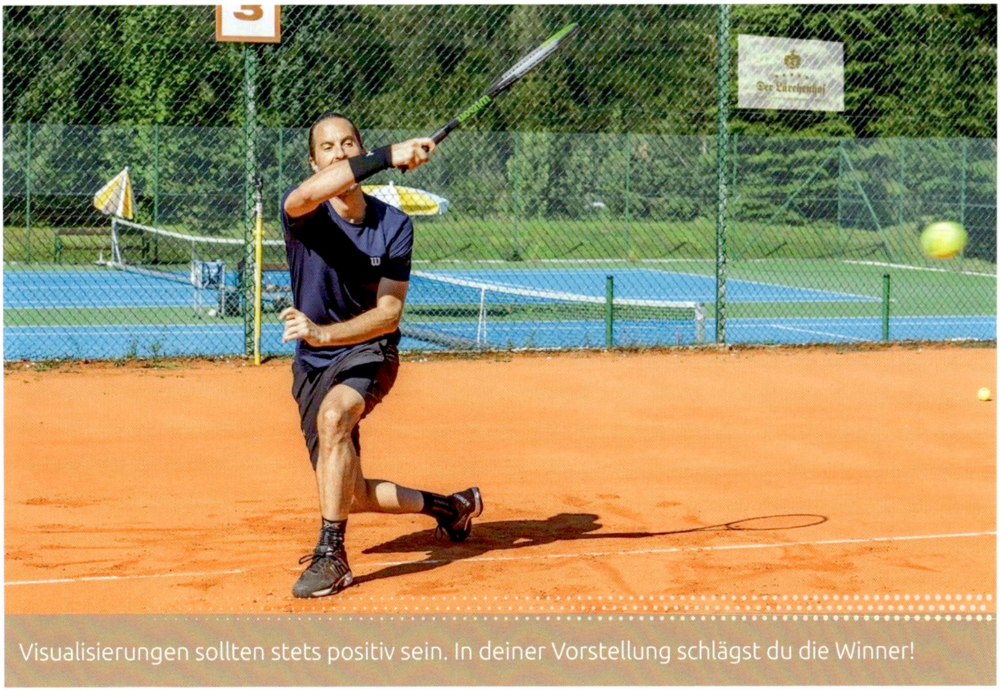

Visualisierungen sollten stets positiv sein. In deiner Vorstellung schlägst du die Winner!

– KAPITEL 22 –

Denken lernen

Denken lernen

„Weil denken die schwerste Arbeit ist, die es gibt, beschäftigen sich auch nur wenige damit" (Henry Ford)

Im Spielfilm „Borg/McEnroe" sagt dessen Trainer Lennart Bergelin, dass er in seiner Karriere in einem wichtigen Match „zu viel gedacht habe … er hätte seinen Kopf ausschalten müssen, dann hätte er gewonnen". Ich halte das für falsch. Man denkt immer etwas. Du solltest nur die richtigen Gedanken denken!

„Jetzt kommt bestimmt gleich wieder der Doppelfehler", „sicher hat mein Gegner gleich wieder Glück und trifft die Linie", „gleich geht es in den Match-Tiebreak, da verliere ich doch immer".

All das sind Gedanken, die dich nicht weiterbringen. Zu negativ! Es geht nicht darum, immer alles rosarot zu sehen. Wenn du deine Leistung nicht abrufen kannst und gegen einen vermeintlich schwächeren Gegenspieler klar zurückliegst, gibt es da erst mal nichts zu beschönigen. In der Regel spielst du nicht dein bestes Tennis und irgendetwas läuft schief. Nun gibt es verschiedene Kategorien von Spielern, die unterschiedlich mit diesen Situationen umgehen. Der eine regt sich furchtbar auf, schimpft, schreit und flucht: „Heute geht ja gar nichts!", „bist du schlecht", „wie kannst du gegen diesen Spieler nur so verlieren?". Der nächste Spieler artikuliert diese Dinge nicht, aber denkt sie sich. Er ergibt sich in sein Schicksal und denkt sich: „Heute ist einfach nicht mein Tag. Beim nächsten Mal wird's bestimmt besser", und lässt dem Spiel seinen Lauf. Wiederum andere suchen nach Ausreden und Rechtfertigungen, für sich selbst, aber auch für andere: „Ich war nicht ganz fit in diesem Spiel, die Schulter hat gezwickt und mein Rücken hat geschmerzt. Ich konnte mich gar nicht richtig bewegen. Klar, dass ich nicht mein bestes Tennis spielen konnte." Alle drei Spielertypen beginnen zu resignieren und verlieren den Glauben an sich selbst und damit auch das Spiel. Und nun gibt es Spielertypen, die die richtigen Gedanken finden. Das muss nicht der Gedanke sein: „Dieses Spiel gewinne ich noch!" Ich möchte hierzu kurz eine kleine Geschichte erzählen:

1993 spielte im Viertelfinale der French Open die Favoritin Gabriela Sabatini gegen Mary Joe Fernandez. Nach 53 Minuten schlug Sabatini beim Stand von 6 : 1 und 5 : 1 zum

Halbfinaleinzug auf. In diesem Moment dachte Fernandez, so sagte sie es später in diversen Interviews: „Ich habe gesehen, dass nur 53 Minuten auf der Uhr standen. Ich muss es bis zur Eine-Stunde-Marke schaffen." Am Ende schaffte es Fernandez nicht nur zur Eine-Stunde-Marke, sondern sie konnte das Match nach Abwehr von fünf Matchbällen noch mit 1 : 6, 7 : 6 und 10 : 8 gewinnen. Das Spiel dauerte über dreieinhalb Stunden. Entscheidend aber waren die Gedanken von Fernandez, die sich klugerweise ein Zwischenziel gesetzt hatte, nämlich das Erreichen der Eine-Stunde-Marke. Sie hat nicht gedacht: „Jetzt stehst du bei so einem bedeutsamen Turnier, in so einem großen Stadion im Viertelfinale und bekommst nichts hin, wie peinlich ist das denn."

Im Tennissport haben wir wirklich viel Zeit zum Denken. Durchschnittlich dauert ein Tennismatch 98 Minuten (Quelle ATP). Die Nettospielzeit beträgt aber gerade mal 18 Minuten. Also 20 % des Matches spielen wir Ballwechsel. Der Rest besteht aus Pausen. Man sammelt Bälle, trocknet sich mit dem Handtuch ab, richtet seine Saiten, sitzt in der Pause auf der Bank und trinkt etwas. Viel Zeit also zum Nachdenken. An was können Spieler in den Pausen denken und was hilft ihnen? Auch hier gibt es wieder verschiedene Gruppen:

Der Abgelenkte denkt:

- an das leckere Essen oder das kühle Bier nach dem Match,
- an seine Freundin,
- an seine Mails, die er am Abend noch beantworten muss,
- an den nächsten, stressigen Arbeits-/Schultag.

Der Verzagte denkt:

- Was kann noch alles schiefgehen im Match?
- Hoffentlich merkt mein Gegner nicht, dass ich die Vorhand unter Druck nicht treffe.
- Das wird doch heute eh nichts.
- Mein Gegner ist viel besser als ich, der hat Spieler geschlagen, gegen die ich keine Chance habe.
- Konditionell bin ich heute nicht gut drauf. Wenn das Match lange dauert, werde ich verlieren.

Der Übermütige denkt:

- Den schlag ich locker.
- Ich mach mal ein paar Zauberschläge für die Zuschauer.

- Im nächsten Match spiele ich gegen Fritz. Das sollte ich auch packen.
- Im nächsten Game versuche ich mit jedem Schlag einen Winner.
- Was sage ich nach dem Match zu meinen Kumpels?

Der Clevere denkt:

- Wo sind die Schwachstellen meines Gegenspielers?
- Wie schaffe ich es, am besten nach einem Ballwechsel zu regenerieren?
- Sind lange Pausen zwischen den Ballwechseln sinnvoller für mich als für meinen Kontrahenten?
- Wie kann ich die Bedingungen für mich und mein Spiel nutzen?
- Ich sollte mich auf meine Rituale konzentrieren und diese einhalten.
- Ich sollte mich auf meine Atmung konzentrieren.

Es dürfte jedem klar sein, dass die ersten drei Typen die falschen Gedanken haben. Wir müssen auf dem Tennisplatz im Hier und Jetzt sein und nicht in die Vergangenheit gehen oder schon zu weit in die Zukunft denken.

Auch hier möchte ich beispielhaft drei kleine Anekdoten aus dem Amateursport erzählen:

Schon Tage vor dem Match bemerkt Gisela, dass sie mehr Fehler mit ihrer ansonsten sehr starken Vorhand macht als gewöhnlich. Sie schimpft über diesen Schlag: „Ich kann keine Vorhand mehr." Ihr Trainer findet die Vorhand nicht so schlecht, aber Gisela macht diesen Schlag schlecht: „Wie soll ich mit so einer Vorhand gewinnen?" Am Tag des Spiels ist sie nervös und angespannt, sie hat kein Selbstvertrauen, dafür aber jede Menge Selbstzweifel. Sie ist sich ihrer Stärken, die nicht nur aus ihrer Vorhand bestehen, nicht bewusst und malt sich schon vor Matchbeginn ein Schreckensszenario aus. Das Match beginnt und sie schlägt ein paar gute und ein paar weniger gute Bälle mit der Vorhand. Ihre Stärke ist es, Druck aufzubauen, aber sie möchte auch keine Fehler machen. Also spielt sie vorsichtiger. Sie macht tatsächlich weniger Fehler, aber ihre Vorhand ist mehr geschoben als geschlagen. Wieder schimpft sie: „Du spielst zu lasch", „Klar, die Vorhand kam ja die letzten Wochen schon nicht". Sie liegt zurück, obwohl sie favorisiert und mehrere Leistungsklassen besser als ihre Gegnerin ist.

„Peinlich!"

„Du trainierst so viel und bekommst nichts auf die Reihe."

„Was sollen die Leute vom Verein denken, wenn ich gegen so eine Spielerin verliere?"

Giselas Gegnerin ist dagegen ganz ruhig. Ab und zu motiviert sie sich mit einem „Come on". Wohlwollend nimmt sie zur Kenntnis, dass Gisela sich und ihr Spiel selbst zerstört, dass sie so sehr mit allem Schlechten beschäftigt ist, dass sie hektisch ist, dass sie sich weder richtig auf den Ball noch auf den Treffpunkt und schon gar nicht auf eine eventuelle Taktik konzentrieren kann. Gisela bemerkt überhaupt nicht, dass ihre Gegnerin eine weit schwächere Vor- wie Rückhand hat, denn sie spielt jeden Ball zur Rückhand. Am Ende verliert Gisela in zwei Sätzen.

Was hätte sie anders machen können? Na ja, so ziemlich alles.

Zunächst einmal hätte Gisela sich psychisch besser vorbereiten können. Sie hätte Visualisierungen durchführen können mit dem Schwerpunkt auf ihrer Vorhand. Stattdessen hat sie sich eingeredet, ihre Vorhand sei schwach und fehleranfällig: „Wie soll ich mit so einer Vorhand gewinnen?" Des Weiteren hätte sie während des Matches ruhig bleiben können und analytisch nach einer Lösung suchen können. Ein Tennisspiel besteht nicht nur aus einem einzelnen Schlag. Sie hätte auch die Schwachpunkte der Gegenspielerin besser nutzen können. Aber sie entschied sich dafür, sich selbst zu zerstören und die Gegnerin stark zu machen. Das Ganze ist wie ein Teufelskreis. Das eigene Spiel funktioniert nicht zur vollen Zufriedenheit. Du ärgerst dich, wirfst deinen Schläger, schimpfst über deine eigene Unfähigkeit, eventuell auch über die äußeren Umstände. Du bist sehr negativ und so mit dir selbst beschäftigt, dass du keine Strategie aufbauen kannst und dir keinen taktischen Plan zurechtlegen kannst. Dies erkennt natürlich auch dein Gegner, sofern er einigermaßen clever ist. Dein Kontrahent spürt, dass du unsicher bist, denn niemand verliert die Fassung, wenn er überzeugt von seinem Spiel und dem Sieg ist. Auch wird dein Rivale schnell herausfinden, dass du ohne Struktur spielst. Noch mal, wer wütend ist, kann taktisch und strategisch nicht klug agieren und verliert stark an Konzentration. Dein Gegenspieler gewinnt dadurch aber an Selbstvertrauen, während du hektisch wirst, wird er ruhig und trifft kluge Entscheidungen. Du wirst schwächer, er wird stärker und das Pendel schlägt natürlich in seine Richtung aus.

Wie aber befreist du dich aus diesem Teufelskreis? Zunächst einmal musst du die Bedingungen und Umstände akzeptieren und aufhören, über alles zu schimpfen. Wenn dein bester Schlag nicht so kommt, dann ist es nun mal so. Daran kannst du nichts ändern. Vielleicht findest du ihn irgendwann während des Spiels noch, vielleicht auch nicht. Aber du musst damit klarkommen und nach anderen Lösungen suchen. Wenn du fehleranfällig auf der Vorhand bist, könntest du die Ballwechsel abkürzen, indem du vermehrt zum Netz gehst oder zwingender und mit mehr Risiko mit deiner Rückhand und auch deinem Aufschlag spielst. Du könntest die Vorhand zentraler, höher, langsamer spielen. Dies bedeutet natürlich, dass du mehr laufen musst, denn dein Gegner kann sich besser stellen und dadurch mehr Druck aufbauen. Es ist nicht immer erforderlich, schnell und aggressiv zu spielen. Nun versuchst du dir einen klaren Plan zu machen, wie du die Schwächen deines Gegners attackieren könntest, wie du es vielleicht sogar schaffen könntest, dass er sich ärgert, dass er seinen taktischen Plan verliert. Und Stück für Stück kannst du das Spiel in deine Richtung drehen. An einem guten Tag kann jeder Spieler gewinnen. Die Kunst ist es eben, an schlechten Tagen zu siegen.

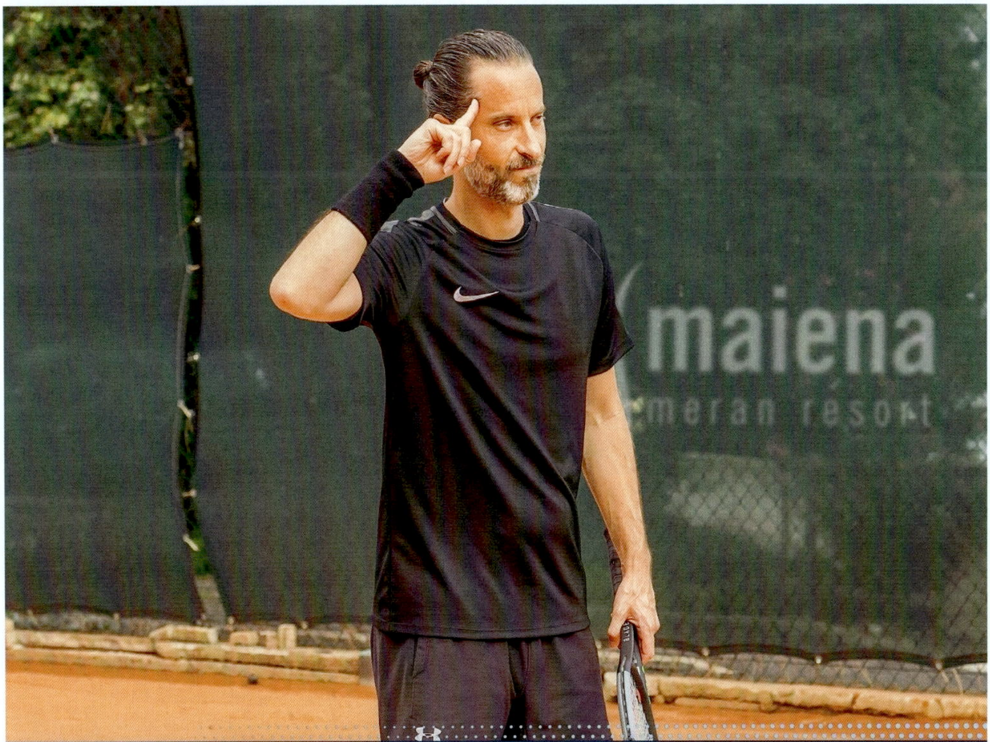

Du solltest über deine Aktionen auf dem Platz stets nachdenken!

Mein zweites Beispiel handelt von Ulrich. Auch er ging als Favorit in sein Match, ein Endspiel eines regionalen Turniers, und war sehr siegessicher. Sein Gegner war ein typischer Bringer. Uli gewann den ersten Satz mit 6 : 4 und führte im zweiten Satz bereits mit 4 : 2. Er war erfahren und sah, dass sein Kontrahent müde war. Anstatt ihm jedoch den Todesstoß zu versetzen, nahm Uli etwas Tempo aus dem Spiel und zog die Ballwechsel in die Länge, um seinen Gegenspieler noch mehr laufen zu lassen. Er wollte die Zuschauer noch etwas unterhalten. Sein Kontrahent jedoch kämpfte um jeden Punkt und schaffte es mit enorm großer Kraftanstrengung, tatsächlich noch den zweiten Satz zu drehen. Es ging in den Match-Tiebreak. Uli war erfahren genug, nun nicht wütend zu werden. Er wusste genau, dass er selbst schuld am Verlust des zweiten Satzes war und nach wie vor der bessere Spieler. Konzentriert begann er den Match-Tiebreak und machte keine Fehler. Es stand schnell 4 : 1, dann 7 : 2 und kurz darauf hatte Uli bei 9 : 3 mehrere Matchbälle. „Das beende ich jetzt auf jeden Fall mit einem Gewinnschlag." Gesagt, getan. Uli versuchte

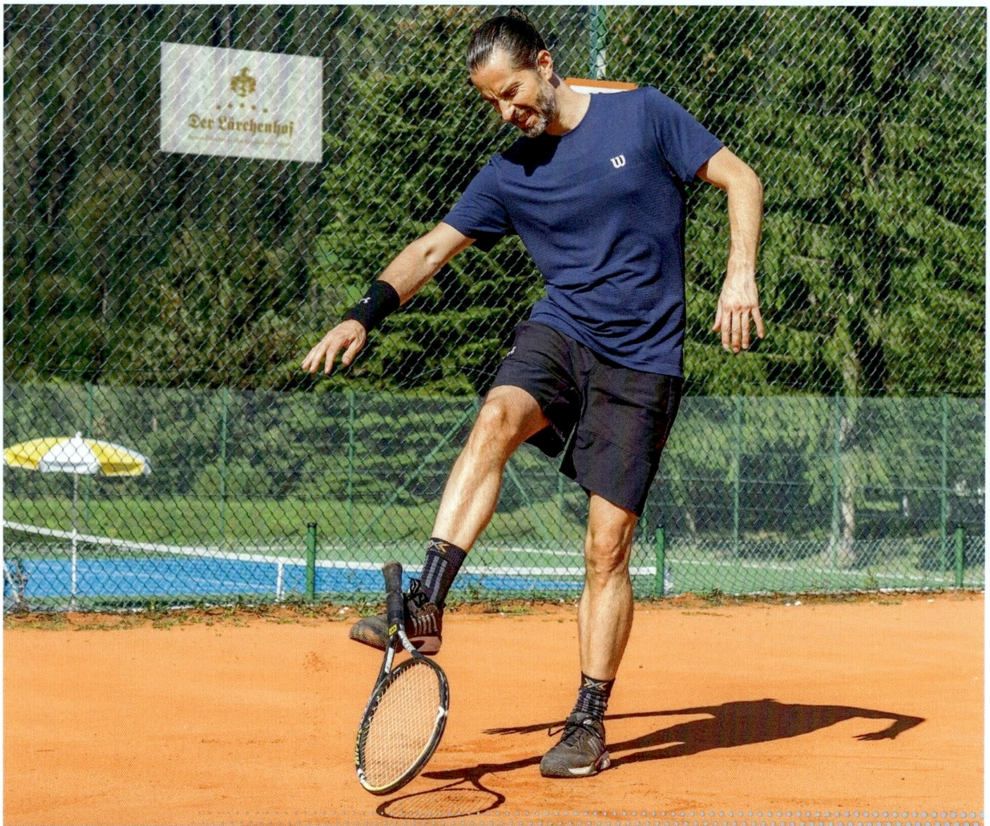

Du solltest nicht zulassen, dass negative Gedanken die Oberhand gewinnen.

dies bei 9 : 3, bei 9 : 4 und bei 9 : 5. Jedes Mal scheiterte er und verzog knapp. Bei 9 : 6 ging er wieder auf seine bewährte Taktik zurück. Aber sein Gegner war nun wie im Rausch. Er machte auch keine Fehler mehr und konnte auch schwierige Bälle passabel zurückspielen. Drei lange Ballwechsel später stand es 9 : 9. Am Ende verlor Ulrich den Match-Tiebreak und der Turniersieg ging verdientermaßen an seinen Konkurrenten.

Was kannst du aus dieser kleinen Geschichte lernen? Zunächst einmal: Unterschätze niemals deinen Gegner, sondern nimm ihn ernst! Dann: Spiele dein Match zu Ende. Zu Ende heißt: bis der Matchball verwandelt ist. Des Weiteren verdränge Gedanken wie „Das beende ich jetzt auf jeden Fall mit einem Gewinnschlag“, widerstehe auch der Versuchung, mit deinem Gegner zu spielen. Das mag lustig sein und für dich und die Zuschauer beziehungsweise deine Freunde unterhaltsam sein, aber es kann gewaltig in die Hose gehen. Auch kannst du vom Verhalten des Gegners etwas lernen. Nämlich, dass man auch als technisch schwächerer Spieler trotzdem gewinnen kann und dass es sich immer lohnt, ruhig zu bleiben und zu kämpfen. Ulrichs Gegenspieler nämlich hat sich von Ulis Mätzchen nicht aus dem Konzept bringen lassen, sondern hat seinen Spielplan klar verfolgt. Ist jedem Ball hinterhergejagt und hat sein Bestes gegeben und wurde am Ende belohnt.

Im dritten Beispiel geht es darum, wie man seine Gedanken steuern kann, wenn man den Sieg bereits in der Tasche hatte. Paul hatte den ersten Satz mit 3 : 6 verloren und den zweiten Satz mit demselben Ergebnis gewonnen. Nun ging es in den Match-Tiebreak. Beide Spieler waren auf Augenhöhe und ein Favorit nicht auszumachen. Paul erwischte einen schlechten Start. Schnell stand es 1 : 5 aus Pauls Sicht. Paul holte etwas auf. Beim nächsten Seitenwechsel stand es nur noch 5 : 7. Und tatsächlich, Paul gewann vier der nächsten fünf Punkte. 9 : 8 und damit doch Matchball für Paul. Jörg, sein Kontrahent, schlägt auf, aber Paul retourniert vernünftig und kommt gut in den Ballwechsel. Nach einem zu kurzen Ball von Jörg treibt Paul diesen aus dem Feld und greift an. Der Passierball ist viel zu schwach und Paul muss den einfachen Volley nur noch ins freie Feld ablegen. Der Arm ist schwer und der Volley geht fünf Zentimeter ins Seiten-Aus. Paul denkt: „Wie konntest du diesen Volley nur vergeben? Du hattest den Punkt und damit das Match bereits in der Tasche. Sicher verlierst du das jetzt noch … Das kann doch alles nicht wahr sein!“ Und tatsächlich. Jörg macht nun einen starken Aufschlag und Paul verzieht den Return. Nun hat Paul Matchball gegen sich. Paul lässt sich Zeit. Wieder denkt er nach: „O. K., ich hätte eben fast gewonnen. Hak das ab. Vor fünf Minuten war ich mit vier Punkten fast aussichtslos im Rückstand. Ich habe in dieser Zeit acht Punkte gewonnen, Jörg nur fünf Punkte. Ich habe einen wirklich schlechten Schlag gespielt. Das ist O. K.! Beim letzten Aufschlag konnte ich wenig machen. Aber ich kann das auch. Zwei gute Aufschläge und ich habe selbst wieder Matchball. Es ist überhaupt nichts verloren. Ich konzentriere mich jetzt auf den Ballwurf. Ich werfe den Ball ruhig nach oben. Ich schlage jetzt hart durch die Mitte auf. Wenn der Aufschlag kommt, sollte es mein Punkt sein. Wenn nicht, habe ich immer noch einen zweiten Aufschlag. Den schlage ich dann zu seiner Rückhand auf. Come on!" Paul macht einen Aufschlagwinner durch die Mitte. „Also, geht doch. Weiter so! Lass dir Zeit! Ich schlage wieder hart durch die Mitte auf, diesmal zur Rückhand." Paul gewinnt auch diesen Punkt. Zwar kann Jörg den nächsten Matchball noch abwehren, aber am Ende gewinnt Paul das Match.

Was kannst du von Paul lernen? Schiebe negative Gedanken beiseite. Ersetze diese durch positive Gedanken. Konzentriere dich auf das Wesentliche. Mach dir einen Plan und halte an diesem fest. Grüble nicht zu lange über Fehler, die dir unterlaufen sind. Du kannst die Fehler nicht rückgängig machen und die Vergangenheit nicht verändern. Du kannst den leichten Volley nicht noch mal spielen. Aber du kannst beim nächsten Ballwechsel durchdacht und konzentriert spielen.

Für Paul war die Situation äußerst schwierig. Das Match war fast schon gewonnen, aber er hatte einen schweren Arm und einen kurzen Konzentrationsaussetzer. Kurz hat er sich von seinen schlechten Gedanken herunterziehen lassen. Aber schon unmittelbar danach hat er diese schlechten Gedanken durch positive, energiegeladene Gedanken ersetzt. Er hat sich klargemacht, dass es fünf Minuten davor weit schlechter um ihn stand. Zwar hatte der Gegner bei 9 : 10 selbst Matchball, aber er, Paul, war immer noch nur drei Punkte vom Matchgewinn entfernt. Paul hat seine Konzentration auf seinen Aufschlag gebündelt. Er hatte einen Plan und hat diesen durchgezogen.

Fazit:

Du kannst das Denken nicht abstellen. Wir denken immer. Manchmal hängen wir Tagträumen hinterher, wir machen uns Gedanken um unsere Umwelt oder was andere Menschen von uns halten oder wie sie unser Verhalten oder auch unsere Leistungen bewerten. Wir machen uns Gedanken über unsere Finanzen, über Rechnungen, über unsere Jobs und über unsere Familien und Freunde. Entscheidend ist erstens, was man denkt (auf dem Tennisplatz am besten an Tennis, an Lösungen, wie du dein Spiellevel JETZT anheben kannst und mit welcher Taktik du deinen Gegner am besten besiegen kannst). Aber auch zweitens die Art, wie man denkt. Schiebe negative Gedanken beiseite. Mal dir keine Schreckensszenarien aus. Ersetze Gedanken, wie „jetzt mach ich bestimmt einen Doppelfehler", durch Gedanken, wie „ich werde den Ball beim Aufschlag jetzt voll im Sweetspot treffen und locker durchschwingen". „Ich werde dem Ball viel Schnitt mitgeben und spiele einen hoch abspringenden Aufschlag zur schwächeren Rückhand meines Gegenspielers." Erinnere dich an gute Aufschläge aus der Vergangenheit.

„Wer an Fehler denkt, wird Fehler machen." Dies ist eine von Günter Bresniks goldenen Regeln, die er in seinem Buch „Die Dominic-Thiem-Methode" darlegt.

Deshalb, think positive. Nur mit Zuversicht, Selbstvertrauen und dem Glauben an dich selbst und deine Stärken wirst du Erfolg haben.

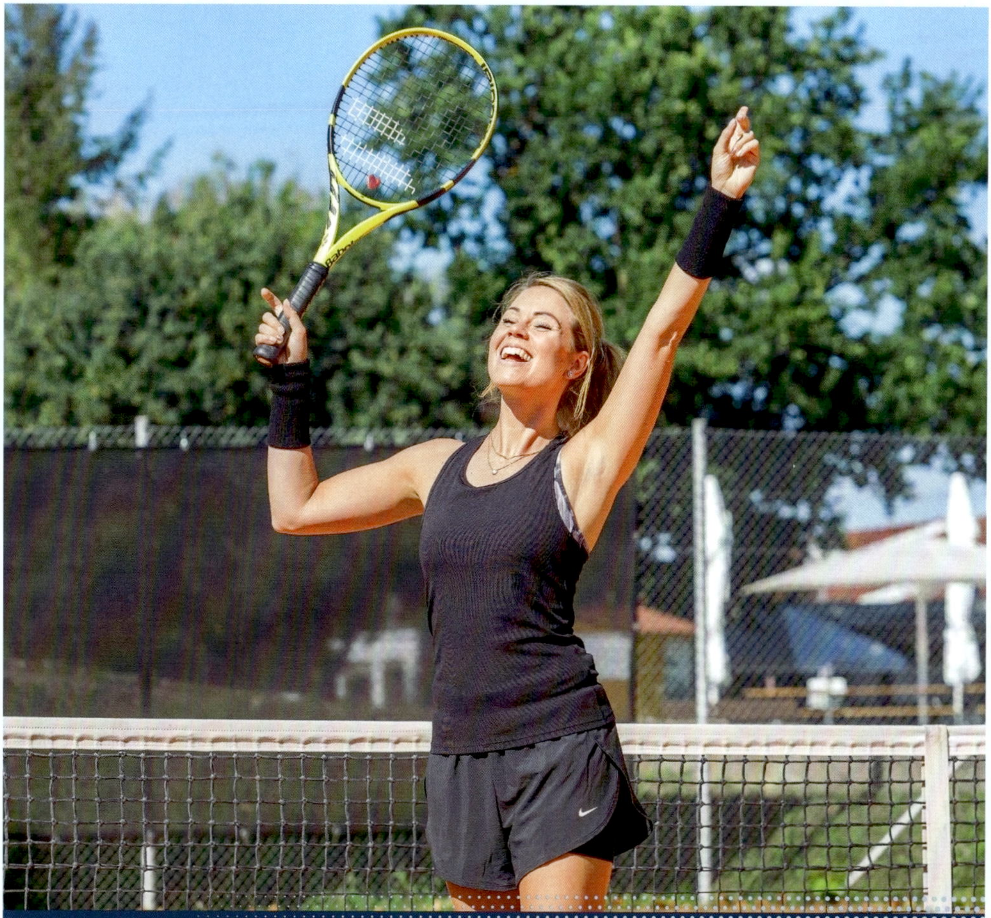

Die „richtigen" Gedanken haben großen Einfluss auf unsere Leistung und unser Leben.

– KAPITEL 23 –
Die Weiterentwicklung

Die Weiterentwicklung

„Neue Wege entstehen, indem wir sie gehen" (Friedrich Nietzsche)

Dieses Kapitel bezieht sich auf die Weiterentwicklung deines Spiels. Nun fragst du dich natürlich: „Was hat das mit mentaler Stärke zu tun?" Sehr viel! Denn die Bereitschaft, sich immer weiter zu verbessern, haben die wenigsten. Natürlich will sich jeder erst einmal verbessern. Aber um besser zu werden, musst du Veränderungen vornehmen, neue Dinge probieren, Sachen versuchen, die du noch nicht kannst und die dir schwerfallen, ja vielleicht sogar unsinnig erscheinen. Vor allem werden diese Veränderungen mit ziemlicher Sicherheit dazu führen, dass du anfangs mehr Matches verlieren wirst, bevor du anfangen wirst, mehr zu gewinnen. Und dies hinzunehmen, Matches gegen schwächere Gegenspieler zu verlieren, die du normalerweise locker gewinnen solltest, ist eine mentale Meisterleistung. Damit meine ich selbstverständlich nicht, dass du die Niederlage als solche akzeptieren solltest. Dagegen sollst du dich sehr wohl auflehnen. Aber ich meine, dass du dein langfristiges Ziel (Veränderung des Spielstils, Veränderung eines einzelnen Schlages etc.) sehen solltest, dich an deine Vorgaben halten solltest (z. B. die Rückhand durchzuziehen, anstatt Slice zu spielen), auch wenn du dann am Ende knapp verlierst. Vor allem in Turniermatches halten viele Spieler dies dann nicht durch. Gehen wir in diesem Kapitel davon aus, dass du viel Slice spielst und dich mit dem Slice sicher fühlst. Aber dir fehlt der Druck in diesem Schlag, und wenn der Gegner dich auf der Rückhand hält, begehst du zwar wenige Fehler, gerätst aber selbst schnell unter Druck. Gegen den Großteil deiner Stammtrainingspartner reicht dieser Spielstil und auch in offiziellen Spielen begehen deine Gegenspieler oft zu viele Fehler oder schaffen es nicht, dir konsequent auf die Rückhand zu spielen. Deshalb gewinnst du mehr Matches, als du verlierst. Aber es gibt die Spieler, die es schaffen, dich auf der Rückhand unter Druck zu setzen, oder diejenigen, die dir den Ball so lange zur Rückhand spielen, bis du sehr kurz wirst und sie selbst abräumen können. Gegen diese Spielertypen hast du keine Chance. Nun hast du zwei Möglichkeiten. Einerseits mehr oder weniger so weiterzumachen wie bisher, andererseits deine Rückhand zu verbessern, indem du an einem offensiven Rückhand-Topspin arbeitest. Und hier kommen wir zum mentalen Bereich. Dein Ziel ist, den Rückhand-Topspin genauso sicher und präzise wie den Slice zu spielen. Der erste Schritt ist, einen Fachmann aufzusuchen, der dir dabei hilft, die richtige Technik zu erlernen oder die bereits vorhandene Technik zu perfektionieren. In Schritt eins spielt dir dein Trainer (hierfür solltest du Einzelstunden nehmen, alles andere ist sinnfrei) schöne Bälle auf deine Rückhand. Du ziehst durch und nach und nach wird deine Rückhand besser. Anfangs verschlägst du noch acht von zehn Bällen. Mit der Zeit triffst du aber 80 bis 90 Prozent deiner Schläge. Jetzt hast du Selbstvertrauen. Nun kommt Schritt zwei. Du spielst Trainingsmatches. Hier fallen bereits die ersten Spieler um und präferieren wieder ihren alten Spielstil, weil sie gegen ihren Trainingspartner Horst nicht verlieren wollen. Du probierst es die ersten drei, vier oder fünf Spiele, aber bei 1 : 4 entscheidest du dich, doch wieder die gute, alte Säge auszupacken, um der Blamage gegen Horst zu entgehen. Schaffst du es jedoch, dein Spiel durchzuziehen, eventuell die Niederlage zu akzeptieren und komplett auf den Slice zu verzichten, hast du vielleicht das Trainingsmatch verloren, aber einen großen, mentalen Sieg errungen. Schritt drei wäre, in Trainingsmatches auch in engen Situationen weiter durchzuziehen. Denn es ist die eine Sache, dies bei einem verhältnismäßig glatten Spielverlauf zu tun, aber eine komplett andere, den wahrscheinlich immer noch unsicheren Rückhand-Topspin-Ball im Tiebreak voll durchzuschwingen. Schritt vier wäre, das dann auch in einem Turnierspiel beizubehalten und nicht zurück in die Komfortzone Slice zu gehen. Und der letzte Schritt, der fünfte, wäre, auch in engen Situationen im Turnierspiel die Niederlage in Kauf zu nehmen, obwohl du sehr sicher mit dem Slice gewinnen würdest, trotzdem bewusst auf diesen zu verzichten und deine neue Rückhand durchzuziehen.

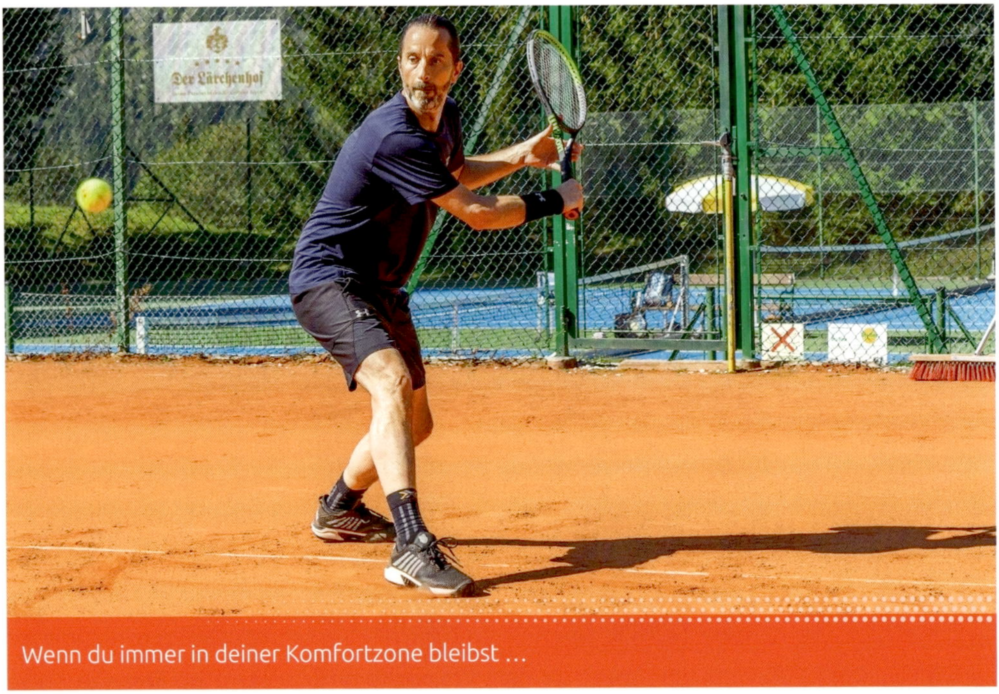

Wenn du immer in deiner Komfortzone bleibst …

Das klingt jetzt natürlich alles total simpel und einfach. Aber wie viele Spieler scheitern daran? Fallen bei den ersten Schwierigkeiten zurück in alte Muster? Wie viele Spieler können die Rückhand dann zwar irgendwann im Training durchziehen, aber im Match hauen sie, wenn es eng wird, sofort die Bremse rein und bedienen sich wieder des altbekannten Slices? Wenn du alle fünf Schritte durchläufst, hast du auch im Bereich Weiterentwicklung deine mentale Reife bewiesen.

Eine Weiterentwicklung deines Spiels ist nur dann möglich, wenn auch dein Kopf dazu bereit ist. Als ich vor vielen Jahren noch relativ neu im Trainergeschäft war und gerade bei einem neuen Verein begonnen hatte, kam nach dem ersten Training der Herrenmannschaft ein junger Spieler zu mir. Er war damals gerade 22 Jahre jung. „Du brauchst mir keine Tipps geben und musst mich nicht verbessern. Ich bin schon zu alt, um mich noch zu verbessern." Im Übrigen hatte ich überhaupt nichts zu ihm gesagt, ihn weder korrigiert noch ihm irgendwelche Tipps gegeben. Ich hatte ihn lediglich beobachtet und versucht, sein Spiel zu analysieren. Besagter Spieler wollte aber auf Nummer sicher gehen und mir gleich mitteilen, dass er sich keine Korrekturen wünsche, da er ja schon zu alt für Verbesserungen sei. Du kannst ein Leben lang lernen und dich ein Leben lang verbessern. Du musst es nur wollen. Und wollen bedeutet, Neues zu versuchen, Neues zu

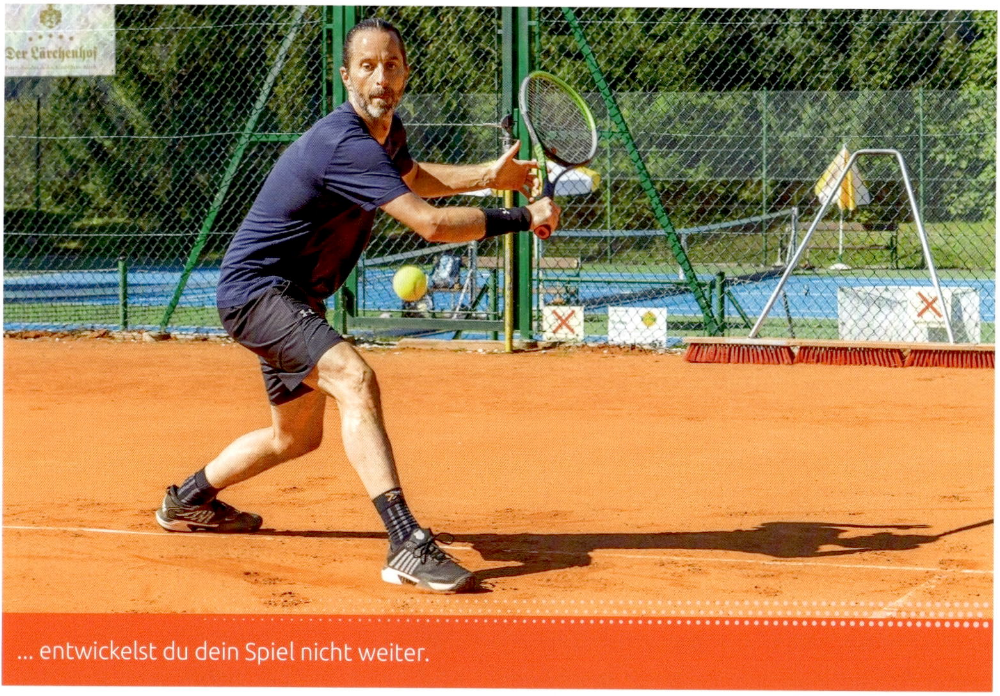

... entwickelst du dein Spiel nicht weiter.

probieren. Es bedeutet zu scheitern. Oder um das Zitat von Samuel Beckett, das auf Stan Wawrinkas Unterarm tätowiert ist, zurate zu ziehen: „Ever tried. Ever failed. No matter. Try again. Fail again. Fail better." (Immer versucht. Immer gescheitert. Macht nichts. Versuch's noch mal. Scheitere wieder. Scheitere besser).

Im Übrigen geht dies nicht nur uns Amateurspielern so, sondern auch gestandenen Profis. Der Grund, weshalb Nadal, Djokovic und Federer immer noch an der Spitze stehen, ist die stetige Weiterentwicklung ihres Spiels. Djokovic hat seinen Aufschlag stetig verbessert und hat außerdem an seinem Netzspiel gefeilt und den Übergang weiterentwickelt. Außerdem hat Djokovic sehr an seinem Slice gearbeitet. Federer hat sich dahingehend weiterentwickelt, dass er die Bälle immer früher, vor allem mit der Rückhand, und im Steigen nimmt. Federer spielt extrem offensiv, was er in seiner durchaus erfolgreichen Anfangszeit so nicht getan hat. Federer weiß, dass er gegen die jungen Spieler nicht zu stark unter Druck geraten darf, weil die Spritzigkeit mit Ende 30 nicht mehr die eines Mitte-20-Jährigen ist. Deshalb muss er dominieren und hat sich in diesem Punkt angepasst. Auch hat Federer sein Volleyspiel verbessert und kommt häufiger zum Netz. Die größten Veränderungen gegenüber früher aber hat Nadal vorgenommen, der früher fast ausschließlich von der Grundlinie aus agierte. Mittlerweile geht Nadal sehr gerne nach vorne und ist bei seinen meist gut vorbereiteten Volleys sehr souverän. So gewann Nadal im US-Open-Finale gegen Medvedev fast jeden dritten seiner Punkte am Netz (77 % seiner Netzangriffe waren erfolgreich). Im Finale der French Open war Nadal zwar etwas weniger am Netz, gewann dort allerdings sogar zu 85 % den Punkt. Neben seinem stark verbesserten Netzspiel hat Nadal auch seinen Slice, den er inzwischen immer häufiger einsetzt, stark ausgebaut, an seinem Aufschlag gearbeitet und auch an seinem Positionsspiel, sodass er in der Offensive viel besser in den Platz schiebt. Das Tennisspiel entwickelt sich immer weiter, es wird dynamischer und schneller. Wer nicht bereit ist, sein eigenes Spiel ständig zu hinterfragen und Anpassungen vorzunehmen und Dinge zu verändern, der wird früher oder später den Anschluss verpassen.

Zu guter Letzt möchte ich auch noch auf Dominic Thiem beziehungsweise Günter Bresnik eingehen. Denn der Spieler, der Thiem heute ist, wäre er ohne Bresniks Methoden und auch seine eigene mentale Stärke so nie geworden. Thiem zählte als Zwölfjähriger zu den besten Spielern Österreichs in seiner Altersklasse. Gewann allerdings seine Matches vor allem deshalb, weil er den Ball fehlerfrei zurückspielte mit geringer Geschwindigkeit. Sein bester Schlag war damals seine beidhändige Rückhand. Bresnik nahm dem durchaus

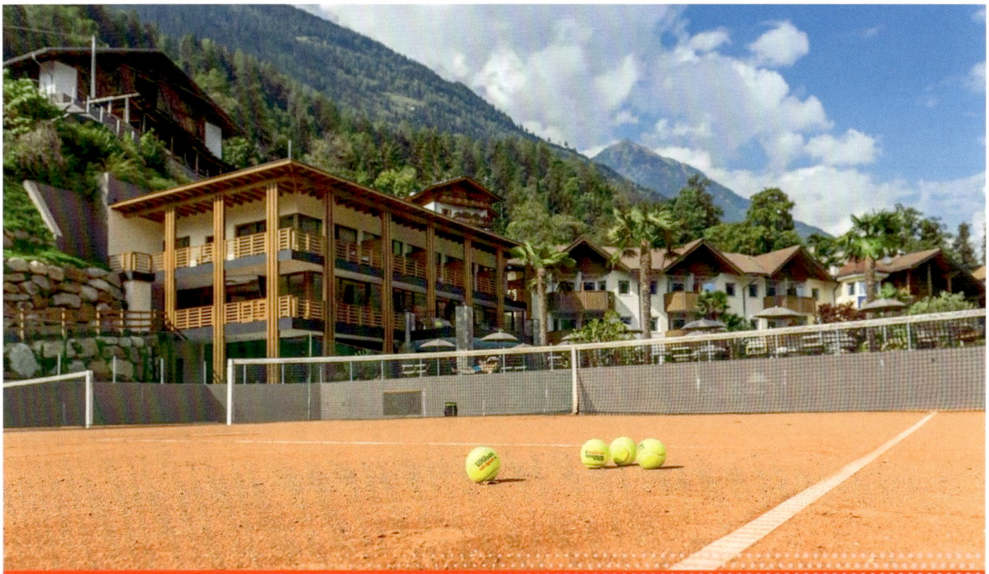

Zur Weiterentwicklung gehören nicht nur Siege.

erfolgreichen Thiem nun einerseits seine beste Waffe, die beidhändige Rückhand, und stellte diese auf einhändig um und zwang Thiem andererseits, bedingungslos offensiv zu spielen. Wichtig war für Bresnik in diesem Zeitraum nicht, dass Thiems Bälle das Ziel trafen, sondern vor allem, dass er diese, so hart er konnte, über das Netz schlug. Dies führte natürlich zu vielen, vielen Niederlagen und einem drastischen Absturz in den Ranglisten. Andere Trainer und Spieler erklärten Bresnik für vollkommen verrückt. Dominic Thiem und seine Familie aber vertrauten Bresnik und der heutige Erfolg gibt allen Beteiligten recht. Genau nachlesen kannst du dies in Bresniks Buch „Die Dominic-Thiem-Methode". Mir geht es bei dieser Geschichte vor allem darum, wie Thiem die mentale Stärke gezeigt hat und durch diese Serie von Niederlagen ging zugunsten seiner spielerischen Weiterentwicklung.

Fazit:

Um dein Spiel zu verändern und um dir neue Schläge anzueignen oder Schläge technisch zu verändern, benötigst du auch mentale Stärke. Diese äußert sich in Durchhaltevermögen und in hoher Frustrationstoleranz. Nicht jeder Spieler ist bereit, kurzfristige Niederlagen hinzunehmen für eine Weiterentwicklung und Verbesserung seines Spiels. Für Veränderungen und Verbesserungen ist es nie zu spät. Du musst es nur wollen und bereit sein, auch Fehler zu begehen.

– KAPITEL 24 –

Was wir von Kindern lernen können

Was wir von Kindern lernen können

Wenn man Kinder beim Spielen beobachtet, so kann man oftmals feststellen, dass sie in ihrer eigenen Welt sind und ganz darin aufgehen. Sie sind voll im (Spiel-)Flow. Dies ist sicherlich keine neue Erkenntnis. Spezifiziert man das Ganze nun auf den Sport oder gar auf das Tennisspiel, so lässt sich sagen, dass die meisten Kinder Tennis spielen ohne Rücksicht auf Verluste. Sicherlich hat ihr Spielverhalten aus taktischer und strategischer und zuweilen auch aus mentaler Sicht große Nachteile. Kinder wissen in der Regel weder über Big Points Bescheid noch versuchen sie gezielt, vermeintliche Schwächen des Gegners auszunutzen. Mir geht es aber darum, was fast alle Kinder eben gut machen und wovon sich die meisten Erwachsenen eine Scheibe abschneiden können. Und das ist, dass Kinder meistens ohne Angst spielen, sie spielen frei und ohne Nervosität. Ich sage bewusst meistens, denn mittlerweile wird Kindern, vor allem im Leistungsbereich, eingebläut, wie wichtig es doch ist, dieses oder jenes Match zu gewinnen. Wenn Kinder dies verinnerlichen, agieren sie wie kleine Erwachsene, und dazu haben sie noch ihr Leben lang Zeit. Aber geht man von den Kindern aus, die noch nicht wie kleine Erwachsene spielen, so sieht man, dass die Kinder eben …

- frei spielen;
- mit Spaß und Freude spielen. Wenn sie keinen Spaß mehr haben, hören Kinder oft auf in diesem Moment und spielen erst wieder, wenn ihnen danach ist, und das ist auch gut so;
- ohne Angst und Nervosität spielen;
- auf Sieg spielen, das heißt, sie spielen, um zu gewinnen, nicht um die Niederlage zu vermeiden;
- unabhängig vom Ergebnis spielen;
- kreativ spielen;
- mutig spielen;
- voll im Spiel aufgehen;
- energiegeladen spielen;
- wenig bewerten;
- Dinge ausprobieren, auch wenn sie diese vielleicht nicht beherrschen;
- spielen um des Spielens willen;
- nicht an mögliche Konsequenzen denken. Sie denken nicht darüber nach, was die Eltern ihres Gegners oder die Zuschauer am Platzrand über ihre Leistung denken.

Betrachtet man im Gegenzug dazu Erwachsene oder Senioren, so spielen diese oft ängstlich, sind nervös, spielen sehr taktisch (was natürlich prinzipiell sehr gut ist) und bewerten viel. Selbstverständlich ist es sinnvoll, sich Gedanken über seine taktischen Entscheidungen zu machen und auch abzuwägen, wie schnell man die Bälle spielen sollte. Aber ich möchte dir anraten ...

- stets auf Sieg zu spielen und die Niederlage nicht zu fürchten;
- Dinge zu versuchen, auch wenn diese vielleicht misslingen;
- nicht ständig an die Konsequenzen zu denken, die ein verschlagener Ball haben könnte;
- auch zu spielen um des Spielens willen.

Wenn wir uns die Top-Spieler ansehen, welche Spieler spielen am ehesten wie Kinder? Mir fallen da Spieler wie Dustin Brown, Nick Kyrgios, Benoît Paire oder Roger Federer ein. Und Federer solltest du dir auch hier zum Vorbild nehmen. Denn Federer nimmt sich immer wieder Phasen und Punkte heraus, an denen er einen Spieltrieb wie ein Kind an den Tag legt. Wenn es allerdings hart auf hart kommt, spielt Federer sehr klug und durchdacht, mit Entschlossenheit und Konsequenz. In diesen Phasen hält Federer seinen Spieltrieb im Zaun. Sein Spieltrieb sorgt ansonsten aber dafür, dass er in den Matches stets locker wirkt. Ähnlich trainiert Federer im Übrigen auch. Aber all diese Spieler lassen ihren Spieltrieb zu. Dies sorgt für die nötige Lockerheit. Wenn du also wieder einmal total verkrampft, nervös oder ängstlich bist, denke an das spielende Kind und wecke dieses in dir. Besonders sinnvoll ist dies für Spieler, die oftmals ängstlich und zögerlich agieren. Für Spieler, die mit Nervosität kämpfen und die viel Druck verspüren. Jemand, der jedoch ohnehin sehr verspielt ist und der den schönen Schlag stets dem taktisch klugen Schlag vorzieht, der sollte jedoch an seiner Disziplin und Konsequenz in diesen Punkten arbeiten.

Fazit:

Das mit Abstand kürzeste Kapitel sollte die Vorteile des kindlichen Spielens aufzeigen. Tennis zu spielen, nämlich ohne Rücksicht auf Verluste, mit Spaß, Freude am Spiel. Wecke das Kind in dir und lass deinem Spieltrieb freien Lauf. Spiele ohne Angst und spiele auf Sieg. Denk nicht daran, was für eine Konsequenz ein verlorener Punkt oder gar das verlorene Match haben könnten. Versuche, mutig und kreativ zu spielen.

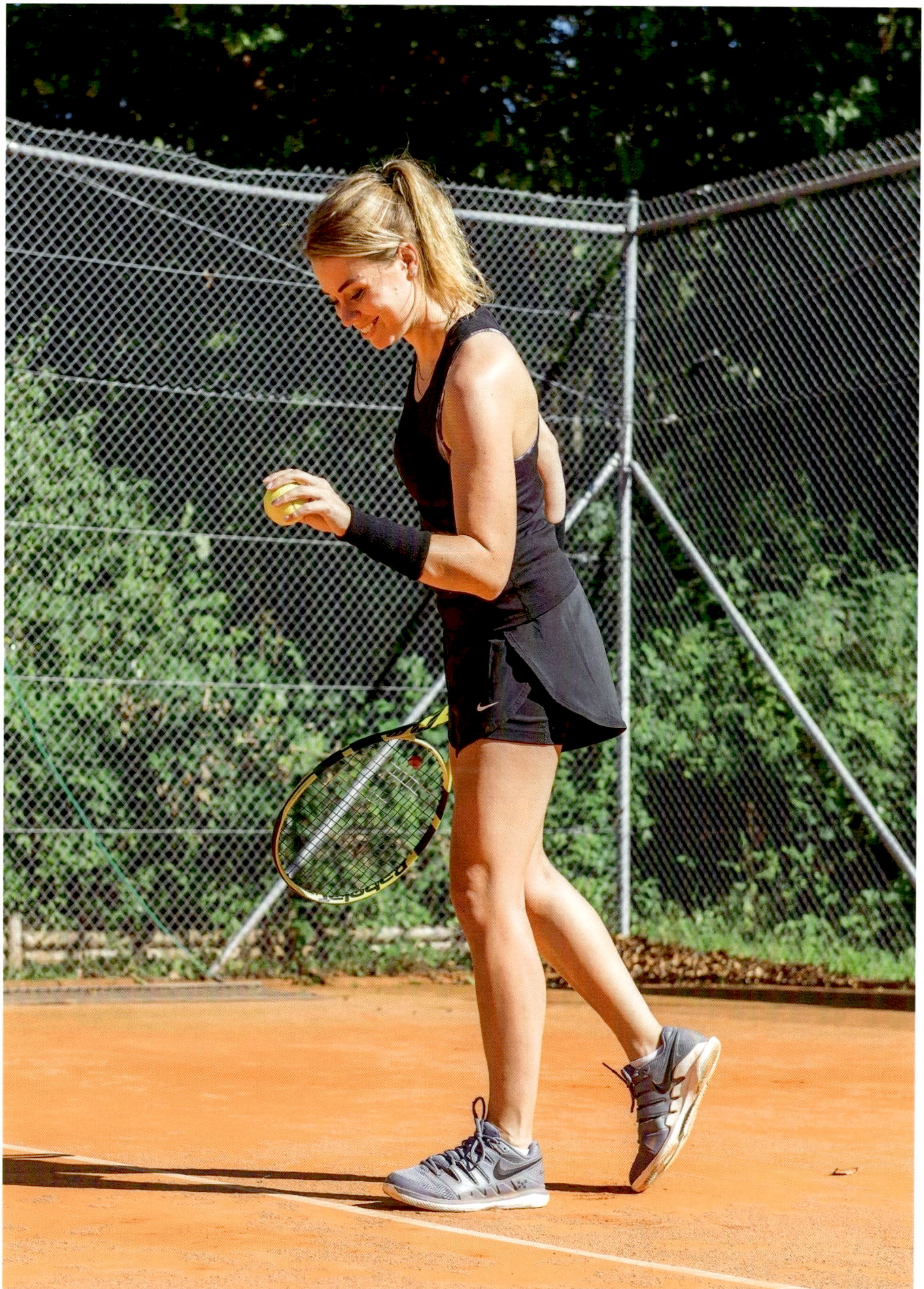

Du solltest auf Sieg spielen und stets das Spiel genießen.

– KAPITEL 25 –

Wie gehe ich mit Verletzungen um?

Wie gehe ich mit Verletzungen um?

Verletzungen gehören zum Sport dazu. Es gibt Verletzungen, mit denen man nicht weiterspielen kann, aber auch solche, die einen zwar behindern, aber ein Weiterspielen durchaus zulassen. Mit Letzterem musst du dich unter Umständen auf dem Platz auseinandersetzen. Dabei ist es unerheblich, ob der Gegenspieler tatsächlich verletzt ist oder dies (was auch vorkommt) nur simuliert. Zunächst einmal gehen wir von der Situation aus, dass du selbst verletzt bist oder so müde und kaputt, dass du dich kaum mehr bewegen kannst. Vielleicht bist du umgeknickt oder du hast Schmerzen beim Schlagen des Balles, weil du auf deine Hand gefallen bist. Das ist sicherlich ein Nachteil, kann von der Psychologie aber auch ein Vorteil sein. Prinzipiell spiele ich selbst weiter, wenn ich das Gefühl habe, dass die Verletzung zu ertragen ist und sie sich durch das Weiterspielen nicht weiter verschlechtert oder mir dadurch ein Schaden entsteht, der zu einer längeren Pause führen kann. Außerdem spielt noch die Priorität des Matches eine Rolle und auch die Siegeswahrscheinlichkeit. Und ich kann dir sagen, es geht und funktioniert, sofern du gewillt bist, die Zähne zusammenzubeißen. Vor einiger Zeit bin ich bei einem Turnierspiel relativ früh im Match gestürzt und auf meine linke Hand gefallen. Es tat weh. Es war echt schmerzhaft. Trotzdem wollte ich das Spiel nicht aufgeben. Ich war zwar Außenseiter, aber dennoch rechnete ich mir Siegchancen aus. Also spielte ich weiter. Da ich die Rückhand beidhändig spiele, hat mich die Verletzung zwar etwas behindert, aber einen großen Nachteil hatte ich dadurch nicht. Auch konnte ich nun vollends befreit aufspielen. Denn bis zu meinem Sturz war ich nicht wirklich frei in meinem Spiel. Nachdem ich mir die Verletzung zugezogen hatte, spielte ich einfach Tennis, ohne groß über die Konsequenzen nachzudenken. Und ich spielte gut. Ich verlor das Match, aber es war in Ordnung. Nach dem Match bin ich dann ins Krankenhaus gefahren und die Verletzung stellte sich als Kahnbeinbruch heraus. Wäre dies natürlich an meiner Schlaghand passiert, hätte ich das Spiel aufgeben müssen. Hätte ich gewusst, dass etwas gebrochen ist, hätte ich wahrscheinlich aufgegeben.

Das wohl bekannteste Beispiel, wie ein stark gehandicapter Spieler siegreich war, war wohl der Triumph von Michael Chang in Paris gegen Ivan Lendl im Jahr 1989. Chang wurde von schweren Krämpfen geplagt, konnte sich nur noch sehr schwer bewegen. Aber Chang gab nicht auf, sondern er kämpfte und lieferte gleichzeitig eine taktische Meisterleistung ab, indem er das Tempo mit Mondbällen herausnahm und Lendl mit Aufschlägen von unten überraschte. Lendl auf der anderen Seite kam damit überhaupt nicht klar. Aber darauf werde ich später noch eingehen.

Was aber tun, wenn du verletzt bist? Wenn du dich nur noch langsam und eingeschränkt bewegen kannst, würde ich dir anraten, sehr offensiv zu spielen. Spiel dann mit viel Risiko und halte die Punkte kurz. Hast du Schmerzen in deiner Schlaghand und schnelle Bälle sind schmerzhaft, so nimm das Tempo aus dem Spiel. Zerstöre den Rhythmus und spiele weiche Bälle wie Slice oder Stops und komm zum Netz oder locke deinen Gegner zum Netz. In beiden Fällen solltest du die Ballwechsel kurzhalten. Mit einer Verletzung zu spielen ist körperlich schwierig, da du leiden musst. Mental ist es hingegen einfach, denn wenn du verlierst, hat dein Gegner „nur" gegen einen angeschlagenen Gegner gewonnen. Gewinnst du jedoch, hast du trotz großen Handicaps gewonnen, was den Sieg umso bedeutender macht. Das ist jedenfalls das, was sich oftmals im Kopf eines verletzten Spielers abspielt.

Umgekehrt ist es mental extrem schwierig, gegen einen verletzten Spieler anzutreten. Denn gewinnst du das Match, wird jeder sagen: „Der andere war ja verletzt, kein großes Kunststück!" Verlierst du aber, dann wird jeder sagen: „Du bist nicht einmal in der Lage, gegen einen Verletzten zu gewinnen." Und dies weißt du ab dem Moment, ab dem du erkennst, dass dein Gegner Probleme hat. Kommen wir noch einmal zum Match Lendl gegen Chang zurück. Lendl war damals 29 Jahre jung und die Nummer eins der Weltrangliste, als er auf den 17-jährigen Michael Chang traf. Lendl gewann die ersten beiden Sätze, Chang holte sich die Sätze drei und vier. Im fünften Satz wurde Chang von schweren Krämpfen geplagt. Anscheinend ein großer Vorteil für den erfahrenen Lendl, der Roland Garros zuvor schon dreimal als Champion verlassen hatte. Lendl jedoch kam mit der Situation und Changs unorthodoxer Spielweise (Mondbälle, Tempowechsel und Aufschläge von unten) nicht klar und zeigte Nerven. Trotz seiner großen Erfahrung ließ sich Lendl von Chang einlullen und spielte ungewohnt zögerlich. Das Match endete schließlich mit einem Doppelfehler Lendls. Dieser war auf dieses Szenario nicht vorbereitet. Wie aber kannst du damit umgehen, wenn dein Gegner verletzt ist? Zunächst einmal möchte ich dir sagen, was ich oft von Spielern höre und was du unbedingt vermeiden solltest.

- *„Der ist ja verletzt! Der gibt ja sowieso gleich auf."*
- *„Der ist ja verletzt! Da zählt der Sieg ja gar nicht richtig."*
- *„Der ist ja verletzt! Da macht es keinen Spaß zu spielen."*
- *„Der ist ja verletzt! Das wäre ja unfair, wenn ich den jetzt ganz viel laufen lassen würde."*
- *„Der ist ja verletzt! Irgendwie werde ich das schon gewinnen."*

All diese Gedanken und Aussagen sind absolut kontraproduktiv. Solche Gedanken und Aussagen steigern nur die Siegchancen des angeblich Verletzten. Du musst vermeiden, dass du dich zu sehr mit dem Wohlbefinden deines Gegners auseinandersetzt. Du solltest dich auf dich selbst konzentrieren. Und vor allem solltest du kein Mitleid haben. Wenn dein Gegner Schmerzen hat und verletzt ist, steht es ihm jederzeit zu, dir die Hand zu geben und zum Sieg zu gratulieren. Denn du kannst schließlich nichts für seine Verletzung. Der Grund, weshalb dein Gegner weiterspielt, ist in den meisten Fällen der, dass er noch an seinen Sieg glaubt. In den seltensten Fällen macht er dies aus Höflichkeit und Fairness. Wichtig ist vor allem, dass du dir dies klarmachst. Und ein Sieg gegen einen verletzten Spieler ist aus meiner Sicht fast genauso viel wert wie gegen einen fitten Spieler. Denn mental ist es wirklich äußerst schwierig, diesen Test zu bestehen, denn meistens sind die Spieler doch noch so fit, dass sie einigermaßen Gegenwehr leisten können. Was solltest du also tun, um einem Szenario zu entgehen, wie es Lendl 1989 in Paris erlebt hat?

- Konzentriere dich auf dich selbst und auf deine Spieltaktik! Blende die Verletzung deines Gegners aus, soweit es dir möglich ist.
- Unterschätze den Gegner nicht ob seiner Verletzung. Nimm ihn trotzdem ernst.
- Konzentriere dich auf den Moment. Auf den nächsten Punkt. Und rätsele nicht, ob dein Gegner aufgeben wird oder nicht. Das tut überhaupt nichts zur Sache.
- Versuche so zu spielen, als wäre dein Gegenspieler nicht verletzt. Die meisten Spieler neigen dazu, zu passiv zu agieren, wenn ihr Gegenspieler verletzt ist. Sie spielen deshalb passiv, weil sie die Ballwechsel in die Länge ziehen wollen, weil der Gegner dann noch mehr Probleme bekommen wird. Oft ist dann aber das Gegenteil der Fall. Der Kontrahent kann sich besser zum Ball stellen, dadurch selbst mehr Druck machen und muss selbst weniger statt mehr laufen.
- Lass nicht zu, dass dein Gegner mit seiner Verletzung in deinen Kopf kommt.
- Viele Spieler, die verletzt oder angeschlagen sind (vor allem wenn es die Beine betrifft, Krämpfe, Erschöpfung), neigen dazu, sich viel Zeit zu lassen. Oftmals wird sich

weit mehr Zeit gelassen als die erlaubten 25 Sekunden (teilweise bis eine Minute). Achte darauf, wie viel Zeit sich dein Gegner zwischen den Ballwechseln lässt, und unterbinde das dann, falls er die Zeit drastisch in die Länge zieht. Andernfalls wirst du vielleicht deinen Rhythmus verlieren. Es gibt Regeln, die für beide Spieler gelten, und dass dein Gegner verletzt ist, ist nicht deine Schuld. Dir sollte daraus kein Nachteil entstehen.

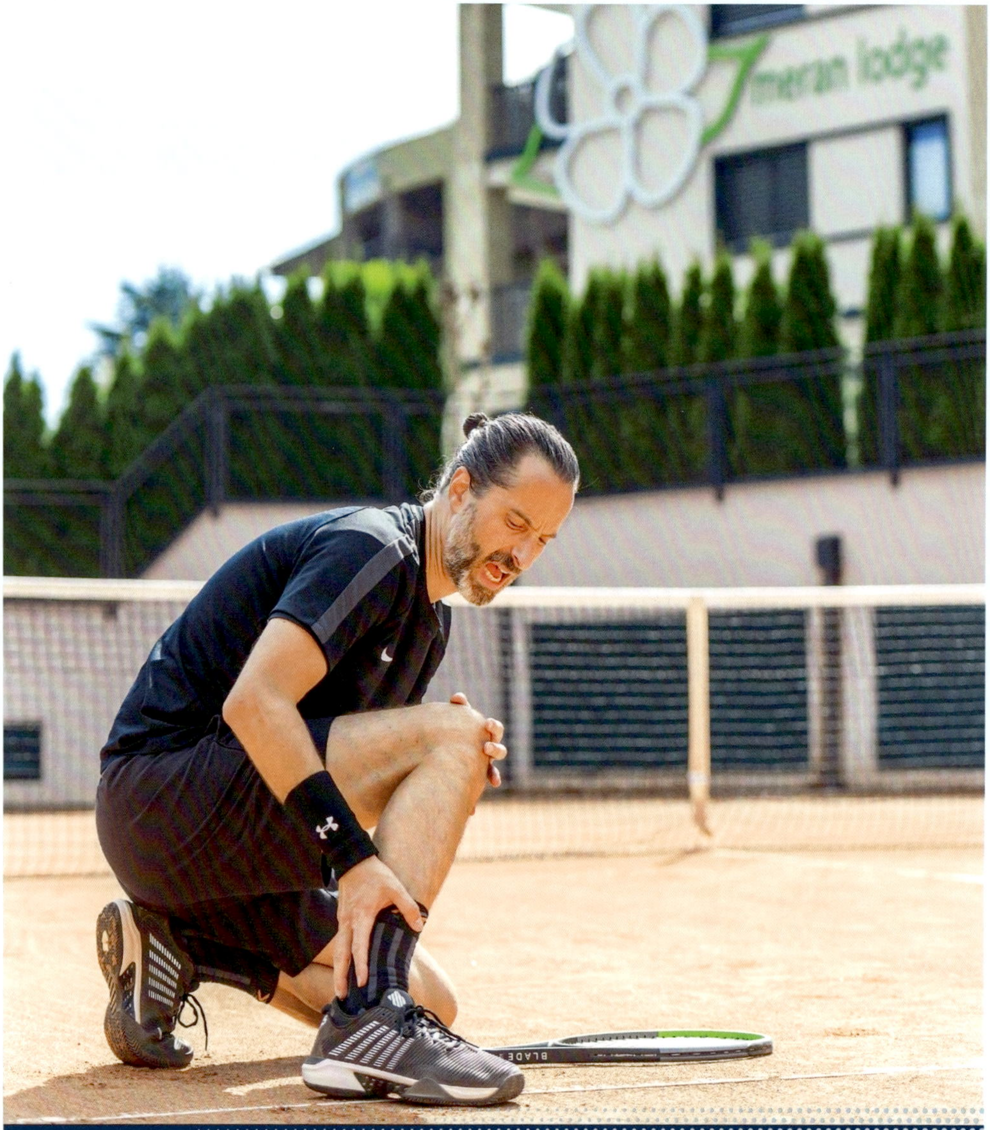

Verletzungen beeinflussen das Spiel mitunter stark.

Im Übrigen machen sich diese psychologisch schwierige Situation, nämlich gegen einen Verletzten spielen zu müssen, viele Spieler zunutze, und zwar indem sie Verletzungen simulieren. Ich halte dies für unsportlich. Aber du solltest dennoch damit rechnen, dass dies passiert. Auch hier gilt: Schenke dem „angeblich" Verletzten keine Aufmerksamkeit. Zieh dein Spiel durch und konzentriere dich auf dich selbst. Dieser schmutzige Trick funktioniert nämlich nur, wenn du dich auf dieses Spielchen einlässt. Wenn du beobachtest, was dein Gegner macht, und versuchst, die Schwere seiner Verletzung zu beurteilen. Das Manöver funktioniert auch dann, wenn du dein Spiel umstellst aufgrund seiner vorgeblichen Verletzung. Hingegen verfehlt es seine Wirkung, wenn du weiterspielst, als sei dein Kontrahent topfit. Schlussendlich spielt es auch keine Rolle, ob er verletzt ist oder das Ganze nur spielt. Deine Verhaltensweisen müssen in beiden Fällen gleich sein.

Fazit:

Wenn du selbst von einer Verletzung betroffen bist, gilt es genau abzuwägen, ob es sinnvoll ist weiterzuspielen oder ob die Verletzung sich nicht so weit verschlimmern kann, dass du danach eine längere Pause machen musst. Entscheidest du dich weiterzuspielen, kannst du mit ein bisschen Glück dein körperliches Handicap mit einem psychologischen Vorteil eventuell sogar wettmachen. Denn für deinen Gegner ist es alles andere als einfach, gegen einen verletzten Spieler anzutreten. Ist hingegen dein Gegenspieler verletzt, so unterschätze diesen auf keinen Fall, denn psychologisch ist es sehr schwierig, gegen einen Verletzten anzutreten. Wenn du gewinnst, zählt der Sieg nicht richtig (jedenfalls ist das die Denkweise vieler Spieler), und wenn du verlierst, ist es megapeinlich (was es natürlich in Wahrheit nicht ist). Versuche dich in einem solchen Fall vor allem auf dich selbst zu konzentrieren und an deinem Spielplan festzuhalten. Ganz wichtig: Kein Mitleid! Ich wiederhole: KEIN MITLEID! Dein Gegenspieler glaubt nach wie vor an den Sieg und du solltest alles, was du zur Verfügung hast, in die Waagschale werfen. Simuliert dein Gegner, legst du dieselben Verhaltensweisen an den Tag, wie wenn er verletzt ist, nämlich dass du dich nicht von ihm ablenken lässt und gegen ihn so spielst, als wäre er topfit.

– KAPITEL 26 –

Wie nutzt man das Reglement?

Wie nutzt man das Reglement?

Die meisten Tennisspieler kennen die gängigen Spielregeln. Allerdings spielen die wenigsten mit Schiedsrichter, und auch die wenigsten sind sich in allen Tennisregeln 100-prozentig sicher. Selbst die meisten großen Preisgeld-Turniere und Qualifikationen von Future-Turnieren werden ohne Schiedsrichter ausgetragen. Regeln wie „Jeder Spieler entscheidet auf seiner Seite“ kennt noch fast jeder. Aber wie sieht es mit Netzrollern beim Aufschlag aus? Entscheidet dies der Aufschläger oder Rückschläger? Oder: Wann und wie oft darf ich eine Toilettenpause nehmen? Wann und wie viele Verletzungspausen darf ich nehmen? Wie oft darf ich den Aufwurf beim Aufschlag wiederholen? Muss ich mich mit meinem Kontrahenten einspielen vor dem Match?

Inwieweit du das Reglement ausnutzen möchtest, ist auch wieder eine Frage von Fairness und Moral. „Laien verletzen Regeln, Profis nutzen Freiräume.“ (Unbekannt) Denn klar ist, auch das Reglement im Tennissport ist sehr dehnbar. Viele Regeln könntest du dazu nutzen, den Gegner völlig aus dem Spielkonzept zu bringen. Inwieweit du dies auch tun möchtest, überlasse ich natürlich dir. Ich selbst habe dies nie wirklich angewandt, und die meisten Spieler werden vom exzessiven Ausnutzen der Spielregeln auch nicht Gebrauch machen. Mir geht es einerseits darum, dass du wissen solltest, was möglich ist, und andererseits auch darum, dass du auf alle möglichen Szenarien vorbereitet bist. Denn die meisten Spieler würde das, was ich nun beschreibe, völlig aus dem Konzept bringen. Folgendes fiktive Match ohne Schiedsrichter wäre bei einem offiziellen Spiel in Deutschland bei einem Turnier oder Mannschaftsspiel in der Halle durchaus möglich:

Die Spieler Saubermann und Wenigfair treten bei einem Herren-Preisgeld-Turnier in der Halle gegeneinander an. Saubermann hat den ersten Satz zwar mit 7 : 6 verloren, den zweiten Satz aber mit 6 : 2 gewonnen. Vor dem Match-Tiebreak verkündet Wenigfair, dass er eine Toilettenpause einlegen wird. Da der Weg zur Toilette recht weit ist, kehrt Wenigfair erst nach über zehn Minuten zurück. Der Hintergedanke von Wenigfair war dabei natürlich, Saubermanns Spielrhythmus zu brechen. Die ersten Punkte werden gespielt. Saubermann erwischt trotz Wenigfairs taktischer Pause den besseren Start und geht mit 5 : 3 in Führung. Wenigfair beantragt eine Verletzungspause wegen starker Rückenschmerzen. Der Physiotherapeut des Turniers betritt den Court und behandelt Wenigfair drei Minuten am Rücken. Anschließend wird das Spiel wieder aufgenommen.

Diesmal zeigt die Auszeit ihre Wirkung und Wenigfair schafft den Ausgleich. Nach einigem Hin und Her hat Saubermann dann aber doch bei 9 : 8 und eigenem Aufschlag Matchball. Diesen verwandelt er anscheinend mit einem Ass. Wenigfair behauptet jedoch, dass der Aufschlag die Netzkante touchierte und zu wiederholen sei. Nach kurzer hitziger Diskussion erscheint der Oberschiedsrichter des Turniers. Wenigfair beharrt darauf, dass der letzte Aufschlag die Netzkante berührt habe. Der Oberschiedsrichter entscheidet daraufhin, dass Saubermann erneut den ersten Aufschlag auszuführen habe beim Spielstand von 9 : 8. Beim Wiederholungspunkt entsteht nun ein Ballwechsel, den Saubermann bestimmt und in dem er Wenigfair stark unter Druck setzt. Nach einer krachenden Longline-Vorhand Saubermanns nah an die Seitenlinie, die Wenigfair aber gerade noch zurückspielen kann, ruft Wenigfair: „Aus!" Saubermann beschwert sich vehement, dass der Ball doch noch im Feld gewesen sei. Wenigfair gibt zu, sich getäuscht zu haben, und behauptet, es müsse nun ein Wiederholungspunkt gespielt werden, da er sich einmal im Spiel irren dürfte. Wiederum wird der Oberschiedsrichter gerufen. Dieser stimmt Wenigfair zu und entscheidet auf Wiederholung. Saubermann beschwert sich und fordert einen Schiedsrichter. Der Oberschiedsrichter übernimmt nun auch das Amt des Schiedsrichters.

Saubermann schlägt erneut auf, ist jedoch inzwischen schon sehr wütend und agiert zu ungeduldig und verschlägt eine leichte Vorhand. Die Seiten werden gewechselt. Wenigfair möchte erneut eine Verletzungspause, da er sich eben während des letzten Ballwechsels den Fuß verdreht hat. Der Schiedsrichter gewährt ihm diese Verletzungspause, und erneut kommt der Physiotherapeut und behandelt Wenigfair drei Minuten lang am lädierten Fuß. Anschließend wird weitergespielt. Saubermann ist nun richtig sauer und verschlägt den ersten Aufschlag. Auch den zweiten Aufschlag spielt er mit viel zu viel Risiko und serviert einen Doppelfehler. Saubermann flucht und schimpft sowohl über Gegner Wenigfair als auch über den Oberschiedsrichter. Auch den nächsten Return kann er nicht im Feld unterbringen und Wenigfair gewinnt das Match mit 11 : 9 im Match-Tiebreak.

Alle von Wenigfair durchgeführten Manöver waren im Übrigen regelkonform. Jeder Spieler darf exakt eine Toilettenpause nehmen. Diese sollte eigentlich maximal fünf Minuten dauern, jedoch ist dies nur ein Richtwert. Jeder Spieler darf sich behandeln lassen, wenn er eine Verletzung hat (Krämpfe zählen nicht als Verletzung). Auch hier herrscht oft der Irrglaube, dass man nur eine Verletzungspause hat. Es ist jedoch so, dass man tatsächlich für jede Verletzung eine Verletzungspause hat. Wenigfair hatte eben zwei verschiedene Verletzungen. Hätte er sich zum Beispiel bei einem Sturz noch an der Hand verletzt, hätte er auch eine dritte Verletzungspause nehmen können. Auch die Regel mit dem Netzaufschlag und der Wiederholung ist in Deutschland absolut regelkonform. Einmal pro Match darf man sich in der Halle (allerdings nur in der Halle bei Bodenbelägen ohne Ballabdrücke) korrigieren und Wiederholung einfordern. Netzaufschlag gilt (zumindest wenn ohne Schiedsrichter gespielt wird), wenn einer der beiden Spieler eine Netzberührung gesehen oder gehört hat. Da die Regeln sich fortlaufend ändern, kann es natürlich sein, dass diese in der Zukunft vielleicht nicht mehr so gelten. Aktuell aber sind diese Regelungen korrekt. Auch lässt sich natürlich darüber streiten, ob Wenigfairs Verhalten angemessen war. Regelkonform war es in jedem Fall. Allerdings ist natürlich Saubermanns Wut durchaus zu verstehen, denn die Spielregeln lassen einen großen Spielraum zu, den Gegenspieler aus dem Konzept zu bringen und zu provozieren. Wer wäre denn nicht auch sehr verärgert, wenn der Gegner innerhalb kürzester Zeit dreimal das Spiel unterbricht, um den eigenen Rhythmus zu zerstören, und dann noch eine Netzberührung bei Matchball hört, obwohl man sich selbst vollkommen sicher ist, dass es definitiv kein Netz war? Und damit nicht genug: Kommt der dreiste Gegenüber dann noch auf die Idee, einen klar im Feld befindlichen Ball als „out" zu geben und bekommt auch noch eine Wiederholung, steigt das Wutpotenzial.

Auch möchte ich dir noch eine kleine Geschichte erzählen, welche ich vor einigen Jahren beobachtet habe. Und zwar spielte Dennis in einem Mannschaftsspiel gegen Fernando. Letzterer hatte sich für dieses Match eine spezielle Taktik überlegt. Aber er hatte die Rechnung ohne den Wirt gemacht. Aber der Reihe nach. Dennis kam mit seiner Mannschaft früh auf der Anlage an, und wie immer spielte er sich mit seinen Kameraden ein. Das gegnerische Team tat dies auch. Mit einer Ausnahme. Fernando fehlte. Sein Mannschaftskapitän entschuldigte ihn und erläuterte, dass Fernando dreißig Minuten später kommen würde, was auch akzeptiert wurde. Es ging auf 12 Uhr zu und es war sehr heiß, als Fernando und Dennis schließlich den Platz betraten. Sie schlugen sich ein. Nach einer gewissen Zeit marschierte Dennis zum Netz und übte Volleys und ließ sich Schmetterbälle zuspielen. Danach ging er wieder zur Grundlinie. Sein Gegenspieler machte jedoch keine Anstalten, ebenfalls zum Netz zu kommen, um sich dort einzuspielen. Da sich beide nunmehr fast zehn Minuten warmspielten, wollte Dennis beginnen.

Folgender Dialog entwickelte sich daraufhin:

„Wollen wir Aufschläge machen, Fernando?"

„Nein, ich bin noch nicht so weit!"

„Ich möchte jetzt aber beginnen, wir spielen schon zehn Minuten."

„Nein, ich brauche noch ein bisschen."

„Das ist mir ehrlich gesagt, relativ egal. Die Einspielzeit beträgt fünf Minuten und es war schon ein Entgegenkommen von mir, dass wir jetzt überzogen haben. Das ist keine kostenlose Trainingsstunde für dich vor dem Match!"

„Ich möchte doch nur Spaß haben und hab noch keinen Rhythmus."

„Dann wärst du halt früher aufgestanden und hättest dich wie alle anderen auch heute Morgen schon eingespielt. Ich gehe jetzt vom Platz und setze mich in den Schatten und trinke eine Cola. Hier auf dem Platz ist es mir zu heiß. Du kannst dich ja mit einem deiner Kameraden einspielen. In fünf Minuten komme ich wieder und dann legen wir los."

„Na gut, in Ordnung. Dann beginnen wir halt jetzt."

Fernando hat nachgegeben und Dennis hat sich in diesem Fall durchgesetzt. Darüber war Fernando sehr wütend und verlor relativ deutlich. Der Hintergedanke von Fernando war natürlich, sich lange einzuspielen, um Dennis zu ermüden, da Fernando selbst mit der Hitze sehr gut klarkam. Die meisten Spieler, vor allem auf unterem und mittlerem Klublevel, lassen diese Spielchen mit sich machen und geraten dadurch in einen Nachteil. Sie denken: „Ach, spiel ich mich halt ein paar Minuten länger ein", oder „Soll er sich doch wegen seiner Krämpfe behandeln lassen" (auch wenn Krämpfe nicht als Verletzung zählen). Die meisten Spieler sagen nichts, wenn der Gegner sich ewig und drei Tage Zeit lässt, deutlich länger jedenfalls als die erlaubten 25 Sekunden, oder sie lassen es dem Gegner durchgehen, wenn er wieder einen halben Meter ins Feld läuft beim Aufschlag. Denn einen Fußfehler anzuprangern macht man ja nicht. Die Spielregeln beim Sport sind dazu da, dass man sie einhält und sie geben dem Wettkampf gesunde Grenzen vor.

So sehe ich das jedenfalls. Wenn sich dein Gegner nicht an die Spielregeln hält, darfst du dies ohne schlechtes Gewissen ansprechen. Denn niemand, der fit ist, benötigt zwischen den Ballwechseln so lange wie normalerweise beim Seitenwechsel. Niemand spielt sich eine halbe Ewigkeit ein, der nach der Regeleinspielzeit einen normalen Rhythmus hat. Lass deinem Gegner seine Spielchen nicht durchgehen, wenn diese nicht dem Reglement entsprechen.

Fazit:

Die Tennisregeln lassen einiges an Spielraum zu. Ein Verhalten, wie von Wenigfair im Beispiel beschrieben, ist sicherlich zu viel des Guten. Aber du kannst manche Regel zu deinem Vorteil nutzen, sofern du der Typ dazu bist und es mit deinen Vorstellungen von Fairplay konform geht. Dehnt dein Gegenspieler die Regeln stark aus, so versuche, ruhig zu bleiben, und sei auf alle schmutzigen Tricks vorbereitet. Solange er sich an die Spielregeln hält, ist das in Ordnung, auch wenn es sicher, wie im Falle von Wenigfair, mehr als grenzwertig sein kann. Überschreitet dein Kontrahent jedoch die Regeln, solltest du dir dies nicht gefallen lassen und dich höflich, aber bestimmt zur Wehr setzen. Nicht du bist im Unrecht, sondern dein Rivale, und deshalb ist es vollkommen legitim, dies anzuprangern.

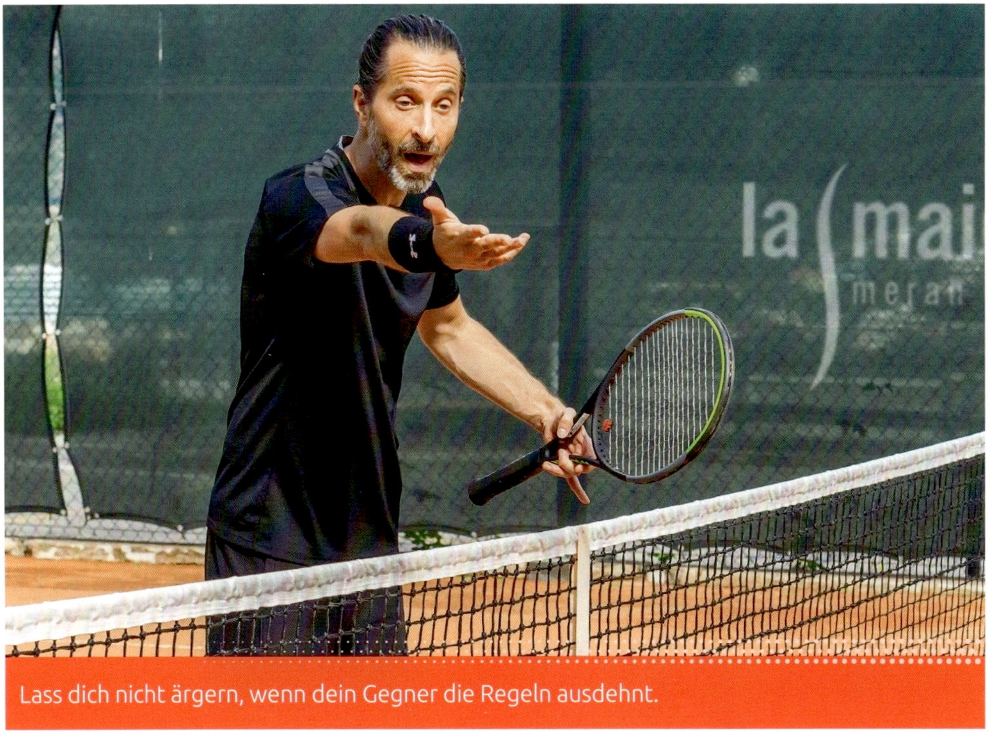

Lass dich nicht ärgern, wenn dein Gegner die Regeln ausdehnt.

– KAPITEL 27 –

Mit Disziplin und Fleiß zum Erfolg

Mit Disziplin und Fleiß zum Erfolg

Die Frage, die sich nun stellt, lautet: Inwieweit zählen Fleiß und Disziplin zum mentalen Bereich? Meiner Meinung nach ist beides unabdingbar, um erfolgreich zu sein. Egal, in welcher Sportart, egal, in welchem Lebensbereich, um erfolgreich und damit besser zu sein als der Durchschnitt, musst du mehr tun als deine Konkurrenten. Häufig wird dann von Talent und Begabung gesprochen. Aber Talent liefert dir lediglich einen Vorsprung. In der Theorie wird dann gesagt, wenn der Talentierte genauso viel trainiert wie der Untalentierte, ist er diesem stets einen Schritt voraus. Das ist sicher richtig. Aber in der Praxis ruht sich das Talent oftmals auf seiner Begabung aus. Dies solltest du nicht tun, sofern du begabt bist, denn „hard work beats talent, if talent doesn´t work hard" (Tim Notke). Die gute Nachricht, falls du eher untalentiert bist: Mit Disziplin und harter Arbeit, gepaart mit einer guten Struktur, wirst du es trotzdem weit bringen! Was aber bedeutet das nun?

Die Definition für Disziplin, die im Wörterbuch steht, lautet: „das Beherrschen des eigenen Willens, der eigenen Gefühle und Neigungen, um etwas zu erreichen". Um etwas zu erreichen, egal, ob im Sport oder im Leben, erfordert es Beharrlichkeit und Durchhaltevermögen. Betrachten wir den gemeinen Tennisspieler, so verabredet sich dieser im Regelfall ein- bis zweimal die Woche mit seinen Teamkameraden, um ein paar Bälle zu schlagen und eventuell danach gemeinsam mit seinem Spielpartner verdientermaßen ein Kaltgetränk zu konsumieren. Im Prinzip eine gute Sache. Aber diese Spieler dürfen sich dann mit diesem eher geringen Aufwand nicht beschweren, wenn sie leistungsmäßig auf der Stelle treten. Die meisten Spieler wissen zwar, dass es sinnvoll wäre, sich aufzuwärmen oder nach der Trainingseinheit auszulaufen und Gymnastik zu machen oder auch außerhalb des normalen Tennistrainings regelmäßig ein Fitnessprogramm durchzuziehen, aber sie tun es nicht. Ist ja nur ein Hobby und ich bin kein Profi. Das ist, wie gesagt, in Ordnung. Aber dann darfst du auch keine Steigerung deiner eigenen Leistung und keine guten Ergebnisse erwarten. Fleiß bedeutet, auch dann zu trainieren (das muss nicht auf dem Tennisplatz sein), wenn andere noch schlafen, fernsehen und im Internet surfen. Oder dann zu schlafen, wenn andere feiern, um am nächsten Tag eben nicht verkatert zu sein, sondern früh und vernünftig trainieren zu können. Disziplin wiederum bedeutet, dass du deine Trainingsprogramme und Vorhaben auch dann durchziehst, wenn es dir schwerfällt. Weil es draußen regnet oder zu kalt, zu heiß oder zu windig ist. Es fällt dir schwer, weil du müde oder hungrig bist oder noch einen so langen Tag vor dir hast. Ausreden finden wir alle schnell und gerne. Der Autor Felix Hutt hat in seinem tollen Buch „Lucky Loser" beschrieben, wie er sein bürgerliches Leben der Gemütlichkeit mit Augustiner-Weißbier, Schweinsbraten & Co. aufgegeben hat, um sein ambitioniertes Ziel zu erreichen, nämlich auf die Tennisweltrangliste zu kommen. Statt dem Leben zu frönen, hat er sich täglich aus dem Bett gequält, um Trainingseinheiten vor der Arbeit um sieben Uhr morgens zu absolvieren. Er hat auf Alkohol und fettiges Essen verzichtet, hat auch im Winter bei hundsmiserablem Wetter Läufe an der Isar gemacht, hat mit einem Fitnesstrainer seinen Fitnesszustand angehoben, um nur einmal ein paar wenige Beispiele zu nennen. Und daneben hat er auch noch voll gearbeitet. Die Tage begannen früh und endeten spät. Aber Hutt hatte ein Ziel und maß diesem Ziel hohe Priorität bei. Durch Fleiß und Disziplin steigerte er sein Level erheblich, was auch seine Ergebnisse klar belegen.

Auch du solltest für dich klare Ziele ausarbeiten und diese mit Beharrlichkeit verfolgen. Dies bringt dich nicht nur auf dem Tennisplatz weiter, sondern in allen Lebenslagen. Denn nur wenn du ein Ziel hast, weißt du, wofür du trainierst oder arbeitest. Ich möchte noch mal zur Begrifflichkeit der Disziplin zurückkehren. Es ist relativ einfach, kurzzeitig

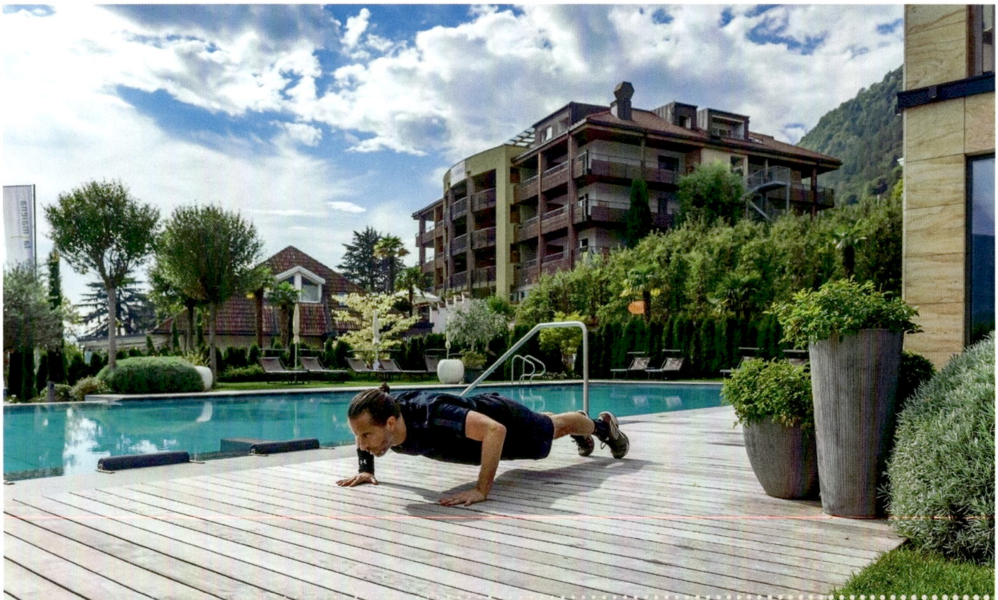

Kontinuierliches Training erfordert ein Höchstmaß an Disziplin.

diszipliniert zu sein. Kurzzeitig Verzicht zu üben, zum Beispiel hinsichtlich der Ernährung, oder sich kurzfristig frühmorgens vor der Arbeit bei Dunkelheit aus dem Bett zu quälen, um ein Fitnessprogramm oder eine zusätzliche Trainingseinheit einzulegen. Aber sich dies zur Gewohnheit zu machen und das Ganze über Jahre hinweg durchzuziehen, dazu gehört eiserne Disziplin. Aber das Schöne ist, dass sich diese Dinge auch schnell etablieren und somit zu Routinen werden. Wenn du jeden Tag um fünf Uhr aufstehst, wird dir das von Tag zu Tag leichter fallen, und irgendwann ist es normal und du wachst automatisch auf. Du wirst dementsprechend auch früher zu Bett gehen, weil du abends müde sein wirst. Du beginnst den Tag mit Gymnastik oder einer kleinen Laufeinheit vor dem Frühstück. Das wird dich anfangs ziemlich fertigmachen, aber irgendwann gehört das dazu wie der Kaffee am frühen Morgen oder ein neues Griffband vor dem Match. Ich möchte dich nicht dazu motivieren, diese Dinge zu tun, denn du musst selbst wissen, was dir guttut und worauf du verzichten kannst. Aber wenn du deinen Trainingsumfang erhöhst und vor allem mit einer gewissen Struktur trainierst, ist die Wahrscheinlichkeit mit Sicherheit höher, dass du deine Rangliste oder Leistungsklasse verbesserst. Genauso ist die Wahrscheinlichkeit größer, dass du dich im Klubturnier nicht wieder in der zweiten Runde verabschiedest, sondern dich bis ins Finale vorspielst. Disziplin bedeutet für mich, etwas über einen längeren Zeitraum zu tun, auch wenn dir dies eigentlich schwerfällt, oder auf etwas zu verzichten, das man glaubt, unbedingt tun zu müssen.

Betrachten wir die Spitzenspieler (sportartübergreifend). Denkst du, sie haben in ihrer Jugend oder ihrem jungen Erwachsenenleben viele ausschweifende Partys mit viel Alkohol und anderen Rauschmitteln gefeiert? Denkst du, die Top-Athleten vernachlässigen ihr Fitnessprogramm oder andere Trainingseinheiten, weil das Wetter schlecht ist und sie stattdessen lieber ins Kino gehen. Na ja, ist ja auch ihr Job … Aber auch die Top-Sportler sind früher zur Schule gegangen. Viele von diesen Spielern haben ihre Hausaufgaben im Auto oder im Zug gemacht, haben während Turnieren für ihre Schulprüfungen gelernt. Vor allem in jungen Jahren wird Top-Sportlern viel abverlangt, denn sie müssen Sport und schulische Verpflichtungen unter einen Hut bringen und auf vieles verzichten. Disziplin bedeutet zum einen auch gutes Zeitmanagement und zum anderen eben auf manch angenehme Dinge zu verzichten (wie lange und ausgiebig schlafen, übermäßiger Alkoholkonsum und ausschweifende Partys, Süßigkeiten und Fast Food, Netflix-Marathons …) und dafür manch unangenehme Dinge zu tun (intensive Laufeinheiten, Stretching und Gymnastik, viele Aufschläge aus dem Ballkorb vor oder nach dem Training, gesunde Ernährung). Das kannst du natürlich auch auf alle anderen Bereiche übertragen. Ob du nun beruflich aufsteigen möchtest und Überstunden schiebst oder Fortbildungen besuchst oder noch 50 zusätzliche Bewerbungen für deinen Traumjob rausschickst. Oder ob du nun an deinem Haus arbeitest und an deinen freien Tagen und am Wochenende Vorarbeiten leistest oder Dinge verschönerst. Auch dazu gehören Fleiß und Disziplin. Du machst dies aber, denn du hast ein Ziel und den starken Willen, dieses Ziel auch zu erreichen, komme, was wolle.

Es gibt auch die sogenannte 10.000-Stunden-Regel vom amerikanischen Psychologen Anders Ericsson, die besagt, dass eine Person sich 10.000 Stunden mit einer Sache beschäftigen müsse, um zur Weltspitze zu gehören. Aufgegriffen wurde dies später auch von Malcolm Gladwell in seinem Bestseller „Überflieger – warum manche Menschen erfolgreich sind – und andere nicht". Zwar wurden die 10.000 Stunden durch zwei Untersuchungen teilweise widerlegt, d. h. 10.000 Stunden Übung sind einerseits keine Garantie, um an die Weltspitze zu kommen, andererseits haben es auch Menschen mit „nur" 5.000 Stunden an die Weltspitze geschafft. Weltspitze bezieht sich im Übrigen auf alle Bereiche, also nicht nur auf den Sport. Eine Garantie für Erfolg sind viel Training und ein hoher zeitlicher Aufwand natürlich nicht. Denn neben Fleiß, Ausdauer und Disziplin kommen eben auch noch Talent und andere Faktoren dazu. Auch kommt es natürlich auf die Qualität und Intensität des Trainings an. Dennoch sind dies gewaltige Umfänge, die da trainiert wurden. 10.000 Stunden sind, grob gesagt, drei Stunden täglich über einen Zeitraum von zehn Jahren. Jetzt ist dein Ziel eventuell nicht unbedingt, an die Weltspitze zu kommen, sondern vielleicht „nur" die Klubmeisterschaft zu erringen oder deine Leistungsklasse zu steigern. Aber auch dann erhöht ein gesteigerter Trainingsumfang die Wahrscheinlichkeit gewaltig, dass du dies erreichst. Auch um beispielsweise auf eine einstellige Leistungsklasse zu kommen, wirst du viele Stunden trainieren müssen. Hier können wir Tennisspieler uns auch ein Beispiel an anderen Sportarten nehmen. Ich habe einen Bekannten, der erfolgreich im Triathlon war. Dieser hat mich immer ausgelacht, wenn ich ihm berichtet habe, wie viel Zeit ich in meinen Sport investiere. Es ist jetzt nicht so, dass ich Däumchen gedreht habe und faul mit einer Tüte Chips auf der Couch lag. Nur ist es so, dass im Triathlon einfach unglaublich lange Einheiten geschoben werden. Mein Bekannter ging zum Beispiel beinahe jeden Tag um fünf Uhr morgens eine Stunde schwimmen. Fast täglich fuhr er neben dem Schwimmtraining entweder mehrere Stunden Fahrrad oder joggte über viele Stunden. Trainingsumfänge von mehr als 30 Stunden pro Woche waren normal und nicht die Ausnahme. Natürlich ist Tennis vom Belastungsverhältnis her ein anderes, und du musst auch aufpassen, nicht in ein Übertraining zu geraten. Die Schnelligkeit darf nicht verloren gehen, und jeder weiß, dass langes, monotones Joggen nicht gut für einen Tennisspieler ist. Aber mir geht es hier um deine Bereitschaft, deine Komfortzone zu verlassen, und auch um den Blick über den Tellerrand. Zu sehen, wie andere Sportler trainieren, zu sehen, was möglich sein kann.

Fazit:

Theoretisch kann jeder diszipliniert und fleißig sein. Aber nicht jeder schafft dies, denn es gehört ein starker Wille dazu. Zielsetzungen erleichtern es, die Disziplin aufrechtzuerhalten und strukturiert und mit voller Energie auf dieses Ziel hinzuarbeiten. Disziplin bedeutet vor allem auch Verzicht und dass du auch Dinge übst, die eben eher weniger Spaß machen und sehr anstrengend sind. Fleiß und Disziplin sind zwei Eigenschaften, die dich aber über den Tennisplatz hinaus stark machen. Denn auch in anderen Lebensbereichen wirst du damit größere Erfolge erzielen können. Natürlich spielen auch die Qualität des Trainings und andere Faktoren eine gewichtige Rolle. Aber eiserne Disziplin und Fleiß erhöhen die Wahrscheinlichkeit immens, dass du erfolgreich sein wirst.

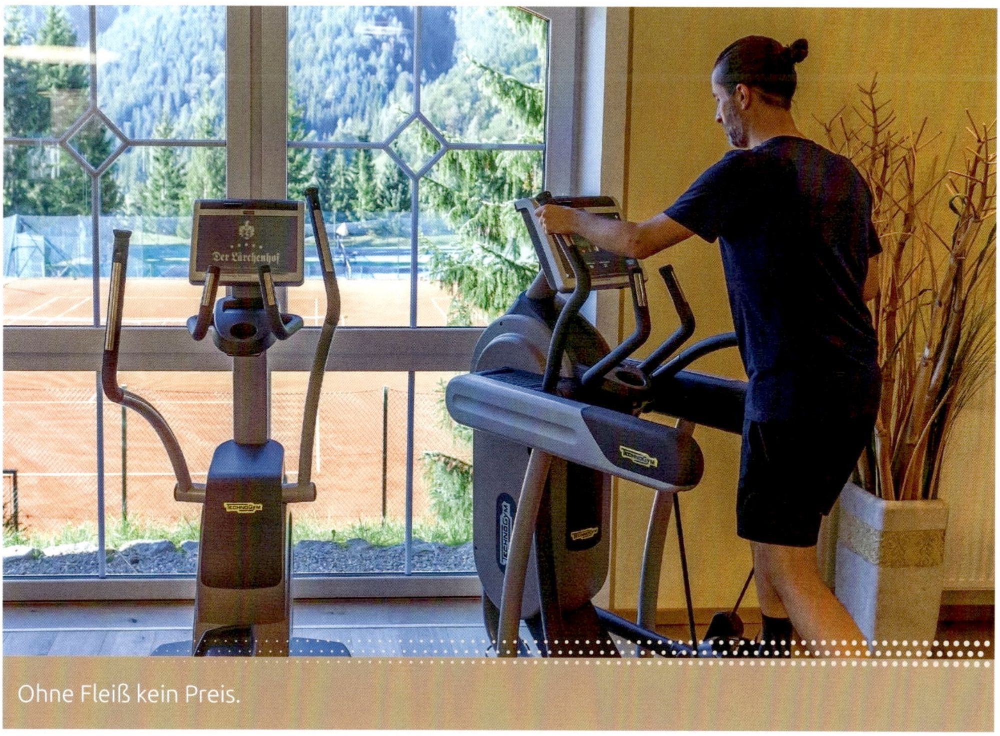

Ohne Fleiß kein Preis.

– KAPITEL 28 –

Was du vom Sport lernen kannst

Was du vom Sport lernen kannst

Mitte März bis Anfang Mai 2020 stand das Leben hier in Mitteleuropa quasi still. Die Schulen und Kindergärten geschlossen, zahlreiche Arbeitskräfte auf Kurzarbeit oder im Homeoffice und auch Sport und Tennis waren nicht mehr möglich. Covid-19 hatte uns alle fest im Griff. Wir fühlten uns in unserer Freiheit eingeschränkt und konnten uns nicht mit Freunden oder Verwandten treffen. Auch aktuell jetzt Ende Mai 2020 sieht es alles andere als rosig aus. Noch immer verdienen viele Menschen weit weniger Geld als normalerweise, Menschen machen sich Sorgen, haben Ängste und blicken in eine scheinbar ungewisse Zukunft. Das Wort „Krise" ist allgegenwärtig. Die Verunsicherung ist quasi greifbar. Als Sportler und, wie ich finde, speziell als Tennisspieler ist man recht krisenerprobt. Zumindest wenn du regelmäßig Matches bestreitest. Wettkämpfe verlaufen fast nie geradlinig und oftmals stehst du vor neuen Herausforderungen. Der Gegenspieler spielt besser als erwartet, dein eigenes Spiel funktioniert nicht wie im Training, der Platz ist uneben und löchrig, es ist zu heiß oder zu windig. Und überhaupt, auch die Bälle sind irgendwie anders. Hinzu kommen Dinge im Vorfeld oder Nachgang. Du stehst auf der Anfahrt im Stau oder du musst lange auf dein Match warten, weil die Spiele davor sehr lange dauern oder zu wenige Tennisplätze zur Verfügung stehen. Alles Sachen, die dich nerven und die du absolut nicht gebrauchen kannst.

Ähnlich ist es „off court". Dein Kollege erhält die Beförderung, weil er über mehr Vitamin B verfügt. Wegen der Wirtschaftskrise wirst du dem Arbeitsmarkt zugeführt. Deine Freundin verlässt dich oder du fällst durch die wichtige Prüfung … Meistens ist es gar so, dass parallel mehrere Dinge schiefzugehen scheinen. Ich spreche da gewiss aus Erfahrung. Aber du hast immer verschiedene Optionen. Du kannst dich verkriechen und im Selbstmitleid baden. Oder du findest Alternativen. Ich möchte dir ein persönliches Beispiel geben:

Vor einigen Jahren habe ich als Haupttrainer in einem Verein gearbeitet. Augenscheinlich war meine Tätigkeit nicht gänzlich erfolglos, denn wir konnten die Anzahl der Kinder und Jugendlichen im Verein mehr als verdoppeln. Die Kinder spielten erfolgreich bei Turnieren und waren dadurch grundsätzlich motiviert. Auch im Erwachsenenbereich konnten wir die Anzahl der aktiven Mannschaften deutlich steigern. Und auch hier waren Erfolge sichtbar. Sowohl die Herren- als auch die Damenmannschaft spielten nach vier Jahren zwei Ligen höher als zu Beginn meiner Tätigkeit. Aber wo Erfolge sind, gibt es auch immer Neid und Missgunst. In meinem Fall waren es die beiden verbitterten Jugendwarte des Vereins, die gegen mich intrigierten und Entscheidungen trafen, die ich nicht hinnehmen konnte. Mir war schnell klar, dass dies nichts mit meiner Arbeit an sich zu tun hatte, sondern eine rein persönliche Geschichte war. Da der restliche Vorstand sich jedoch nicht klar positionieren konnte (hier spielten zwischenmenschliche Beziehungen eine große Rolle), beendete ich mein Engagement. Weil das Ganze unmittelbar vor dem Beginn der Sommersaison geschah, war ich quasi arbeitslos. Hat mich das alles deprimiert? Aber ja! Denn ich hatte vier Jahre in den Verein und seine Spieler investiert und dort auch Freunde gewonnen. Außerdem hatte ich dadurch natürlich gewaltige finanzielle Einbußen. Aber überall, wo eine Tür zufällt, geht auch eine neue wieder auf, sofern man diese aktiv sucht. Für mich war relativ schnell klar, dass …

- das Ganze auch eine Chance war. Ich hatte gute Arbeit geleistet und konnte mir einen „besseren" Verein suchen.
- die Zeit dort nicht umsonst war. Denn ich hatte neue Erfahrungen gemacht und mich persönlich weiterentwickelt. Die Erfolge in dieser Zeit waren zweifelsohne eng mit meiner eigenen Person verbunden, was für mich sicher für die Zukunft hilfreich sein würde.
- ich Stärke gezeigt hatte und mich weder in meinen Befugnissen hatte beschränken lassen noch meine Prinzipien verraten hatte.
- ich aus der ganzen Geschichte motivierter hervorgehen würde, nach dem Motto „jetzt erst recht"!

Schlussendlich sollte ich recht behalten. Durch mein positives und kämpferisches Herangehen an die Situation konnte ich mich besserstellen. Mein Verdienst heutzutage ist höher, meine Anfahrt ist kürzer und der Wohlfühlfaktor mindestens gleich. Die finanziellen Verluste habe ich inzwischen auch mehr als ausgleichen können.

Was aber solltest du selbst in Krisensituationen beachten, und was kannst du vom Sport auf den Alltag übertragen?

- Sei positiv! Destruktive Gedanken bringen dich nicht weiter, sondern zerstören vielmehr deine Lebensfreude und dein Selbstwertgefühl. Es ist sicherlich nicht immer alles Friede, Freude, Eierkuchen. Aber positive Gedanken geben dir Energie! Du feuerst dich auf dem Tennisplatz selbst an und machst dir Mut und glaubst daran, das verloren geglaubte Match noch zu drehen? Das solltest du auch in anderen Lebensbereichen tun. Sieh nicht immer alles schwarz, sondern sei positiv, denn dies wird dir Energie schenken!

- Sieh die möglichen Chancen. Wie schon im Beispiel beschrieben. Überall, wo eine Tür zufällt, öffnet sich eine neue Türe. Selbst die fürchterlichste Niederlage bietet dir Chancen, denn du kannst aus dieser lernen und dich gegebenenfalls neu ausrichten. Manche Spieler oder Menschen aber sehen diese Gelegenheiten nicht und lassen sie verstreichen. Tu das nicht. Jeder Tag bietet dir Chancen und Gelegenheiten. Greif zu und nutze sie!
- Nicht in Panik geraten. Geht etwas schief, werden viele Menschen schnell hektisch und treffen irrationale Entscheidungen oder überhaupt keine Entscheidung, weil sie sich in einer Schockstarre befinden. Überlege dir deine Entscheidungen genau und wäge Vor- und Nachteile ab. Bleib cool und denke nach! Dies hilft dir sowohl beim Sport als auch in anderen Lebensbereichen.
- Im Moment leben. Wie oft hast du bei hoher Führung schon vom Sieg geträumt, dann zuerst die Konzentration und anschließend noch das Match verloren? Oder du warst im Rückstand und es lief nicht gut und du hast abgeschenkt, weil es einfach nicht dein Tag war? Du solltest nicht mit deinen Gedanken abschweifen, sondern im Moment bleiben. Auch im Leben bringt es oft eher wenig, zu viel an die Vergangenheit und die Zukunft zu denken. Der Moment zählt. Die gerade anstehende Aufgabe ist die wichtigste. Hast du diese erledigt, kommt die nächste Aufgabe. Bündele deine Konzentration auf das, was gerade ansteht. Spielst du Tennis, denke nicht an deinen Job. Arbeitest du, träume nicht vom Tennis. Bist du im Urlaub, genieße diesen und lass den Alltag Alltag sein.
- Bleibe locker und entspannt. Natürlich gibt es Situationen, wie den Match-Tiebreak, in denen es um alles zu gehen scheint. Aber zu viel Verbissenheit bremst dich in solchen Situationen aus. Kampfgeist ja, aber mit entspannter Konzentration. Ähnlich verhält es sich in einem wichtigen beruflichen Gespräch (Vorstellungsgespräch, Verkaufsgespräch). Wenn dein Gegenüber bemerkt, dass du den Job unbedingt benötigst, ist er in der klar besseren Verhandlungsposition, denn er weiß, dass du auch ein bescheidenes Angebot nicht zurückweisen kannst. Du solltest hier also auch entspannt wirken, ansonsten verschlechtert sich deine Position und du wirst dich unter Wert verkaufen.
- Höre auf deine Intuition! Ich habe eben auch geschrieben, du solltest nicht hektisch sein und dir genau überlegen, was du tust. Intuition bedeutet, etwas aus dem Bauch heraus zu entscheiden beziehungsweise einer Eingebung zu folgen. Auf dem Tennis-

platz handelst du, vor allem im Flow-Zustand, oft intuitiv. Gerade reflexartige Schläge wie Volleys auf schnelle Bälle oder Returns auf starke Aufschläge werden häufig intuitiv gespielt, und manchmal sind wir überrascht, wie gut dies eigentlich funktioniert. Dabei ist das eigentlich nicht so ungewöhnlich, denn wir haben die Fähigkeiten, schnell (geradezu reflexartig) und richtig zu reagieren, aber häufig lassen wir dies nicht zu, weil wir zu viel darüber nachdenken, was schiefgehen könnte. Der Unterschied zwischen intuitivem Handeln und panischen Aktionen ist, vereinfacht gesagt, dass Panik aus einem Angstgefühl entsteht, während Intuition eine schnelle Entscheidungsfindung ist, die auf unserer Erfahrung basiert. Fühlst du dich sozusagen in die Ecke gedrängt, ist es sinnvoll, die Ruhe zu bewahren und zu überlegen. Fühlst du dich hingegen gut, kannst du dich ruhig auch auf deine Intuition verlassen, sowohl auf dem Tennisplatz als auch im Alltag.

- Sei kämpferisch. Du gibst nie ein Match verloren, auch wenn die Situation noch so aussichtslos ist? Du kämpfst um jeden Ball und rennst auch noch in die hinterste Ecke, um den Ball noch irgendwie zurückzubringen, entgegen aller Wahrscheinlichkeit, doch noch den Punkt zu gewinnen? Dann übertrage dies auch auf andere Lebensbereiche! Sei beharrlich und ausdauernd und lasse in deinen Bemühungen nicht nach, nur weil du den einen oder anderen Rückschlag erleiden musstest.

Das alles gilt natürlich auch umgekehrt. Bist du im Job diszipliniert und professionell, übertrage dies auf den Tennisplatz. Bist du beharrlich und lässt dich von Misserfolgen im Geschäfts- oder Privatleben nicht entmutigen, so lege dieses Verhalten auch auf dem Sportplatz an den Tag. Bist du ein lebensfroher Mensch, so solltest du diese positive Energie auch in dein Tennisspiel integrieren.

Fazit:

Mentale Stärke hängt sowohl im Job als auch im Privatleben und im Tennis von vielen Faktoren ab. Hast du Probleme im Job oder im Privatleben, so wirst du gestresst sein. Tennis kann dann ein Ventil sein. Dies wäre positiv. Oftmals ist es dann aber auch so, dass sich die Probleme auf den Tennisplatz übertragen. Zwar ist Tennis für die meisten Menschen nur ein Hobby, allerdings sind viele Spieler doch ehrgeizig und nehmen sich schlechte Leistungen im Sport sehr zu Herzen. Dies überträgt sich dann auf die anderen Lebensbereiche. Genauso werden sich Probleme „off court“ in der Regel negativ auf dein Tennisspiel auswirken. Umgekehrt sorgen gute Leistungen im Sport für hohes Selbstvertrauen, das sich dann auch auf den Job und das Privatleben überträgt. Nach einem tollen Sieg fühlst du dich auf Wolke sieben und dieses euphorische Gefühl gibt dir auch im Job neue Energie. Überhaupt kannst du vom Sport viel für dein Berufsleben mitnehmen und umgekehrt auch. Als wichtig erachte ich, nicht alles zu schwarz zu sehen, auch in schwierigen Situationen immer Chancen zu erkennen und zu suchen, niemals panisch oder hektisch zu werden, es gibt immer Lösungen! Fokussiere dich auf die aktuelle Aufgabe und grübele weder zu sehr über die Vergangenheit noch investiere zu viel Zeit, um von der Zukunft zu träumen. Und vor allem bleibe locker und entspannt. Durch Verbissenheit wirst du schlechtere Ergebnisse erzielen, sowohl „on" als auch „off court". Kämpferisch ja, verbissen nein!

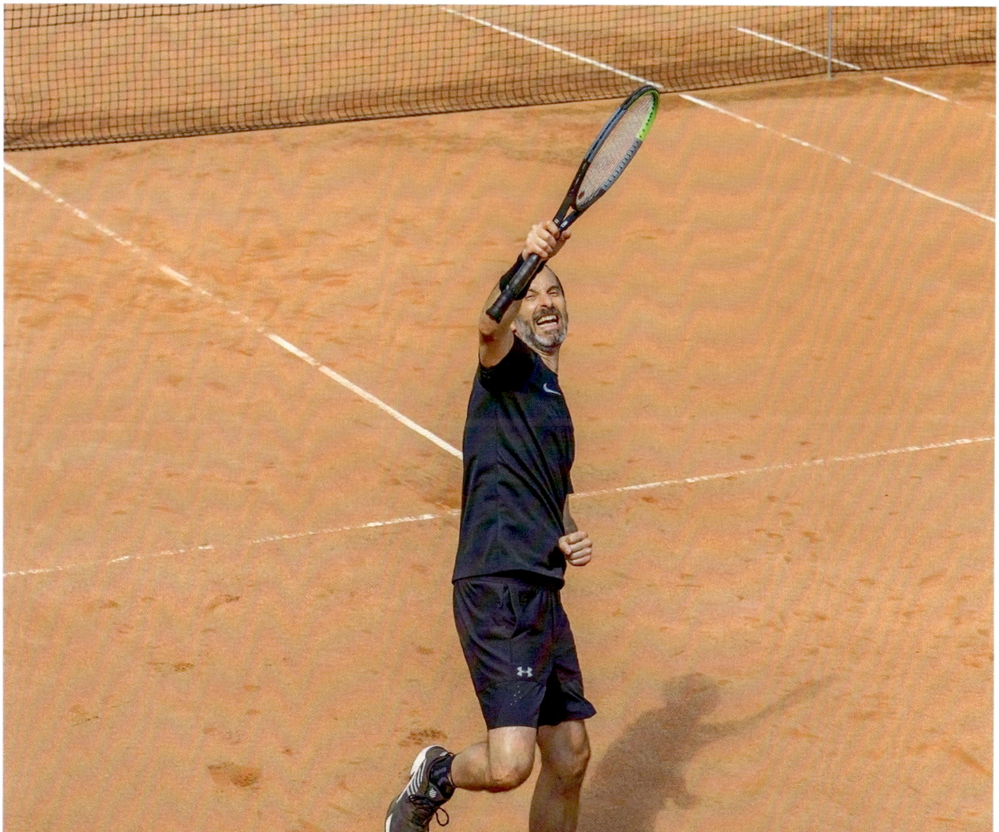

Stets alles zu geben zahlt sich nicht nur auf dem Tennisplatz aus.

– KAPITEL 29 –

Gesamtfazit mentale Stärke

Gesamtfazit mentale Stärke

Nun bist du also am Ende des Buches angelangt. Zeit, ein Fazit zu ziehen. Mentale Stärke beinhaltet nicht nur dein Verhalten auf dem Platz und äußert sich nicht nur in knappen Spielsituationen. Mentale Stärke ist vielmehr ein Gesamtkonstrukt, das sich aus vielen Faktoren zusammensetzt. Dazu zählen unter anderem Professionalität, Entschlossenheit, Nervenstärke, Kampfgeist, Mut, Beharrlichkeit, Disziplin und Konzentration. Ich habe mich deshalb intensiv mit diesem Thema auseinandergesetzt, weil ich viele Spieler gesehen habe und immer noch sehe, die ihr Potenzial brachliegen lassen, weil sie eben unprofessionell sind, schnell aufgeben, über keine Disziplin verfügen, häufig unkonzentriert agieren, ängstlich spielen, wenn es eng wird etc. Viele dieser Faktoren bedingen sich auch gegenseitig. Du kannst dies in deinem Tennisumfeld sicherlich auch beobachten, dass es nämlich Spieler gibt, die eigentlich weit bessere Ergebnisse abliefern könnten, als sie es tatsächlich tun, da sie technisch und athletisch gut sind. Aber es ist eine große Diskrepanz zwischen ihren Schlägen und ihrem Verhalten. Ich will hier kurz einen Vergleich zu meiner Schulzeit ziehen. Ich war sicherlich kein gänzlich unbegabter Schüler. Viele Dinge gingen mir leicht von der Hand. Aber ich hatte schlicht kein Interesse. Dies äußerte sich darin, dass ich oftmals einfach vergaß, meine Hausaufgaben zu machen, im Unterricht an andere Dinge dachte, meine Materialien nicht vollständig waren, ich mich nur unzureichend auf Prüfungen vorbereitete. „Irgendwie komme ich schon durch" war mein Motto. Mit dieser Einstellung ist es fast unmöglich, gute Noten zu erzielen. Überraschenderweise ist meine Einstellung beim Tennis eine ganz andere. Ich bin stets auf alle Eventualitäten vorbereitet, denn ich weiß, wenn ich mich gut aufwärme und mir schon im Vorfeld Gedanken zum Match mache, dass die Wahrscheinlichkeit eines guten Starts dann höher ist. Ich weiß, dass es sich lohnt zu kämpfen. Ich werde dann nicht immer gewinnen, aber wenigstens habe ich alles versucht und kann mir nichts vorwerfen. Und das vermittelt mir ein gutes Gefühl. Genauso weiß ich aber auch, dass ich weder Siege noch eine gute Leistung meinerseits erzwingen kann. Für mich ist ungemein wichtig, dass ich meinen Schlägen und Fähigkeiten vertraue und die Dinge geschehen lasse. Ich kann eine saubere Leistung meines Gegners akzeptieren. All das hilft mir, entspannt und geschmeidig zu bleiben, und steigert die Wahrscheinlichkeit, in den Flow zu kommen. Für einen Tennisspieler gibt es kaum etwas Schlimmeres, als verkrampft zu sein. Und auch weiß ich, dass es viele Übungen außerhalb des Platzes gibt, die mir helfen, meine Konzentrationsfähigkeit zu verbessern, die mir helfen, in den optimalen Modus zu kommen oder auch die Wahrscheinlichkeit erhöhen, in engen Spielsituationen mein bestes Tennis abzurufen. Allerdings bringen diese Erkenntnisse an sich erst einmal nichts, denn man muss diese Übungen auch anwenden und vor allem analysieren, wo die eigenen Schwachstellen liegen.

Mentale Stärke hat also vor allem auch mit gezieltem Training zu tun. Oftmals hört man Leute sagen, dass dieser oder jene Spieler nichts Großartiges gewinnen wird, weil er mental zu schwach sei. Genauso wie du an deinen technischen und athletischen Fähigkeiten arbeiten kannst oder dich taktisch weiterentwickeln kannst, hast du auch die Möglichkeit, an deinen mentalen Fähigkeiten zu feilen. Als bestes Beispiel hierzu dient mir Stan Wawrinka. Wie oft habe ich Leute früher sagen hören, dass Wawrinka mental zu schwach sei, um ein Grand-Slam-Turnier zu gewinnen, weil er oftmals in wichtigen Matches nicht seine beste Leistung zeigen konnte. Scheinbar bestätigt wurden seine Kritiker, als Wawrinka dann im Jahr 2013 zwei qualitativ hochwertige Matches gegen Djokovic bestritt, aber trotz ausgezeichneter Leistung in Australien und ebenso im Halbfinale der US Open gegen Djokovic jeweils in fünf engen Sätzen verlor. Im Jahr darauf gelang dem Schweizer jedoch der Durchbruch. Im reifen Tennisalter von 28 Jahren gewann er sein erstes Grand-Slam-Turnier, bezwang Djokovic im Viertelfinale in fünf Sätzen und im Endspiel Rafael Nadal in vier Sätzen (vor dem Finale hatte Wawrinka eine 0 : 12-Bilanz gegen Nadal). Auch die nächsten beiden Grand Slam Finals gewann der Schweizer als klarer Underdog jeweils gegen Novak Djokovic. Insgesamt steht Wawrinka bei einer Grand-Slam-Finalbilanz von 3 : 1. Bei seinem letzten Grand-Slam-Titel in New York konnte Wawrinka in der dritten Runde gegen Daniel Evans gar einen Matchball abwehren, bevor er den Briten in fünf Sätzen bezwang und schlussendlich das Turnier gewann. Ich würde sagen, Wawrinka ist alles andere als mental schwach und hat sein Niveau in diesem Bereich in der Mitte seiner Karriere stark angehoben. Auch sein auf den Unterarm tätowiertes Zitat von Samuel Beckett: „Ever tried. Ever failed. No matter. Try again. Fail again. Fail better", verdeutlicht Wawrinkas großartige Einstellung, sich nämlich von Rückschlägen nicht entmutigen zu lassen, immer weiterzumachen, den Glauben an sich selbst und die eigene Stärke stets beizubehalten. Mich persönlich hat vor allem stets Wawrinkas Entschlossenheit in wichtigen Matches beeindruckt, speziell im Finale der French Open und der US Open, als er jeweils Djokovic nach Satzrückstand (im Übrigen ist Wawrinka der einzige Spieler, der bei Grand-Slam-Turnieren Djokovic dreimal bezwingen konnte, nachdem er den ersten Satz verloren hatte. Zum Vergleich: Nur Melzer, Roddick [durch Aufgabe Djokovics] und Nadal [zwei Siege, einer davon durch Aufgabe] konnten Djokovic bei Grand-Slam-Turnieren besiegen, nachdem dieser den ersten Satz gewann) mit bedingungslos offensivem und risikoreichem Tennis in die Knie zwang. Wawrinka schien es dabei nicht darum zu gehen, eine gute Figur zu machen und ein „vernünftiges" Finale zu spielen. Nein, Wawrinka, so kam es jedenfalls mir vor, wollte nach seinen eigenen Regeln spielen und lieber mit fliegenden Fahnen untergehen, als sich auf Djokovics Spiel einzulassen. Für mich ist „Stan the Man" der Spieler, der sich mental im Verlauf seiner Karriere am meisten weiterentwickelt hat. Auch Andy Murray hat hier eine tolle Entwicklung genommen, verlor die ersten vier Grand Slam Finals, bevor er sich Hilfe von Ivan Lendl holte. Dieser half Murray, weniger zu hadern und zu schimpfen, und vermutlich verfestigte er auch den Glauben Murrays an sich selbst. Unter Lendl (der auch von vielen in der Frühphase seiner Karriere als mental schwach abgetan wurde, weil auch Lendl seine ersten vier Grand Slam Finals verlor, später aber insgesamt acht Grand-Slam-Turniere gewinnen konnte) begann Murray offensiver zu spielen und näher an die Grundlinie zu rücken. Diese Veränderung ist nicht unbedingt nur eine technische, taktische Veränderung. Sondern auch eine mentale, denn für eine solche Veränderung braucht der Spieler auch immer viel Selbstvertrauen. Murray jedenfalls hat, wie auch Wawrinka, in der Mitte seiner Karriere einen großen Schritt nach vorne gemacht, der überwiegend auf eine größere psychische Stabilität zurückzuführen ist. Du solltest dir also an diesen Spielern ein Beispiel nehmen und stets nach Möglichkeiten zur Verbesserung schauen und vor allem das mentale Spiel nicht vernachlässigen.

Worauf solltest du hierbei im Speziellen achten beziehungsweise welche Fehler solltest du nicht begehen?

- Sei professionell! Das Match beginnt nicht erst mit dem ersten Punkt, sondern schon weit davor. Je gewissenhafter du dich vorbereitest (auch mental), desto größer sind deine Erfolgsaussichten.
- Sei ausdauernd! Mentale Stärke ist ein Prozess, genauso wie deine Schläge eine Entwicklung nehmen sollten, sollte dies deine Psyche auch tun. Arbeite stets daran und versuche dich zu verbessern, auch wenn du bereits stark in diesem Bereich bist. Auch mental gute Spieler sollten diese Fähigkeiten weiter trainieren. Ist dein Aufschlag oder deine Vorhand deine Stärke, so trainierst du diese Schläge stets auch weiter. Hast du hingegen Schwächen im mentalen Bereich, so analysiere diese und arbeite konsequent daran, diese so weit wie möglich zu beheben. Ich bin sicher, du wirst große Fortschritte erzielen!
- Lass dich nicht entmutigen! Viele Spieler nehmen sich Niederlagen zu sehr zu Herzen und sind im Anschluss sehr frustriert und lassen zu, dass Niederlagen eine negative

Auswirkung auf ihre Motivation haben. Niederlagen aber sollten dich dazu motivieren, dich zu hinterfragen und noch intensiver zu trainieren. Niederlagen sollten der Ansporn sein, es zukünftig noch besser zu machen. Außerdem solltest du aus Niederlagen lernen und diese als Motivation ansehen, anstatt dich von diesen herunterziehen zu lassen.

- Lerne von den Besten! Schau dir die großen Champions an und beobachte, wie sie sich verhalten, und lerne von ihrem Verhalten.
- Betrachte das Spielgeschehen nüchtern! Zu viele Spieler sind zu emotional auf dem Tennisplatz. Sicherlich ist es oftmals gut, sich selbst zu pushen und anzufeuern. Aber du balancierst auf einem schmalen Grat. Gerade negative Emotionen können deinem Spiel sehr schaden und den Gegner aufbauen. Auch ist es wichtig, sich nicht vom Gegenspieler oder auch den Zuschauern provozieren zu lassen. Du bist wütend? Wandele deine Wut in Energie um, nach dem Motto: „Jetzt erst recht!" Mich persönlich motiviert es immer, wenn mein Gegenspieler versucht mich zu sticheln oder mögliche Zuschauer meinen Kontrahenten unterstützen. Meine Motivation ist, meinem Gegner nicht die Genugtuung des Sieges zu geben. Dennoch ist es sehr wichtig, dass du auch mental deine individuellen Stärken einbringst. Mit wenigen Emotionen meine ich nicht, dass du dich wie Björn Borg verhalten solltest, wenn du eigentlich Temperament hast und sehr impulsiv bist. Wichtig ist, deine Emotionen in die richtigen Bahnen zu lenken.
- Beobachte deinen Gegenspieler! Denn auch dein Gegner kann Probleme mit dem Kopf bekommen. Auch er ist nervös, angespannt, zu siegessicher, unkonzentriert, abgelenkt, unsicher, wütend. So wie du das Spiel deines Kontrahenten begutachtest und dir daraus deine Spieltaktik überlegst, so solltest du dies auch mit seinem Verhalten tun und dir dann überlegen, wie du ihn angreifen kannst.
- Sieh die Dinge positiv! Für nahezu alle Probleme gibt es Lösungen. Sowohl auf als auch abseits des Tennisplatzes. Auch aus schlechten Spielen und aus Niederlagen kannst du positive Aspekte mitnehmen.
- Sei entspannt und relaxed! Das sagt sich jetzt natürlich wieder so einfach, denn im Eifer des Gefechts ist es schwer, locker zu bleiben. Auch ist ein zu entspannter Zustand kontraproduktiv (siehe Kapitel: In den richtigen Modus kommen). Allerdings kommt es weit häufiger vor, dass die Tennisspieler zu verkrampft sind, als dass sie zu locker sind. Durch verschiedene im Buch aufgezeigte Übungen erhöhst du die Wahrscheinlichkeit, in den richtigen Zustand zu kommen.
- Rituale! Schenke deinen Ritualen vor, nach und vor allem während des Matches hohe Aufmerksamkeit. Diese geben dir immer ein Gefühl der Sicherheit, sind sozusagen dein Anker in stürmischer See.

- Sei konzentriert! Was logisch klingt, ist es leider überhaupt nicht. Wie oft höre ich auf dem Tennisplatz meistens vom Trainer oder vom Spieler selbst: „Konzentrier dich!" Allerdings ist dieses Kommando nur bedingt hilfreich, denn der Spieler versucht sich schon zu konzentrieren, weiß aber meist gar nicht, was dies heißt. Konzentration bedeutet: „die Bündelung der geistigen Aufmerksamkeit auf eine bestimmte Aufgabe hin". Im Umkehrschluss bedeutet unkonzentriert in unserem Fall auf dem Tennisplatz, dass du dich ablenken lässt. Deine Gedanken beschäftigen sich mit Dingen, die für deine Aufgabe auf dem Tennisplatz völlig unerheblich sind. Richte deinen Fokus ausschließlich auf deine Aufgabe auf dem Tennisplatz. Rituale helfen dir dabei, die Konzentration hoch zu halten.

All diese Faktoren werden dir helfen, deine mentale Einstellung positiv zu verändern. Ich hoffe sehr, dass dir mein Buch Erfolgserlebnisse auf und neben dem Tennisplatz bescheren wird und dass du einige neue Erkenntnisse mitnehmen konntest.

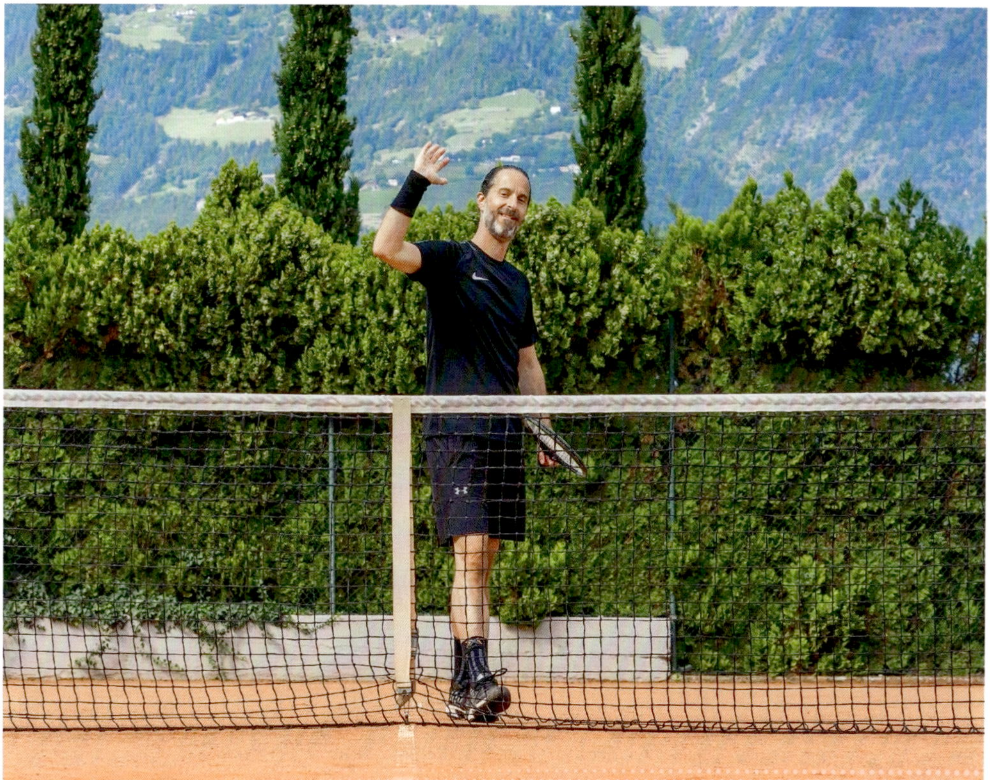

Yes – you can!

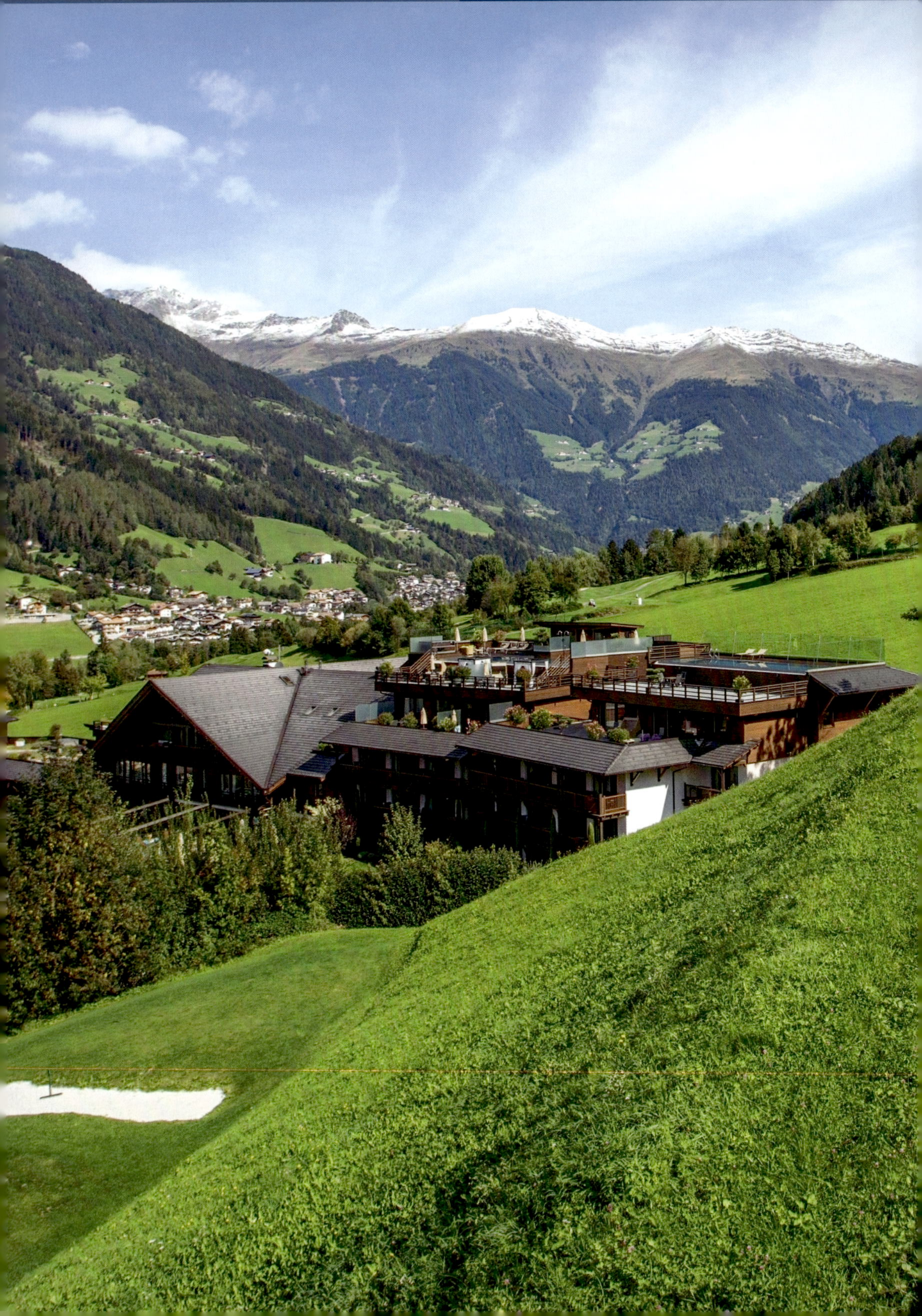

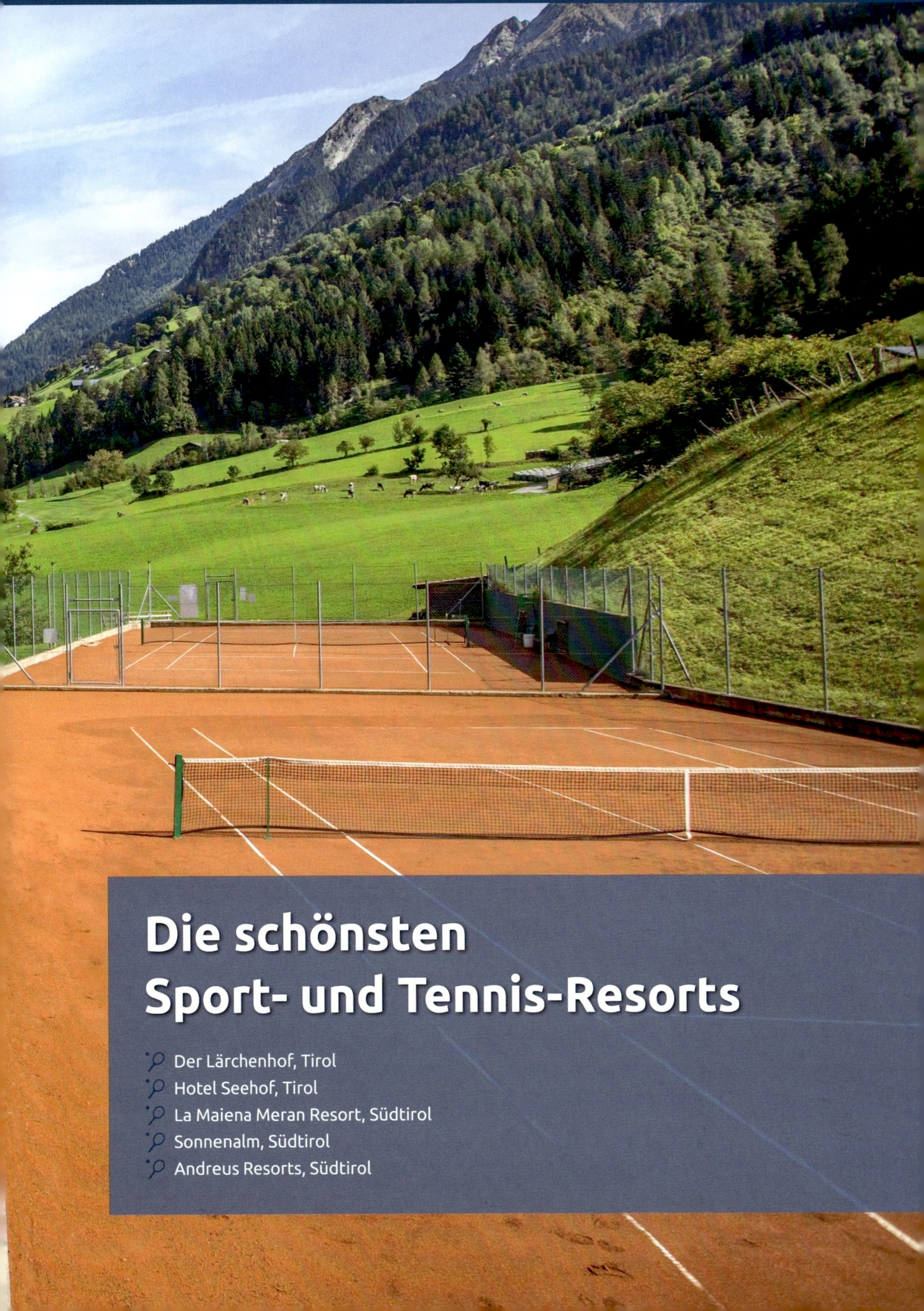

Die schönsten Sport- und Tennis-Resorts

- Der Lärchenhof, Tirol
- Hotel Seehof, Tirol
- La Maiena Meran Resort, Südtirol
- Sonnenalm, Südtirol
- Andreus Resorts, Südtirol

Der Lärchenhof

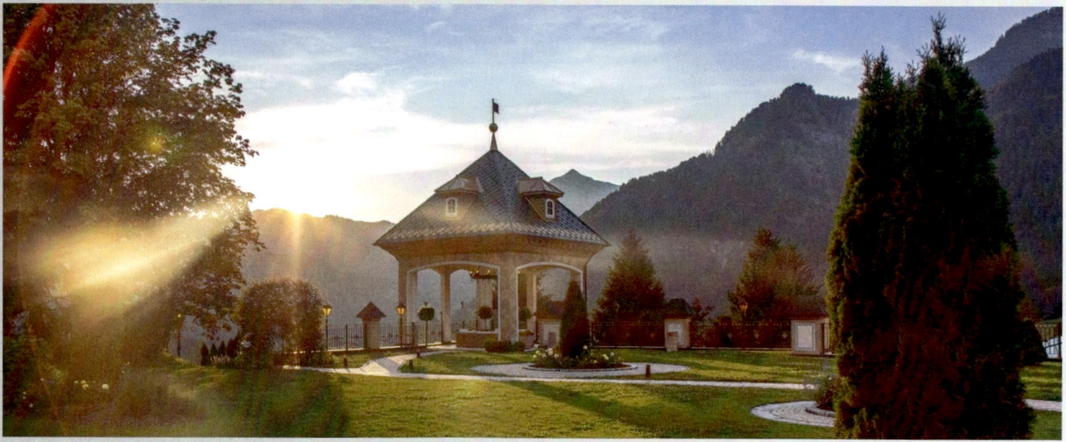

Magische Momente in einzigartiger Natur: Die Kitzbüheler Alpen umgeben den Lärchenhof.

Der Lärchenhof
Erpfendorf
Tirol, Österreich
www.laerchenhof-tirol.at

Der Fünf-Sterne-Hotelier und Inhaber Martin Unterrainer betont es gerne: „Tennis am Lärchenhof hat seit mehr als 40 Jahren Tradition – und darauf sind wir sehr stolz!" Jetzt ist ihm für seine renommierte Tennisakademie ein weiterer Coup gelungen: Der ehemalige Profispieler und aktuelle Trainer von Philipp Kohlschreiber, Markus Hipfl, übernimmt die Leitung der neuen „Markus Hipfl Tennis Base". Ob jung oder alt, Anfänger oder Profi, Hipfl und sein erstklassiges Team bieten die passgenauen Trainingsstunden und -kurse, die motivieren und fördern, Spaß machen und weiterbringen.

Dass die Tennisanlage auf höchstem Niveau und mit Profi-Knowhow gepflegt wird, sehen die Spieler unter den Gästen an vielen Details. Die insgesamt acht Plätze werden von Turnierspielern aller Spielklassen zur Saisonvorbereitung genutzt. Die drei Hallenplätze sind mit Gummigranulat belegt, zwei der fünf Freiplätze sind Truflex-Hard Courts, deren Dämpfungssystem die Gelenke schont. Umgeben von der wunderschönen Tiroler Bergwelt, mit direktem Blick

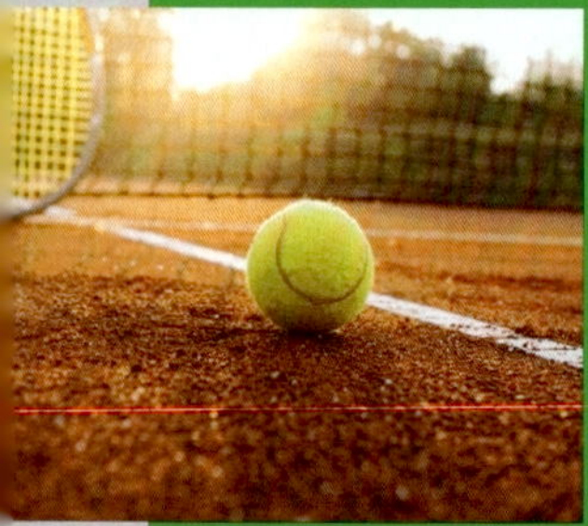

Markus Hipfl Tennis-Base

Die Tennisakademie des Lärchenhofs steht unter der Leitung des ehemaligen Tennisprofis Markus Hipfl. Er gibt sein Wissen mit Begeisterung und didaktischem Können weiter und führt ein motiviertes Team an Trainern. Davon profitieren Anfänger, ambitionierte Fortgeschrittene und Profis, jung und alt.

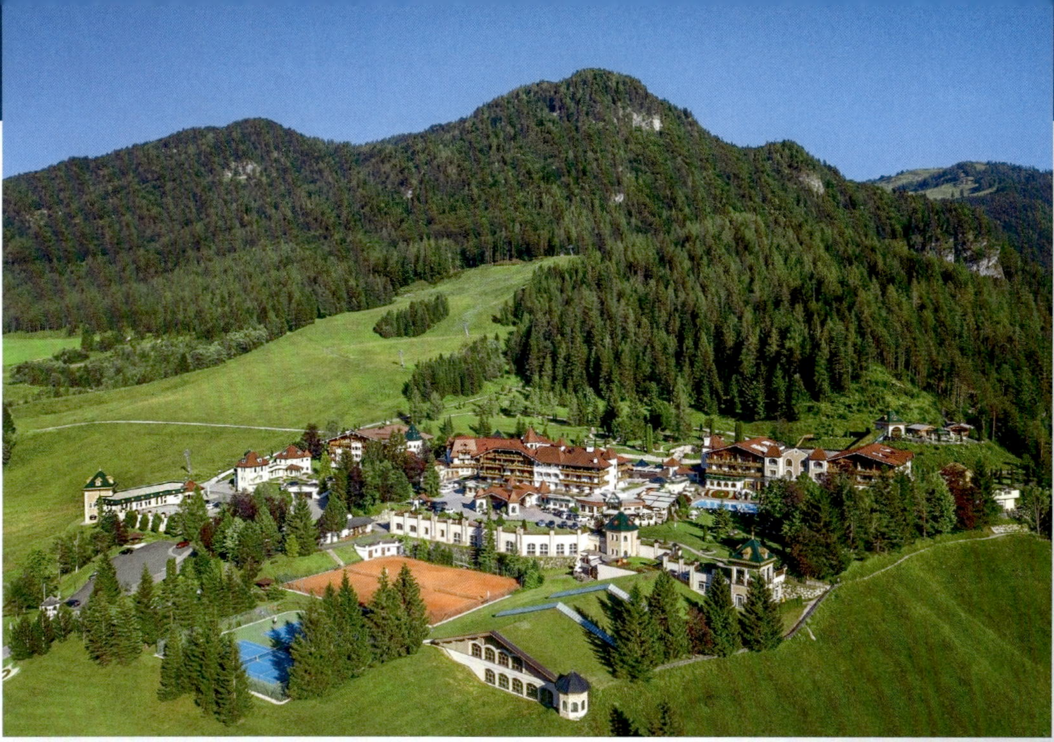

Der Lärchenhof ist eine eigene, bezaubernde Ferienwelt, in der die Gäste eine erholsame Auszeit genießen.

auf die Kitzbüheler Alpen, lenkt hier nichts von der Konzentration auf den perfekten Aufschlag ab.

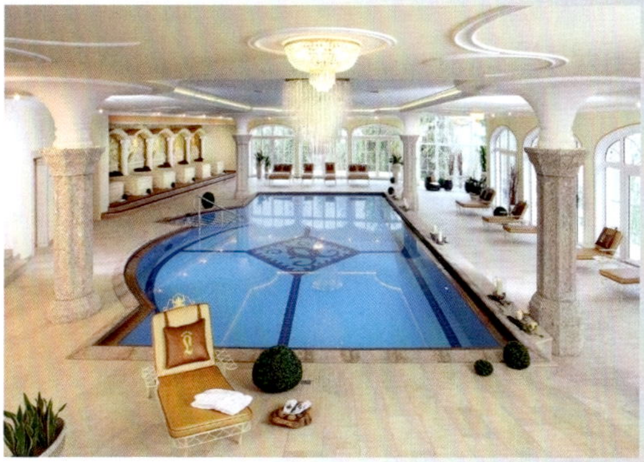

Wellness und Entspannung nach aktiven Urlaubstagen.

Wer seinen sportlichen Ausgleich beim Golfen findet, spielt auf dem 9-Loch-Platz oder dem 6-Loch-Übungsplatz des Golf- & Countryclubs Lärchenhof, direkt am Hotel. Ein besonderes Highlight stellt der ebenfalls zum Lärchenhof gehörende 18-Loch-Platz Kaiserwinkl Golf Kössen-Lärchenhof dar, rund 15 Kilometer entfernt. Es ist eine Traumanlage des berühmten Golfarchitekten Don Harradine, die wunderschön in die Natur eingebettet liegt, mit nur sanften Steigungen, altem Baumbestand und anspruchsvollen Wasserhindernissen. Hotelgäste erhalten hier ermäßigte Green-Fees.

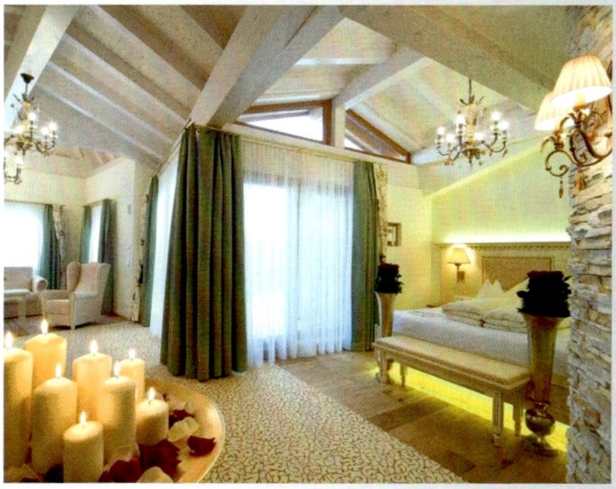

Kuschelige Zimmer und luxuriöse Suiten zum Kräftetanken.

Damit ist das Aktiv-Angebot des Lärchenhofs noch nicht erschöpft. Ein Fitnessbereich von 400 Quadratmetern lädt zum Training ein, das engagierte Fitnessteam unterstützt individuell als Personal Trainer, beim E-Scan-Stoffwechseltest oder Fitness-Test. Bogenschießen, Golf-

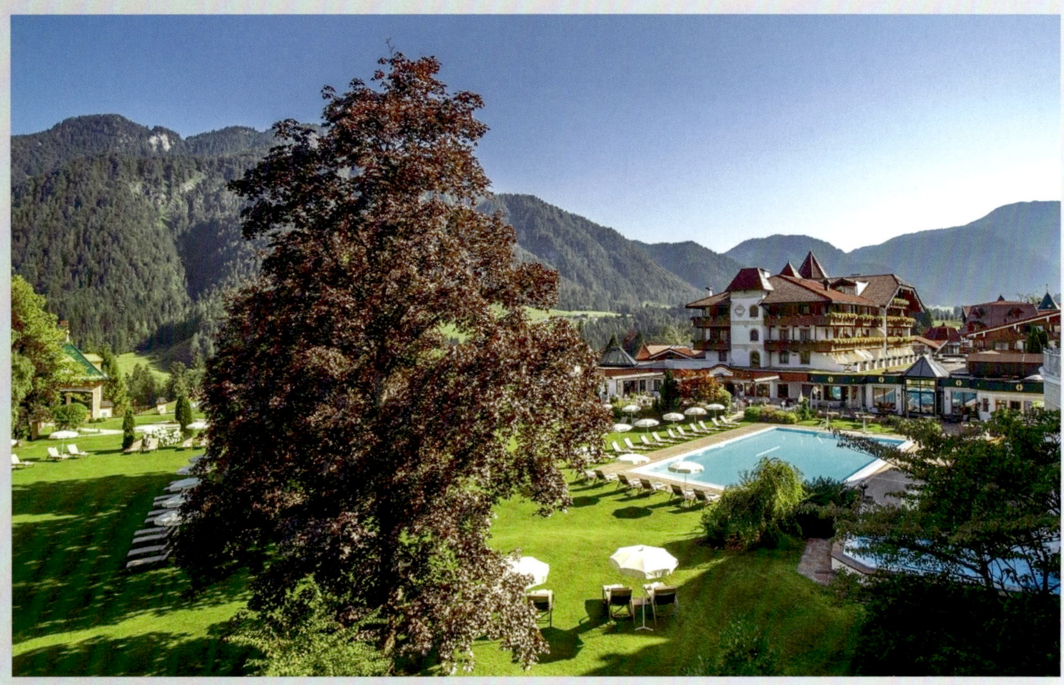

Der Lärchenhof in Traumlage: Inmitten der Natur Ruhe und Kraft finden – am sonnigen Hang mit grandiosem Bergblick.

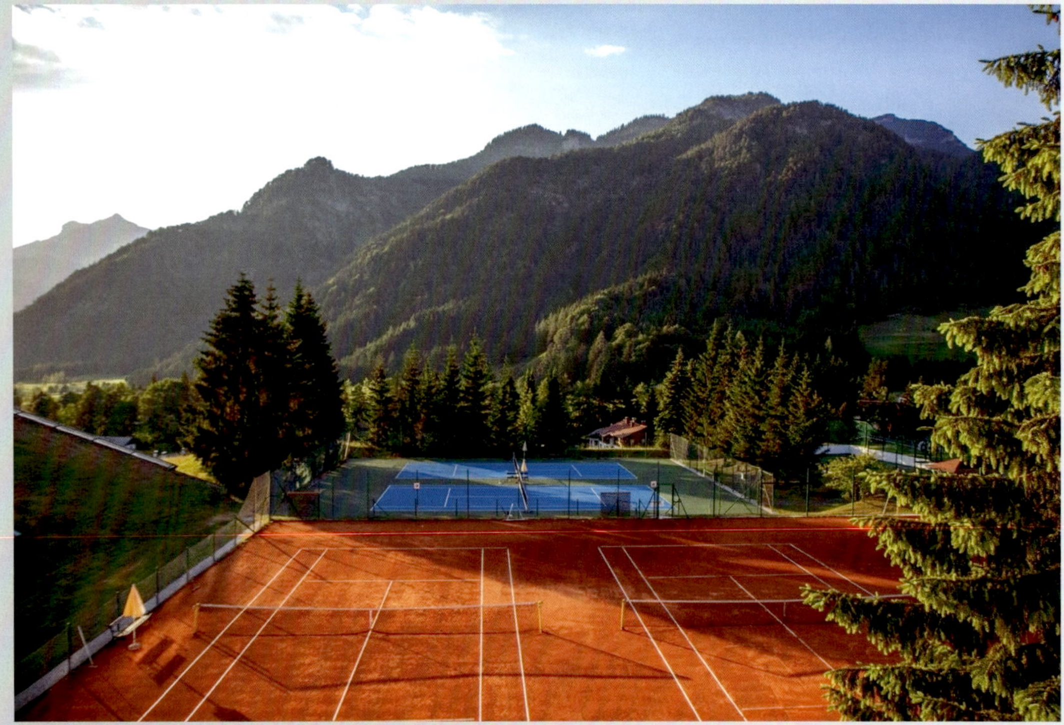

Drei gepflegte Sand- und zwei Hardcourts stehen Tennisfreunden zur Verfügung.

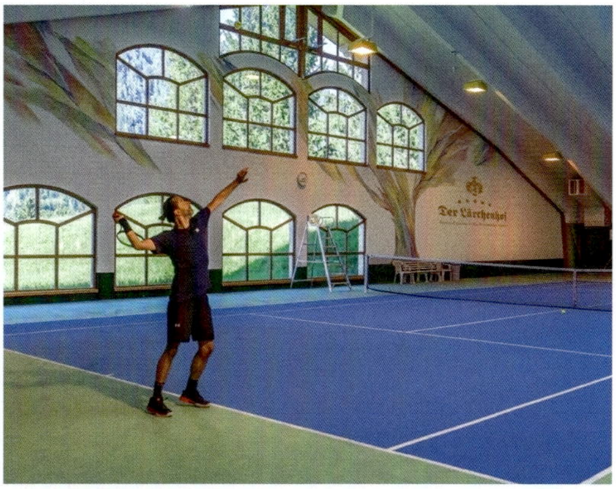

Drei Hallenplätze mit Gummigranulat stehen zur Verfügung.

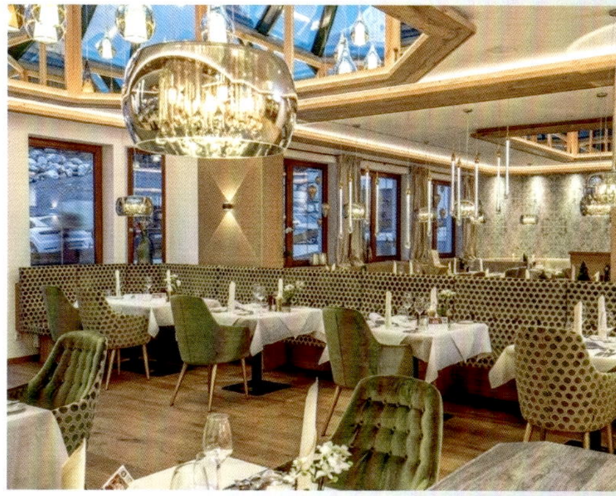

Fine Dining in gepflegtem Ambiente.

Schnuppern, Aquafit, Qi Gong, geführte Wanderungen, Fußball im Fun Court, Nordic-Walking-Touren und noch mehr stehen auf dem wöchentlichen Programm.

Entspannung nach diesen vielfältigen Angeboten finden die Hotelgäste im weitläufigen, luxuriösen Wellness-Areal. Auf insgesamt 3.500 Quadratmetern steht hier alles zur Verfügung, was anspruchsvolle Erholungssuchende sich wünschen. Zur Saunalandschaft gehören Bio-, Dampf-, Event- und Salzsauna, die Badelandschaft zählt insgesamt sechs Pools auf. Eine 30-Meter-lange Rolltreppe verbindet die Event-Sauna mit dem Panorama- Saunagarten, hier eröffnet sich ein Traumblick auf die Bergwelt. Die Beautyfarm verwöhnt mit Behandlungen, nutzt erstklassige Pflegeprodukte dabei, bietet Massagen und innovative Konzepte wie die preisgekrönte haki®-Methode von Harald Kitz an. Um in solch einer Ferienwelt auch den Jüngsten der Gäste gerecht zu werden, laden Streichelzoo, Kinderkino, Kletterwand, Reitstunden und die bunten Angebote des Kinderclubs ein.

Auf Fünf-Sterne-Niveau bewegt sich auch die Küche des Hauses, die beim abendlichen Sechs-Gänge-Wahl-Menü ihr Können unter Beweis stellt. Es ist eine „vitale österreichische Vollwertküche" die auf hochwertigen, meist regionalen Zutaten basiert, die schonend verarbeitet, kreativ und mit viel Liebe zubereitet werden. Zu den wöchentlichen kulinarischen Höhepunkten gehören das Tiroler Schmankerlbuffet, das Galadinner mit Klaviermusik und das Mediterrane Spezialitätenbuffet. Besondere Diät- oder Ernährungswünsche werden gerne berücksichtigt.

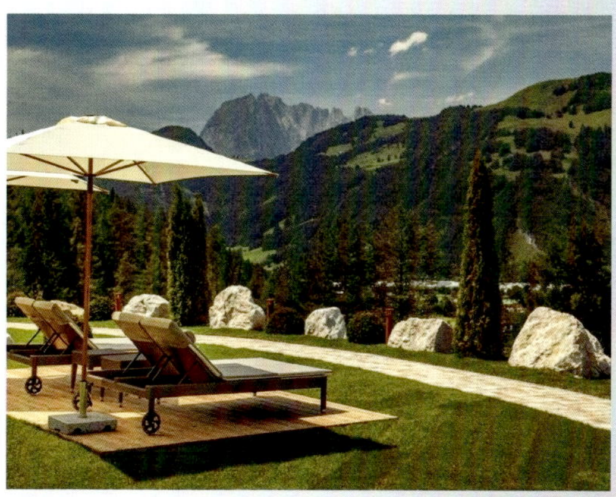

Nach Sauna oder Tennismatch: Entspannung mit Aussicht.

Hotel Seehof

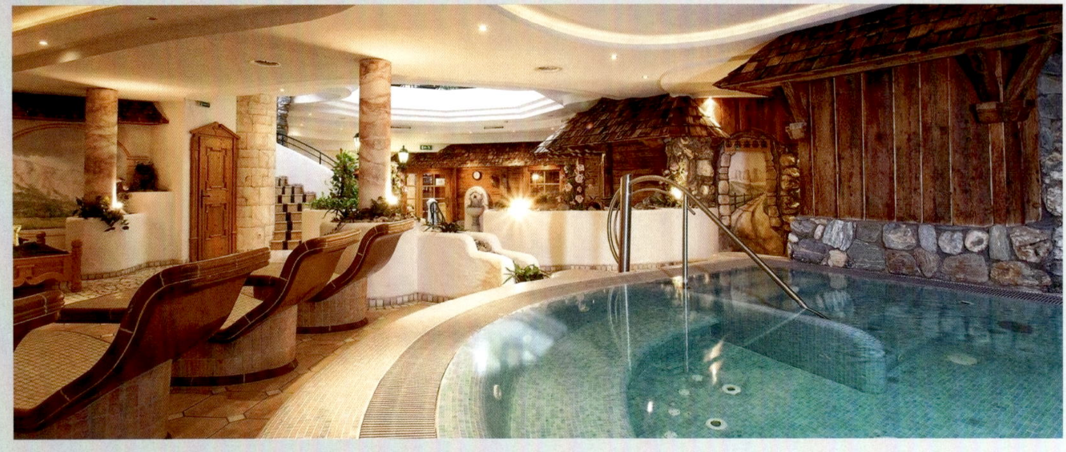

Luxuriöse Entspannung nach sportiven Tagen: Die Kombination für beste Urlaubs-Erholung.

★ ★ ★ ★ S
HOTEL SEEHOF
im Kaiserwinkl
SPORT . FAMILIE . WELLNESS

Hotel Seehof
Kössen
Tirol, Österreich
www.seehof.com

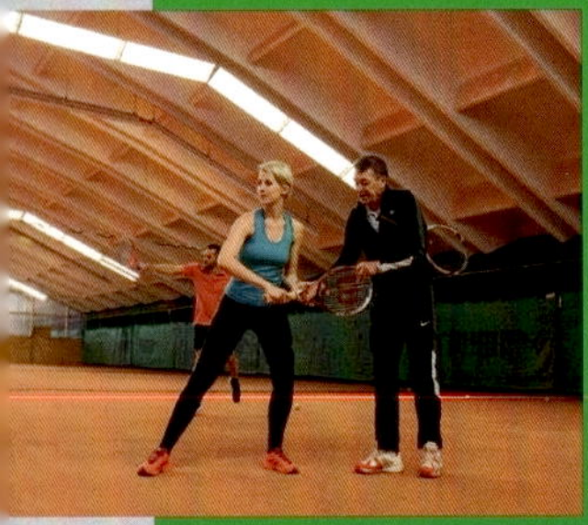

Tennis im Hotel Seehof

Hallenplätze, bestens gepflegt, optimal angelegt und mit moderner Technik: Hier stimmen Licht, Klima und Belag, das gesamte Jahr über. Das Gummigranulat des Bodens sorgt für einen sandplatzähnlichen Untergrund. Ein erfahrener Trainer gibt Tipps und Unterstützung bei der Arbeit an der Technik in Gruppen- oder Einzelstunden.

Im Sommer wie im Winter die idealen Bedingungen für das sportliche Einzel oder ein entspanntes Doppel im Tennis? Das kann nur eine Halle garantieren, und Sportfreunde profitieren im Hotel Seehof von drei bestens gepflegten Plätzen: Gummigranulatboden als sandplatzähnlicher Untergrund, angenehme Beleuchtung, ein begrüntes Dach für das angenehme Klima und attraktive Tennis-Pauschalen – Stammgäste des Hauses spielen hier ebenso gerne wie externe Gäste, etwa Clubs im Trainingslager oder Einzelspieler bei ihrer Saisonvorbereitung. Tibor Budai, seit vielen Jahren Trainer im Hotel Seehof, gibt Einzel- und Gruppenstunden, macht in lockerer Atmosphäre „matchfit" und unterstützt bei der Verbesserung der Technik.

Nicht nur passionierte Tennisspieler verbringen einen vielseitigen Aktiv-Urlaub im wunderschönen Kaiserwinkel. Das Wanderparadies lädt mit 30 urigen, bewirtschafteten Almhütten und über 200 Kilometern markierter Wanderwege sowohl Naturfreunde als auch ambitionierte Bergsteiger ein, zu Tagestouren oder zu Familien-

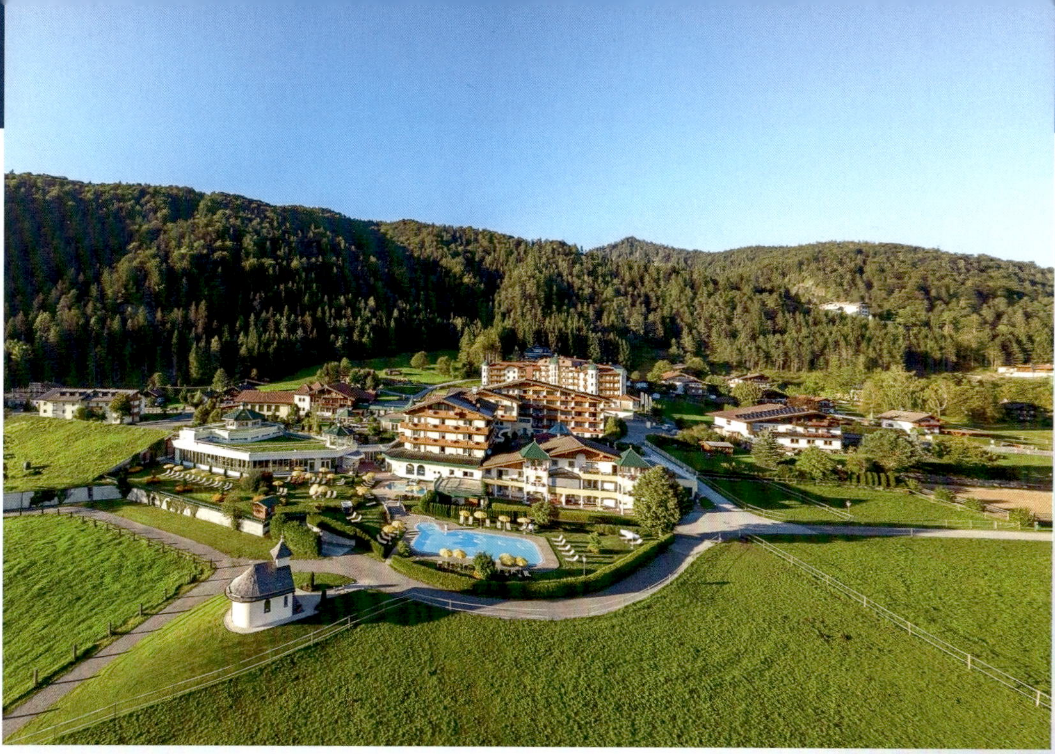

Die Traumlage im Kaiserwinkel: Eingebettet zwischen Berg und Wald, zwischen Walchsee und Kaisergebirge.

ausflügen. Im Hotel Seehof liegen kostenlose Wanderkarten bereit, Rucksäcke und Stöcke werden ausgeliehen. Zum angesagten Hike&Bike werden moderne Mountain- oder E-Bikes gegen Gebühr zur Verfügung gestellt. Ein Indoor-Beachvolleyball-Court und, direkt neben dem Hotel, der Fußballplatz mit professionellen FIFA-Maßen werden von Vereinen und Mannschaften genutzt und können auch individuell bespielt werden. Eine hoteleigene Reithalle mit Außenreitplatz macht attraktive Angebote für Pferdefreunde.

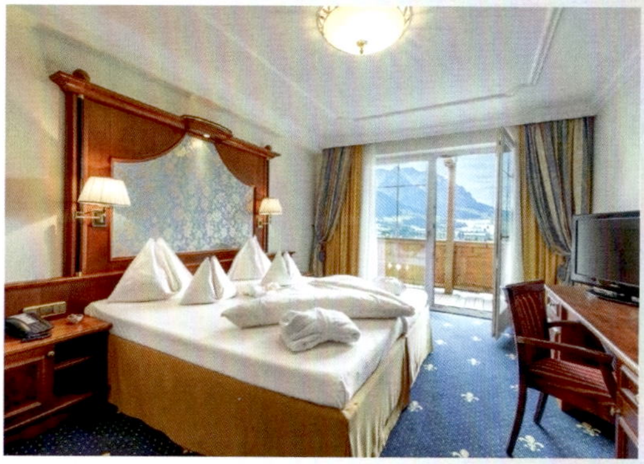

Luxuriöse Zimmer und Suiten lassen den Alltag vergessen.

Golfspieler können ihre Startzeiten und Vouchers für drei traumhafte Plätze der Region im Hotel reservieren und erhalten dabei Greenfee-Ermäßigungen. Und wer schließlich individuell an Kondition oder Muskelaufbau arbeiten möchte, nutzt die großzügige Fitnesswelt mit modernsten Geräten. Danach ist Entspannung in der Seetenne angesagt, der Hotelbar mit Almhütten-flair, wo Laternen, Holzfässer, Kessel und Kamin die besondere Atmosphäre schaffen, auch bei den Veranstaltungen mit Live-Musik.

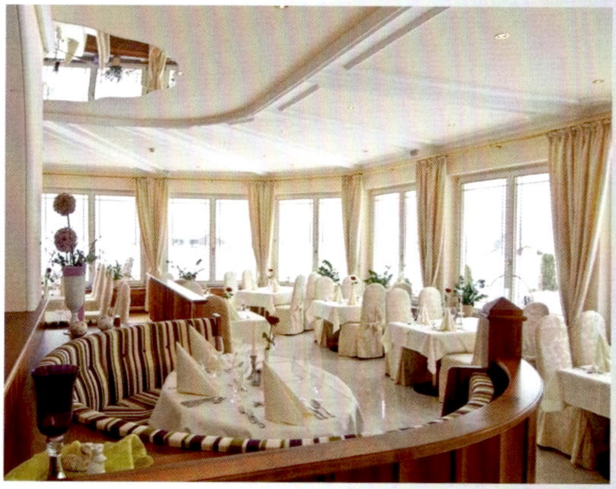

Stilvoll eingedeckt für den kulinarischen Hochgenuss.

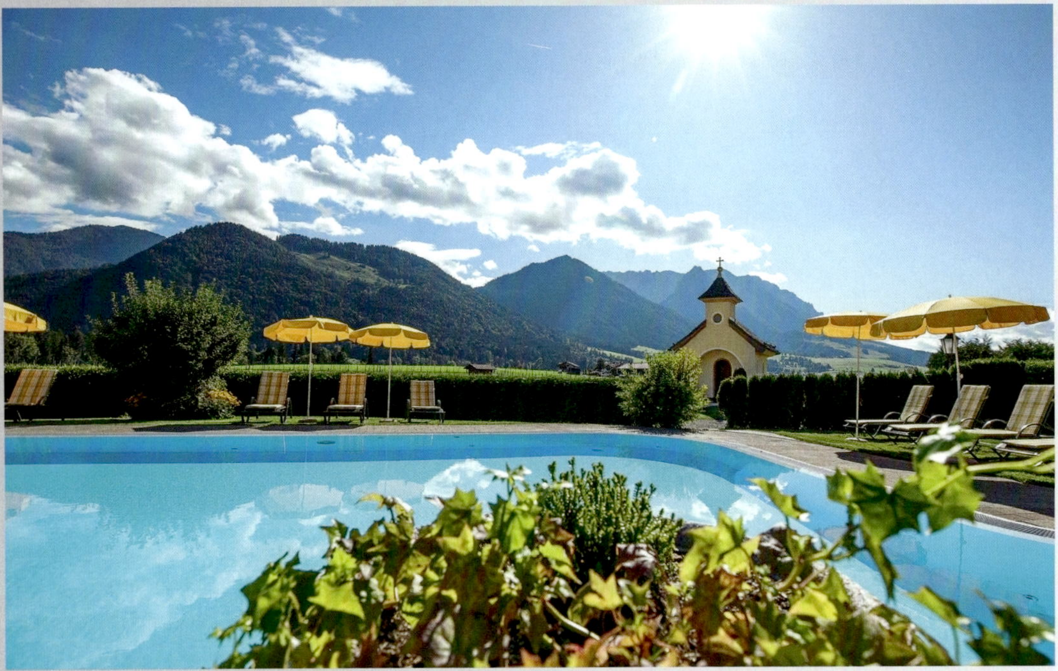

Nach Saunagang oder Poolbesuch der Blick auf die wunderschöne Landschaft am Fuße des Kaisergebirges.

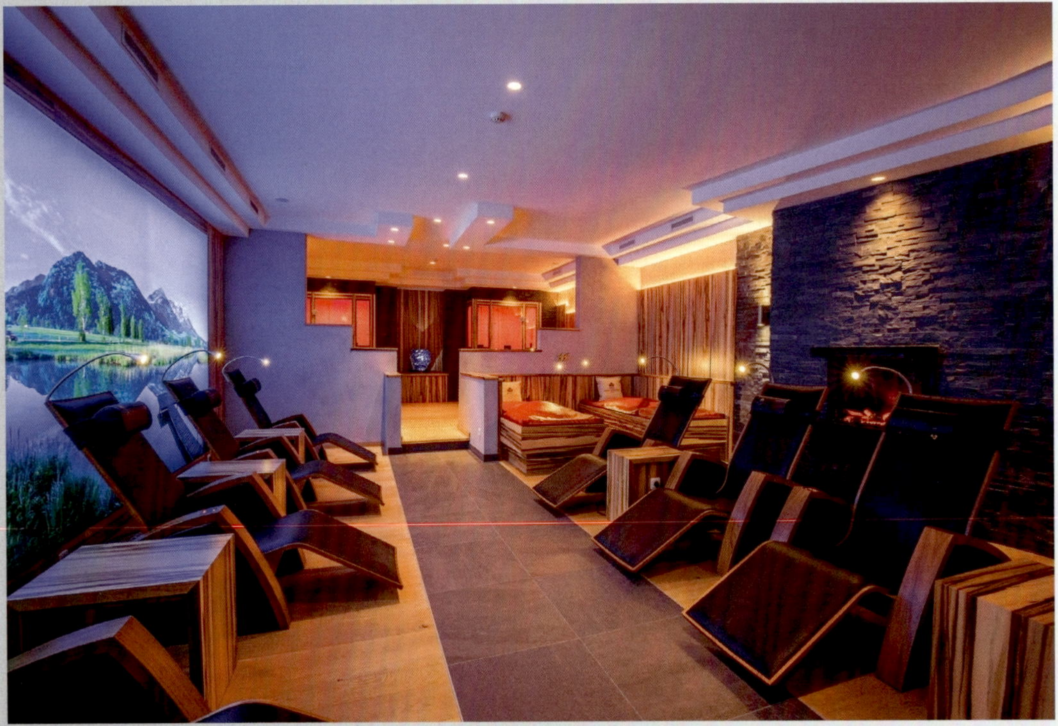

Der Wellness-Bereich bietet stilvolle Ruheräume, Saunadorf und Wasserlandschaften.

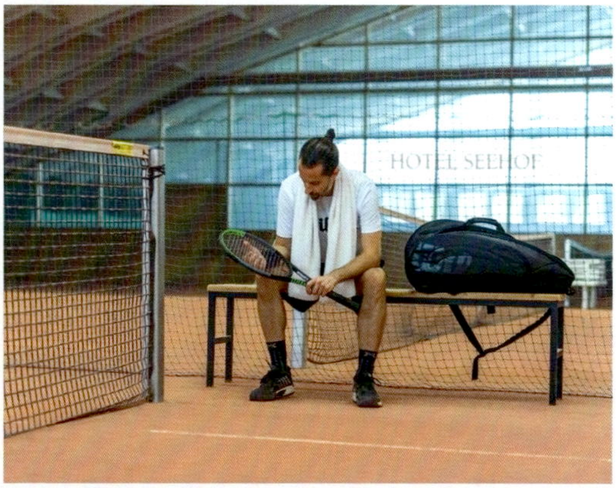

Das Tennis-Angebot für Clubs und Einzelspieler.

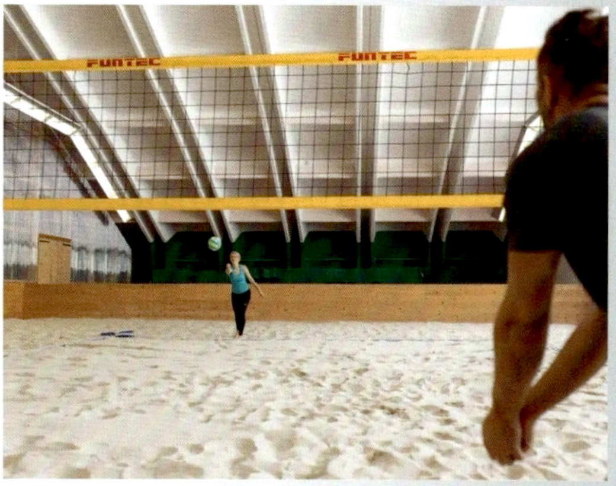

Zum Ausgleich ein Match Beachvolleyball.

Wellness-Liebhaber erholen sich in der einzigartigen Pool- und Badelandschaft oder dem Saunadorf des Hauses. Kids können in einer der größten Indoor-Wassererlebniswelten in einem Tiroler Hotel toben, haben Spaß auf der 150 Meter langen Riesenwasserrutsche mit Halfpipe, am Actionwasserturm oder, gemeinsam mit den Eltern, in der Finnischen Familiensauna mit zwei Bildschirmen. Für die allerkleinsten Gäste wurde ein eigener Babybereich eingerichtet. Wer es ruhiger bevorzugt, zieht seine Bahnen im angenehm temperierten Indoor-Pool, im Ganzjahrespool oder, im Sommer, im großen Outdoor-Pool. Von der Liegewiese geht der Blick direkt auf das majestätische Kaisergebirge. Zuvor stand vielleicht ein Gang in der Tiroler Schwitzstube, der Außensauna, der Infrarot-Lounge oder dem Kräuterbad auf dem Programm. Massagen, Bäder und wohltuende Behandlungen, von Ayurveda bis Hot Stone oder White Chocolate können im SPA-Bereich gegen Gebühr gebucht werden. Die großzügigen Komfortzimmer und die edlen Luxussuiten des Hotels Seehof folgen einem gemeinsamen Ziel: Sie schaffen das optimale Umfeld für die Auszeit vom Alltag. Die „Luxus-Suite Residenz", mit Kachelofen, Südbalkon und Blick auf den Walchsee und das Kaisergebirge hat mit 70–80 Quadratmetern genügend Raum für bis zu vier Personen. Perfekt für den entspannten Familienurlaub ist auch das bunte Programm des Kids Club, in dem sich eine Kinderbetreuerin engagiert und mit viel Herz um die kleinen Gäste ab vier Jahre kümmert.

Kulinarische Gaumenfreuden bereitet schließlich das leidenschaftliche Seehof-Küchenteam zu. Die regionalen und internationalen Köstlichkeiten entsprechen den höchsten Ansprüchen und werden im stilvollen Restaurant oder auf der Terrasse mit grandiosem Bergblick serviert.

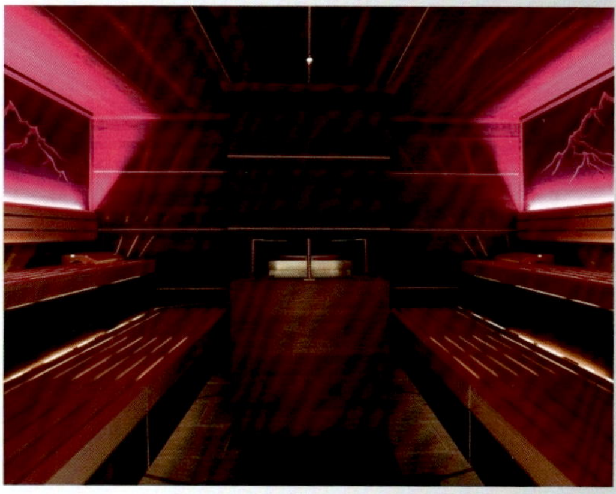

Das Saunadorf bietet viele unterschiedliche Attraktionen.

La Maiena Meran Resort

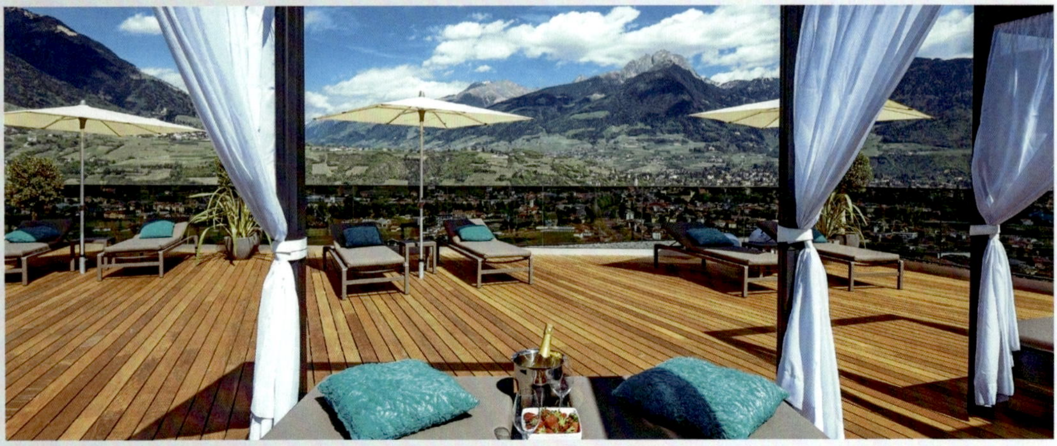

Hoch oben am sonnenverwöhnten Berghang und zugleich nah der mediterran-lebensfrohen Kurstadt.

La Maiena Meran Resort
Marling/Meran
Südtirol, Italien
www.lamaiena.it

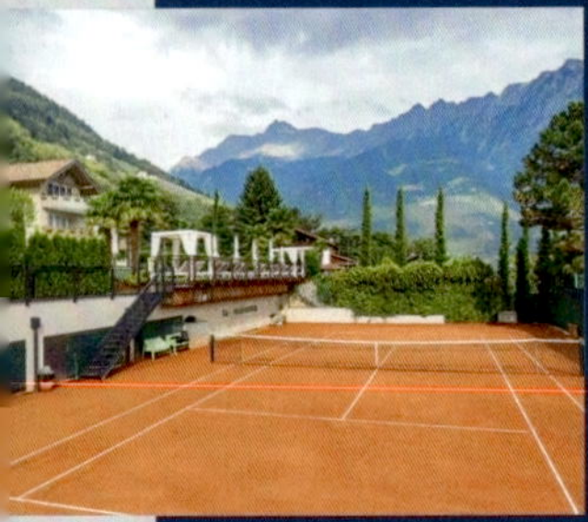

Tennis im La Maiena

Tennisliebhaber merken es beim ersten Aufschlag: Die beiden Sandplätze des Hauses sind bestens gepflegt und in optimalem Zustand. Wer hier Trainerstunden absolviert oder ein Match bestreitet, konzentriert sich bei Traumblick in wunderschöner Umgebung.

Zwei Generationen der Familie Waldner führen gemeinsam das La Maiena Meran Resort – mit bedingungslosem persönlichem Engagement und der Professionalität einer jahrzehntelangen Erfahrung. Die Insider-Tipps, die die Familienmitglieder ihren Gästen geben, zeigen, dass sie dabei die vielen Details, die erst in Kombination den perfekten Urlaub ermöglichen, im Auge haben: Hans Waldner legt den Genießern einer anspruchsvollen Küche den Hauswein des La Maiena ans Herz, eigenhändig in der Kellerei zusammengestellt und mit intensiver Note von Johannisbeere, Wildkirsche und, dezent, Lakritz. Mathias Waldner als passionierter Golfer empfiehlt unbedingt den Besuch des 9-Loch-Platzes „Blue Monster" in Eppan und Elisabeth Waldner die ayurvedische Ganzkörpermassage Abhyanga im SPA-Bereich des Hauses: Sie lindere Stress, stärke das Immunsystem und nähre Haut und Gewebe.

Den Rahmen für all die entspannenden und anregenden, sportiven und erholsamen Momente

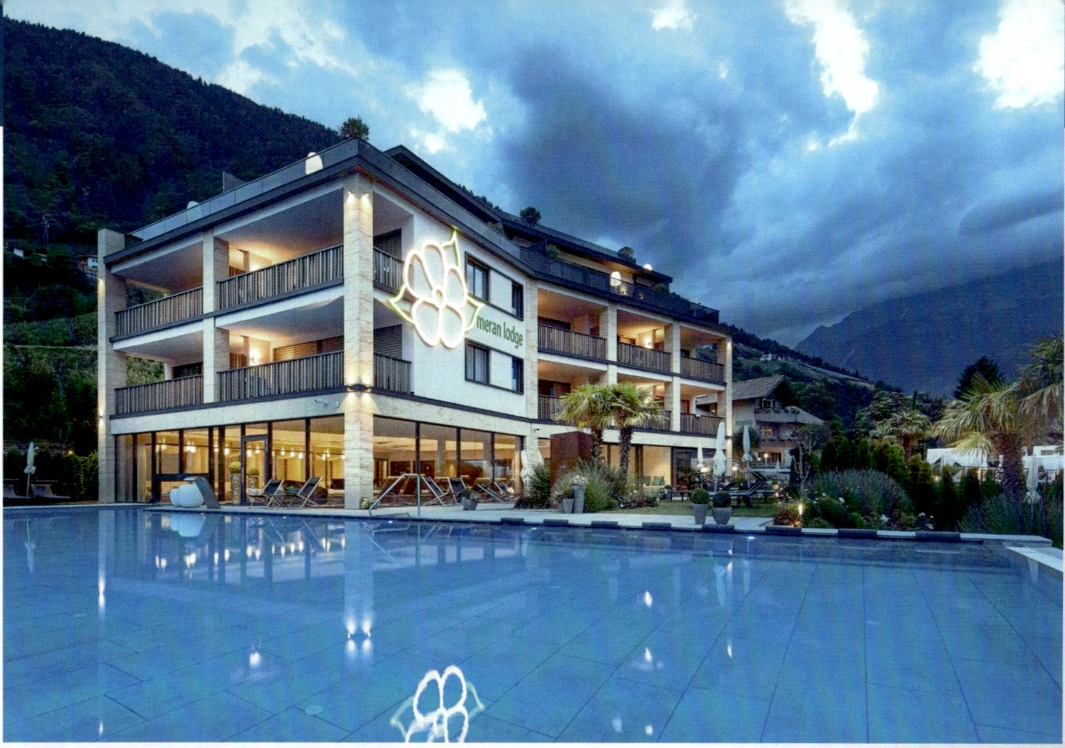

Wellness und SPA für Anspruchsvolle: Sechs Pools plus Saunalandschaft laden ein.

im La Maiena bildet seine einzigartige Lage. Über den Dächern der Kurstadt Meran schmiegt es sich an den sonnenverwöhnten Berghang von Marling, zwischen grünen Weinbergen und satten Apfelwiesen. Der Blick geht in die grandiose Bergwelt der Texelgruppe. Im La Maiena residieren die Feriengäste inmitten alpin-mediterraner, üppiger Natur und zugleich nahe am pulsierenden Leben Merans mit seiner romantischen Altstadt, seinem kulturellen Angebot und seiner liebevoll angelegten Parks und Gärten.

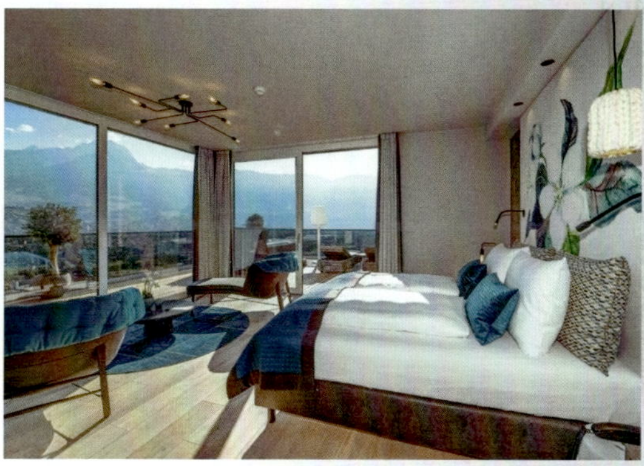

Zimmer und Suiten sind exklusiv und stilvoll ausgestattet.

Das Resort ist der ideale Ausgangspunkt für Wanderungen, Biking-Touren und Nordic-Walking-Routen. Zu den schönsten Plätzen, je nach Witterung und Jahreszeit, organisiert Familie Waldner persönlich geführte Wanderungen, wer individuell entdecken möchte, findet bei der Grundausstattung seines Zimmers den Rucksack zum Ausleihen. Mountain-, City- und E-Bikes stehen zur Verfügung, wöchentlich finden Bike-Touren mit Guide statt. Tennisspieler nutzen die beiden hoteleigenen Sandplätze kostenfrei,

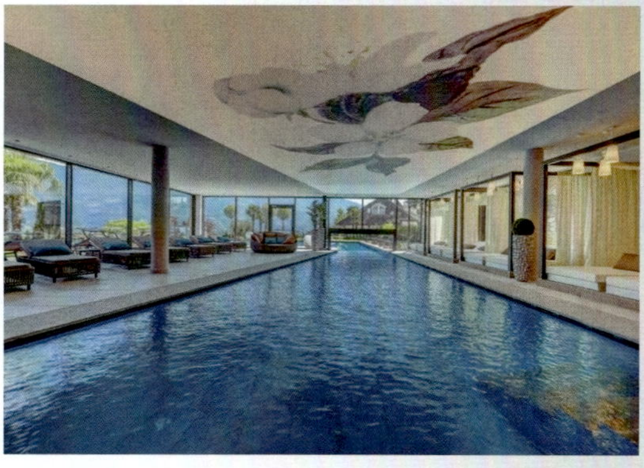

Miteinander verbunden – Panorama In- und Outdoorpool.

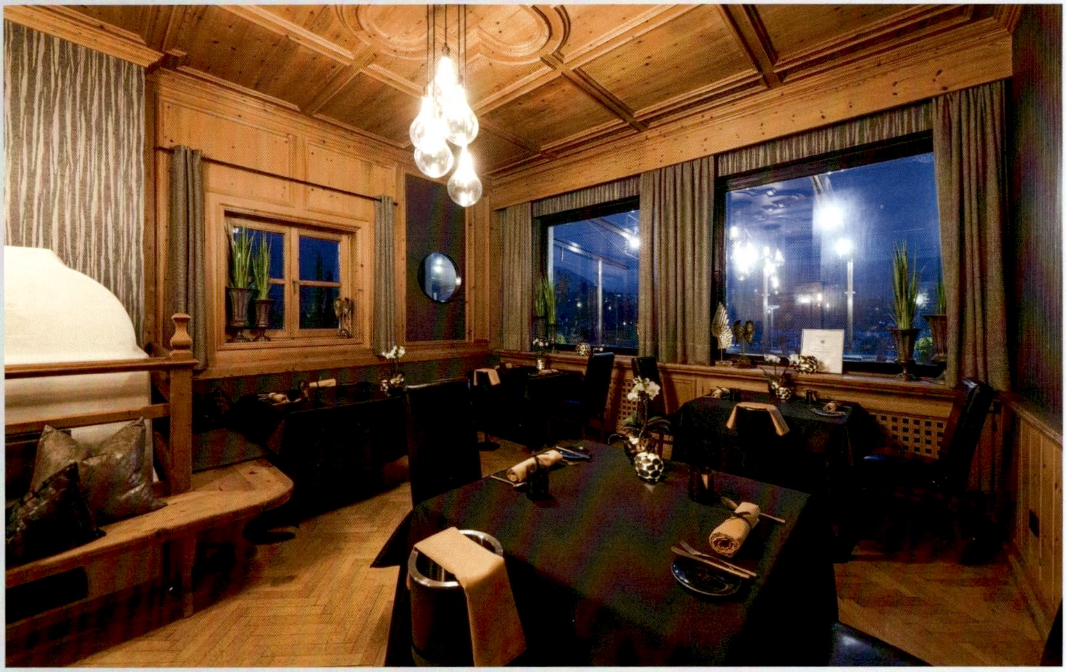

Genießen mit allen Sinnen: Das Gourmet-Restaurant la fleur verwöhnt Feinschmecker.

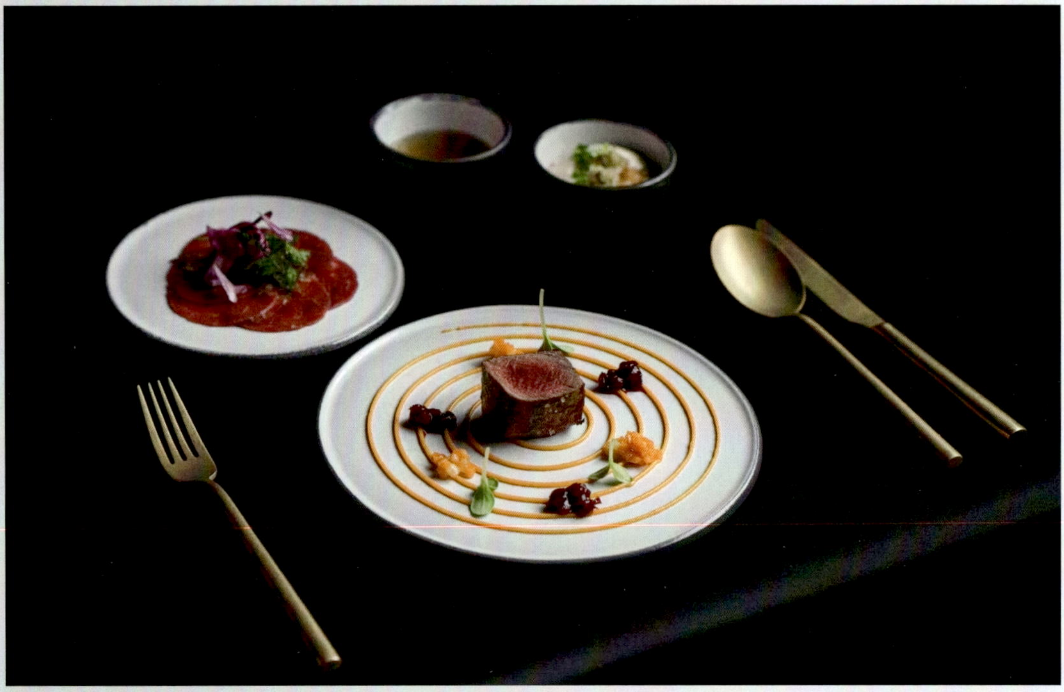

Die Küche des Drei-Hauben-Teams zaubert kulinarischen Genuss mit Kreativität, Können und besten Zutaten.

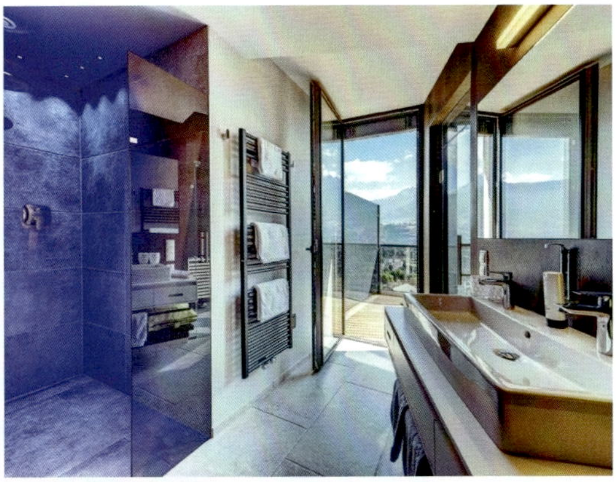

Zimmer und Suiten in individueller Gestaltung.

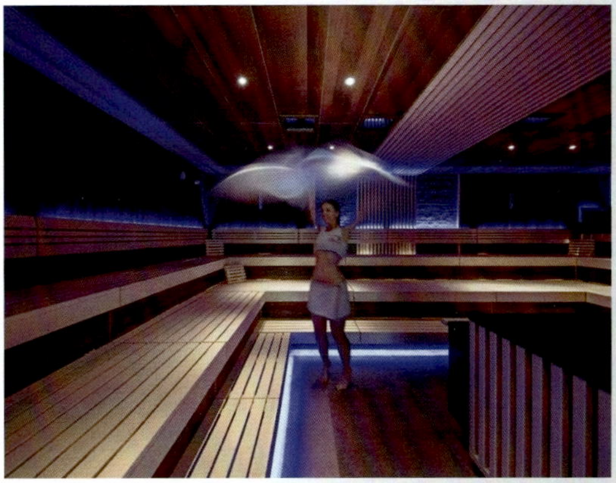

Saunalandschaft mit Events und Ruhemöglichkeiten.

an den Vormittagen bieten Trainer Privatstunden an. Ob bei der Arbeit am perfekten Aufschlag oder beim Doppel als sportives Freizeitvergnügen: Der Traumblick über die Dächer Merans macht beides zum ganz besonderen Erlebnis.

Nach solch anregenden und inspirierenden Ferientagen empfangen die Zimmer und Suiten im Resort zum Abschalten und Wohlfühlen. Mit hochwertigen Materialien sind sie individuell eingerichtet und möbliert, die Ausstattung legt Wert auf überlegte, stilvolle Details. Boxspringbetten mit Health Sleep System garantieren Regeneration über Nacht.

Für Wellness- und SPA-Freunde bleiben im La Maiena keine Wünsche offen. Der Panorama-Indoorpool mit den luxuriösen Entspannungsliegen öffnet sich zum Infinity-Outdoorpool mit Traumblick und magischer Stimmung bei Nacht, die Sky-Terrasse lädt mit Lounge- und Liegebereich ein. Die Saunalandschaft besteht aus sechs Elementen, Eventsauna und Physiotherm-Infrarotkabine mit Inhalations-Salzstollen gehören dazu. Beauty- und Massagebehandlungen, Physiotherapie und viele weiteren Treatments werden von erfahrenen SPA-Mitarbeitern durchgeführt.

Zu dem Verwöhn-Angebot für Anspruchsvolle gehört selbstverständlich eine gehobene Gastronomie für Feinschmecker. Das Gourmet-Restaurant la fleur serviert geschmackliche Kunstwerke, dafür sorgt ein hochmotiviertes Team um den Drei-Hauben-Chefkoch Andreas Schwienbacher. Farben, Düfte und Aromen werden in seiner Küche fantasievoll kombiniert, deren kreative Höchstleistungen überraschen und begeistern immer wieder auch Kenner.

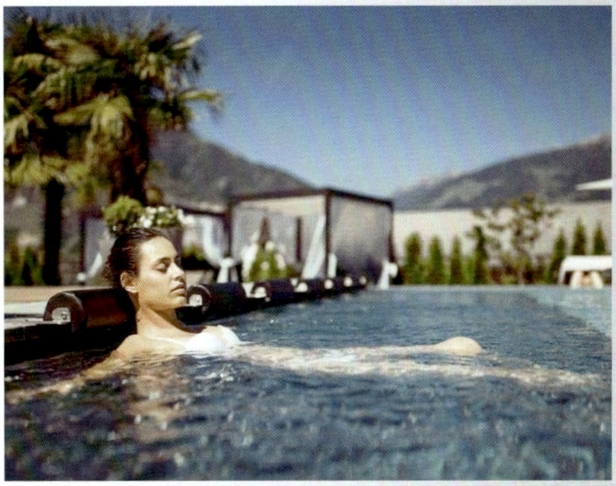

Erholung und Entspannung in traumhafter Umgebung.

Hotel Sonnenalm

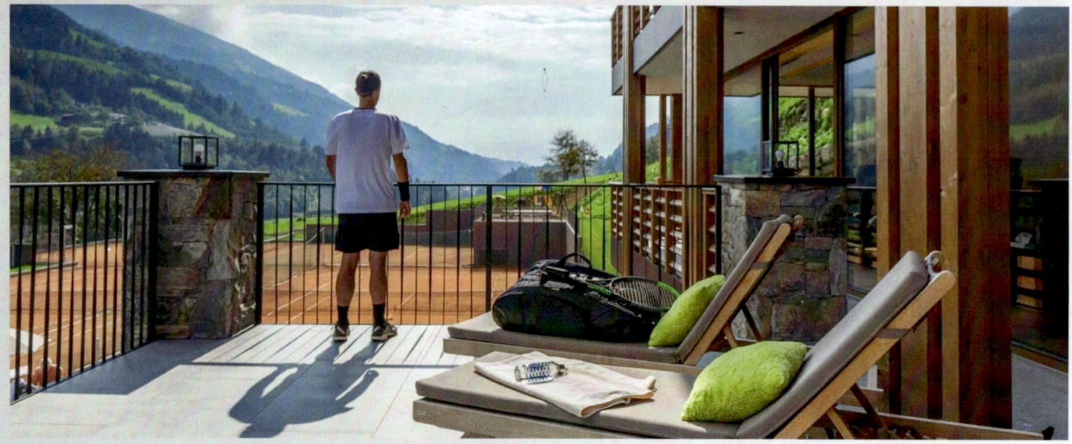

Serve-and-Volley, danach Entspannung in idyllischer Umgebung: Urlaub im Hotel Sonnenalm.

SONNEN Alm ★★★★

Feel Good Active Hotel Sonnenalm
Sonnenweg 3
39010 St. Martin in Passeier
Südtirol, Italien
www.sonnenalm.it

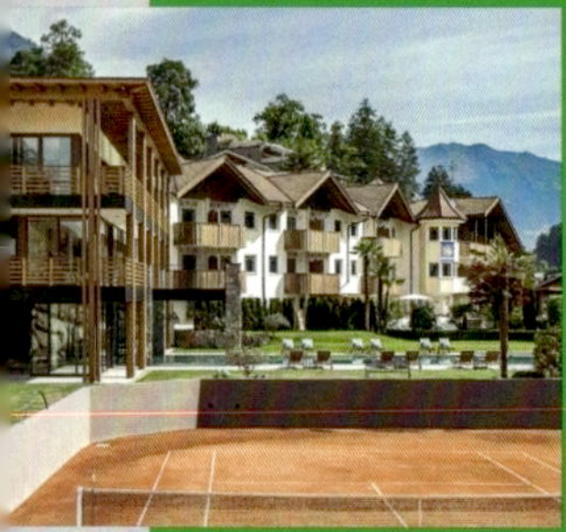

Tennis im Hotel Sonnenalm

Direkt beim Haus befinden sich drei im Frühjahr 2020 neu gebaute Sandplätze, die den Hotelgästen kostenfrei zur Verfügung stehen. Trainer der Sunball-Tennisschule unterstützen auf Wunsch und geben Kurse, dabei fördern sie gezielt und nach neuesten Methoden.

Entspannen und Genießen können Familien, Freunde und Paare, die eine Auszeit suchen, im wunderschön gelegenen Hotel Sonnenalm. Dafür warten die Gastgeber mit einem „Verwöhn-Paket" aus einer Vielzahl von kulinarischen und sportiven, kulturellen und unterhaltsamen, relaxten und inspirierenden Höhepunkten auf. Herrlich gelegen auf einem Sonnenplateau am Waldrand besticht das Haus durch den Charme eines exklusiven, überschaubaren Familienbetriebs – hier empfängt ein motiviertes Team mit herzlicher Gastfreundschaft.

Tennisspieler, ob ambitioniert oder als reine Freizeitsportler, nutzen die drei Sandplätze direkt beim Haus. Lehrer der Sunball-Tennisschule geben Schnupperstunden und gezieltes Einzeltraining, bieten Kurse auch für die jüngsten Gäste an. Wer als Ausgleich golft, findet einen Vier-Loch-Übungsplatz am Hotel. Der 18-Loch-Platz Passeier Meran liegt wenige Minuten entfernt und darf von Hotelgästen zu besonders attraktiven Konditionen bespielt werden, für Green-Fees und Kursgebühren gelten reduzierte

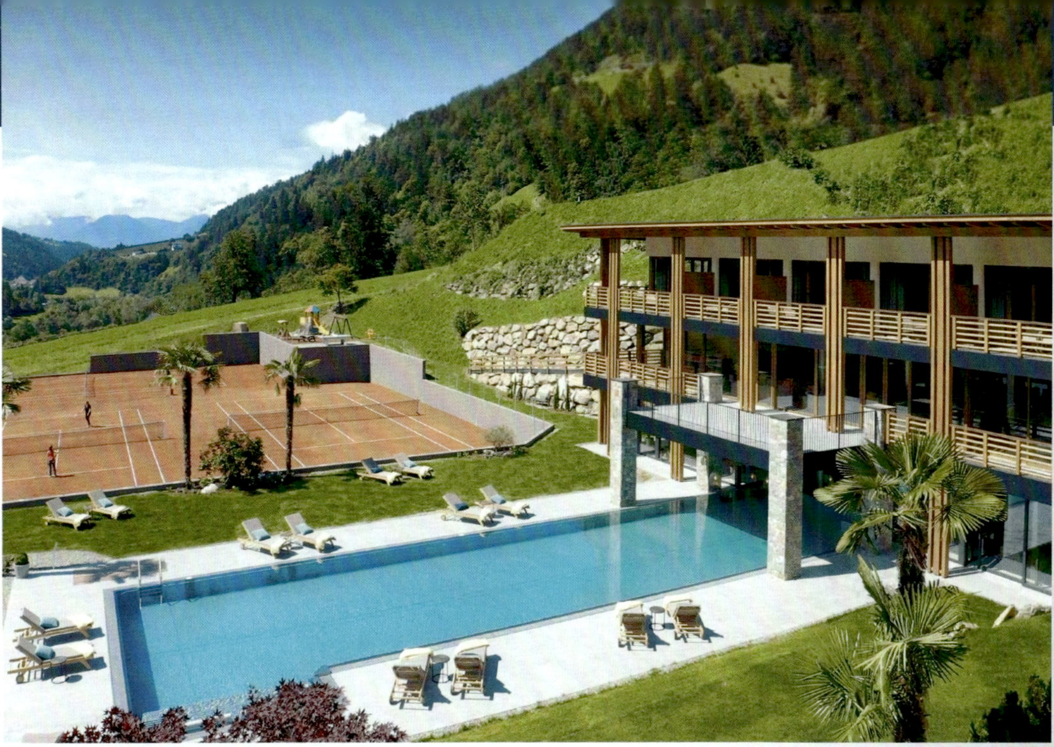

Aktiv-Urlaub inmitten der energiespendenden Natur Südtirols – Ankommen und Wohlfühlen im Hotel Sonnenalm.

Preise. Reiten, Biken, Wandern, Nordic Walking und Fitness können auf dem Aktiv-Programm der Hotelgäste stehen, die Sonnenalm macht unzählige Angebote, unter professioneller Anleitung, in traumhafter Umgebung, in wunderschönen Räumlichkeiten und auf erstklassigen Anlagen.

Als zentralen Punkt des perfekten Urlaubs hat die Sonnenalm die ausgewogene Kombination aus Bewegung und Entspannung erkannt. Das neue Wellness-House bietet auf drei Etagen eine Beauty-Farm und eine Wohlfühl-Landschaft mit Finnischer Eventsauna, Kräutersauna, Hallenbad, im Freien dem Outdoor Tauchbecken und dem Palmengarten mit ganzjährig beheiztem Sportpool. Der Wellness- und SPA-Bereich des Hotels Andreus, wenige Autominuten entfernt, darf ebenfalls kostenfrei besucht werden.

Die kulinarischen Spezialitäten der Gourmet-Küche werden in den hübschen Stuben, im Wintergarten, auf der Sonnenterrasse und im Panorama-Restaurant mit Traumblick serviert.

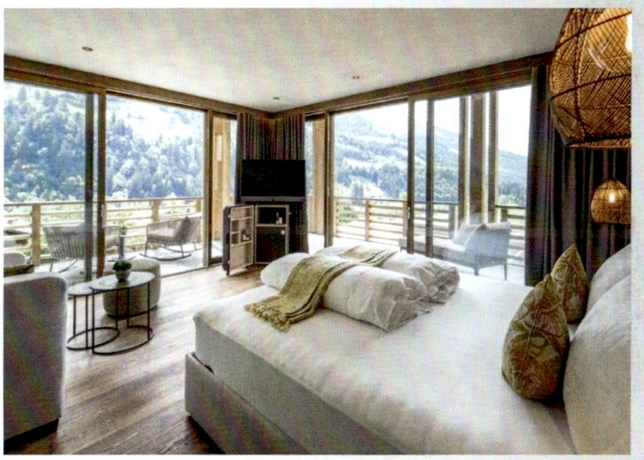

Die großzügigen Suiten sind stilvoll eingerichtet.

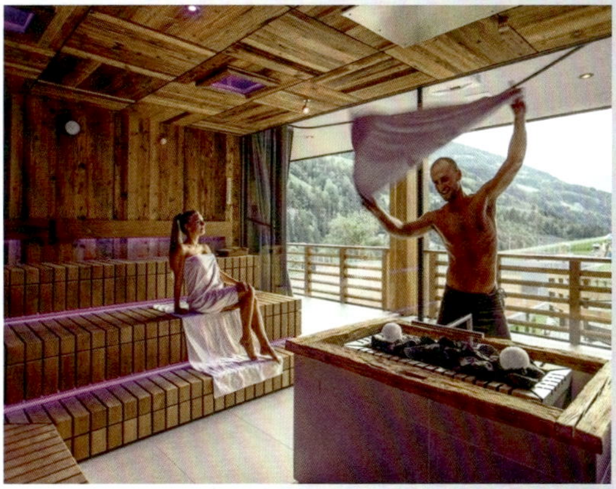

Nach dem Sport: Wellness-House mit Saunalandschaft.

Andreus Resorts

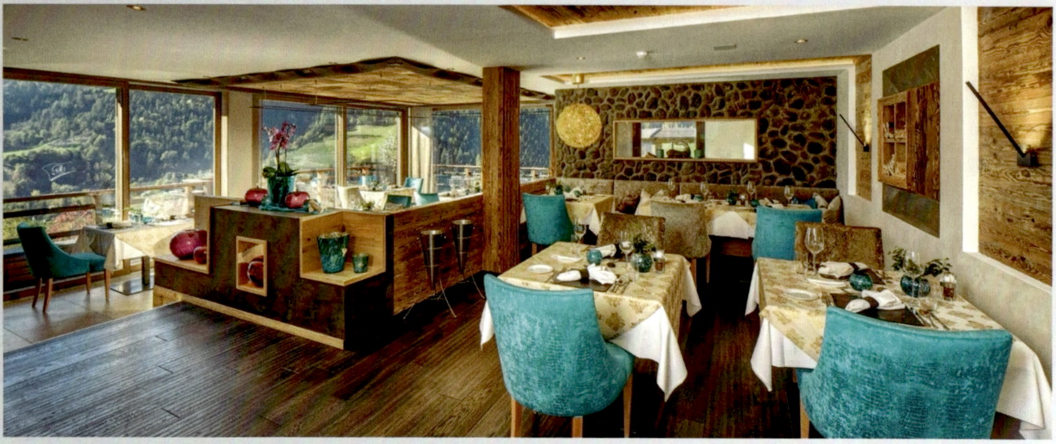

Stilvolles Ambiente für das delikate Dining - entspannter Genuss nach energievollen Matches.

Golf Lodge
Andreus Golf & Spa Resort
St. Leonhard in Passeier
Südtirol, Italien
www.andreus-resorts.it

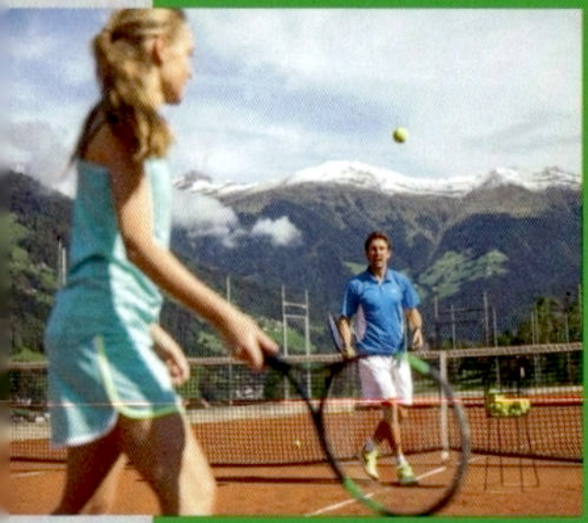

Sandplätze in Traumlage

Ob ambitioniert oder als Freizeitsport: In dieser Idylle sind Tennis-Einzel und -Doppel pures Vergnügen. Oberhalb des Resorts bieten zwei Sandplätze einen grandiosen Blick in die umliegende Bergwelt bis hinauf zum Jaufenpass. Wer hier sein Spiel verbessern möchte, erhält Unterstützung von professionellen Tennislehrern.

Helga und Richard Fink wissen, was ihre anspruchsvollen Gäste von einem Fünf-Sterne-Resort erwarten. Beide stammen aus alten Hotelier-Familien, beide kennen die vielen Faktoren, die erst im Zusammenspiel jedem Urlauber den perfekten Aufenthalt ermöglichen. Dazu gehört das Kunststück, im Service Herzlichkeit und Professionalität zu verbinden, dazu gehört ein unbedingtes Engagement des gesamten Teams. Nur dann entsteht das harmonische Umfeld, in dem die Gäste Sport und Entspannung, Tennis, Golfen, Wellness und Kulinarik genießen, kurz: in dem sie jenseits des Alltags Energie auftanken.

Die Andreus Resorts erwarten ihre Besucher im Stammhaus mit 80 Suiten in exklusivem Wohlfühl-Ambiente. Sie sind in Holz, Naturstein und weiteren Südtiroler Materialien ausgestattet. Gäste, die besonderen Wert auf Individualität legen, wählen eine der 30 Suiten im Adults only Hotel „Golf Lodge". Die Architektur und die Einrichtung sind von konzentrierter Eleganz, Naturmaterialien dominieren, das Design besticht, die Lodge gehört der absoluten Premium-Klasse an.

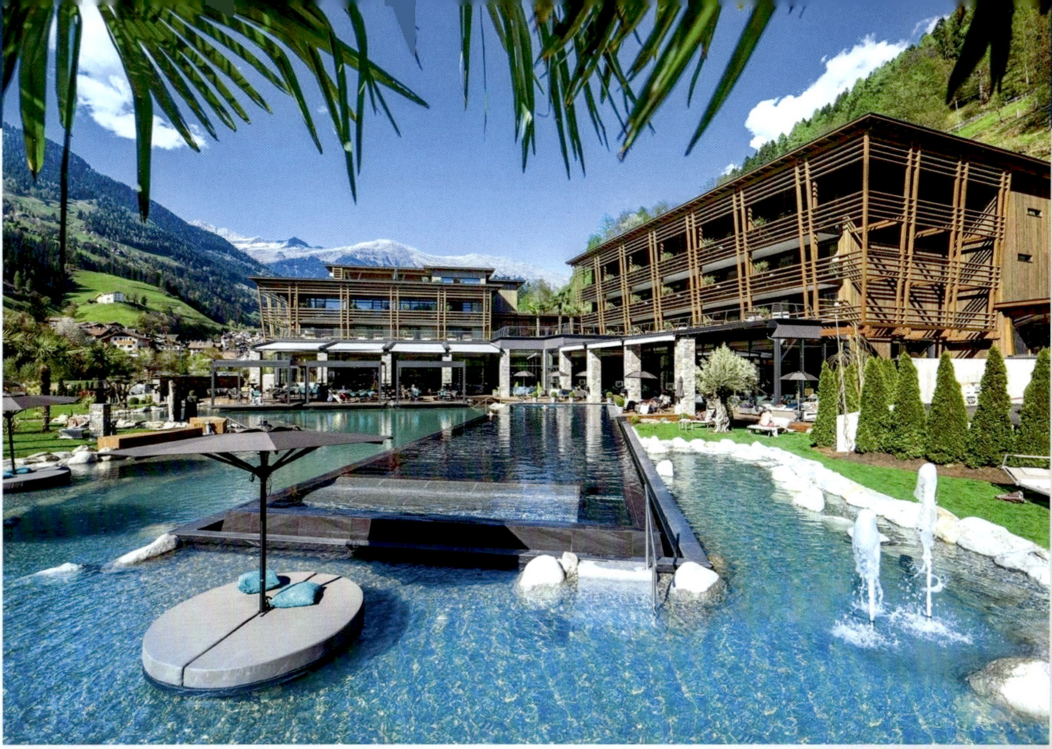

Nach Trainerstunde und Übungsspiel auf dem Tennis-Court versprechen die Pools des Resorts luxuriöse Entspannung.

Wer als Tennisspieler einen Aktivurlaub verbringen möchte, findet in den Andreus Resorts die perfekten Voraussetzungen. Insgesamt fünf Sandplätze stehen von März bis November für spannende Matches bereit, für die Gäste ist die Nutzung ebenso kostenfrei wie der Verleih von Wilson-Schlägern und Bällen. Professionelle Trainer geben Schnupperstunden, Einzelstunden zum gezielten Training und bieten Kurse an. Dank der Zusammenarbeit mit der Sunball-Tennisschule werden hier auch schon die Jüngsten mit viel Spaß an den Sport herangeführt. Förderung durch Video- und Schlaganalyse, Saisonvorbereitungen für komplette Teams und Serviceleistungen wie die Besaitung machen die Andreus Resorts zu echten Tennishotels.

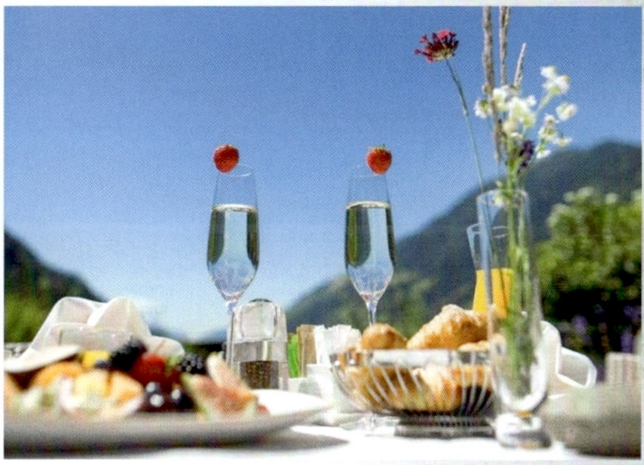

Kulinarik auf Gourmet-Niveau – schon zum Frühstück.

Nach den Stunden auf dem Tennis-Court, nach Erreichen des Grüns beim Golfen oder anspruchsvollen Wanderungen rundet der kulinarische Genuss den Tag ab. Die Andreus Gourmet-Küche kreiert Gerichte auf Spitzenniveau. Feinschmecker schätzen die mediterran-leichten Spezialitäten aus regionalen, hochwertigen Zutaten. Mit

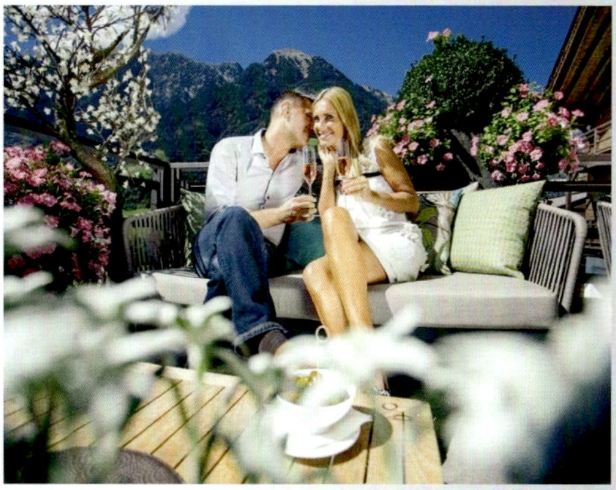

Genussvolle Momente, auch in Ruhe zu zweit.

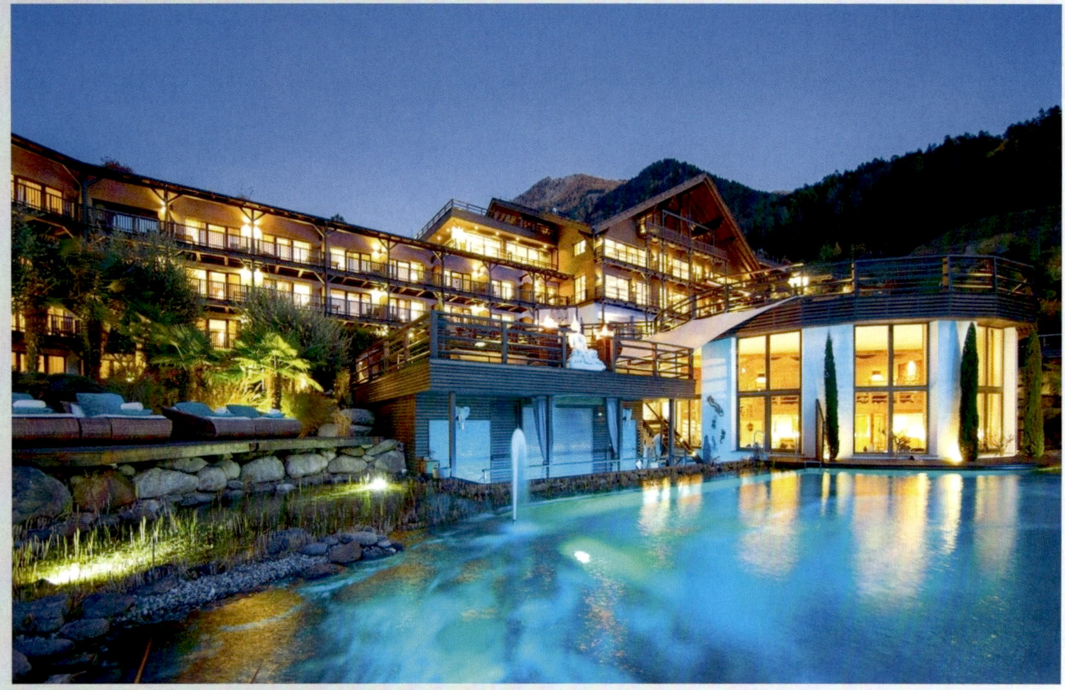

Das Resort mit seinem Natur-Badeteich ist harmonisch in die Landschaft integriert.

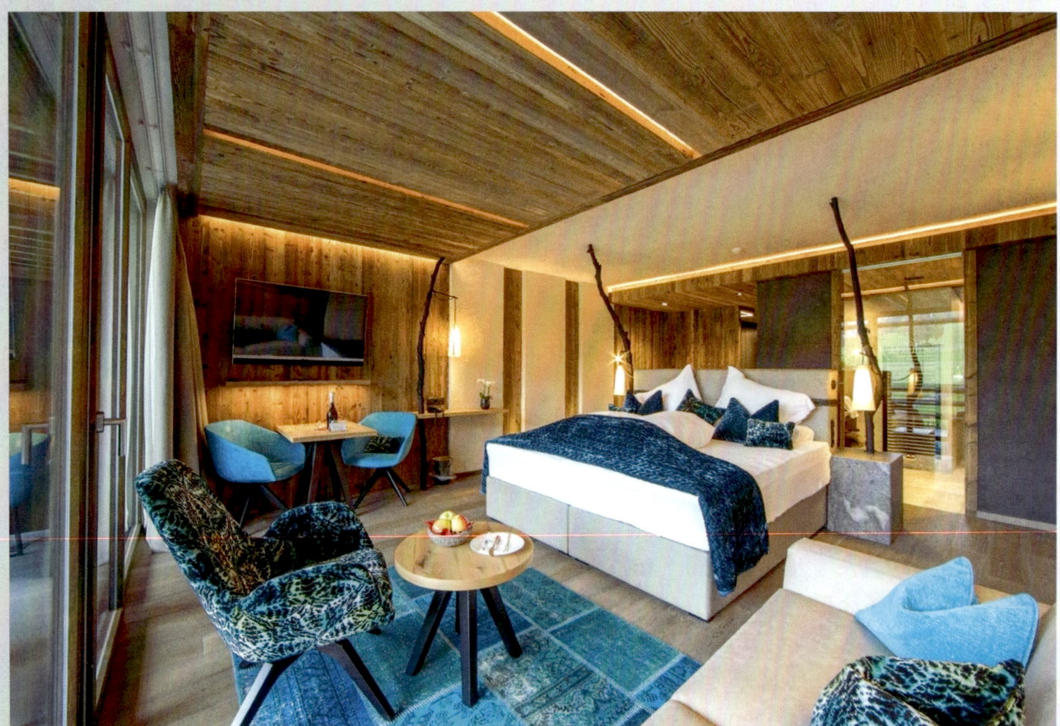

Ausgesuchte Materialien und stimmige Farbkombinationen: die Suiten des Resorts sprechen Ästheten an.

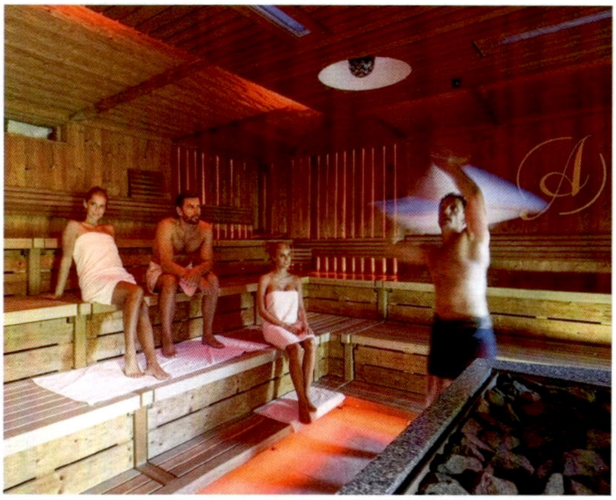

Die weltbesten Sauna-Aufgüsse: Ausgezeichnet!

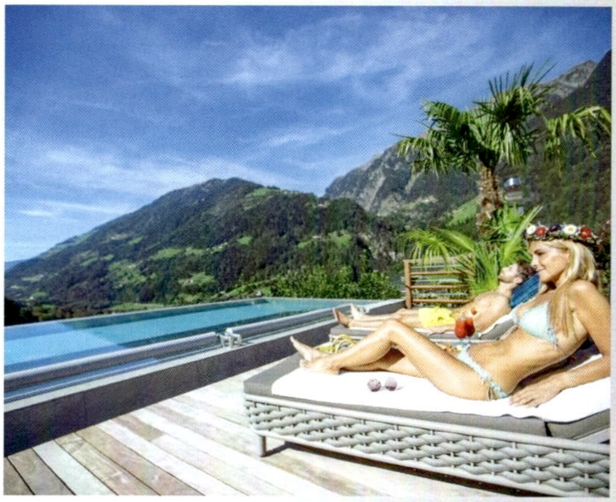

Innen und außen - SPA-Bereiche der Extraklasse.

Kreativität und Sinn für Gaumenfreuden werden sie kombiniert, etwa zu fantasievollen Neu-Interpretationen von Klassikern.

Für ihre aktiven Gäste organisieren die Andreus Resorts ein professionell geführtes, abwechslungsreiches Sportprogramm. Geführte Wander-, Nordic-Walking- und Bikingtouren laden in die spektakulär schöne Umgebung ein. Ausgebildete Trainer leiten beim Yoga, Spartan System und Military Fit an. Zudem stehen ein Beach-Volleyball-Platz, ein Kunstrasenplatz für Fuß- und Basketball, der Outdoor-Fitness-Parcour, der Fitness Tower auf 3 Etagen (Power Room, Cardio Room, Energy Room) und das ganzjährig beheizte 33 Meter lange Sportbecken zur Verfügung.

Wer als Ausgleich zum Tennis den Golfsport gewählt hat, nutzt den Platz Passeier Meran als Hausgast zu attraktiven Konditionen: Das reduzierte Green-Fee ist im Hotel buchbar, die Startzeiten können hier reserviert werden. Wöchentlich organisiert der Sohn des Hauses, selbst Single-HCP 3-Spieler, Golfausflüge zu den Plätzen der nahen Umgebung, die ebenfalls vergünstigt bespielt werden dürfen.

Entspannung nach dem Sport bietet der einzigartige Andreus Wellness- und SPA-Bereich. Er sucht in Südtirol seinesgleichen. Auf vier Etagen bilden Saunalandschaft, Wasserwelten und großzügige, stilvolle Ruhezonen Oasen des Relaxing. Die Höhepunkte lassen sich nicht alle aufzählen. Der Sole-Whirlpool auf der Panorama-Terrasse und der Naturbadesee mit privaten Kuschelnestern gehören dazu, die Indoor- und Outdoor-Pools mit Sprudelliegen mit Unterwassermusik, die Lehm-Sauna und die Familien-Dress-on-Sauna, ebenso Sole-Watsubecken oder das Schneegebiet mit täglich frischem Pulverschnee.

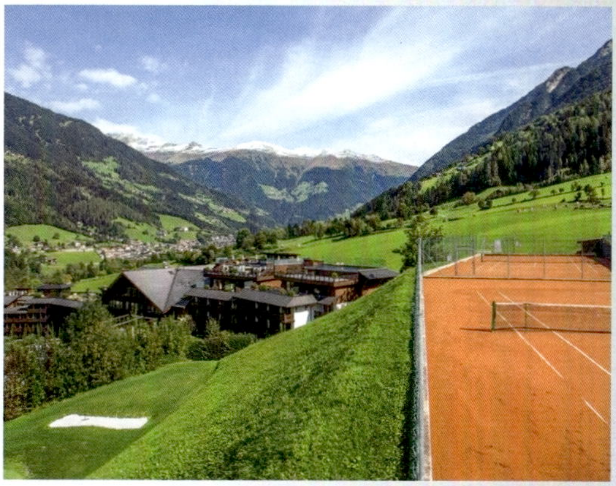

Vor dieser Kulisse gelingen die Aufschläge. Garantiert.

Literaturverzeichnis

Atemtechniken
https://www.7mind.de/magazin/atemtechniken-fuer-mehr-ruhe-und-gelassenheit-im-alltag
von Sarah Schömbs

„Tennis 2.0 wie die Technik und Fitness zweitrangig wird", von Markus Hitzler

„Wie lange spielen Sportler wirklich", www.Netzathleten.de

„Die Pausen im Tennis", www.die-sportpsychologen.de

„Als Hendrik Dreekmann seine große Chance nicht nutzte", tennisnet.com
von Christian Albrecht Barschel

"Mythos Big Point", Jekauc/Heger in Tennis Sport 4/2017

„Flow-Erleben im Tennis durch Aufmerksamkeitssteuerung", Vladislav Ilijin

Sokolowski K.: Handeln in kritischen Situationen – wenn Vorannahmen versagen.
In D. Alfermann, Stoll O. (Hrsg.): Motivation und Volition im Sport – Vom Planen zum Handeln.
(1999)

„Die durchwachsene Saison von Alexander Zverev", Tennis Magazin Homepage 29.11.2019

www.wikipedia.org/wiki/Yips

www.spektrum.de Lexikon der Biologie

Unterbewusstsein Dr. Doris Wolf, www.palmverlag.de

Definition Visualisierung, www.secret-wiki.de

Die besten Tipps und Tricks, www.Karrierebibel.de/Konzentration